空調衛生設備技術者必携
読みかえしてみて 眼からうろこが落ちた
【空調・換気・排煙設備 工事読本】

監修
安藤紀雄
共著
安藤紀雄・瀬谷昌男・堀尾佐喜夫・水上邦夫

日本工業出版

本書推薦の言葉

　この度、上梓された本書は空調設備の施工実務に深く携わったものにしか分からない要点を読みやすくまとめたもので、どの話からも取り付けるという利点がある。

　本書の筆者は、博覧強記たる4人組：安藤紀雄・瀬谷昌男・堀尾佐喜夫・水上邦夫のカルテットであり、彼等の面目躍如たるものが随所に散見される。

　本書の魅力は、一体なんであろうか・・・？それは一口でいえば、彼等の空調設備施工上の失敗経験や学習経験を彼等の存命中に、なんとしても後世に**技術移転**（technology transfer）しておきたいという**情熱**（パッション）そのものが、換言すると"人偏"のついた**個有技術**を"人偏"の取れた**固有技術**として残しておきたいという意欲が随所から伝わってくることである。

　聞くところによると、この4人組はすでに、－空調衛生設備技術者必携：こんなことも知らないの？－空調衛生設備【試運転調整業務の実務知識】および、－空調衛生設備技術者必携－【建築設備　配管工事読本】の両著を世に問うており、現在この両著は、建築設備関係技術書のトップセラーになっている由。

　さらにこの後続シリーズとして、－空調衛生設備技術者必携：読んでみて、眼からうろこが落ちた！－【給排水衛生設備工事読本】の執筆にも着手しているとか・・・。

　ところで、**温故知新**（learning of the past historical lessen）とか**歴史は繰り返す！**（History repeats itself！）などというが、空調設備に関する技術に関しても、広く用いられている空調システムが廃れたり、数十年前に流行していた技術が再び脚光を浴びたりもする。

　それは空調設備の要素技術が十分に**枯れた技術**（sophisticated technology）であり、状況や解釈が変われば、また活躍の場が与えられることを示している。

　ちなみに、現行の空調設備は19世紀にその**技術的基礎**がすでに構築され、20世紀にその**設計方法論**が整備されたといっても過言ではない。

　したがって、極論すればその**要素技術**は、**枯れた技術**と表現しうる訳であるが、それらの**枯れた技術**を駆使して、一つ一つの異なる建築に**空調**という生きた機能を

i

与えるためには、**関連技術**のみならず、全方位的な視野と発想が不可欠となる。類似の技術書はあまた書肆（書店）に溢れるが、後者のスピリットで編まれた書籍は稀有である。空調設備は、**要素技術**に対する理解とともに、それらを十分に**インテグレート（取り込む）**ための一般教養を必要とする仕事であると、この推薦文を書きながら感じた次第である。読者には、本書を活用することによって、空調設備の**奥行の深さ**を実感し、更に高遠な大局観が備わるものと期待している。

      2018年12月吉日　　一般社団法人建築設備技術者協会　会長
                  工学院大学建築学部　教授
                  野部達夫

本書の発刊にあたって

　我々著者一同は、好評発売中の─空調衛生設備者必携シリーズ─の空調衛生設備【試運転調整業務の実務知識】および【建築設備配管工事読本】をすでに日本工業出版から発刊している。本書は、そのシリーズの姉妹編として、─空調衛生設備技術者必携：読みかえしてみて、眼からうろこが落ちた─【空調・換気・排煙設備工事読本】というタイトルで、この度発刊を企画したものである。

　上記２著は、空調衛生設備工事の【試運転調整業務の実務知識】および【建築設備配管工事の実務知識】に関して、非常に**ミクロな事項（専門的事項）**な観点から言及し紹介しているのに対し、本書は、【空調・換気・排煙設備工事の実務知識】をできるだけ**マクロな視点（総括的事項）**から総括した、実務上非常に有益な書である。

　具体的にいうと、空調衛生設備工事の施工実務に数か所携わり、すなわち７～８年程度にわたって経験を積み、これから**大現場の現場所長としての現場工事実務**を担当される技術者が、担当プロジェクトの全容を客観的に把握する、換言すると**空調衛生設備**のジェネラリストとして、現場マネージメント業務を遂行するに、ふさわしい実務経験と見識を体得するための必読書である。

　さて、建築設備技術者にとっては、"釈迦に説法！（like teaching Babe how to play baseball）"であろうが、建築にとって不可欠な建築設備は、①空気調和換気設備工事、②給排水衛生設備工事、③電気設備工事（昇降機設備工事を含む）の以上**三大設備工事**から構成されている。そのいずれ一つが**設備機能**が欠けても、建物は十分に機能しないことは周知の事実である。

　ここで特に取り上げる【空調設備・換気設備・排煙設備工事】は、最近建築設備の中でも特に重要な位置を占めるようになっているが、どのような構成になっているか、またその内容はどのようなものか即答できるであろうか？

　数多くの現場施工に携わり、その着工から竣工引き渡しまで体験したベテラン空調設備技術者ならいざ知らず、"群盲象を評す（群盲象をなでる）"というように、自分が担当してきた、空調設備工事のごく一部（例：ダクト工事・配管工事・安全管理業務等）だけをもって、空調工事の全体像（プロフィール）を理解していると

思っている、空調技術者が大半ではないだろうか…。

　それでは、空調設備の全容を正しく知悉するにはどうすればよいのだろうか？

　そこで筆者が第一に推薦しておきたいのが、**空調工事の積算項目**を頭のなかにたたきこんでおくことである。参考までに、【一般的な空調工事の業務】の大項目を下記に示しておく。

（1）機器設備工事
（2）機器搬入据付け工事
（3）ダクト工事
（4）配管工事
（5）保温・保冷工事
（6）塗装工事
（7）換気設備工事
（8）排煙設備工事
（9）自動制御設備工事
（10）試運転調整工事
（11）現場経費
（12）諸経費

　そのほかに、見積もり項目以外に現場で不可欠な**顧客への引き渡し業務**もある。

　本書は、これら全ての**工事項目**を高品質で、納期通りに、かつ安全に遂行する上で、当然知悉しておくべき要点を楽しく解説するものである。

　ちなみに、今回は、【空調・換気・排煙設備 工事読本】として、空調設備に限定したが、この後続シリーズとして、―読みかえしてみて、眼からうろこが落ちた―【給排水衛生設備 工事読本】の発刊も企画している。

　なお、本書をできるだけ親しみやすい書とするため、柔らかい図および表を数多く挿入し、特別な専門用語には、【技術用語解説】欄を、またその他【知っておきたい豆知識】・【想定外のトラブル】および【他書には載っていない、ノウ・ハウ】なるコーナーを設けている。

　本書がねらいとする特徴は、要約すると以下の通りである。

（1）楽しく気軽に読める読み物とするために、一般に他の参考書の冒頭で頁を割いて解説する、原論（環境工学・流体工学・熱工学・その他）については、可能なかぎり割愛させていただいたこと。
（2）**難解な専門技術用語**などは、その使用を極力避けていること。
　　注：必要な場合には【技術用語解説】欄を設け、平易な解説を行っている。

(3) 上述（1）の目的を達成するため、特に必要と思われる場合を除き、**数値や公式**の類には極力言及しない。
　　⇒必要な場合は、他の参考書を参照のこと！
(4) 文章だけに頼らず、その内容を簡単に楽しく理解してもらえるよう、親しみやすい挿絵や表類を数多く掲載していること。
(5) 今後の海外工事等に対応しやすいように、参考として可能なかぎり、技術用語等に（　）書きで英語を付していること！
(6) 【付録編】として、一般的に取りつきい項目である、①防音設備、②防振設備、③地震と設備の耐震、④設備の耐久性等についても、その要点を紹介していること。
(7) 筆者らが体験・見聞した【想定外のトラブル・クレーム】の貴重な事例を精選して掲載させていただいたこと。
(8) 空調システムや製開発の歴史的背景にも、できるだけ触れていること。

　末尾になるが、中国の四文字成句の中に"**十全十美**"という成句がある。この成句の意味は、"**完全・無欠**"という意味で、裏の意味は、"この世の中に完全無欠な人はいない。"ということである。このことは、そのままそっくり建築設備の**設計図書類**にも該当する。
　したがって、我々が設備工事を着工するに当たっては、複数の技術者が事前に集まって、**設計図書類の"精査・見直し会議（DR：デザインレビュー）"** を開催し、衆知を出し合って、**設計図書類に潜在するあらゆる不具合**を事前につぶしておく必要がある。換言すると、工事段階での"**3T工事（手待ち工事・手戻り工事・手直し工事）**"を極力回避する目的で、上記の**設計不具合**を後工程（工事施工段階）まで極力持ち込まないことである。

2018年12月吉日　監修者：安藤紀雄

【目次（CONTENTS）】

第1話　空気調和設備：入門編
1・1　空気調和設備とは？ ……………… 1
(1) 空気調和設備の目的
(2) 空気調和の種類
　1) 快適空調
　2) 作業空調
　3) 工業工程空調
(3) 温熱環境と室内空気質（IAQ）
　1) 温熱感覚指標
　2) 室内空気質（IAQ）
　3) 建築物衛生法の室内環境管理基準
1・2　必須：湿り空気線図の知識 ……… 9
(1) 湿り空気と湿り空気線図
(2) 湿り空気線図の活用法
　1) 湿り空気線図で使用される必須用語：
　2) 湿り空気線図上の空気状態変化：
1・3　冷房の原理・暖房の原理お
　　　　よび室内気流分布 ……………… 21
(1) 冷房の原理
(2) 暖房の原理
(3) 室内気流分布
　1) 室内気流速度
　2) 空気吹出方法と空気吸込方法
　3) 空気吹出口の種類
　4) 空気最大拡散半径と空気最小拡散半径

第2話　空気調和設備：寄り道編
2・1　建築計画と空気調和設備 ………… 29
(1) 建築計画と設計コンセプト
(2) 建築設備の設計コンセプトと評価手法
　1) 建築設備の経済性
　2) 建築設備の社会性
　3) 建築設備の省エネルギー性
2・2　空気調和負荷とその計算法 ……… 31
(1) 空調熱負荷の種類
　1) 冷房負荷と暖房負荷
　2) 空調熱負荷の種類
(2) 空調熱負荷計算
　1) 空調熱負荷計算の目的
　2) 空調熱負荷計算法の種類
2・3　空気調和と地球環境問題 ………… 37
(1) 地球温暖化問題
(2) 省エネルギー問題
(3) オゾン層破壊問題
2・4　空気調和方式と空調設備の基本構成
　　　　 ………………………………………… 41
(1) 建築用途・規模と空調方式の選択
　1) 建築用途と建築規模
　2) 空調方式の選択
(2) 空調設備システムの基本構成
　1) 熱源設備
　2) 熱搬送設備
　3) 空調機設備
　4) 自動制御設備
2・5　空調方式の分類とその利用機器
　　　　 ………………………………………… 46
(1) 全空気式空調方式とその利用機器
　1) 定風量単一ダクト空調方式
　2) 変風量単一ダクト空調方式
(2) 水−空気式空調方式とその使用機器
　1) ダクト併用ファンコイル空調方式
　2) ダクト併用放射冷暖房方式
(3) 冷媒空調方式とその利用機器
　1) パッケージ空調機による空調方式
　2) マルチパッケージ空調機による
　　　空調方式
　3) 水熱源ヒートポンプパッケージによる
　　　空調方式
(4) 新しい空調方式とその使用機器
　1) 床吹出空調方式
　2) パーソナル空調方式
　3) ガスヒートポンプ（GHP）空調方式
2・6　暖房設備 ……………………………… 58
(1) 暖房設備概論
(2) 対流暖房と放射暖房
(3) 暖房方式の種類とその特徴

第3話　空調用熱源機器に関する
　　　　知識
3・1　空調用冷温熱源設備機器とは？ … 62
(1) 電動冷凍機＋ボイラ熱源方式
(2) 吸収冷凍機＋ボイラ熱源方
(3) 吸収冷温水発生機熱源方式
(4) 空気熱源ヒートポンプ冷凍機熱源方式

3・2 冷熱源設備機器 ……………… 64
3・3 冷凍機の種類 …………………… 65
3・4 蒸気圧縮式冷凍機の冷凍サイクル
　　　……………………………………… 65
3・5 蒸気圧縮式冷凍機の種類 ……… 68
　（1）往復動冷凍機
　（2）遠心冷凍機
　（3）回転冷凍機
　　1）スクリュー冷凍機
　　2）ロータリー冷凍機
　　3）スクロール冷凍機
3・6 吸収冷凍機の冷凍サイクル …… 74
3・7 吸収冷凍機の種類 ……………… 75
　（1）吸収冷凍機
　（2）直だき吸収冷温水機
　（3）小形吸収冷温水発生機
3・8 ヒートポンプ冷凍機 …………… 79
　（1）電動ヒートポンプ冷凍機
　（2）ガスエンジンヒートポンプ
3・9 冷却塔 …………………………… 82
　（1）開放式冷却塔
　（2）密閉式冷却塔
3・10 空調用温熱源設備機器 ………… 85
　（1）鋳鉄製ボイラ
　（2）立てボイラ
　（3）炉筒煙管ボイラ
　（4）小型貫流ボイラ
　（5）水管ボイラ
　（6）電気ボイラ
3・11 熱交換器 ………………………… 90
3・12 共通機器：ポンプ編 …………… 91
　（1）渦巻ポンプとディフューザーポンプ
　（2）単段ポンプと多段ポンプ
　（3）片吸込ポンプと両吸込ポンプ
　（4）横軸ポンプと縦軸ポンプ
　（5）ポンプの揚程（ポンプヘッド）
　（6）ポンプの比速度（比較回転速度）
　（7）ポンプの性能曲線
　（8）ポンプの相似法則
　（9）ポンプの「直列運転」と「並列運転」
　（10）ポンプのキャビテーション
　（11）ポンプのサージング
3・13 共通機器：送風機編 …………… 99
　（1）各種送風機の種類とその特性
　（2）多翼送風機（シロッコファン）
　（3）後向き送風機（ターボファン）
　（4）翼型送風機（エアロフォイルファン）
　（5）軸流送風機（プロペラファン）
　（6）送風機全圧
　（7）送風機の「直列運転」と「並列運転」
　（8）送風機のサージング

第4話　空気調和機に関する知識
4・1 空気調和機とは？ ……………… 104
4・2 空気調和機の分類 ……………… 106
4・3 空気調和機の種類 ……………… 106
　（1）一般型エアハンドリングユニット
　（2）用途別エアハンドリングユニット
　　1）システム化エアハンドリングユニット
　　2）ターミナル型エアハンドリングユニット
　　3）床吹出空調用エアハンドリングユニット
　　4）クリーンルーム用エアハンドリングユニット
　（3）パッケージ型空調機
　（4）ビルマルチ空調機
　（5）ルームエアコンデイショナー
　（6）ファンコイルユニット
4・4 デシカント空調機 ……………… 119
4・5 空気調和機を腑分けする ……… 120
　（1）送風機（fan）
　（2）冷却コイル
　（3）加熱コイル
　（4）加湿器
　（5）エアフィルタ
　（6）ケーシング
4・6 空調機の「機内静圧」と「機外静圧」
　　　……………………………………… 127

第5話　工事施工管理上の必須知識
5・1 工事施工管理とは？ …………… 130
　（1）品質管理
　（2）原価管理
　（3）工程管理
　（4）安全管理
　（5）環境の保護
　（6）志気管理
5・2 工事施工計画の策定 …………… 132
　1）諸官庁申請届け出手続き業務
　2）空調設備の施工図作成業務
　3）機器類製作図の作成承認業務

5・3 工事品質管理の要点 ………… 137
（1）品質管理とは？
（2）品質管理のサイクル
（3）品質管理の効果
（4）品質管理の手法
（5）品質検査の方法
　1）全数検査
　2）抜取り検査
5・4 工事工程管理の要点 ………… 141
（1）工程管理の基本事項
（2）工程表の種類
　1）バーチャート工程表
　2）ネットワーク工程表
（3）工程表の作成
（4）バーチャート工程表の作成手順
（5）ネットワーク工程表の作成手順
5・5 工事安全管理の要点 ………… 145
（1）災害発生率の指標
（2）安全管理の進め方
（3）安全作業のため要件
　1）足場と通路の安全要件
　2）その他の安全作業要件
5・6 工事原価管理の要点 ………… 147
5・7 工事施工管理の要点 ………… 147
（1）機器基礎工事
　1）機器基礎
　2）防振基礎
（2）機器搬入工事
（3）機器据付工事
　1）冷凍機
　2）ボイラ
　3）冷却塔
　4）空気調和機
　5）ファンコイルユニット
　6）送風機
　7）ポンプ
　8）ルームエアコン
（4）箱入れ工事・はり貫通スリーブ入れ工事・インサート打ち工事
　1）箱入れ工事
　2）はり貫通スリーブ入れ工事
　3）インサート打ち工事
5・8 設備工事の工業化工法 ………… 164
（1）工業化工法とは？
（2）採用工業化工法の事例
　1）プレハブ工法

　2）ユニット工法
　3）ブロック化工法
　4）建築作業との一体化・複合化工法
（3）全天候型自動化建設工法

第6話　ダクト設備工事の必須知識
6・1 ダクト設備工事とは？ ………… 169
6・2 日本におけるダクト工事の変遷小史
　　　………… 169
6・3 ダクト設備工事の種類 ………… 176
（1）使用目的別ダクト分類
（2）使用材料別ダクト分類
（3）形状別ダクト分類
6・4 ダクトサイズの決定法 ………… 179
（1）等圧法
（2）等速法
6・5 日本におけるダクト呼称と
　　圧力範囲 ………… 182
（1）低速ダクト方式採用の留意点
（2）高速ダクト方式採用の留意点
（3）日本におけるダクト呼称と圧力範囲
6・6 亜鉛鍍鉄板製ダクトの強度と板厚
　　　………… 184
（1）鋼板製ダクトの継ぎ目（はぜ）の位置
（2）ダクトの補強材
（3）長方形亜鉛鍍鉄板ダクトの板厚の不思議？
6・7 ダクト設計・施工上上の留意点
　　　………… 187
（1）一般的注意事項
　1）ダクトの作業空間についての検討
　2）保守点検作業等についての検討
　3）壁貫通部・床貫通部の施工
　4）厨房用ダクト・浴室用ダクトなどの高温多湿箇所の施工
（2）ダクト加工・製作および施工上の留意点
　1）ダクトのアスペクト比
　2）ダクトの急拡大と急縮小
　3）ダクトの曲率半径
　4）円形ダクトの接続法
　5）ダンパーの取り付け法
6・8 送風機回りのダクト施工 ………… 193
6・9 ダクトからの空気漏洩と
　　シール作業 ………… 196

第7話　配管設備工事の必須知識
7・1 配管設備工事とは？ ……………… 200
7・2 空調設備配管の分類 ……………… 202
（1）配管用途による分類
　1）冷水配管
　2）冷却水配管
　3）温水配管
　4）冷温水配管
　5）蒸気配管
　6）油配管
　7）冷媒配管
（2）配管方式による分類
　1）流水方式による分類
　2）回路方式による分類
　3）還水方式による分類
　4）搬送方式による分類
7・3 空調設備用配管材料 ……………… 210
7・3・1 金属配管材料
（1）配管用炭素鋼鋼管
（2）圧力配管用炭素鋼鋼管
（3）ステンレス鋼鋼管
（4）銅管
7・3・2 非金属配管材料
7・4 配管工事を支える補助部材 …… 215
（1）管継手類
（2）配管用特殊継手類
（3）弁（バルブ）類
（4）計器類
（5）配管支持・固定材料
7・5 配管材料別配管加工および
　　　その接合法 ……………………… 224
（1）配管工事の基本プロセス
（2）SGP：切削ねじの加工法および接合法
（3）SGP：転造ねじの加工法および接合法
　1）転造ねじとは？
　2）転造ねじの加工
　3）転造ねじのねじ込み作業
（4）SGP：溶接接合法
　1）SGP：ガス溶接法
　2）SGP：アーク溶接法
　3）SGP：溶接作業手順
（5）SGP：メカニカル管継手接合法
（6）SUS鋼管の接合法
　1）SUS鋼管接合法の種類
　2）SUS鋼管の切断法
　3）ステンレス鋼鋼管の接合法の留意事項
（7）銅管の接合法
　1）銅管接合法の種類と原理
　2）軟ろう付け接合法と硬ろう付け接合法
　3）硬ろう付け施工上の留意点
（8）その他のライニング鋼管の接合法
7・6 配管工事：施工上のべからず集
　　　……………………………………… 240
（1）配管工事全般
（2）弁計器類の選択・取り付け

第8話　換気設備工事
8・1 換気設備工事とは？ ……………… 242
8・2 なぜ換気が必要なのか？ ………… 243
8・3 換気方法の種類 …………………… 246
（1）自然換気法
（2）機械換気法
（3）機械換気法の種類
8・4 全体換気方式と局所換気方式 … 248
（1）全体換気方式
（2）局所換気方式
8・5 必要換気量の計算法 ……………… 250
（1）換気回数による方法
（2）許容値以下にする方法
（3）法規制に基づく方法
（4）燃焼器具に必要な換気量から算出する方法
（5）火を使用する室の換気量
8・6 局所換気と排気フード類 ……… 256
8・7 「空気齢」と「換気効率」 …… 258
（1）空気齢（Age of Air）
（2）換気効率（Ventilation Efficiency）
8・8 換気に関する法規 259
（1）換気設備を対象とした法規制
（2）居室を対象とした法規制
（3）燃焼器具を有する室を対象とした法規制
（4）労働環境を対象とした法規制
（5）換気に関するその他の法規制

第9話　排煙設備工事
9・1 排煙設備工事とは？ ……………… 262
9・2 防火区画と防煙区画 ……………… 264
（1）防火区画
（2）防煙区画
9・3 排煙方式の種類 …………………… 269
（1）自然排煙方式
（2）機械排煙方式

9・4 天井チャンバー方式の排煙設備　271
9・5 特殊な排煙方式 …………… 272
9・6 排煙設備の設置対象場所 ……… 273
　1）建築物の排煙設備
　2）特別避難階段の排煙設備
　3）非常用エレベータの排煙設備
　4）地下街の排煙設備
　5）消防法による排煙設備
9・7 排煙設備設計・施工上の留意点
　　　………………………………… 275
　（1）排煙風量の算定方法
　　1）防火区画の排煙風量
　　2）排煙機の風量
　（2）排煙用ダクトの風量算定
　　1）各階横引き排煙ダクト
　　2）排煙縦ダクト
　（3）排煙口に関する必須知識
　（4）排煙ダクトの設計・施工に関する必須知識
　（5）排煙機の選定上の注意事項

第10話　保温・保冷工事
10・1 保温・保冷工事とは？ ……… 281
10・2 代表的な保温・保冷材料 …… 282
　（1）人造鉱物繊維保温材
　（2）無機多孔質保温材
　（3）発砲プラスチック保温材
10・3 保温・保冷材料の選定上の留意点
　　　………………………………… 284
　（1）保温材料の温度との関係
　（2）保温材料と水分との関係
　（3）保温材料の経済的厚さ
10・4 保温材・防露材の必要な保温材厚さ
　　　………………………………… 285
　（1）平面の場合の熱貫流
　（2）円筒（管）の場合の熱貫流
　（3）一般的な保冷・防露厚さの一例
10・5 保温・保冷・防露工事の留意点
　　　………………………………… 289
10・6 熱橋（サーマル・ブリッジ）… 292
　（1）熱橋とは？
　（2）熱橋現象が避けられないときの具体例

第11話　塗装工事
11・1 塗装工事とは？ ……………… 296
11・2 塗装施工必要箇所 …………… 297
11・3 塗料の分類 …………………… 298
　（1）塗料の主成分による分類
　（2）塗装工程による分類
　（3）JIS規格製品
11・4 塗料の種類 …………………… 299
　（1）エッチングプライマ
　（2）下塗り塗料
　（3）中塗り・上塗り塗料
　（4）特殊用途の塗料
11・5 塗料の耐久性 ………………… 300
11・6 塗装工事の施工要領 ………… 302
　（1）施工手順
　（2）素地調整
　（3）現場で採用される塗装方法
　（4）工場等で採用される塗装方法

第12話　自動制御設備工事
12・1 自動制御設備とは？ ………… 308
12・2 自動制御の基本概念 ………… 312
　（1）フィードバック制御
　（2）フィード・フォーワード制御
　（3）シーケンス制御
12・3 自動制御の制御動作 ………… 316
　（1）自力式自動制御方式
　（2）他力式自動制御方式
　　1）電気式自動制御方式
　　2）電子式自動制御方式
　　3）DDC自動制御方式
12・4 自動制御の動作原理 ………… 318
　（1）二位置動作制御
　（2）多位置動作制御
　（3）比例動作制御
　（4）比例＋積分動作制御
　（5）比例＋微分制御
　（6）比例＋積分＋微分動作制御
　（7）その他の動作制御
12・5 自動制御システムの例 ……… 322
　（1）熱源機器の自動制御システム技術の例
　　1）熱源機器の自動制御概論
　　2）熱源機器自動制御の具体例
　　3）冷却水の自動制御
　（2）空調機器類の自動制御
　　1）空調機器類の自動制御概論
　　2）定風量（CAV）方式空調機の自動制御
　　3）変風量（VAV）方式空調機の自動制御
　　4）パッケージ型空調機の自動制御
　　5）ファンコイルユニット（FCU）の自動

制御
12・6　DDC方式 ……………………… 329
　（1）DDCとは？
　（2）DDCの特徴
12・7　ビル中央監視装置 ……………… 331
　（1）ビル中央監視システムとは？
　（2）中央監視装置の機能
　（3）BAS（ビルディングオートメーション
　　　システム）
12・8　自動制御の更新時の注意点 …… 334
　（1）自動制御機器更新時の注意点
　（2）更新時の省エネルギー制御メニュー
12・9　自動制御技術の今後の課題と
　　　動向 ……………………………… 335
　（1）自動制御技術の課題
　　1）自動制御製品の開発
　（2）今後の自動制御とIoTについて
　　1）自動制御とIoTの今
　　2）自動制御とIoTの今後

第13話　試運転調整業務

13・1　試運転調整業務とは？ ………… 338
13・2　試運転調整業務の
　　　意義・目的・種類 …………… 338
　（1）試運転調整業務の意義
　（2）試運転調整業務の目的
　（3）試運転調整業務の種類
13・3　空調設備試運転調整業務：
　　　留意点精選12 ………………… 340
　（1）空調機器の据付け状態のチェック
　（2）配管のフラッシング後のストレーナの
　　　清掃
　（3）開放式膨張タンクの設置位置
　（4）防火ダンパと温度ヒューズの確認
　（5）三相交流誘導電動機の相間の結線間違
　　　い
　（6）ポンプの単体試運転でフル稼働をしな
　　　い
　（7）多翼送排風機の総合試運転をする場合
　　　の注意
　（8）グランドパッキン式の軸封装置を採用
　　　しているポンプでの注意
　（9）温水暖房でのポンプ吸込み側のバルブ
　（10）弁類を開放したまま持ち場を離れない
　（11）ゲート弁の半開状態で使用しない
　（12）排煙機起動時の注意

13・4　送風系の風量調整法の種類と
　　　その特徴 ………………………… 347
　（1）遠心送風機の性能曲線の予備知識
　（2）送排風機系の風量調整法の種類と
　　　その特徴
　　1）吐出ダンパによる風量調整法と
　　　その特徴
　　2）吸込みダンパによる風量調整法と
　　　その特徴
　　3）吸込みベーンによる風量調整法と
　　　その特徴
　　4）送風機の回転数制御による風量調整法
　　　とその特徴
　　5）軸流送風機の可変ピッチ風量制御法と
　　　その特徴
　　6）スクロールダンパによる風量調整法と
　　　その特徴
13・5　試運転調整業務の想定外の
　　　ハプニング …………………… 351
　（1）もやしを用いた鉄板焼肉コーナの排気
　　　状況テスト
　（2）グラスウールダクト接続の天井隠蔽型
　　　FCUの送風トラブル
　（3）Y型ストレーナの底板穴あき事故
13・6　各種性能計測および測定機器類
　　　 …………………………………… 353
　（1）各種性能計測
　（2）測定機器類
　　1）温湿度測定器
　　2）湿度測定器
　　3）風速測定器
　　4）騒音計
　　5）圧力測定器
　　6）振動測定器
　　7）ガス濃度測定器
　　8）粉じん濃度測定
　　9）電気関係測定器
　　10）空気環境測定器
13・7　上級技術者として、是非知ってお
　　　きたい常識 ……………………… 365
　（1）コミッショニングとは？
　（2）ファシリティマネージメントとは？
　（3）バリデーションとは？
　（4）ESCO事業とは？

第14話　顧客への引渡し業務 … 370
（1）顧客への引渡し業務とは
（2）一般的留意事項
（3）その他の詳細留意事項
（4）引渡し後の想定外のトラブル・クレーム

【付録編】
1．防音設備……………………… 378
2．防振設備……………………… 380
3．地震と設備耐震……………………………… 381
4．設備材料と腐食……………………………… 283
5．設備の故障と故障率………………………… 384
6．設備の耐久性………………………………… 386
（1）多種多様な保全
（2）空調設備の耐久性と耐用年数
おわりに………………………………………… 390

第1話 空気調和設備：入門編

1・1 空気調和設備工事とは？
（1）空気調和の目的

　空気調和（air-conditioning）とは、図1・1に示すように、対象とする空間の空気の温度・湿度・気流・清浄度・気圧の、いわゆる**五大制御因子**を要求値に適合するように、人為的に制御（コントロール）することである。この**五大制御因子**とは、筆者が初めて提唱した用語で、それまでは、気圧（圧力制御）を除く**四大制御**

図1・1　空気調和の五大制御因子

因子という用語が幅広く使用されていた。しかしながら、現在では**一般空調**においても、**クリーンルーム空調**においても、**室圧**は無視することのできない、重要な制御因子となっている。

（2）空気調和の種類

空気調和（空調）は、その目的や対象によって、以下の3つに大別できる。

1）快適空調（comfortable air-conditioning）

この空調は、別名**快感空調**とか**アメニテイ空調**とも呼ばれ、住宅・事務所・商店・劇場などの空間を**快適で健康的な環境**あるいは**生活環境**と感じ、日常活動を支障なく営めるように制御することを目的とした**居住者のための空調**である。

【知っておきたい豆知識】

空調の起源

　暑い夏に**冷たい**空気を作って涼しく過ごそうという考えは、古く**エジプト**にもあったようであるが、現代の空調に結びつくような技術は、19世紀の後半になって**温風暖房装置**の中に**氷のブロック**を置いたり、**暖房用のコイル**に**井戸水**を通し、あるいは冷凍機と冷却コイルを用いて**冷房**したのが初めとされている。

　しかし、このような方式は**本格的な空調**とは言いにくいものであった。このような時代を経て、1902年にアメリカの技術者：W.H.キャリアが、印刷工場の湿度を調整するのに、空気を冷却してその**露点温度**を調整することによって、**空気の湿度を調整**できることを発見した。これが**現代空調**の嚆矢となった。

　その後キャリアは、**エアワッシャ**（1907年）・**遠心冷凍機**（1922年）・**フィン付き管**（1923年）・**誘引ユニット**（1929年）などを発表するとともに、1911年には初めて**空気線図**をアメリカ機械学会で発表するなど、空調技術の発展に大いに寄与した。したがって、**冷房技術の歴史は暖房技術の歴史と比べて短く**、約100年程度の歴史しか有していないのである。

図1・2　古代エジプトの蒸発冷却法

換言すると、この空調が、**建築物衛生法**の管理対象となる空調である。

2）作業空調（human activities air-conditioning）

この空調は、工場・作業所・体育館などで、日常生活より少し激しい活動（労働やスポーツなど）をする人を対象に健康と安全を確保し、**周囲環境・作業環境および作業能率の向上**を図ることを主目的とする空調である。

図1・3　作業空調

【技術用語解説】

建築物衛生法

これは、かつては**ビル管法**（ビル管理衛生法）という愛称で呼ばれていたが、現在**建築物衛生法**という呼称に変わっている。正式には、**建築物における衛生的環境の確保に関する法律**という。

この法律は、多数のものが利用し、または利用する建築物に対し、**環境衛生管理上必要な事項**等を定めることにより、その建築物における**衛生的な環境の確保**を図り、**公衆衛生の向上および増進**に資することを目的とする法律である。

特に、空気環境の7項目については、**品質管理基準**が定められている（後出）。

図1・4　快感空調

3）工業工程空調（industrial process air-conditioning）

　この空調は、別名**プロセス空調**とも呼ばれている。種々の製品を製造する工場で、室内の温度・湿度・気流・清浄度を制御し、製品の**品質維持・生産速度の制御・生産コストの低減**など、**生産の合理化**を目指すものである。

　この空調は、**製造装置**の一つとして取り扱われる空調であり、その他貯蔵や輸送の工程にかかわるものも含まれる。

　したがって、工業工程空調の対象空間は、必ずしも**建物全体・部屋全体**ではなく、**局所空間**だけを対象とする場合が多い。

図1・5　工業工程空調

　近年、産業界で広範に採用されている**インダストリアル・クリーンルーム（ICR）**や**バイオロジカル・クリーンルーム（BCR）**は、この工業工程空調に該当する。

　ちなみに、**快適空調**と**作業空調**は、人間の**快感**や**健康維持**を主目的にしているので、両者を併せて**保健空調**と呼ぶこともある。

　これに対して、**作業空調**と**工業工程空調**は、産業界を対象としていることから、**産業空調**と呼ぶこともある。

（3）温熱感覚指標と室内空気質（IAQ）
1）温熱感覚指標

　人間の温度等に関する感覚は、一般に"暑い・寒い"などというように表現されるが、表1・1に示すような各種の**温熱感覚指標**(thermal index)がある。

　従来から、**温熱感覚表示**には、温度・湿度・気流速度・周壁の放射温度のうち、

第1話 空気調和設備：入門編

1～4つの要素を組み合わせた方法がとられてきた。

この表中の**予測平均温冷感申告（PMV：Predicted Mean Vote）**は、1967年（昭和42年）にデンマーク工科大学のO.Fanger教授によって、新しく提案された**温熱感覚指標**で、近年では**ISO規格7730**として規定されており、日本でも幅広く浸透しつつあるものである。この温熱感覚指標は、既述の温度・湿度・気流速度・平均放射温度の4要素の他に、**着衣量（衣服の熱絶縁性単位（クロー）：clo＝約0.18㎡・h℃/kcal＝0.16㎡・K/W）**と代謝熱量：単位（メット）：met＝50kcal/㎡・h＝

表1・1 人体の温熱感覚に対する総合感覚指標

総合指数の名称	記号	室内温熱環境の指標
不快指数	DI : discomfort index	$DI = 0.72 (ta + tw) + 40.6$ ta：乾球温度（℃） tw：湿球温度（℃） $DI \leq 70$：不快を感じない、$75 < DI < 85$：50%程度の人が不快、$DI \geq 85$ 全員が不快を感じるといわれている。
効果温度	OT : operative temperature	$OT = \{(MRT) + ta\}/2, \ MRT \fallingdotseq \Sigma (t_k A_k) / \Sigma A_k$ MRT：平均ふく射温度（℃）、ta：乾球温度 t_k：壁体表面の温度（℃）、A_k：壁体の表面積（㎡） ・気温、気流、幅射などによる温熱感覚を示す。湿度の影響は考慮していない。
有効温度	ET : effective temperature	・人体に感じる音感などの感覚に対して温度、湿度、気流の影響を一つにまとめた快適性の指標をいう。
新有効温度	ET^* : new effective temperature	・軽い着衣の成人が労働をしないで、室内風速が 0.25m/s の室内に長時間滞在したときの温湿度の感じ・温感を相対湿度50%の線上の温度で代表したもの。$ET^* \geq 30℃$では空気の絶対湿度の影響は大きいが、$ET^* \leq 25℃$では空気の湿度での影響が大きい。式は省略
PMV	predicted mean vote	・被服を通して人体が感じる暑さ・寒さを、空気温度・湿度・周壁から受けるふく射熱の影響、運動や着衣の状態と発汗などによる定常状態での人体の熱収支（L）として求める。−3から3の1きざみの7段階評価で冷温感を評価する。

第1話　空気調和設備：入門編

58.2w/㎡・hの2要素を加えた6要素をもとに、大多数の人が感じる**温熱感覚**を数値として表現している。

そのスケールは、寒い＝－3、涼しい＝－2、やや涼しい＝－1、どちらでもない＝0、やや暖かい＝＋1、温かい＝＋2、暑い＝＋3の以上7段階で表現される。

また、**予測不満足率（％）** は、PPD：Predicted Percentage Dissatisfactionと呼ばれるが、これは熱的に不満足を感じる人の割合を百分率で示したもので、ISO-7730では、－0.5＜PMV＜＋0.5で、かつPPD＜10％を**快適範囲**として推奨している。

ちなみに、図1・7は、予測平均温冷感申告（PMV）と予測不満足率（PPD）の関係を示したものである。

【知っておきたい豆知識】

有効温度（ET：Effective Temperature）
　人体の**寒暑感覚**に対する温度・湿度および気流速度の3つの要素を組み合わせた温熱感覚指標で、**効果温度**または**体感温度**ともいう。

　温度・湿度・風速が与えられた熱環境と同一の寒暑感覚を与える、湿度：100％、風速：0m/sの時の温度で、申告によって得た値**通常着衣時**と**上半身裸体時**について、**ヤグローの有効温度線図**として示されている。図の形状がネクタイに似ているので別名**ネクタイ線図**とも呼ばれている。

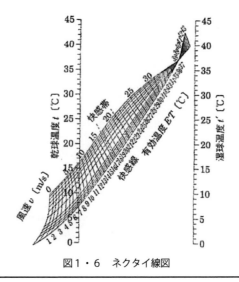

図1・6　ネクタイ線図

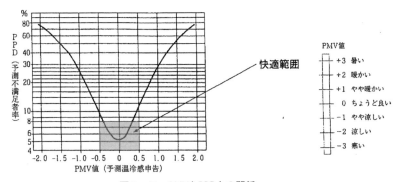

図1・7　PMVとPPDとの関係

2）室内空気質（IAQ）

1980年（昭和55年）代前半から欧米の**オフィスビル**などで、**シックビルデイング症候群（SBS）**という症候群が頻発するようになったことがある。その原因として考えられるのは、**省エネ目的**で本来空調設備に取り入れるべき**外気量**を極端に減らしてしまったからである。ちなみに、室内空気質（IAQ：Indoor Air Quality）を悪化させる、空気中に含まれる**室内空気汚染物質**は、表1・2に示す通りである。

表1・2　主たる室内空気汚染物質

汚染物質	発生源
揮発性有機化合物（VOC）	香水、整髪剤、接着剤、光沢剤、ワックス、塗料、着色剤など
ホルムアルデヒド	パーティクルボード、合板、尿素ホルムアルデヒド発泡断熱材、キャビネット、家具、カーペットなど
薬剤	殺虫剤、殺菌剤、消毒剤、白蟻駆除剤、防蟻剤など
CO（一酸化炭素） CO_2（二酸化炭素） NO_2（二酸化窒素）	ガス、灯油暖房機器、木炭ストーブ、ガス調理器、暖炉、タバコ煙、自動車の排気ガスなど
SO_2（二酸化硫黄）	灯油暖房機器など
オゾン	プリンター、コピーなど
微生物（バクテリア、ウイルス、カビ、ダニ、花粉）	植物、動物、鳥、人体、ハウスダストなど
ラドン	土壌*、地盤*などから

＊：地域による。北米、北欧などでは建物の建つ地盤に含まれるラドンが室内へ侵入するケースが多い。侵入したラドンは肺がんを引き起こす可能性がある。

このころに**第一次ショック（1973年）・第二次オイルショック（1979年）**が相次いで発生したため、**建物の省エネルギー化**が喫緊の課題となり、建物の高気密化・高断熱化が急速に進められるようになった。

第1話　空気調和設備：入門編

　建物が高気密（high air-tightness）になったことから、高湿度の**住宅**や**建築物**が増え、このような建築物においては、いったん結露が生じるとさらに結露を促進させる傾向があり、**換気不足**によるカビの発生や壁紙が剥がれるなど、建築物自体の損傷も大きく、居住者への**健康影響**も懸念される。

　また、空調機の**ドレンパン**や**エアフィルタ**にカビが発生することもある。特にダクト内（曲管部）にはカビが発生しやすく、**空調機ファン**や**空調用ダクト**を経由して、**カビの胞子**が室内に飛散されることもある。

　建築物で見つかるカビの種類は60種程度であるが、中には人体に侵入し**肺炎症状**を起こすカビや**アレルギー性疾患**を引き起こすカビもあるため、建築物にカビを発生させないようにすることが重要である。

3）建築物衛生法の室内環境管理基準

　建築物における衛生的環境確保に関する法律（略称：建築物衛生法）において、興行場・百貨店・店舗・事務所・学校等の用に供される建築物で、**特定用途**に使用される、延べ面積：3,000㎡以上（ただし、専ら学校教育法第1条に定められている学校（小学校・中学校）等については、8,000㎡以上の規模を有するもの）を**特定建築物**[注]と定義し、その**特定建築物**の所有者・占有者に対して、**建築物衛生管理基準**に従って維持管理することが義務付けられている。

　この**建築物衛生管理基準**では、空気調和設備を設けている場合、**室内環境管理基準**が定められている。現在では、表1・3に示すように、建築物衛生法の**室内環境**

【ちょっと一言！】

筆者とPMVとの出会い

　もう大分以前のことであるが、ハンガリーのブダペストで**室内空気質**（Indoor Aier Quality）に関する国際学会が開かれたことがある。

　たまたま、筆者もこの大会に参加する機会を得たのであるが、この交歓パーティの席上でイギリスから参加された一女性研究員と歓談した時のことである。彼女は"日本でも温熱感覚指標として、PMVを採用していますか？"と質問してきたのである。

　小生は、当時恥ずかしながら、"PMVとは何か？"全然知らなかったのである。

　でもイギリス人女性の手前、"PMVって一体何ですか？"と聞き返すこともできず、"Of course, yes！（当然ですよ！）"と答えて、その場をしのいだのだが、日本でもPMVなる用語が一般化するようになったのは、帰国後のことである。

注：建築基準法第2条第2号に定められている「特殊建築物（specified buildings）」とは　異なるの　で混同しないこと！

管理基準には7つの項目が規定されている。

表1・3　建築物衛生法に規定されている室内環境管理基準

項目	管理基準値	適否の判定	測定器	備考
温度	17〜28℃冷房時には外気との差を著しくしない	瞬間値	0.5℃目盛りの温度計	機械換気の場合は適用しない
相対温度	40〜70%	瞬間値	0.5℃目盛りの乾湿球温度計	機械換気の場合は適用しない
気流	0.5m/s以下	瞬間値	0.2m/s以上を測定できる風速計	—
浮遊粉じん量	0.15mg/㎥以下	平均値	規則第3条に規定する粉じん計	光散乱法・ろ紙透過率法などの測定器を使用する
一酸化炭素（CO）	10ppm以下	平均値	探知管方式	特例として外気ですでに10ppm以上のCOがある場合には管理基準値を20ppmとする
二酸化炭素（CO_2）	1000ppm以下（0.1%以下）	平均値	探知管方式	—
ホルムアルデヒドの量	0.1mg/㎥以下	平均値	規則第3条の2に規定する測定器	—

　また、これら7項目の**測定方法**については、**建築物衛生法施行規則第3条の2**で、表1・4に示すように規定されている。通常の測定方法として、①年間測定の頻度、②測定の時刻および一日の頻度、③測定場所、④測定点の高さなども、細かく規定されている。測定頻度については、2カ月ごとに1回、定期的に報告することが義務付られているが、2ケ月に1回測定すれば十分ということではなく、最低限2ケ月毎に1回実施する必要があると理解すべきである。

　ただし、**ホルムアルデヒド（HCHO）の量**に関しては、他の6項目とは異なり、当該建物の建築・大規模な修繕または大規模な模様替を行った場合に、その使用を開始した時点の直近の6月1日から9月30日までの間に1回、その階層の居室において測定しなければならないとされている。

1・2 必須：湿り空気線図の知識
(1)「湿り空気」と「湿り空気線図」

　水蒸気をまったく含まない空気を**乾き空気（dry air）**というが、人間の周囲を取

第1話　空気調和設備：入門編

表1・4　空気環境測定機器および器材（建築物衛生法施行規則第3条の2）

項目	測定器	測定の時刻及び一日の測定頻度	適否の判定	年間測定の頻度	測定高さ	備考
一 浮遊粉じんの量	グラスファイバーろ紙（0.3μmのステアリン酸粒子を99.9％以上捕集する性能を有する者に限る	通常の使用時間中に最低1日2回以上。1回目は始業時から中間時まで、2回目は中間時から終業前までの適切な2時点。	1日の使用時間中の測定値の平均値	2ケ月以内ごとに1回、各階で測定	床面から75cm以上150cm以下の範囲で実施。	機械換気の場合は適用しない
二 一酸化炭素の含有率	検知管方式による一酸化炭素検定器					
三 二酸化炭素の含有率	検知管方式による二酸化炭素検定器					
四 温度	0.5℃目盛の温度計		1日の使用時間中の測定した時点でのそれぞれの測定値			
五 相対湿度	0.5℃目盛乾湿球湿度計					
六 気流	0.2m/s以上の気流を測定することができる風速計					
七 ホルムアルデヒドの量	2・4-ジニトロフェニルヒドラジン捕集-高速液体クロマトグラフ法により測定する機器、4-アミノ-3-ヒドラジノ-5-メルカプト-1・2・4-トリアゾール法により測定する機器又は厚生労働大臣が別に指定する測定器	通常の使用時間中に最低1日2回以上。1回目は始業時から中間時まで、2回目は中間時から終業時までの適切な2時点。		建築物の建築、大規模な修繕・模様替えをし、その使用開始した直近の6月～9月の間に1回実施		

【技術用語解説】

結露（vapour condensation）

　天井・壁・床などの表面、またはそれらの内部温度が、その位置の湿り空気の**露点温度**以下になったとき、空気中の**水蒸気**は一部凝縮して**液体**となる。この現象を**結露**という。
　結露には、表面に水滴がつく場合の**表面結露**と内部が低温の時に水蒸気が内部に侵入し内部で結露する**内部結露**とがある。多層壁の**中空層**や狭い空間を有する天井裏などに発生する結露も、一般に**内部結露**と呼ばれている。

図1・8　表面結露と内部結露

り巻いている空気は、かならず水蒸気を含んでおり、**湿り空気**（moist air）と呼ばれている。空気調和設備を設計する上で、様々な空気の状態の特性値を知る必要があるが、ある空気の二つの特性を特定すると、他のすべての諸元を特定できる非常に便利なチャートが**湿り空気線図**（Psychrometric Chart）である。

なお、湿り空気の特性値には、乾球温度・湿球温度・露点温度・絶対湿度・相対湿度・比較湿度・全圧力・水蒸気圧力・比容積・比エンタルピー等々が含まれているが、**風速**などは含まれていないので留意すること！

ちなみに、**湿り空気線図**には、一般には、
①比エンタルピー：hと絶対湿度：xを**斜交軸**にとった**h-x線図**、
②温度：tと絶対湿度：xを直交軸のとったt-x線図（**別名：キャリア線図**）、
③温度：tとイエンタルピー：hを直交座標にとったt-h線図
の三種類があるが、一般の空調設計用に採用される空気線図は、①**h-x線図**である。

図1・9は、その**h-x線図**の骨子を示したもので、図1・10は、実際に使用される**h-x線図**である。

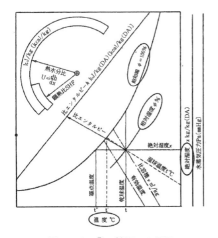 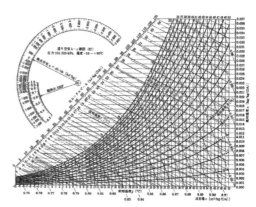

図1・9　「h-x線図」の骨子　　　　図1・10　実際の「h-x線図」

（2）湿り空気線図の活用法

湿り空気線図の知識は、空調設備設計者にとって不可欠な知識である。筆者は、**1級／2級管工事施工管理技士試験**の受験準備講習会の講師を長年務めてきたが、

第1話　空気調和設備：入門編

湿り空気線図からの出題を苦手としている受験生が多いようである。
　その理由は、以降で述べる必須用語をよく理解していないことにあると思われる。

1）湿り空気線図で使用される必須用語
①乾球温度と湿球温度

　空気の温度を示す指標として、**乾球温度**（D.B.：Dry Bulb temp.）と**湿球温度**（W.B.：Wet Bulb temp.）の二つがあり、通常は**乾湿球温度計**で測定する。
　この両者の違いは、温度計の**感温部（アルコールや水銀の封入されている部分）**が、図1・11に示すように、乾球温度計の場合には、露出した状態であるのに対して、湿球温度計の場合には、**ガーゼ**が巻き付けられている。

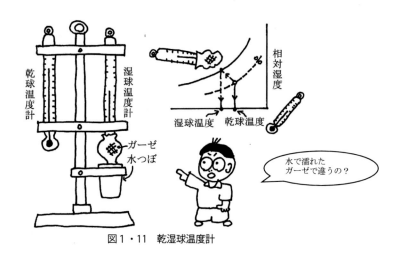

図1・11　乾湿球温度計

　そして、その一端を水の入った容器(水つぼ)に浸すことによって、ガーゼは**毛管作用**（capillary phenomenon）によって水を吸い上げて、いつも**湿った状態**になる。
　一方で、そのガーゼから空気中に水分が蒸発していく過程で、水蒸気に**相変化**（phase change）する際に**蒸発潜熱**を奪うため、感温部の温度が下がることになる。
　したがって、乾球温度計と湿球温度計の指示する温度に差が生じ、空気の温度が低い状態ほどガーゼからの水が盛んに蒸発するため、湿球温度計が乾球温度計より低い温度を指示することになる。こうして、乾球と湿球の両温度差を読むことによ

って**空気の湿度（水蒸気の量）**を容易に知ることができる。
②露点温度
　図1・12に示すように、ガラスコップに冷たい水をいれて空気中に放置すると、周囲の空気中の水蒸気が水滴となってコップの外表面に現れてくる。

図1・12　結露現象

　こうした現象を**結露（vapour condensation）**と呼んでいるが、空気中の水蒸気量が多い状態ほど、コップの表面温度が低いほど**結露現象**が発生する。
　反対に、空気中の水蒸気量が少ない場合には、水の温度を下げてコップの温度を低くしないと**結露**は発生しない。この空気中の水蒸気が結露し始めるときの温度を**露点温度（DP：Dew Point temp.）**という。
　また、空調機などで、空気が結露する**冷却コイル**の表面温度のことを、特に**装置露点温度（ADP：Apparatus Dew Point temp.）**と呼んでいる。
③絶対湿度と相対湿度
　乾き空気の重量：1kg中に含まれる水蒸気の総重量：kgを表したものが**絶対湿度（AH：Absolute Humidity）**で、単位は[kg/kg]（DA）で表す。
　一方、湿り空気が**飽和状態（理論上これ以上空気中に水蒸気を保有できない状態）**に対して、どれくらいの割合で水蒸気を保有しているかを指標が**相対湿度（RH：Relative Humidity）**（関係湿度ともいう）である。
　図1・13に示すように、**相対湿度**とはある水蒸気の分圧（P）と飽和水蒸気分圧（Ps）との比を百分率[%]で示したものである。
④比エンタルピー（h）
　乾き空気中に、水蒸気が入り込んでいる状態を考えた場合、**乾き空気**と**水蒸気**の両方とも、それぞれ別個に**熱エネルギー**を保有しているため、両者のエネルギーを

第1話　空気調和設備：入門編

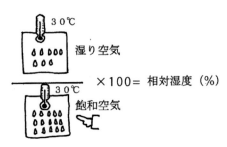

図1・13　相対湿度の意味

合算したものが、その湿り空気の保有するエネルギーとなる。
　こうした湿り空気の保有する、乾き空気（DA）の単位重量：kg当たりの保有熱量を**エンタルピー（enthalpy）**と呼び、単位はh[kJ/kg]（DA）で表す。すなわち、**比エンタルピー**とは、単純にその湿り空気の**保有する熱エネルギー**と考えればよい。

⑤熱水分比（enthalpy-humidity difference ratio）
　空気が外部から**熱**と**水分**を受ける場合、その空気の**エンタルピーの変化量(dh)**と**絶対湿度の変化量（dx）**との比：u=dh/dxを**熱水分比**という。

⑥顕熱比（SHF：Sensible Heat Factor）
　顕熱比とは、日本語でも別名：**エス・エイチ・エフ**と呼ばれる。湿り空気の温度および湿度が同時に変化する場合に、**顕熱（SH）**と**潜熱（LH）**の変化関係を示すものである。
　顕熱（SH）と全熱（TL=SH+LH）との比：SHF=SH／（SH+LH）で表され、湿り空気の状態点や状態変化などを求める場合などによく使用される。

⑦状態点と状態線
◇状態点：湿り空気線図上で、湿り空気の状態を表す点のこと。湿り空気の任意の二つの状態がわかれば、他の状態は湿り空気線図上で特定できる。

【知っておきたい豆知識】

比較湿度（saturation degree）
　上述の**絶対湿度**および**相対湿度**の他に、もう一つやっかいな**比較湿度**という用語が存在する。
　これは、ある湿り空気の絶対湿度：x[kg/kg]（DA）と同一温度の**飽和湿り空気**の絶対湿度：xs[kg/kg]（DA）との比：x/xsを％で表したもので、**飽和度（sturation degree）**と呼ぶこともある。**相対湿度**との違いをよく理解しておくこと！

◇状態線:湿り空気線図において、湿り空気のある状態点から基準点とSHF(**顕熱比**)の目盛りを結ぶ直線に平行に引いた直線のことである。

2)湿り空気線図上の空気状態の変化

ここでは、湿り空気線図上における空気の状態変化、すなわち混合・加熱・冷却・減湿・加湿などのプロセスについて解説しておきたい。

①湿り空気線図上における状態変化の基本

湿り空気線図は、**空気の性質**を表すさまざまな線(直線や曲線)から構成されている。基本的には、横軸には**温度目盛り(℃)**(乾球温度)を、縦軸には**絶対湿度目盛り〔kg/kg〕**(DA)をとっていることである。

このため、図1・14に示すように、ある状態を原点として、乾球温度が上昇すれば右方向に、下がれば左方向に**水平移動**し、また水蒸気量(絶対湿度)が増えれば上方向に、減れば下方向に**垂直移動**する。

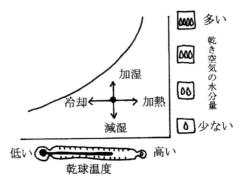

図1・14 湿り空気線図上での湿り空気の状態変化

加熱と加湿あるいは冷却と減湿など、温度と湿度が同時に変化する場合には、それぞれ**斜め右上方向**とか**斜め左下方向**とかいった具合に、横軸と縦軸を同時に変化する方向に**湿り空気の状態点**は、移動することになる。

②湿り空気の混合

異なった状態の2つの湿り空気を混合する場合、それぞれの空気の状態を表す点を湿り空気線図上にプロットし、この2点を直線で結び、混合前のそれぞれの比率に応じて、この直線を**内分する点**が混合空気の状態点となる。

いま、夏季の冷房運転を想定して、図1・15で屋内空気(還気)の状態点を

①、屋外空気（外気）の状態点を②、混合空気の状態点を③で表すと、屋内空気量と屋外空気量が等しい場合には、混合空気の状態③は、①と②を結ぶ丁度中央の点となる。

　一方、屋内空気量（還気量）が70％で、屋外空気量（外気量）が30％とした場合、混合空気③の状態点は、①と②を結ぶ線上を[①―③]：[②―③]が、30：70に内分する点となる。この"内分する"という用語は、あわてると**逆の取り方**をしがちであるが、あくまで混合点③は、風量の多いほうの状態点、すなわち上記の例では、状態点①に近くなることを是非覚えておきたい。

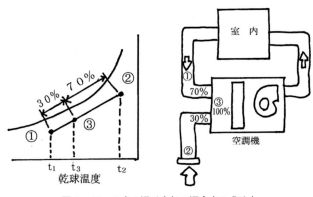

図1・15　2点の湿り空気の混合点の求め方

③湿り空気の加熱

　電気ヒータなどを使用して湿り空気を加熱した場合、乾球温度が上昇しても湿り空気の含有する**水分量**は、全く変化しない。

　したがって、図1・16に示すように、元の湿り空気温度の状態点①を通る**絶対**

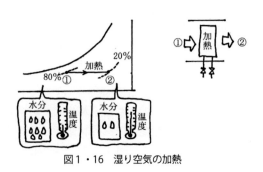

図1・16　湿り空気の加熱

湿度一定の線上を右方向に水平移動し、加熱後の乾球温度②が新しい湿り空気の状態点となる。

④湿り空気の冷却

　図1・17に示すように、湿り空気を**結露**しない範囲で冷却した場合、湿り空気の含有する**水分量（絶対湿度）**に変化はないので、元の湿り空気の状態点①を通る**絶対湿度一定**の線上を、左方向に**水平移動**し、冷却後の乾球温度との交点②が冷却後の湿り空気の状態点となる。

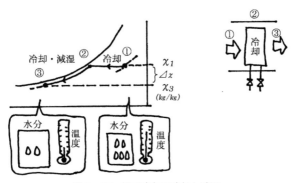

図1・17　湿り空気の冷却と減湿

⑤湿り空気の冷却減湿

　図1・18に示すように、上で述べた湿り空気温度をさらに湿り空気線図上の**飽和曲線（相対湿度100%の曲線）**との交点、すなわち**露点温度**まで冷却すると、湿り空気中の水蒸気が**結露（凝縮）**して水滴となって出てくる。

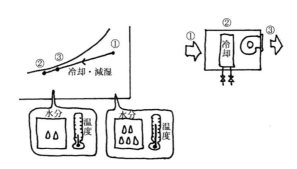

図1・18　湿り空気の冷却コイル出口の状態点

第1話　空気調和設備：入門編

　この結果、湿り空気の**絶対湿度**は低くなり、飽和曲線に沿って移動し、冷却後の乾球温度との交点③となる。
　実際の空調システムでは、湿り空気の**冷却・減湿**は、**冷却コイル（CC：Cooling Coil）** を使って行われる。しかし、冷却コイルに接触することなく通過してしまう**バイパス空気**があるため、湿り空気の全量が上記のような変化をするとは限らない。
　冷却コイルにより**冷却減湿**された後の湿り空気の状態を正確に求めることは、理論的にはかなり面倒なことである。したがって、一般的には図1・18に示すように考えて、完全に冷却減湿された湿り空気の状態点②と元の湿り空気の状態点①と混合して、冷却減湿後の状態点③を**冷却コイル出口**の状態点としている。

⑥湿り空気の蒸気噴霧加湿

　冬期の暖房時には、空気を加湿する必要がある。ここでは、その加湿方法の一つである**蒸気噴霧加湿**について紹介したい。湿り空気中に**蒸気噴霧加湿**をした場合には、絶対湿度が増加すると同時に、蒸気のもつ熱量によって、湿り空気が加熱されることになって、乾球温度もわずかに上昇する。
　このため図1・19に示すように、加湿後の湿り空気の状態は、元の状態点①から垂直よりやや右に傾いた斜め上方に変化して、状態点③となる。

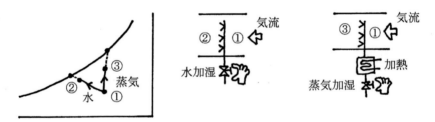

図1・19　湿り空気の蒸気加湿と温水・水噴霧加湿

⑦湿り空気の温水噴霧加湿または水噴霧加湿

　湿り空気中に**温水噴霧加湿**または**水噴霧加湿**した場合には、図1・19に示すように、元の湿り空気の状態点①を起点として**比エンタルピー一定**の線上に沿って斜め左上の方向に向けて変化して絶対湿度は増加する。
　反対に乾球温度は低下して②の状態点となる。これは、湿り空気中に噴霧された温水・水が最初は細かい水滴（水蒸気ではない）の状態であるものが、乾き空気の

もつ熱量を奪って、すなわち**蒸発潜熱**として**水蒸気**に変わるためである。

したがって、水蒸気の増えた分だけ、乾き空気の熱量が減って乾球温度が下がることになる。湿り空気の保有する熱量は、水蒸気と乾き空気のもつ熱量の合計であるため、結局閉まり空気全体としての熱量：比エンタルピーの値は変わらず、**比エンタルピー**上を斜め左上に変化することになる。

ちなみに、図1・20が、湿り空気の蒸気加湿と温水・水噴霧加湿における**比エンタルピー**の違いを図解したものである。また、**蒸気噴霧加湿**と**温水・水噴霧加湿**の場合のエンタルピー変化の違いを図解したものが、図1・19である。

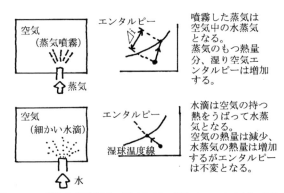

図1・20　蒸気加湿と温水・冷水加湿の場合のエンタルピー変化の違い

⑧湿り空気の化学的減湿

減湿の方法には、既述の**冷却コイル**を用いた**冷却減湿**の他に、**塩化リチウム溶液（LiCl）**などを用いた**液体吸収減湿法**や**シリカゲル（silica gel）**を用いた**固体吸着**

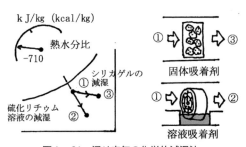

図1・21　湿り空気の化学的減湿法

第1話　空気調和設備：入門編

減湿法などがある。

　図1・21は、**化学的減湿法**を採用した場合の湿り空気線図である。**吸収プロセス（absorption process）**や**吸着プロセス（adsorption process）**では発熱があるので、乾球温度は上昇、絶対湿度・相対湿度は下がる。

【技術用語解説】

デシカント空調（decicant air-conditioning）

　デシカント（decicant）とは、本来**乾燥剤**または**除湿剤**という意味である。

　従来の空調方式では、除湿する場合には、冷媒や冷水で「**冷却コイル**」を冷却し、空気中の水分を結露させること、すなわち**冷却減湿**することによって、減湿（除湿）を行っており、場合によっては**再熱制御（reheat control）**が必要となる。

　これに対し、**デシカント空調システム**は、乾燥剤により空気中の水分を直接除去し、その後**顕熱**のみを所要レベルまで低下させる空調システムである。

　換言すると、従来の空調方式では、除湿のために空気の顕熱・潜熱を一体処理するのに対し、デシカント空調システムでは、**顕熱**と**潜熱**を分離処理するので、**省エネ効果**などの利点を享受することができる。

　従来の空調方式を**機械式（mechanical system）**と表現すれば、デシカント空調方式は、**化学式（chemical system）**と表現することもできる。

　ちなみに、乾燥剤としては、**塩化リチウム溶液**や**シリカゲル**などが使用され、最近では優れた防湿性能を有するなど**ゼオライト**も使用されるようになっている。

　デシカント空調機は、図1・22に示すように、①除湿ロータ、②顕熱交換ロータ、③再生用温水ヒータおよびコイル、④再生側蒸発式コイル、⑤処理側温水コイル（暖房用）、⑥処理側・再生側ファン、⑦処理側と室内換気側のエアフィルタなどで構成される。デシカント空調システムは、環境と人間に優しい空調システムで、まだ導入実績は少ないが、今後状況によっては、大いに普及する可能性を秘めた空調方式である。

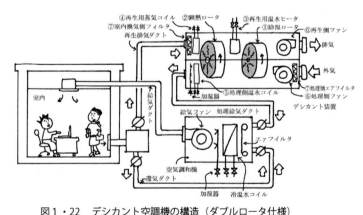

図1・22　デシカント空調機の構造（ダブルロータ仕様）

ちなみに、シリカゲルの**固体吸着減湿**の場合、約3,000kJ/kgの発熱があり、**熱水分比u：-710**の方向に変化する。

1・3「冷房の原理」・「暖房の原理」および「室内気流分布」

空気調和とは、既述のように冷房・暖房・換気・排煙などとは異なり、"空気調和の五大制御因子を要求値に適合するように、人為的にコントロールする。"ことである。ここでは、空気調和の機能の中でも、温度と湿度を制御する**冷房の原理**と**暖房の原理**について、一般的な空調方式を例にとってその概略を記すことにする。

（1）冷房の原理

冷房（cooling）は、簡単にいうと部屋に侵入する、あるいは部屋で発生する熱を除去することである。一般的には、部屋の温まった空気を、空調機より各室に**冷気（15℃程度）**を送り込むことによって冷やす。

各部屋より空調機までもどった**還気（リターンエア）**は、**導入外気**と混じり、空調機内部の**冷却コイル（cooling coil）**を通過する際、冷凍機（chiller）から送られた**冷水（chilled water）**を7℃程度⇒12℃程度に昇温させる。

この昇温された冷水は、冷凍機で再び7℃程度まで冷却され、空調機まで送られるが、冷水で吸収された排熱は、冷凍機の**冷却水（cooling water）**に転嫁され、

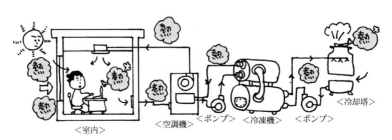

図1・23　冷房時の熱移動のプロセス

【知っておきたい豆知識】

冷房（cooling）と暖房（heating）

1級管工事施工管理技術検定試験では、空調分野として、毎年①空気調和、②冷暖房、③換気・排煙の3分野があり、空気調和と冷暖房は、別扱いとなって問題が出題されている。

その中で、**冷暖房部門**からは、**冷熱源方式・コージェネレーション・氷蓄熱方式・地域暖房・直接暖房**などの問題が出題されている。

冷却塔（cooling tower）まで搬送され、冷却塔で37℃⇒32℃まで冷却されるが、冷却塔を介して最終的に大気に放出（捨てる）するというシステムとなっている。

それと同時に、当然ながら**冷房**では、空気の湿度制御・吹出口の気流速度や室内の気流分布・空気の清浄制御・室内圧力制御なども行っている。ちなみに、この**冷房時の熱移動のプロセス**をイラストしたものが、図1・23である。

（2）暖房の原理

暖房（heating）は、簡単にいうと**部屋から逃げていく熱を補う**（補給する）ことであある。空気を送りこまないで暖房する**直接暖房**や**放射暖房**などは別にして、一般的には**ボイラ（boiler）**で、蒸気または温水を作り、蒸気ボイラの場合には、**熱交換器（heat excanger）**で熱交換して温水を作る。

この温水を空調機に送って、空気を温め、この空気を空調機から各部屋に送り込んで暖房を行う。**冷房**の場合と同様、空気の湿度制御・吹出口の気流速度や室内の気流分布・空気清浄度制御・室内圧力制御なども行っている。ちなみに、この**暖房時の夏移動のプロセス**をイラストしたものが、図1・24である。

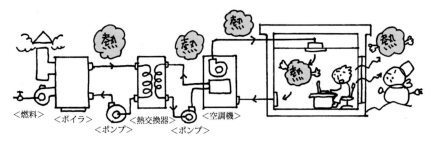

図1・24　暖房時の熱移動のプロセス

（3）室内気流分布

室内気流は、空気調和の**五大制御因子**の一つであるが、室内における過度な気流の速度は、**人間の快感上**に大きな影響をもたらす。

ここでは、**気流速度**と**気流分布**の問題について言及することにする。

1）室内空気速度

空調がなされている室には、**空気吹出口**を通して、調和空気が給気されるが、室内の空気気流分布は、原則としてバラツキの少ない、一様な気流状態に保つことが要求されて、**建築物衛生法の室内環境管理基準**には、0.5m/s以下と規定されている。しかし、この値（0.5m/s）は、**上限値**であって**ドラフト（draft）**を感じない

【技術用語解説】

ドラフト（draft）

　一般に、空気が圧力差によって流動することをいい、風道・煙突・煙道などの中の気体が流れる**通風力**のほか、人体に当たって**不快感**を与える気流のことをいう。特に**冷気**の場合にはコールド・ドラフトと呼ぶ。

　この場合室温とかなり温度差のある気流、あるいは室内平均気流より高速の気流が人体に触れる場合があり、いずれにしても気流分布が適当でないときに起こる。

図1・25　吹出口気流によるコールド・ドラフト現象

【知っておきたい豆知識】

不適切な気流分布！

　筆者は、かつて**成田第一旅客ターミナルビル**の設計・施工に携わった経験がある。**大空間**という建物の性格上、吹出口の設置場所が制約されているので、**到達距離（throw）**の長い吹出口：ノズル型吹出口を採用することに決定した。旅客ターミナルビルが竣工後、**気流速度測定**を実施したが気流速度にムラがあり、0.2m/s～0.8m/sもの大きなバラツキが認められた。

　実は、オフィスビルであれば、このバラツキは大問題になるところであるが、**旅客ターミナルビル**は、人間が常時滞留する場所ではなく、あくまで**駅舎のプラットホーム**であるということで、問題にはならなかった。

図1・26　旅客ターミナルビルに採用したノズル吹出口

ためには、室内居住域の全域で、気流速度：0.1〜0.25m/s程度を保持することが望ましい。

2）空気吹出方法と空気吸込方法

　良好な**室内空気分布**を確保するためには、**空気吹出方法**と**空気吸込方法**に留意する必要がある。換言すれば、**空気吹出口／空気吸込口**の形式と配置は、室の用途・気流分布・コスト・照明設備や防災設備（スプリンクラー）などのレイアウトを十分に配慮して決定する必要がある。

　図1・27に示すように、一般的によく採用される典型的な**空気吹出方法**と**空気吸込方法**には、その設置場所によって、①天井吹出／天井吸込、②天井吹出／壁吸込、③壁吹出／壁吸込、④壁吹出／天井吸込、⑤窓台吹出／窓台吸込、⑥天井吹出／床面吸込の以上6つの方法が考えられる。

　その他最近のOA化対応のオフィスビルなどでは、床吹出空調方式（アンダーフロア空調方式）にように、**床面吹出／天井吸込方式**も多用されるようになってきている。

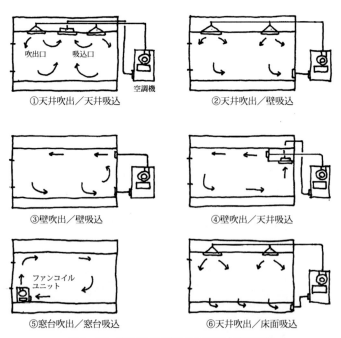

図1・27　空気吹出方法と空気吸込方法の種類

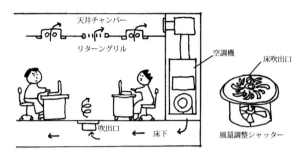

図1・28　床吹出空調方式（アンダーフロア空調方式）

3）空気吹出口の種類

　空気吹出口は、**制気口**という呼び名もあるように、室内気流を制御する上で、欠かすことのできない器具である。空気吹出口の種類は、表1・5に示すように**軸流吹出口**と**ふく流吹出口**とに大別される。

　軸流吹出口とは、吹出空気流が、**一定の軸方向**の周りに分布している吹出口であり、**ふく流吹出口**は、吹出口の中心軸から**円周状**に拡散（diffusion）する吹出口で、**誘引比**（induction ratio）が高く優れた吹出口である。それぞれの吹出口は、表1・5に示すように、さらに種々の形に分類されるが、明確な定義はない。

【技術用語解説】

到達距離（throw）
　吹出口から吹出した気流は、周囲の空気を誘引混合して、次第に速度が減少する。気流の中心速度が、一定の速度：0.25m/sになるまでの、吹出口からの水平距離を**到達距離**（throw）という。

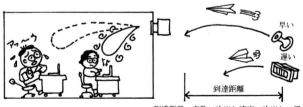

図1・29　到達距離（throw）

4）最大拡散半径と最小拡散半径

表1・5の中の**シーリングディフューザー**は、通称**アネモ型吹出口**とも呼ばれ親しまれているが、実はこれは元来**米国アネモスタット社**の商品名なのである。

この吹出口は、**誘引比**が大きく、**吹出空気**と**室内空気**とがよく混合し、さらに**気**

表1・5　空気吹出口の種類

分類	形式	名称
軸流吹出口	格子形	ユニバーサル吹出口 グリル吹出口
	ノズル形	ノズル
	スロット形	線上吹出口
	スポット形	パンカルーバー
	多孔パネル形	通気天井 パンチングメタル吹出口
ふく流吹出口	シーリングディフューザー	シーリングディフューザー吹出口
	パン形	ノンドラフト吹出口

【技術用語解説】

吹出口の誘引比（induction ratio）

別名**エントレインメント比**（entrainment ratio）とも呼ばれる。吹出口からの気流は、周囲空気を誘引しながら、次第に風量が増加し、風速は低下しながら**拡散**していく。この場合、吹出口からの一次空気量で全空気量（一次空気量＋二次空気量）を除した値を**誘引比**という。

逆にいうと、誘引比の大きい吹出口は、少ない吹出風量で、数倍の空気量を拡散できるので、優れた吹出性能を具備しているということができる。

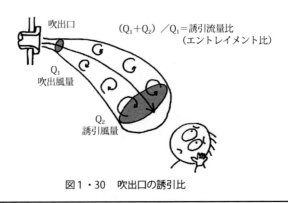

図1・30　吹出口の誘引比

流拡散に優れているので、**吹出空気速度**を小さくすることができる。
したがって、吹出口による**ドラフト**を感じることはほとんどない。
ただし、この吹出口の**気流特性**として、**気流拡散半径**という、技術用語を用いることがある。実は、居住域において、気流残風速：0.25m/sの区域を**最大拡散半径**といい、残風速：0.5m/s程度の区域を**最小拡散半径**と呼んでいる。図1・31に示すように、**最大拡散半径**内ではドラフトを感じないが、**最小拡散半径**内ではドラフトを感じることがあるので、その吹出口の配置には、十分注意を払う必要がある。

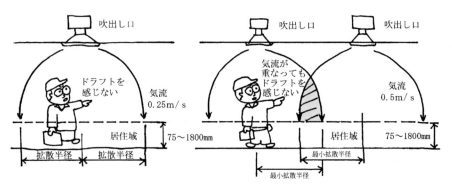

図1・31　最大拡散半径と最小拡散半径

【知っておきたい豆知識】

アンチスマッジリング（anti smudge ring）

既述のシーリングディフューザーは、誘引性能に優れているので、一次吹出空気の他に室内空気を誘引する。その誘引された空気中に含まれているじん埃が吹出口周辺の天井面に付着し、天井面を汚す現象を**スマッジング（smudging）**と呼ぶ。この現象を予防するために、特にシーリングディフューザーの周辺に設けるリングを**アンチスマッジリング**と呼んでいる。

図1・32　アンチスマッジリング

第1話　空気調和設備：入門編

[引用・参考文献]
(1) 厚生労働大臣登録【空調衛生管理監督者講習会テキスト】第4版第2刷，(公財)日本建築衛生センター，平成27年2月発行
(2) 図解「空調・給排水の大百科」，空気調和・衛生工学会編，発行：オーム社，平成10年7月発行
(3) 図解「1級管工事施工管理技士試験」合格必勝ガイド第二版，安藤紀雄監修，安藤紀雄・瀬谷昌男・中村勉・矢野弘共著，彰国社，2010年6月
(4) 管工事「施工管理技術」テキスト：技術編（改訂第4版），国土交通省所管(財)地域開発研究所：管工事施工管理技術研究会，平成13年4月発行
(5) 管工事「施工管理技術」テキスト：施工編（改訂第4版），国土交通省所管(財)地域開発研究所：管工事施工管理技術研究会，平成13年4月発行
(6) 空気調和衛生工学便覧：第13版「2 汎用機器・空調機器篇」空気調和・衛生工学会，2011年11月

第2話 空気調和設備：寄り道編

2・1 建築計画と空気調和設備

建築機械設備は、かつて**ガス屋・水道屋**などの仕事という蔑称で呼ばれ、建築の**付帯設備**と呼ばれていた時代があった。

しかしながら、現代の建築物は**建築設備**なくしては、建物としての機能を発揮することができないのである。筆者は、現在では**建築設備**は**付帯設備**ではなく、**主体設備**と呼ぶべきであると主張したこともあるが、建築設計家の方々からは、ちょっと言い過ぎではないかと苦言を頂戴したこともある。

ところで、このような背景から建築計画の初期段階から、設備部門が積極的に参画すべきだと提唱し、**建築設備の存在価値**をアピールし続けた人が、筆者の恩師、井上宇市早稲田大学名誉教授であった。そのような視点から、ここでは**建築計画**と**空気調和設備**に関する話題について触れることにしたい。

（1） 建築計画と設計コンセプト

建築の計画は、企画・基本計画⇒基本設計⇒実施設計⇒積算・契約というプロセスを踏んでいくが、その根幹をなすものは**設計コンセプト**である。

図2・1 建築物が誕生するまでのプロセス

第2話 空気調和設備：寄り道編

　設計コンセプトは、建築計画を推進する上で、設計目標に沿って**価値判断**をし、**意思決定**していくための**評価基準**、すなわち**設計思想**である。建築の基本的価値は、広範で社会的・経済的・工学的、および生態学的評価を総括的に、かつ**ライフサイクル（LC）**に基づいた評価として、客観的に判断して行かねばならない。

（2）建築設備の設計コンセプトと評価手法

1）建築設備の経済性

　建築設備が持つ**機能**と**性能**を十分分析し、バランスのとれた**設備システム**を選択するために、**経済評価**を行う必要がある。その評価手法には、一般的に年間コスト法・回収年法・ライフサイクルコスト法などがある。

2）建築設備の社会性

①地球にやさしい建築設備

　建築行為は、必ず**地球環境（自然環境・都市環境など）**に大きな負荷をかける。

【技術用語解説】

ライフサイクルコストとライフサイクルコスト法
　ライフサイクルコスト（LCC：Life Cycle Cost）とは、建築物が計画・建設され、最終的に取り壊されるまでに必要とするすべての費用を指し、**建物の生涯費用**という意味である。
　建物は、建設計画段階では**企画立案費**、設計段階では**設計費**、建設段階では**建設費（イニシャルコスト）**、運用段階では**運用費（光熱水費）・保全費・修繕費・改善費**などの**運用管理費**、廃棄段階では、**解体撤去費・処分費**がかかる。従来は、一般的に建物のコストを考えるとき、その建設費（イニシャルコスト）を中心に比較評価されがちであったが、図2・2に示すように、LCCの観点からすると、建設費は**氷山の一角**に過ぎず、建設後の運用に係る費用：**ランニングコスト**の方がはるかに大きいことがわかる。
　したがって、本当の意味での**建物コスト**を比較検討するためには、LCCによるコスト検討、すなわち**ライフサイクルコスト法**が必要となる。

図2・2　建物の「建設費」と「運用管理費」との模式図

この負荷に一定の制約を加えるために、**環境基本法**により遵守しなければならない**最低限の環境基準**が決められており、周辺環境にどの程度影響を及ぼすかを定量的に把握し判断基準とする**環境アセスメント（環境影響評価）**が自治体の条例によって定められている。

また、建築が生涯にわたって地球環境に与える**各種付加的要因の総和**を評価する**生涯環境影響評価（LCA：Life Cycle Assesment）**が提案されている。

②人に優しい建築設備

高齢化社会を迎え、都市施設として社会連帯という視点において、誰もが利用できる施設づくりを目指して**ハートビル法（高齢者・身体障害者等が円滑に利用できる特定建築物の促進に関する法律）**が、1994年（平成6年）に制定された。

それに伴い、人に優しい建築・設備が、建築と設備に対する**社会的要求機能**としてクローズアップされている。なお、**ハートビル法**は、2000年（平成12年）に駅や空港等の旅客施設の**バリアフリー化**を目的に、2000年（平成12年）に制定された**交通バリアフリー法**と統合し、**高齢者・障害者等の移動等の円滑化の促進に関する法律（通称バリアフリー新法）**に改廃されている。

3）建築設備の省エネルギー性

現在では、社会的要請としての**地球環境負荷削減**を目的とする観点から、**省エネルギー問題**を考えることが重要な課題となっている。

今後は**パッシブ（受動的）手法・アクティブ（能動的）手法**を含め、自然エネルギー・未利用エネルギーをいかに有効利用するかが、重要な手がかりとなるため、**サスティナブル・デザイン（持続可能な設計手法：sustainable design）**として、建築・構造計画と設備計画が一体化した、総合価値判断に立った計画が不可欠になる。

ちなみに、表2・1は省エネルギーのための建築計画手法を示したものである。

なお、この表中特に留意する点は、建築物の配置・形状に関しては、**ファサード（建築物の正面：facade（仏語））**を南北面とし、建築平面型の縦横比を1（サイコロ型）に近くすると、**最も省エネルギー的なビル**になるということである。

2・2 空気調和負荷とその計算方法

◇空気調和負荷とは何か？

空気調和負荷とは、建物を冷房するのにどれくらい冷やせばいいか？また建物を暖房するにはどのくらい暖めればいいか？の数値（value）のことである。

ちなみに、その数値を算出する方法のことを**空調負荷計算**と呼んでいる。

第2話 空気調和設備：寄り道編

表2・1 省エネルギーのための建築計画的手法

計画区分	計画手法	効果
建築物の配置・形状	・ファサードを南北面とする ・建築平面型の縦横比を1に近くする	空調負荷を小さくする
建築物外周壁の構造	・外壁・屋根・床の断熱性の改善 ・外壁熱容量の選択 ・ひさしなどによる日射のしゃへい ・外壁面の色彩の選択 ・窓面積比を小さくする ・複層ガラスの採用 ・気密性の高いサッシの採用	貫流熱負荷の軽減 ピーク負荷の軽減、室温変動の調整 日射量の軽減 日射・放射受熱量の軽減 日射量及び貫流熱負荷の軽減 〃 隙間風負荷の軽減
平面計画	・非空調室を外周部・屋上階に配置するなど緩衝帯として利用 ・出入口の位置および風除室の検討	空調負荷を小さくする 隙間風負荷の軽減
外構計画	・植栽	日射量の軽減

（1）空調熱負荷の種類

1）冷房負荷と暖房負荷

　夏季には、室外から居室に熱や湿気が侵入したり、室内の照明器具から発生する熱や在室者から発生する熱や水蒸気により**室内の温湿度**は当然高くなる。このとき

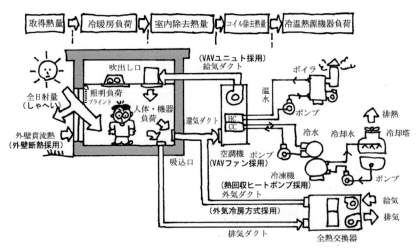

図2・3　冷房時における熱移動のプロセスと省エネ化の要点

第2話　空気調和設備：寄り道編

　室内に侵入してくる熱や室内で発生する熱のことを**熱取得**（heat gain）という。
　一方、冬季には、熱が室外に流失したり、低温で乾燥した空気が侵入して、**室内の温湿度**が低くなる。このとき、室外に流失した熱を**熱損失**（heat loss）という。
　また、冬期には**室内燃焼器具**などの外気導入により、室内空気は乾燥する。
　このような現象に対して、室内の**温湿度**や**清浄度**を適切な状態に維持させるために、**空調装置が除去**（冷却・除湿）する熱量が**冷房負荷**（cooling load）であり、供給（加熱・加湿）する熱量が**暖房負荷**（heating load）である。
　なお、図2・3は、取得熱量が冷房負荷となり、**室内除去熱量**として、空調機の**冷却コイル**（CC）で除去され、冷温熱源負荷として、冷凍機（chiller）まで伝えられる**熱移動のプロセス**と**省エネルギー化の要点**を示したものである。

表2・2 空調熱負荷の種類と構成

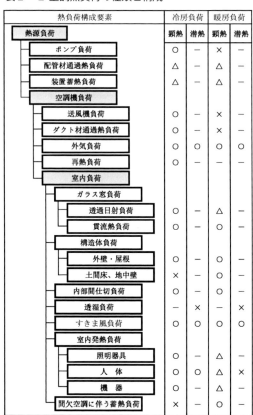

熱負荷構成要素			冷房負荷		暖房負荷	
			顕熱	潜熱	顕熱	潜熱
熱源負荷						
	ポンプ負荷		○	−	×	−
	配管材通過熱負荷		△	−	△	−
	装置蓄熱負荷		△	−	△	−
空調機負荷						
	送風機負荷		○	−	×	−
	ダクト材通過熱負荷		○	−	×	−
	外気負荷		○	○	○	○
	再熱負荷		○	−	−	−
室内負荷						
	ガラス窓負荷					
		透過日射負荷	○	−	△	−
		貫流熱負荷	○	−	○	−
	構造体負荷					
		外壁・屋根	○	−	○	−
		土間床、地中壁	×	−	○	−
	内部間仕切負荷		○	−	○	−
	透湿負荷		−	×	−	×
	すきま風負荷		○	○	○	○
	室内発熱負荷					
		照明器具	○	−	△	−
		人体	○	○	△	×
		機器	○	−	△	−
	間欠空調に伴う蓄熱負荷		×	−	○	−

2）空調熱負荷の種類

まず、表2・2に各種空調熱負荷の種類とその構成を示す。

空調熱負荷は、**室内負荷・空調機負荷・熱源負荷**の3つに大別される。室内負荷には前述のように**冷房負荷**と**暖房負荷**とがあり、ガラス窓負荷（透過日射負荷・熱貫流負荷）・建築構造体負荷（外壁・屋根・および土間床・地中壁）・内部間仕切壁・透湿負荷（通常の空調の場合無視）・すきま風負荷・室内発生熱負荷（照明器具・人体・パソコンなどの機器）・間欠空調にともなう負荷などから構成されている。

なお、これらの負荷の中には、**顕熱負荷（SH：Sensible Heat）**のみのものと**顕熱負荷**と**潜熱負荷（LH：Latent Heat）**の両方の負荷を含むものがあるので注意すること！

【技術用語解説】

顕熱（SH：Sensible Heat）と潜熱（LH：Latent Heat）
　顕熱とは物体に熱を加えたとき、その熱量に比例して、**温度変化**が表れる熱のこと。
　一方、**潜熱**とは、物体に熱を加えたとき、**温度変化**を伴わず、**状態変化（相変化）**をさせるために費やされる熱のことである。

【知っておきたい豆知識】

物質の三態
　この世に物質は、**固体（solid）・液体（liquid）・気体（gas）**という3つの状態で存在する。しかも、これらに状態（相：phase）は、熱の授受により容易に**相変化（phase change）**する。図2・4は、水の相変化と熱の授受を示したものである。この図の中で、**固体から気体**にかわる**昇華（sublimation）**という現象があるが、これはドライアイスの現象を想像してもらえば容易に理解できるであろう。

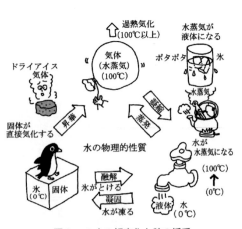

図2・4 水の相変化と熱の授受

(2) 空調熱負荷計算

　空調設備の計画・設計をする場合、各種の検討作業の第一段階として種々の設定条件を与えて、**空調熱負荷計算**を実施する。

1) 空調熱負荷計算の目的

　空調熱負荷計算法の種類には、現在その目的により下記の3つの種類がある。

①最大熱負荷計算法

　熱負荷の設計最大値を求め、空調機・冷凍機・ボイラなどの機器容量の決定および熱媒搬送容量の決定のための**データベース**とする。一般に熱負荷計算といえば、この**最大熱負荷計算**のことを指す。参考までに、表2・3に冷房熱負荷（**熱取得**）**の計算式**を示しておく。

②年間熱負荷計算法

　1年365日の熱負荷を求め、**熱源機器**の運転計画立案・運転費算出等に、このデータを用いる。

③シミュレーション計算法

　ある期間についての室温や熱負荷の変動を知るために行うものである。

　一般に①を**設計用熱負荷計算**、②と③を**動的熱負荷計算**と呼んでいる。

2) 空調熱負荷計算の種類

　空調熱負荷計算法には、**定常計算法・周期定常計算法・非定常計算法**の3種類がある。これらの手法は、前述の計算目的別に、**最大熱負荷計算法**の場合には、**定常計算法・周期定常計算法**を、**年間負荷計算とシミュレーション計算**の場合には、**非定常計算法**を用いる。

①定常計算法

　この計算法は、あくまで**室内温度・室外温度が一定**で変動しないという前提での計算法である。

②周期定常計算法

　この計算法は、室温が一定のままで、**室外気象条件**が周期的に変動するという前提での計算法である。

③非定常計算法

　この計算法は、**変動する室外条件**と**任意の空調運転条件**との組合わせに応じて行う計算法である。室内什器を含む建築物各部の**熱容量**による**蓄熱・時間遅れ**等を計算過程に取り入れて、**非定常熱負荷応答**を計算する。

第2話　空気調和設備：寄り道編

表2・3　冷房熱負荷（熱負荷）の計算式

冷房負荷（熱取得）の分類		顕熱	潜熱	負荷計算式	備考
外壁貫流熱 （外壁・屋根・床）	q_W	(q_W)	—	$q_W = K_W A_W ETD$	K：熱貫流率（熱通過率）、A：面積 ETD：実効温度差 ≒ Δte：相当温度差 $= \Delta \theta e$
内壁貫流熱 （間仕切・天井・床）	q'_W	(q'_W)	—	$q'_W = K'_W A'_W (tm - ti)$ $= K'_W A'_W ETD_N$	非冷房室室温として内外中間温$(to-ti)/z$ とする方法　日射のない北側のETD_Nとする 方法がある。
ガラス貫流熱 ガラス輻射熱	q_W	q_{GC} q_{GR}	—	$q_W = K_G A_G (to - ti)$ $= R_S A_G I_{GR}$	対流成分をI_{GC}として1つで表すときはI'_{GR} $≠ I_{GR}$である。I_{GR}：ガラス透過輻射成分R_S： しゃへい係数
隙間風負荷	q_I	q_{IS}	q_{IL}	$q_{IS} = Cp \delta Q_I (to - ti)$ $≒ 0.29 Q_I (to - ti)$ $q_{IL} = \Gamma \cdot \delta Q_I (\chi_o - \chi_I)$ $≒ 715 Q_I (\chi_o - \chi_I)$	Q_I：隙間風風量→通常0として無視する。 1階などドアが大きくて出入りの激しいと きは算入する。
人体発熱	q_H	q_{HS}	q_{HL}	$q_{HS} = N \cdot H_S$ $q_{HL} = N \cdot H_L$	N在室人員0.2人/AF（m^2）1人当たり人体 発生熱H_S, H_Lは室温、作業程度（Met）で 異なる。
照明・機器発熱	q_E	q_{ES}	q_{EL}	$q_{ES} = \Sigma N' \cdot \varepsilon_1 \cdot \varepsilon_2 \cdot E_S$ $q_{EL} = \Sigma N' \cdot \varepsilon_1 \cdot \varepsilon_2 \cdot E_L$	N'：機器台数、ε_1稼働率、ε_2：負荷率 E_S：機器定格顕熱発生量、 E_L：同潜熱発生量
室内熱負荷 （熱取得）	Σq_T	↓ Σq_S	↓ Σq_L	室内顕熱比 **RSHF** $= \dfrac{\Sigma q_S}{\Sigma q_S + \Sigma q_L}$	下記のQ_Sより 吹出温度差 $\Delta td = (ti - td)$ $= \dfrac{Cp \sigma Q_S}{\Sigma q_S}$ を求め吹出口種類と天井高から決まる許容 値を超えていないか確認
送風機発生熱 ダクト熱取得	q_B q_D	(q_B) (q_D)	—	合せてΣq_Sの5〜15% （通常10%）	$q_B、q_D$の正確な値はダクト系の設計が定ま らないと求まらないから経験値を計上する
安全割増負荷 （余裕率）		0%	5%	通常顕熱の割増は0、 潜熱はΣq_Lの5%加算	$\Sigma q'_S = (1.05〜1.15) q_S$　$\Sigma q'_L = 1.05 \Sigma q_L$
SHF算定用熱負荷 送風量	Σq_T	↓ $\Sigma q'_S$	↓ $\Sigma q'_L$	顕熱比 **SHF** $= \dfrac{\Sigma q'_S}{\Sigma q'_S + \Sigma q'_L} = \dfrac{\Sigma q'_S}{\Sigma q'_T}$	$Q_S = \dfrac{\Sigma q'_S}{Cp \delta (ti + tc)}$ SHF線と$\psi ≒ 95\%$の交点DBをコイル出口 空気温tcとする（送風量）
外気負荷	q_F	q_{FS}	q_{FL}	$q_{FS} = Cp \delta Q_F (to - ti)$ $≒ 0.29 Q_F (to - ti)$ $q_{FL} = \Gamma \cdot \delta Q_F (\chi_o - \chi_I)$ $≒ 715 Q_F (\chi_o - \chi_I)$	$Q_F = 25 m^3/n \cdot 人 \times N人$、全熱熱交換器を 採用するときは$q_{FS}、q_{FL}$に交換効率 $\eta ex =$ 0.5〜0.6を掛ける
再燃負荷	q_{RH}	(q_{RS})		$q_{RH} = Cp \delta Q_S \Delta t_{RH}$	Δt_{RH}：角ену加熱差 一般に0、ターミナルレヒータ等にあり
空調機コイル負荷 （装置負荷）	q_C			$q_C = \Sigma q'_T + q_F + (q_{RH})$	空間機がいくつかの部屋を受け持っている ときは、SHFの最小の代表室のSHFを全室 に適用し、空気線図上からΣq_Cを求める。
ポンプ発生熱 配管熱取得	q_P	3〜5%		$q_P ≒ (0.03〜0.05) q_C$	q_Pの正確な値は配管系の設計が定まらない と求まらないから経験値を計上する
冷凍機　負荷	q_R			$q_R = q_C + q_P$	冷凍機がいくつものゾーンを受け持つとき は、その全ゾーンの毎時冷凍機負荷の合計 値の最大値を冷凍機負荷とする。

t(DB)：乾球温度、$\chi =$絶対湿度、添字O：外気、i：室内、d：吹出空気、c：コイル出口空気

周期定常計算では、室内温湿度が一日中一定であることを前提としているのに対して、**非定常計算法**では、外界変動・空調装置容量・空調装置の運転時間等に応じて変動する室内温湿度や熱負荷が得られるという特徴がある。

したがって、**予冷負荷（pull-down load）・予熱負荷（warming-up load）** や室温の変動・必要空気容量を求める場合には、この**非定常計算法**を用いる。

2・3 空気調和設備と地球環境問題
（1）地球温暖化問題

図2・6は、地球温暖化のメカニズムを図解したものである。地球温暖化問題の主な原因は、**温室効果ガス**であり、なかでも**二酸化炭素（CO_2）** は55%の寄与率を占めるといわれている（図2・7参照）。地球温暖化問題を評価する**物差し（scale）** として近年$LCCO_2$（ライフサイクルCO_2）による評価法が誕生している。

この評価法による種々の解析結果から、建築物に関する**二酸化炭素の発生量削減方法**として、第一に**省エネルギーのさらなる推進**、第二に**建築物の長寿命化**（long

---

【技術用語解説】

予冷負荷（pull-down load）と予熱負荷（warming-up load）

間欠暖房において、室使用開始時刻までに室温を**設定値**まで上昇させるように、通常1時間程度早めに熱源機器の運転を開始するが、これを**予熱**または**ウォーミングアップ**という。

一方間欠冷房において、室使用開始時刻までに室温を設定値まで下降させるように冷熱源機器の運転を開始する必要があるが、これを**予冷**または**プルダウン**という。これらの予冷負荷・予熱負荷の推定方法として、連続冷房・連続暖房時負荷に、係数を乗じて求める方法があり、これを**予冷・予熱負荷係数**と呼んでいる。

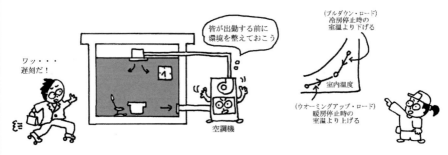

図2・5 予冷負荷（プルダウン・ロード）と予熱負荷（ウォーミングアップ・ロード）

第2話　空気調和設備：寄り道編

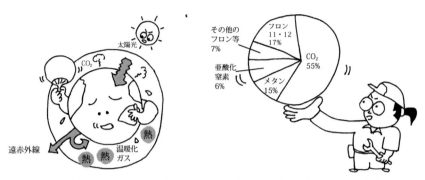

図2・6　地球温暖化のメカニズム　　2・7 地球温暖化に対する温暖化ガスの寄与率

life）、第三に**エコマテリアルの積極的採用**が有効であることが、広く認識され採用されるようになってきている。

（2）省エネルギー問題

建築設備が消費する**総エネルギー**の中では、図2・8に示すように**空調設備の消費エネルギー**が全体の約半分近くも占めており、空調設備の**一次エネルギー消費量**の中で最も多いことがわかる。

建築の省エネルギーに関しては、1980年（昭和55年）代以降に竣工した、いくつかの**省エネルギービル**の運転実績がすでに公表されている。

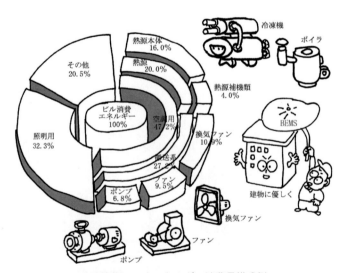

図2・8 建築物の一次エネルギー消費量構成例

第2話 空気調和設備:寄り道編

表2・4 建築物設計段階に配慮すべき省エネルギー手法

(1) 空調負荷の低減	
建築物上の配慮 (外部負荷の低減)	建築物形状・方位・コアの位置の配慮 ひさしなどの外周計画、窓仕様・ブラインド配置計画 床、壁、屋根の断熱強化
温湿度条件の適正化	設計段階での適切な条件設定
内部発熱の抑制	高効率照明器具採用、省エネ形OA機器の採用
(2) 自然エネルギー・排出エネルギーの有効活用	
熱回収形熱源機 排熱回収システム	熱回収形熱源機の採用(ダブルバンドル冷凍機、水熱源ヒートポンプシステム) 全熱交換器(回転形・静止形)の採用(排気と外気の熱交換)
外気冷房方式	外気冷房方式の採用
(3) 高効率化の探求	
適切なゾーニング	室の用途、温湿度条件、方位、使用時間帯を考慮したゾーニング
熱源機器の高効率化	高効率機器の採用(省エネルギー形、COPが高い機器) 機器容量の適正化(負荷変動に適合した台数分割) 蓄熱槽設置による高効率運転
熱搬送動力の低減	高効率機器の採用 変流量方式の採用(VAV、VWV) 大温度差の採用(空気、水)
総合効率の向上	コージェネレーションシステムの採用

表2・5 建築設備更新(リニューアル)時に検討すべき省エネルギー手法

(1) 建築物関係	
建築物の断熱向上 日射の遮断 隙間風・外気進入防止 その他	屋根・壁の断熱強化、断熱サッシの採用等 ひさしの設置、熱線反射ガラス、断熱フィルム、断熱塗料、ブラインド等 サッシの交換・二重化、回転扉の採用 屋上散水(スーパーマーケット、工場等)、屋上植栽
(2) 熱源機器、空調機の更新等	
熱源機器の更新等	最大負荷、負荷変動のチェック 部分負荷対応を考慮した熱源機器の容量・台数の検討 高効率機器へのリプレース 熱源変更、熱源の複合化 変流量方式の採用、大温度差の採用 熱源機器運転制御システム、BEMSの採用
総合効率の向上	コージェネレーション(リース契約もある)、氷蓄熱システム負荷
空調機器の更新等	負荷および負荷変動のチェック→空調機容量の再検討 高効率機器へのリプレース、セントラル方式→分散化等 回転数制御の採用(VVVF、極数変換電動機等) 全熱交換器の採用 配管・ダクトの断熱強化
環境改善	負荷増に対するパッケージ、GHPの増設(デパート等)
駐車場の換気量制御 空調による大量換気の代替え	低負荷時の換気量制御(CO_2濃度やタイムスケジュールによる換気量制御) 変電室、機械室等、内部発熱除去のために換気量が多くなる場合は、冷房装置を付加して換気量の低減を図る
(3) その他	
照明器具の更新等	高効率照明器具の採用 照明・コンセント回路の細分化 照度制御(居室の照度制御、窓際照明の制御等) 安定器の交換・反射板の取り付け
人感センサーの採用	照明器具、便器の洗浄、WCの照明・換気ファンのON-OFF 社員食堂の食器洗浄機等
計量器・計測器の設置	エネルギー使用状況を把握して原単位管理を行う

第2話　空気調和設備：寄り道編

これによると、従前の建築消費エネルギー量の大幅な低減を図り、さまざまな工夫と配慮により、通常の執務空間の維持管理が可能なことが実証されている。ちなみに、表2・4は**建築物設計段階に配慮すべき省エネルギー手法**を、また表2・5は**建築物更新（リニューアル）時に検討すべき省エネルギー手法**を示したものである。

(3) オゾン層破壊問題

オゾン層は、太陽光に含まれる**有害な紫外線**の大部分を吸収し、地球上の生物を守っている。このオゾン層が、半導体の洗浄・ウレタンフォーム等の断熱材・消火剤、さらには**空調用冷媒**として広く用いられていた**フロン（CFC）**などの化学物質によって破壊されていることが問題になった。

これに伴い、表2・6に示すような、**オゾン破壊係数**（ODP：Ozone Depletion Potential）がゼロで、かつ**地球温暖化係数**（GWP：Global Warming Potentil）が、ゼロまたはゼロに近い**ノンフロン系の自然冷媒**（ア

図2・9　オゾン層破壊のメカニズム

【技術用語解説】

モントリオール議定書

オゾン層破壊の問題は、1974年（昭和49年）に理論的に予測されていたが、1985年（昭和60年）の南極大陸での**オゾンホール発生観測結果**が報告され、この問題は**理論上の話題**から一気に**政治上の課題**となった。

そして、1987年（昭和62年）9月には、**オゾン層保護に関する国際的な合意**の形でなされた。その後、**議定書締約国間の幾度かの会議**で、具体的な**オゾン層破壊の抑制**に関する決議がなされ、現在**特定フロン（CFC）**と**指定フロン（HCFC）**について、**生産・使用削減スケジュール**が実施され、各国で実施されている。

この結果、**特定フロン（CFC：Chloro Fluoro Carbon）**は、1995年（平成7年）をもって**生産禁止**となり、近年オゾン破壊係数（ODP：Ozone Depletion Potential）がゼロのHFC134aが**代替フロン（HFC：Hydro Fuluoro Carbon）**として普及してきている。同様に、**指定フロン（HCFC：Hydro Chloro Fuloro Carbon）**も2030年には**生産全廃**になる。ところで、ビル用マルチエアコン冷媒は、R22（HCFC冷媒・ODP＝0.05）の**代替冷媒**として、一時R407Cが使用された後、R410Aなどのいわゆる**混合冷媒**が使用されてきたが、最近ではさらに**R32（HFC冷媒：ODP＝0・GWP＝650**が使用される時代になっている。

ンモニアガス・二酸化炭素・炭化水素など）が見直されてきている。

表2・6 自然冷媒（Natural Fluids）の特性比較

	アンモニア	二酸化炭素	プロパン
化学式	NH_3	CO_2	C_3H_8
冷媒番号	R717	R744	R290
分子量	17.0	44.0	44.1
沸点〔℃〕	−33.35	78.45昇華温度	−42.05
臨界温度〔℃〕	132.45	31.05	96.67
臨界圧力〔MPa〕	11.28	7.38	4.25
ODP	0	0	0
GWP	0	1	3
ASHRAE AFETY GROUP 毒性/可燃性	B2 高毒性/弱熱性	A1 低毒性/不燃性	A3 低毒性/強熱性

2・4 空気調和方式と空調設備の基本構成
（1）建築用途・規模と空調方式の選択
1）建築用途と規模

建築の用途は、都市における**複合用途ビル**の例にみるように多種多様である。例えば、事務所ビル・ホテル・病院・デパート・ショッピングセンター・劇場・学園キャンパス・集合住宅（マンション）・戸建住宅・精密機械工場・半導体工場・製薬工場・食品工場等、複雑多岐にわたっている。

特に建築基準法第2条では、**特殊建築物**とは、"学校・体育館・病院・劇場・観覧場・集会場・展示場・百貨店・市場・ダンスホール・遊技場・公衆浴場・旅館・共同住宅・寄宿舎・下宿・工場・倉庫・自動車車庫・危険物の貯蔵場・と畜場・火葬場・汚物処理場・その他これらに類する用途に供する建築物をいう。"と規定している。また、その規模も小規模のものから中規模・大規模のものまで千差万別である。

したがって、建築設備を設計する際には、その建築を使用する**顧客のニーズ**や**用途**を精査し、その規模に応じた**最適な建築設備**を構築しなければならない。

上述の特殊建築物と類似する用語に**特定建築物**という用語がある。**特定建築物**とは、**建築物衛生法**により**特定用途**に利用される部分の面積が3,000㎡（学校教育法

第2話　空気調和設備：寄り道編

第1条に規定する学校の場合は、8,000㎡以上）の建築物と規定されている。

ちなみに、日本国内の特定建築物の数は、データが古く申訳ないが、2012年現在**約43,000棟**で、その内容は事務所ビルが最も多く**約18,000棟**、次いで店舗の**85,000棟**と全体の60%を占めているという。

2）空調方式の選択

最もふさわしい空調方式を採用するにあたってのポイントについて、我々にとって身近な事務所ビルを例に挙げて説明したい。

①事務所ビルの特徴

事務所ビルは、組織体の管理運営に不可欠な**情報処理**を主体とする作業のために用意された施設であるとともに、多くの人が**生活する場**でもある。民間企業の自社ビルや貸しビルから官公庁の庁舎にいたるまで、幅広い建築物が含まれる。そのうち事務所は、**企業活動の変化**に伴い、室内の使われ方も大きく変化する。また、建築設備においては、情報処理装置の普及・高度化、執務者のための**環境的・生活的条件の充実**といった時代の要求にも強く影響を受け、しかもこれらの使用内容や要求は流動的である。したがって、今後とも事務所ビルは、建築設備の発展や開発にとって、重要な建築物であり続けると思われる。

②選択すべき空調方式

事務所ビルの空調要素は、**外気処理・内部ゾーン処理（インテリアゾーン空調）とゾーニングの方法**、すなわち、**外部ゾーン処理（ペリメータゾーン空調）**の3つに大別されるといっても過言ではない。

一般には、表2・7に示すように、各要素ごとの**標準的な空調システム**の組み合わせにより、事務所ビルの空調は行われている。特に**ペリメータゾーンの熱負荷**は、季節や時刻による変動が多いため、事務所ビルなどでは年間を通じて**冷房負荷**となる**インテリアゾーン空調**とは別に、窓際に**ファンコイルユニット（FCU：Fan Coil Unit）**などを設置するなど、**ペリメータゾーン**を個別に空調する必要がある。

しかしながら、最近ではFCUの保守管理の複雑さや事務所ビルの**インテリジェント化**による**水損事故防止**の重要性が高まっているため、室内に水配管を敷設しない**ペリメータレス空調方式**が多く採用されるようになってきている。

第2話 空気調和設備：寄り道編

表2・7 事務所ビルにおける空調方式採択事例

要素	取り入れ外気の処理	インテリアゾーン空調		ペリメータゾーン空調
			内部処理	外壁（窓）周り処理
方式	①外気処理空調機 　AHUまたはパッケージ ②外気処理換気 　（単独給排気） ③内部処理用機器で処理	A H U	①AHU（二管式／四管式） 　＋単一ダクト方式 　（CAV／VAV） ②AHU（四管式） 　＋二重ダクト方式	①FCU 　（二管式／四管式） ②集中FCU＋単一ダクト 　（CAV／VAV） ③ウォールスルーユニット ④直接暖房（蒸気・温水・電気） ⑤ペリメータレス空調方式 　（二重サッシ内排気など） ⑥放射暖房・冷房
		P A C	①大・中型パッケージ 　（水冷式／冷媒式） 　＋単一ダクト（CAV／VAV） ①小型分散パッケージ 　＋単一ダクト／直吹出し 　（ビル用マルチエアコン） 　（水冷式／冷媒式）	

【技術用語解説】

ゾーニング（zoning）

　空調や給水・給湯などの設備やそ配管系統を、**各ゾーン**に分けて処理することをいう。空調用ゾーニングとしては、まず第一に**方位別（負荷別）**ゾーニングがあげられるが、その他**用途別ゾーニング**や**使用時間帯別ゾーニング**などもある。現在ではこの**ゾーニング**の考え方は、当たり前のこととなっているが、1960年代の**定風量単一ダクト空調方式**が全盛であった頃には、この**ゾーニング**の考え方は、日本ではまだ浸透していなかった。

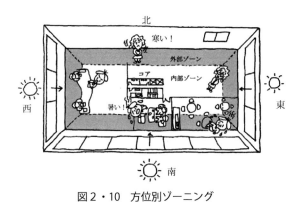

図2・10　方位別ゾーニング

これは**建築的手法**と**設備的手法**を組み合わせて、**ペリメータゾーン**の外部からの熱的影響を小さくすることにより、**ペリメータゾーン専用**の冷温熱源を用いた空調設備を採用しない方式である。

その代表的な方式としては、図2・11に示すような、**ベンチレーション窓**や**エアフローウインド**等が採用されるようになってきている。

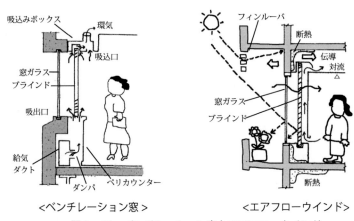

<ベンチレーション窓>　　　　<エアフローウインド>
図2・11　ベンチレーション窓とエアフローウインド

（2）空気調和設備システムの基本構成

空調システムは、空調制御の**五大制御因子**である、空気の温度・湿度・気流・清浄度・気圧を制御できるような機能を具備していなければならない。

その目的を達成するため、空調システムは、基本的には図2・12に示すように以下の4つの**基本設備**から構成されている。

1）熱源設備

空調設備全体の熱負荷を処理するために、**冷水**や**蒸気・温水**などを製造するための設備である。具体的には、図2・12に示すように、冷凍機・ボイラなどの**熱源機器類**を中心に、冷却塔・冷却水ポンプ・給水設備・関連配管などの**付属設備**が含まれる。この設備に関しては第3話で詳述する。

第2話　空気調和設備：寄り道編

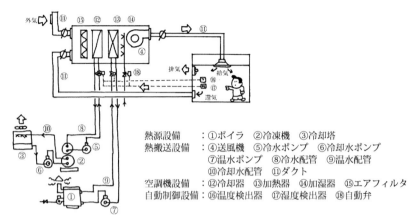

図2・12　空調システムの基本構成（全空気方式の例）

2）熱搬送設備

上記の**熱源設備**と下記の**空調設備**との間の橋渡し役をする設備で、冷温水・蒸気・冷媒などを搬送し循環させるための、ポンプ（蒸気のようにポンプを必要としない場合もある）・冷温水配管・蒸気配管などをいう。

また、空調機設備と空調対象空間の間で、空気を循環させる**給気ダクト・還気ダクト**、あるいは**外気取入れダクト**などのダクト系設備も熱搬送設備に含まれる。

3）空調機設備

空調対象空間に供給する温湿度などを調整した空気を作り出す設備で、空気の冷却減湿器（冷却コイル）・加熱器（加熱コイル）・加湿器・エアフィルタ（空気ろ過器）および送風機などを一つのケーシングに収めた機器設備である。

設備全体として、空気調和機・空調機・AHUなどと呼ばれる機器設備で、この設備に関してはこの後、第4話で詳述する。

4）自動制御設備

要求された空調条件を満足するように保持・運転するために、前述した3つの設備を自動的に制御する設備である。

特に、最近の大規模ビルには不可欠な設備となっている、空調設備全体の運転監視を行う**中央監視制御設備**なども自動制御設備に含むことも多い。

この設備に関しては第12話で詳述する。

2・5 空調方式の分類とその利用機器

空調方式（空調システム）は、日本では昔から、歴史的に様々なシステムが考案され採用されてきた。

しかしながら、現在ほとんど**死語・廃語**になっている、**二重ダクト空調方式・インダクションユニット空調方式・マルチゾーン空調機空調方式**は、歴史的には興味が尽きない空調システムではあるが、ここでは割愛させていただくことにする。

（1）全空気式空調方式とその利用機器
1）定風量単一ダクト空調方式

この空調方式は、図2・13に示すように、空調機で空気を浄化・温湿度を調整した後、**単一ダクト**で室内へ調和空気を送風する空調方式である。

この空調方式は、**給気量**が一定、すなわち**定風量**（**CAV：Constant Air Volume**）で、**給気温湿度**を負荷変動に応じて制御する、最も古典的で基本的な空調方式である。空気の温湿度調整・浄化・臭気除去が容易で、換気量が多い（通常換気回数：6～8回／時程度）ので、良好な**気流分布**が得られ、かつ**外気冷房**が容易という長所がある。

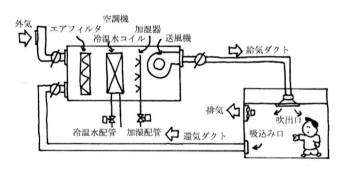

図2・13 定風量単一ダクト空調方式

反面、この空調方式は、個別運転・個別制御が不可能で、空調機の送風動力も大きくなり、**ダクト占有面積**も大きいという短所がある。この短所を補完する空調方式として、空調機を細分化して設置する**各階ユニット空調方式**や**方位別ユニット空調方式**や、ゾーン別に再熱器（reheater）を設置する**ゾーンレヒート空調方式**、ま

た、個室ごとに再熱器を設置する**ターミナルレヒート空調方式**などがある。

最近では、図２・14に示すような、空調機の上流に**全熱交換器**を組み込み、**取入外気**と**排気**との間で熱交換し、**排熱回収**する省エネタイプの空調システムが多くみられるようになった。

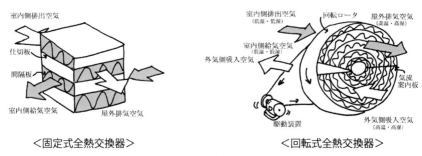

＜固定式全熱交換器＞

＜回転式全熱交換器＞

図２・14　全熱交換器

なお、**全熱交換器**という名称は、**顕熱**と**潜熱**の両方を熱交換する熱交換器に由来するが、実際は**空気対空気熱交換器（air-to-air heat exchanger）**である。

【技術用語解説】

外気冷房（outdoor air cooling）

外気温度または外気のエンタルピーが、室温または室内空気エンタルピーより十分低い場合で、冷房が要求されているようなときに外気を積極的に導入して冷房を行うこと。

外気冷房を行うことができれば、大きな省エネルギー効果が得られる。

図２・15　外気導入による外気冷房

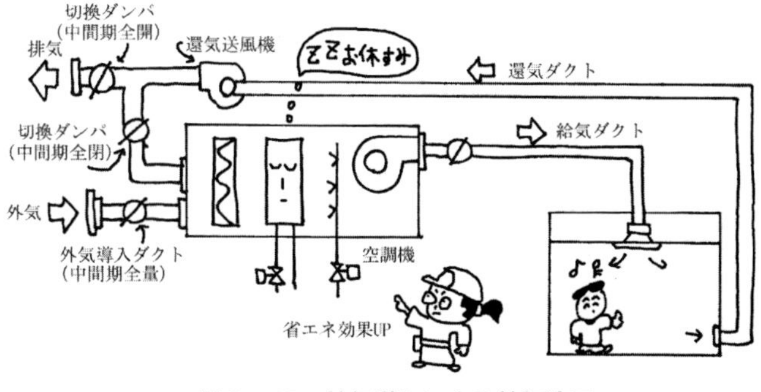

2）変風量単一ダクト空調方式

　この空調方式は、図2・16に示すように、**ゾーン**または**各室**ごとに**変風量ユニット**（VAV：Variable Air Volume unit）を設け、**各ゾーン**または**各室**の負荷変動に応じて、給気量を変化させる空調システムで、中には**給気温度**と**給気量**の両方を変化させるVAVシステムもある。

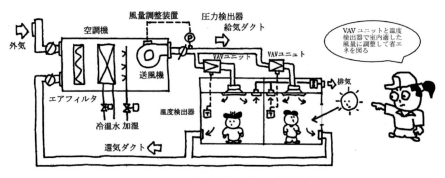

図2・16　変風量単一ダクト空調方式

　このVAV空調システムでは、例えば**インバータ**（inverter）等により、空調機の**送風量制御**を行う。**各ゾーン**または各室ごとに温度制御をすることが可能であるため、**部分負荷**（partial load）時の**送風量制御**による**空調機ファン動力節減**が図れるという**省エネタイプ**の空調システムである。

　短所としては、低負荷時は各室への給気量が減るため、**室内気流分布**が悪化し、換気量が少なくなることである。したがって、常時居住者がいるような居室には、VAVの最小開度を40％程度に設定する必要がある。

　ちなみに、給気量は**顕熱**によって左右されるので、湿度との関連性が乏しく、**顕熱比**（SHF）が変化すると**湿度制御**はできない。この方式に採用される空調機は、基本的構成は定風量単一ダクト空調方式の場合と同じであるが、空調機の送風機側に**風量制御機構**（VAVユニット）を搭載させている点である。

　なお、この空調システムに使用されているVAVユニットには、表2・8に示すように、**絞り型（スロットル型）・バイパス型・誘引型（インダクション型）**の3機種があるが、**バイパス型**のVAVシステムでは、**送風機の動力節減**は図れない。

表2・8 VAVユニットの種類

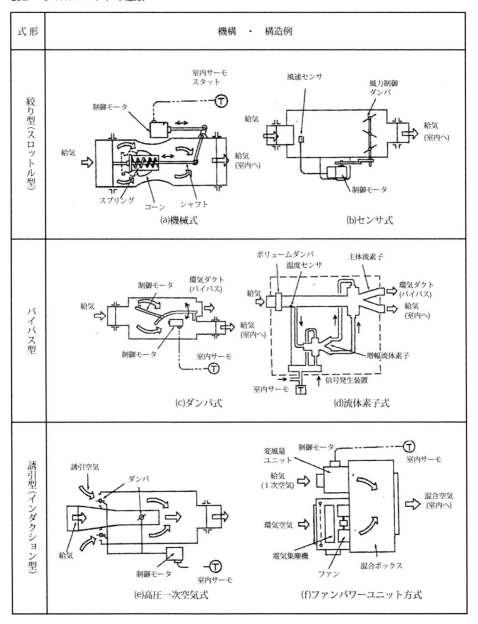

第2話 空気調和設備：寄り道編

(2) 水－空気空調方式とその利用機器
1) ダクト併用ファンコイルユニット空調方式

　この空調方式は、ホテルの客室や事務所ビルによく採用される。そのシステム図を図2・17に示す。図2・18に示すような、電動機直結送風機・冷温水コイル・エアフィルタなどを内蔵した、ファンコイルユニット（FCU）と呼ばれる**室内用小型空調機**を各室に配置し、中央機械室より冷温水を供給し熱を処理する。

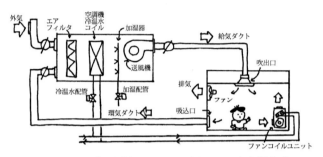

図2・17　ダクト併用ファンコイルユニット空調方式

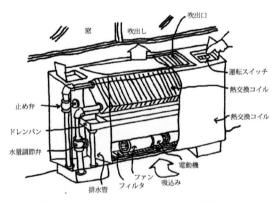

図2・18　ファンコイルユニット（床置型）

　さらに、機械室に設置された一次空気処理空調機と呼ばれる**空調機**により、外気および還気を冷却または加熱して供給する空調方式である。空調機からの送風量は、建築物の規模・用途・階高・ダクトスペースの有無によっても異なるが、少な

くとも居住者にとっての**必要外気量**を確保する必要がある。この空調方式のファンコイルユニット（FCU）への**配管方式**には、2管式・3管式・4管式の3種類があるが、その各種配管方式による特徴を比較したものが、表2・9である。

4管式のFCUには、**冷温水兼用コイル型（シングルコイル型）**と**セパレートコイル型（ダブルコイル型）**がある。しかし、**最近は3管式、4管式は使われなくなっている**。さらに、FCUには、露出型・隠ぺい型・床置型・天井吊型・ローボーイ型等様々なタイプの品揃えがある。

表2・9　FCU配管方式による特徴比較

	二管式	三管式	四管式	
			兼用コイル	セパレートコイル
冷暖房同時運転	不可	可	可	可
建設費	小	中	大	大小
配管スペース	小	中	大	大
ミキシングロス	なし	大	小	なし

【知っておきたい豆知識】

ローボーイ型FCU

　このFCUの英語名：lowboyは、本来"脚付きの低いたんす"の意味である。逆に"highboy"といえば、"高足付き洋たんす"のことである。

　　＜ローボーイ型ファンコイルユニット＞　　　　＜ハイボーイ洋たんす＞
図2・19　ローボーイとハイボーイ

2）ダクト併用放射冷暖房空調方式

　この空調方式は、図2・20に示すように、床・壁・天井などを冷却または加熱して、**冷却パネル**または**放射パネル**とし、このパネルの**放射熱**（radiation heat）により、室内顕熱負荷の50％～70％を処理するものである。

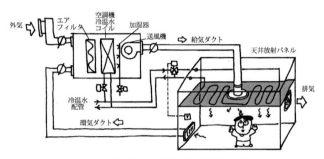

図2・20 ダクト併用放射冷暖房方式

　なお、残りの室内顕熱負荷と室内潜熱負荷の処理は、一次空調機で外気を含んだ空気を冷却・減湿して、あるいは加熱・加湿して室内へ送気する方式である。

　この空調方式の特徴は、**快適性**に優れ、FCUなどの**室内ユニット**が屋内に露出しないという利点があるが、一方**イニシャルコスト（設備費）**が割高になるといわれている。我が国では、冬期のみを対象とした**床埋込みのパネルヒーテイング**が一般的であり、天井の高い銀行の営業室・ホテルのホールなどに利用されている。

　この場合、放射による加熱は、**補助暖房**の役目を果たし、室内の大部分の熱損失

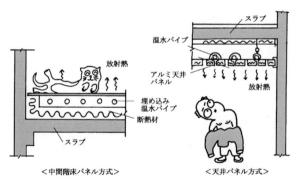

図2・21 「床パネル」と「天井パネル」の構造例

量は、ダクトから送風される空気により処理する。なお、床暖房の場合、居住者が床面に直に接するので、**床表面温度**は30℃以下にしなければならない。

ちなみに、図2・21は、**床パネル**と**天井パネル**の一例を示したものである。

（3）冷媒空調方式とその利用機器
1）パッケージ空調機による空調方式

この空調方式は、圧縮機・凝縮器・蒸発器などの**冷媒サイクル系機器**、および送風機・エアフィルター・自動制御機器・ケーシングなどから構成される。

なお、この空調方式は工場生産の**パッケージ形空気調和機**を単独または複数台設置して、空調を行う方式である。パッケージ形空調機には、冷房専用のもの・冷暖房併用式で、空気熱源または水熱源の**ヒートポンプ形**のもの、およびこれらに**補助ヒータ**を内蔵させたものなどがある。さらに、室内に直接設置される**直吹きパッケージ形空調機**と**ダクト接続形パッケージ空調機**とがある。

なお、図2・22に**水冷式直吹きパッケージ形空調機**を示す。

図2・22　水冷式直吹きパッケージ形空調機

2）マルチパッケージ空調機による空調方式

かつて、個人住宅や事務所などに**ルームクーラー**と呼ばれる、**冷房専用のルームクーラー**が、窓ガラス面を貫通して取り付けられていた時代がある。現在は、その大半が**ヒートポンプタイプ**で、しかも**屋内ユニット**と**屋外ユニット**に分かれた、いわゆる**セパレート型のルームクーラー**に更新されている。

第2話　空気調和設備：寄り道編

　なお、ここで紹介する**マルチパッケージ空調方式**は、別名：**ビルマル空調方式**とも呼ばれ、最近では中小規模のオフィスビルや大規模オフィスビルにまでも多用されている、比較的新しい空調方式である。

　この空調方式は、図2・23および図2・24に示すように、多数の屋内ユニットを冷媒管で連結し、1台の**屋外ユニット**で賄うもので、**冷房専用型**と**ヒートポンプ型**および**2管式**と**3管式**がある。

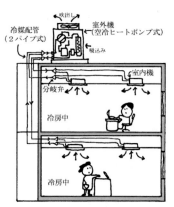
図2・23　マルチパッケージユニット：
2パイプ空調方式

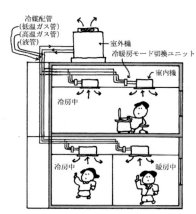
図2・24　マルチパッケージユニット：
3パイプ空調方式

　3管式は、**各屋内ユニット**ごとに冷房・暖房が選択できる方式で、同一配管系に冷暖房要求機器が混在する場合、他のユニットからの**排熱回収（waste heat recovery）**が図れるが、その採用例は全ユニット出荷台数の2％〜3％程度に過ぎないといわれている。2001年（平成13年）11月頃から、従来からの冷媒：HCFC22（R22）に替わって、新しい混合冷媒：R410A（R32：50%・R125：50%）を採用するユニットへの切り替えがはじまったが、つい最近ではさらに新新冷媒：HFC32（R32：ODP＝0・GWP＝650）を搭載ユニットに替わるなど目まぐるしい変化を見せている。

　その他に最近では、**電力需要の平準化**を推進する目的で、**氷蓄熱用ビルマルチユニット**も開発され、市販されている。このビルマルチユニットは、圧縮機から吐出

した冷媒が空気熱交換器で放熱され、**電子膨張弁**で圧縮後、**氷蓄熱ユニット**内の熱交換器を冷却して熱交換器に氷を生成するものである。

3）水熱源ヒートポンプパッケージ空調機による空調方式

この空調方式の基本システムは、図2・25に示すように、水—空気ヒートポンプユニット・放熱器（冷却塔）・加熱器（ボイラ・熱交換器等）・循環ポンプおよび**ループ配管**から構成されている。建築物には**冷房負荷**と**暖房負荷**が同時に発生するような場合に採用され、全シーズン各室の負荷に応じて冷房・暖房が個別に選択できる。また、各ヒートポンプユニットの放熱または加熱の熱源は、**ループ配管**から得るもので、**冷房負荷**と**暖房負荷**が均衡している場合には、**排熱回収（ヒートリカバリー）**が図れるというメリットがある。

外気の補給は、このユニットではできないので、別に供給する必要があり、この方式では**全熱交換器**を使って熱回収した**外気**を取り入れることが多い。

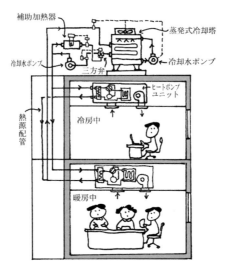

図2・25　水熱源ヒートポンプパッケージ空調方式

（4）新しい空調方式とその利用機器
1）床吹出空調方式

床吹出空調方式は、別名：**アンダフロア空調方式**とも呼ばれ、従来の**空気吹出**

方式の概念を完全に覆した空調方式である。この方式は、OA機器の普及にともない、電気配線工事のフレキシビリティを高めるために設けられた**二重床**、すなわち**フリーアクセスフロア**（OAフロア）を**空調用のスペース**として利用する空調方式である。空調機からの給気を二重床面に設けた吹出口から空調スペースに吹き出すもので、**室内居住域（床面より1.8m以下）**と**非居住域（床面より1.8m以上）**に区分し、居住域空間のみを快適な空間に保とうとする目的がある。

その構成は、図2・26に示した通りで、床吹出口から送風された給気は、**局所混合流**により**居住域の空気**と十分に混合され、湿度・温度が制御される。なお、還気はダクトまたは天井内チャンバーを経由して空調機にもどる。

一口に**床吹出空調方式**といっても様々な方式があり、図2・27は、床吹出空調方式をその吹出方式によって分類したものである。

図2・26 床吹出空調方式の構成

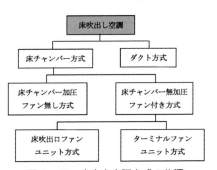

図2・27 床吹出空調方式の分類

2）パーソナル空調方式

パーソナル空調（個別空調）は、住宅などの小規模な建築物で使われ発展してきたが、近年機器の高品質化・制御技術の向上により**製品の信頼性**も増し、一般ビルへの採用が急増している。空調における**快適度**は個人ごとに異なるので、個人の要望にできるだけ応じられる空調システムが最良であるという考え方から、最近注目されているのが、図2・28に示す**パーティション吹出空調方式**と**タスク＆アンビエント（task＆ambient）空調方式**である。

この図の空調方式は、前述の**床吹出空調方式**との複合システムとなっている。パ

ーティション空調方式は、ワークステーション周りの**ローパーティション**（**背の低い間仕切り壁**）に設けた吹き出し口：②より冷風を吹出すとともに、**ローパーティション表面**の**冷ふく射**により**OA機器からの発熱**にも対応できるという、典型的な**個別空調方式**である。

一方、**タスク＆アンビエント空調方式**は、**アンビエント（周辺）空調**により均一な温熱環境：③をつくり、**旅客機のスポット空調**のように**タスク（手元）空調**により、各個人の好みの温度に調整する。ただし、**アンビエント空調**の設定温度は、従来の一般空調温度より夏は高め、冬は低めでよい。

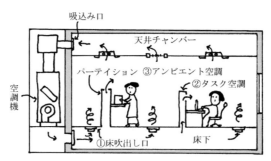

図2・28 パーティション空調方式とタスク＆アンビエント空調方式

3）ガスヒートポンプ（GHP）空調方式

ガスヒートポンプ（GHP：Gas Heat Pump）と**電気式ヒートポンプ**（EHP：Electric Heat Pump）は、コンプレッサーの駆動が**ガス**か**電気**かの違いである。

GHPは、夏季電力需要のピークを緩和し、ガス需要の年間を通じての**平準化**（leveling-off）、および石油依存度の低減によるエネルギー源の**多様化・安定化**を図るため開発されたものである。

GHPは、単機の能力の違いから、専ら**小規模ビルの空調**に採用されるGHPと**中・大規模の空調**などの熱源としての**ガスエンジンヒートポンプ**に大別される。

一般的には、前者を指す場合が多いため、ここでは前者について**概説**する。

GHPは、**室内機**と**室外機**で構成され、両機器間は**冷媒配管**で結ばれる。

冷媒配管中の**四方弁**（4-way valve）の切り替えにより、**冷房サイクル**では、室内機のコイルが**蒸発器**（evaporator）、室外機が**凝縮器**（condenser）となり、**暖**

第2話　空気調和設備：寄り道編

房サイクルではその逆の役割を果たすものである。

　動力は、5.6～80.6kw（2～30HP）程度で、機種によっては、1台の室外機の複数台の**室内機**を接続し、**ビルマルチ空調システム**と同様に、**個別制御**が可能なタイプもある。また、専ら外気熱源に依存するEHPにくらべ、**外気温度の影響が小さい・予熱時間が短い・小電力空調**と**受変電設備小容量化**などのメリットがある。

　一方、デメリットは、EHPに比べて普及率がまだ低いため、価格に割高感がある点である。この他に、**灯油（ケロシン）**を用いた**KHP（灯油焚きヒートポンプ）**もある。

2・6 暖房設備

　筆者の**独断**と**偏見**かも知れないが、**暖房設備**という用語は、現在では**死語・廃語**に近い状態となってしまったのではないかと思われる。

　というのは、高原地帯にある**リゾートホテル**などでも**空調設備**が完備されており、暖房設備だけのホテルは少なくなっているからである。

　しかしながら、高原地帯にある別荘群・民宿などでは、**暖房設備**はまだまだ不可欠な設備といえる。ここでは、**冷房設備**に比べ、極めて長い歴史をほこる**暖房設備**について、**温故知新**で復習してみることにしたい。

（1）暖房設備概論

　一般に**暖房設備**（heating system）とは、居住室などの温度を所定の値に保ち、外部への**熱損失**を補うために、熱を室内に供給する設備をいう。

　暖房として最も簡単なものは**個別暖房**で、これに対し建築物内熱源室から各室に熱を供給し、暖房する設備が**中央式暖房**である。

　中央式暖房には、熱の搬送方法によって、**温水・高温水**または**蒸気**などの熱媒を直接**室内の放熱器**へ供給して放熱させる**直接暖房**と、中央機械室または各機械室で、熱媒と空気を熱交換させて温風を作り、この**温風**を各室に供給して暖房する**間接暖房**に分類できる。ここでは、**中央式直接暖房**について概説する。

（2）対流暖房と放射暖房

　直接暖房は、室内に設けた**放熱器**（radiator）の主たる放熱形態により、一般に

対流暖房（convection heating）と放射暖房（radiation heating）とに分類できる。対流暖房は、図2・29に示すような**鋳鉄製放熱器・ベースボードヒータ・コンベクタ・ファンコンベクタ**などの機器を用いて暖房するもので、機器放熱量の**50〜75%**が対流を利用しており、使用する熱媒により**蒸気暖房**と**温水暖房・高温水暖房**とに分けられる。

＜3細柱形鋳鉄型ラジエータ＞

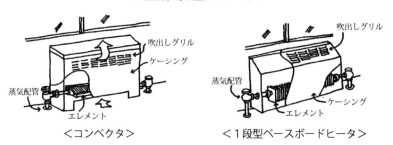

＜コンベクタ＞　　　　　　＜1段型ベースボードヒータ＞

図2・29　暖房用放熱器の種類

一方、放射暖房は、暖房の放熱形態を**対流**より、主として**放射**に重点をおいて、床・壁・天井などを直接加熱して**放熱体**としたもので、放熱量の**50〜70%**が**放射**

【技術用語解説】

高温水（high temp. hot water）

　ドイツでは、**温度：110℃以上**の温水と定義されている。日本では、特にその定義はされていないが、一般に**温度：100℃以上**の温水をいう。ちなみに、**高温水**はヨーロッパでは**高温水暖房**に広範囲に利用されているが、日本の**地域冷暖房（DHC）** プラントでは、蒸気にかわり多用されている。なお、日本で**高温水暖房**を本格的に採用したのは、筆者も大学院生の時に設計に加わった**早稲田大学理工学部新宿キャンパス**ではないだろうか…？

によるものである。**放射暖房**は対流暖房のように、**熱媒の種類**によって方式区分することなく、一般に放射による暖房方式を**放射暖房**（別名：パネルヒーティング）と呼んでいる。

（3）暖房方式の種類とその特徴

　直接暖房の種類には、蒸気暖房・普通温水暖房・高温水暖房・放射暖房・温風炉暖房などがある。この中で代表的な暖房方式は、**蒸気暖房**と**温水暖房**である。
　表2・10は、各種暖房方式の特徴をそれぞれの項目について比較したものである

表2・10　各種暖房方式の特徴比較

項　目		蒸　気	普通温水	高温水	放　射	温風炉
熱　媒 熱媒温度		蒸気 100〜110℃	温水 60〜80℃	高温水 110〜150℃	温水 50〜60℃	空気 30〜50℃
放熱体 1㎡当たり放熱量 W／㎡〔kcal／㎡・h〕		放熱器 755 〔650〕	放熱器 465 〔400〕	放熱器 930 〔800〕	パネル 116 〔100〕	な　し な　し
設備費	（大規模） （中規模） （小規模）	小 小 中	大 中 小	中 大 大	大 大 大	中〜大 中〜大 小〜大
快感度 換気と併用		普　通 別の方法	良 別の方法	普　通 別の方法	最も良 別の方法	良 共　有
施行 維持管理 熱効率 自動制御		容　易 ややめんどう 普　通 ややむずかしい	容　易 容　易 良 容　易	高度技術必要 容　易 最も良 容　易	特殊技術必要 容　易 普　通 普　通	容　易 普　通 普　通 普　通
適用建物		地域暖房 大規模ビル 工　場 学　校	小〜中規模ビル 独立住宅 集合住宅 病　院	地域暖房　低 層の大規模ビル 工　場 学　校 住宅群	ホール 銀行営業室 工場（高温放射） 住　宅	工　場 事務所 住　宅

【技術用語解説】

相当放熱面積（EDR：Equivalent Direct Radiation）

　直接暖房設備の**容量表示法**の一種である。室温：18.5℃、蒸気温度：102℃、温水温度：85℃を**基準状態**として、暖房負荷等（kcal/h）を蒸気暖房では**650kcal/h**、温水暖房では**450kacal/h**で除した値を、**単位：EDR㎡**で表したもの。放熱器やボイラの容量表示に用いられている。ちなみに、英語訳を略してイー・デイー・アール（EDR）と呼ばれることもある。

る。また、図2・30は**蒸気暖房**と**温水暖房**と**放射暖房**における**室内垂直温度分布**を示したものである。この図から、**放射暖房**では室内の底部と高部の温度差：垂直温度分布差が小さいことが、容易に理解できるであろう。

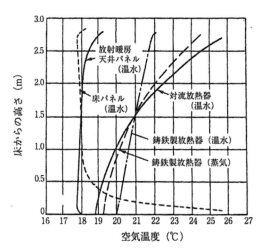

図2・30　各種暖房方式における室内空気温度分布

[引用・参考文献]
(1) 厚生労働大臣登録【空調衛生管理監督者講習会テキスト】第4版第2刷，（公財）日本建築衛生センター，平成27年2月発行
(2) 図解「1級管工事施工管理技士試験」合格必勝ガイド第二版，安藤紀雄監修，安藤紀雄・瀬谷昌男・中村勉・矢野弘共著，彰国社，2010年6月
(3) 管工事「施工管理技術」テキスト：技術編（改訂第4版），国土交通省所管（財）地域開発研究所：管工事施工管理技術研究会，平成13年4月発行
(4) 管工事「施工管理技術」テキスト：施工編（改訂第4版），国土交通省所管（財）地域開発研究所：管工事施工管理技術研究会，平成13年4月発行
(5) 空気調和衛生工学便覧：第13版「2 汎用機器・空調機器篇」空気調和衛生工学会，2011年11月

第3話 空調用冷熱源機器に関する知識

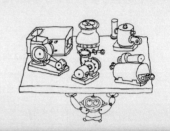

3・1　空調用冷温熱源設備機器とは？

　空調用冷温熱源設備機器（cooling & heating source machines）とは、**冷房**のために不可欠な**冷水**（chilled water）を製造し、**暖房**のために不可欠な**蒸気**（steam）または**温水**（hot water）を製造するための機器である。これらの機器は、**冷熱源設備機器**と**温熱源設備機器**に大別され、人体に例えれば、**心臓部**に相当する、空調設備機器の中でも**最も重要な役割**を担う機器である。

　日本のような気候の地域では、**冷房**と**暖房**の双方を必要とする建物が多い。したがって、冷房時には**冷水**、暖房時には**蒸気**または**温水**を供給するために、様々な冷温熱源を組み合わせる必要がある。

　以下でそれらの代表的な**熱源方式**について解説してみたい。

（1）電動冷凍機＋ボイラ熱源方式（図3・1参照）

　冷房時には、電力で冷凍機を稼働させ、冷凍機で冷水を製造し、また、暖房時には都市ガス・油などを燃焼させて、ボイラより蒸気・温水などを発生させる熱源方式。

（2）吸収冷凍機＋ボイラ熱源方式（図3・2参照）

　冷房時には、ボイラの蒸気を用いて吸収冷凍機で冷水を作り、また暖房時には蒸気ボイラの蒸気または温水ボイラで温水を製造する熱源方式。

（3）吸収冷温水発生機熱源方式（図3・3参照）

　1台で冷水・温水を取出せる、吸収冷温水機で冷暖房をする熱源方式。

（4）空気熱源ヒートポンプ冷凍機熱源方式（図3・4参照）

　空気熱源ヒートポンプ冷凍機による冷房・暖房を行う熱源方式。

第3話　空調用冷熱源機器に関する知識

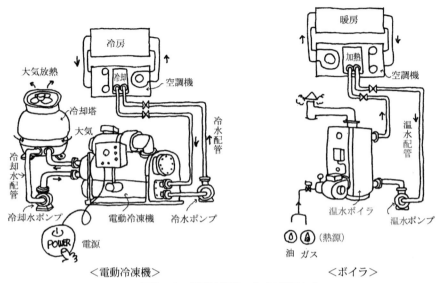

図3・1　電動冷凍機＋ボイラ熱源方式

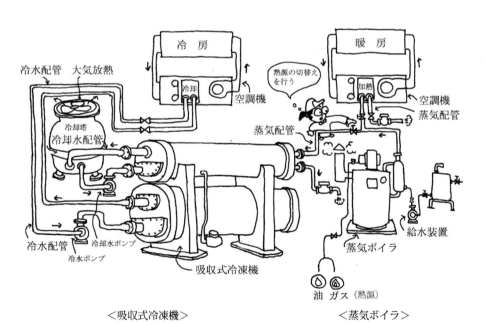

図3・2　吸収冷凍機＋ボイラ熱源方式

第3話　空調用冷熱源機器に関する知識

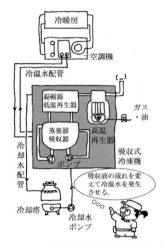

図3・3 吸収冷温水発生器機熱源方式

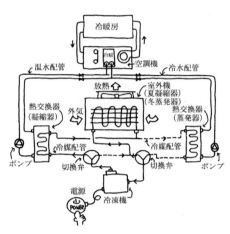

図3・4 空気熱源ヒートポンプ冷凍機熱源方式

3・2　冷熱源設備機器

　冷熱源設備機器の主役はなんといっても**冷凍機**（chiller）である。

　その他に、付属機器として、**冷水ポンプ・冷却塔・冷却水ポンプ**などがあるが、空調用機器として汎用される**ポンプ**および**送風機**に関しては、この後の3・12及び3・13で詳述することにする。

　冷凍機は、原理的には**蒸気圧縮式**と**吸収式**に大別される。

　蒸気圧縮式の蒸気というと違和感を覚える方も多いと思われるが、この**蒸気**とは冷媒蒸気が蒸発する際の**冷却作用**を利用するもので、冷媒を繰り返し使用するため、**蒸発した冷媒**を圧縮し、常温で**凝縮液化**させ、これを再び低圧部へ送って蒸発させることにより、連続的に**冷凍作用**を行わせる方式の冷凍機である。

　蒸気圧縮式の冷凍機は、**圧縮機**（compressor）の動力として、通常**電動機**（motor）を用い、その冷媒（refrigerant）としては、従来は**フロン系冷媒**と呼ばれ**CHC11（R11）・CFC12（R12）**などが使用されてきた。

　しかし、R11・R12は**オゾン破壊係数（ODP）**が大きいことから、**特定フロン**として、1995年末で生産が停止された。さらに**オゾン破壊係数（ODP）**が小さい**代替冷媒**として採用されてきた、**HCFC22・HCFC123**なども**指定フロン**として、2030年生産停止に向け**規制対象**となり、新たな代替冷媒採用への転換が始まっている。

第3話　空調用冷熱源機器に関する知識

　新代替冷媒として要求される性質としては、①オゾン破壊係数（ODP）が0（ゼロ）であること、②地球温暖化係数（GWP）が小さいこと、③エネルギー効率が高いことである。新代替冷媒として、ルームエアコンの冷媒がHCFC22（R22）から、**混合冷媒：R407C⇒混合冷媒：R410A⇒HFC（R32）**へとめまぐるしく変わり、パッケージエアコン用冷媒がHCFC（R22）から**混合冷媒：R407C**へと変わり、実用化されてきているが、まだ**地球温暖化係数（GWP）**が高いという欠点がある。

　また、地球温暖化防止のためCO_2ガス削減のための省エネギー化、および温室効果ガスに指定された、**代替冷媒：HFC**の大気中放出量削減対策も、**新たな課題**として浮上している。一方、**吸収式冷凍機**は、動力の代わりに**加熱用熱源**として、蒸気や**高温水・温水**を用い、**冷媒**として**水**を、**吸収液に臭化リチウム（LiBr）**を用いている冷凍機である。

3・3　冷凍機の種類

　蒸気圧縮式冷凍機と吸収冷凍機は、表3・1のように分類することができる。**吸収式冷凍機**は、**ガス**または**液体燃料**を燃焼して、**吸収冷凍機の再生器**を直接加熱する形式ものがあり、この冷凍機を**直だき吸収冷温水機**という、**冷水と温水**を同時に得られるものもあり、一般に**70.3kw（20冷凍トン）**以上のものは、**二重効用式**である。

3・4　蒸気圧縮式冷凍機の冷凍サイクル

　蒸気圧縮式冷凍機は、①圧縮機（compressor）、②凝縮器（condenser）、③膨張弁（expansion valve）またはキャピラリーチューブ（capillary tube）、④蒸発器（evaporator）の以上4つの主要部分で構成されている。

　冷媒ガスは、圧縮機で圧縮された**高圧・高温**のガスになり、**凝縮器**で冷却され**液化**する。この液は**膨張弁**で減圧され**蒸発器**に入ってから周囲の熱を奪って**蒸発**する。蒸発した低圧の**冷媒ガス**は、再び**圧縮機**に吸入される。

　このように**冷凍機**は、**蒸発器**で熱を奪って**冷凍作用**を行う一方で、**凝縮器**で熱を外部に放熱している。この冷媒のサイクルを数値的に表すのに、**圧力─比エンタルピー線図**、すなわち**冷媒の圧力：P（Pa）**[kgf/cm^2]を縦軸とし、**比エンタルピー：h（kj/kg）**[kacal/kg]を横軸とする、図3・5に示すような、**モリエール線図（Mollier Diagaram）**と呼ばれる線図が多く用いられている。

第3話　空調用冷熱源機器に関する知識

表3・1　空調用冷凍機の種類と容量・用途

冷凍サイクル	形式		種類	冷媒	駆動動力 [kW]	主な用途
蒸気圧縮冷凍サイクル	容積圧縮型	往復動式	全密閉型冷凍機	HCFC-22、HFC-134a、R407	0.1～15	電気冷蔵庫・冷凍、パッケージ型空調機
			半密閉型冷凍機	HCFC-22、HFC-134a、R407	0.75～45	冷凍、パッケージ型空調機
			開放型冷凍機	NH₃、HCFC-22、HFC-134a	0.4～120	冷凍、カーエアコンディショナ
		回転式	小型回転ピストン型冷凍機	HCFC-22、HFC-134a	0.1～5.5	(全密閉) 電気冷蔵庫・冷凍空調
			小型可動羽根型冷凍機	HCFC-22、HFC-134a	0.75～7.5	(全密閉) 空調 (開放) カーエアコンディショナ
			大型回転ピストン型	NH₃、HCFC-22	20～300	(開放) 船舶用冷凍
			スクロール冷凍機	HCFC-22、HFC-134a	0.75～7.5	(全密閉) 空調・冷凍 (開放) カーエアコンディショナ
		スクリュー	ツインロータ型スクリュー冷凍機	HCFC-22、HFC-134a	20～1,800	(密閉)(開放) 冷凍・空調
					0.75～6	(開放) カーエアコンディショナ
			シングルロータ型スクリュー冷凍機	HCFC-22、HFC-134a	22～1,100	(密閉)(開放) 冷凍・空調
	遠心型		遠心冷凍機	HCFC-123、HCFC-22、HFC-134a	90～7,500	(密閉) 中大規模建物の空調・冷凍 (開放) 産業用冷却・地域冷房
吸収冷凍サイクル	吸収型		小型吸収冷温水機	水 (吸収剤LiBr)	—	住宅および小規模建物の冷暖房
			一重(単)効用吸収冷凍機	水 (吸収剤LiBr)	—	背圧タービン駆動遠心冷凍機との組み合わせ用・廃熱用
			二重効用吸収冷凍機	水 (吸収剤LiBr)	—	中圧蒸気のある場合の一般空調
			直だき吸収冷温水機	水 (吸収剤LiBr)	—	一般建物の冷暖房 (ガス・灯油直焚)

　以上の**圧縮⇒凝縮⇒膨張⇒蒸発**の基本的な冷凍サイクルを示すと、図3・5のA⇒B⇒C⇒Dのようになる。Aは**蒸発器**を出て**圧縮機**に入る状態で、**飽和蒸気線**（saturated vapor line）の上にのっている。この**冷媒ガス**を圧縮する時、**断熱圧縮**（adiabatic compression）されるものとすると、A⇒Bのように変化する。圧縮された冷媒ガスを凝縮器で冷却すると、圧力は一定のまま**比エンタルピー**だけ減少し**飽和液線**（saturated liquid line）上のCに移る。

　この冷媒液を**膨張弁**の絞り作用によって**断熱膨張**させると、圧力が下がり**比エンタルピー**は変わらずDに移る。

　Dでは、冷媒は**気体の混合状態**であり、**蒸発器**に入り周囲から熱を奪って**比エンタルピー**を増しAに移る。

第3話 空調用冷熱源機器に関する知識

図3・5の**圧縮式冷凍機**の熱収支などは、次式で表される。
- 冷凍効果：$Q_o = h_A - h_D$ (kJ/kg) [kcal/kg]
- 圧縮仕事：$A_L = h_B - h_A$ (kJ/kg) [kcal/kg]
- 加熱効果：$Q = h_B - h_C$ (kJ/kg) [kcal/kg]
- 成績係数：$\varepsilon = Q_0 / AL = (h_A - h_D) / (h_B - h_A)$
  $Q = Q_0 + AL$ (kJ/kg) [kcal/kg]

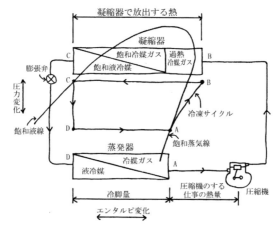

図3・5 圧縮式冷凍機の冷凍サイクル：モリエール線図上の変化

【技術用語解説】

カルノーサイクル（Carnot Cycle）
　液体がある状態から、**種々の変化**を経て再び元の状態に戻る**状態変化**のサイクルのことで、理想的な熱機関として、1824年Carnotが提唱したもので、図3・6に示すように、①等温膨張⇒②断熱膨張⇒③等温圧縮⇒④断熱圧縮を繰り返す**可逆サイクル**のことである。

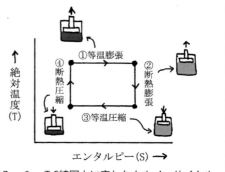

図3・6 T-S線図上に表したカルノーサイクル

ここに、A：仕事当量（A=1）[1/ 427kcal/kgf・m]
　　　　L：仕事（kgf・m）

このような理想的な逆カルノーサイクルは、冷凍サイクルの基本とされるものであり、他のどの冷凍サイクルよりも大きな成績係数（COP）を持つものである。蒸発温度をT_1（K）、凝縮温度をT_2（K）とすると、逆カルノーサイクルの成績係数（COP）は、$\varepsilon = T_1/(T_2-T_1)$で表せる。

この式は、蒸発温度（圧力）が低いほど、また凝縮温度（圧力）が高いほど、成績係数：εが小さいことを示している。実際の冷凍サイクルでは、冷媒が管路・圧縮機・凝縮器・蒸発器などの中を流れるときの摩擦抵抗、外部からの熱の出入り、吸入弁や吐出弁を流れるときの多少の絞り作用などの損失もあり、基本的な冷凍サイクルより成績係数（COP）は小さくなることを理解されたい。

3・5　蒸気圧縮式冷凍機の種類

ここでは、以降で代表的な蒸気圧縮式冷凍機について紹介してみたい。

（1）往復動冷凍機

往復動冷凍機は、別名レシプロ式冷凍機とも呼ばれ、蒸気圧縮冷凍機の一つで古くから使用されている代表的な冷凍機である。この冷凍機は、コンデンシングユニット（condensing unit）・チリングユニット（chilling unit）などの形で用いられており、また、ルームクーラー・パッケージ空調機としても使用されている。その多くは、7kW（21USRT）～351kW（100USRT）程度の小容量をカバーするものである。

図3・7に示すように、蒸発器（evaporator）・圧縮機（compressor）・凝縮器（condenser）・蒸発弁（expantion valve）とこれらを結ぶ冷媒配管から構成さ

【技術用語解説】

米国冷凍トンと日本冷凍トン：冷凍容量を表す用語に冷凍トンがある。
◇米国冷凍トン（United States ton of refrigeration）
　通称USRT。0℃の水2000 lb（1米トン）を24時間で0℃の氷にする冷凍能力のこと。3,516kW（3,024kcal/h）で、日本冷凍トンより約10％小さい。
◇日本冷凍トン（Japanese ton of refrigeration）
　通称JRT。0℃の水1㎥を1昼夜（24時間）で0℃の氷にする冷凍能力のこと。3,816kW（3,320kacl/h）で、米国冷凍トンより約10％大きい。

第3話　空調用冷熱源機器に関する知識

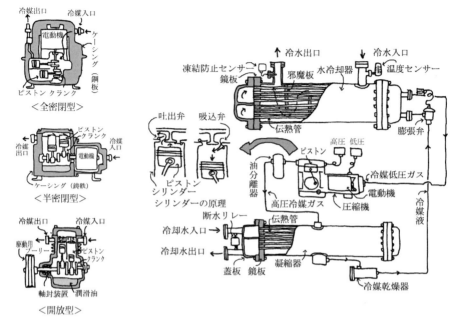

図3・7　往復動冷凍機の構成

れている。圧縮工程は、**ピストンの往復動**により吸引圧縮され、吐出口から凝縮器に圧送される機構の冷凍機である。容量制御としては、一般に**アンロード制御**が採用されている。

なお、表3・1に示すようにこの冷凍機には、**全密閉型・半密閉型・開放型**の3種類がある。この冷凍機は、ある容量以上のものとなると、**高圧ガス保安法**の規制対象となり、**冷凍機械責任者**の資格のある**保安責任者**の選任が必要となる。

【技術用語解説】

ブライン（brine）
　間接式冷却システムに用いられる液体。冷凍機の**蒸発器**と冷却すべき場所とを循環し、熱を蒸発器に運ぶもので**二次冷媒**ともいう。
　使用温度で、①凍結しない、②比熱が大きい、③粘度が小さい、④熱伝導度がよい、⑤腐食性が少ない、⑥不燃性で入手しやすい、⑦安価であるものを選定する。
　普通、0℃以上では**水**、それ以下では、**塩化カルシウム・エチレングリコール・プロピレングリコール**などが一般に採用される。

（2）遠心冷凍機

この冷凍機は、別名**ターボ冷凍機**とも呼ばれる。容量は、351kW（100USRT）の小容量のものから、35,160kW（10,000USRT）の大容量のものまである。

大容量のものは、もっぱら**地域冷暖房**（DHC：District Heating and Cooling）・**大規模空調用プラント専用**として採用されている。構成要素は、上述の**レシプロ冷凍機**と何ら変わりはないが、遠心冷凍機の圧縮工程は、**インペラの回転**によって生じる**遠心力**（centrifugal force）で冷媒ガス圧縮するもので、**高速回転**が可能なため、大容量のものでも重量・据え付け面積が小さくてすむ。

なお、図3・9に**高速単段密閉型遠心冷凍機**を示す。

通常この冷凍機の**容量制御**は、**サクションベーン制御**を採用しており、制御範囲は20%～100%程度で、成績係数（COP）は、4.5～5.5程度である。

ちなみに、**遠心冷凍機**の以下の4つの方法があるが、①の**吸込みベーン制御（サクションベーン・コントロール）**が、一般に最もよく採用されている。

①吸込みベーン制御（サクションベーン・コントロール）
②吸込みベーンとディフューザ制御
③ホットガスバイパス制御
④回転数制御

【技術用語解説】

◇**チリングユニット**（chilling unit）
　ウオータチリングユニットやブラインチリングユニットなど、もっぱら**液体冷却**のための**冷凍装置**で、ユニット化したものをいう。

◇**コンデンシングユニット**（condensing unit）
　冷凍装置のうち、液化装置を構成する、**圧縮機・原動機・凝縮器・圧力計・安全装置**などのユニット（ただし、蒸発器は含まず）で、**水冷式**と**空冷式**に大別される。

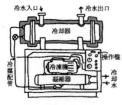
水冷式チリングユニット

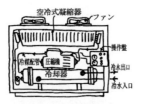
空冷式チリングユニット

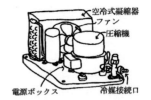
コンデンシングユニット

図3・8　チリングユニット

第3話　空調用冷熱源機器に関する知識

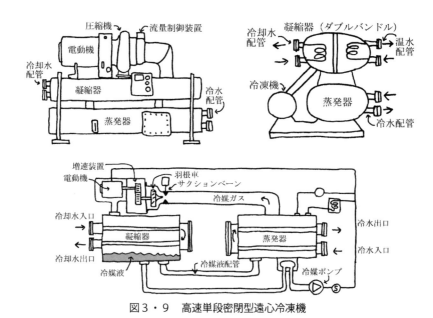

図3・9　高速単段密閉型遠心冷凍機

（3）回転冷凍機

　回転式冷凍機は、表3・1に示すように、①スクリュー冷凍機、②ロータリー冷凍機、③スクロール冷凍機の3種類の冷凍機に大別される。

1）スクリュー冷凍機（screw type chiller）

　スクリュー冷凍機は、回転式冷凍機の範疇に属する冷凍機ではあるが、**液冷媒圧縮機構**が回転運動で**圧縮作用**が得られるようにした冷凍機である。

　まず、容量的には、小は20kW（5.7USRT）から、大は1,800kW（512USRT）ま

【技術用語解説】

冷凍機の成績係数（COP：Coefficient of Performance）
　冷凍機の**冷凍容量**とその冷凍容量を出力させるための**総エネルギーの熱当量**の比。
　したがって、COPが大きいほど、省エネルー性の高い冷凍機ということができる。
　ちょっと横道にそれるが、"君はCOPが高いね！"という評価を受けたら、"君は一をいったら、二も三も理解して、非常に察しがいいね！"と褒められたことになるので、部下達を褒める**技術屋の日常会話**として、使われてみたらどうだろうか？
　なお、COPなる用語は、一般人の間では、**コスパ：コストパーフォーマンス（対費用効果）**の意味で、使用される場合が多いので注意のこと！

第3話 空調用冷熱源機器に関する知識

であるので、冷凍容量的に前述の**往復動冷凍機**と**遠心冷凍機**の中間容量機種ととらえることができよう。

なお、スクリュー冷凍機の圧縮機は、図3・6に示すような構造をしており、**一軸**と**二軸**のものがあり、単に**スクリュー冷凍機**というと通常**二軸**のものを指す。**スクリュー冷凍機**は、レシプロ冷凍機に比べ小型で振動が少なく、**圧縮比**の高いものや夏期と冬期で**圧力比**が変わるものに対し、効率の低下が少なく高効率であるということ、特に**低負荷時の制御性**に優れているという理由により、多方面に使用されている。

この冷凍機は**圧力比**の大きい圧縮によく耐えるので、**低温用・ヒートポンプ用**に適し、前述の**往復動冷凍機**と**遠心冷凍機**の中間機種として位置づけられる。特に**ビル空調用**としては、後述の**空気熱源ヒートポンプ**に採用されている。

容量制御は、ケーシング内の**スライド弁**の開閉により、冷媒ガスを**バイパス**させる方法を採用しており、10％～100％までの**無段階制御**が可能となっている。

2）ロータリー冷凍機（rotary refrigerating machine）

ロータリー冷凍機は、**全密閉式の圧縮機**を用いて**ルームエアコン**などの小容量の

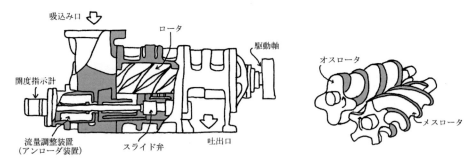

図3・10　スクリュー圧縮機の構造

【技術用語解説】

圧縮比（compression ratio）と圧力比（pressurization ratio）

往復動またはロータリーエンジンにおいて、気筒内に吸い込んだ**燃焼ガス**、または**燃焼空気の体積**と圧縮後の体積との比をいう。その数値は、**点火機関**では8～12、**デイーゼル機関**では20～22となっている。

また、冷凍用圧縮機械については、**圧力比**のことを指すが、冷凍では習慣上**圧縮比**という技術用語が使用されているが、一般には**圧力比**といわれている。

ものに使用されている。圧縮機以外の部分は、**往復動冷凍機**とほぼ同様である。図3・11に示すように、**ロータリー圧縮機**には**ロータリー式**と**スライディングベーン式**と2種類があるが、**シリンダー**（cylinder）の中に偏心して取り付けられた、**ローター**（rotor）が回転して、**シリンダー**と**ローター**との間の**空間容積**が変化することによって**冷媒ガス**の圧縮を行うものである。

この圧縮機は、構造が簡単であり**残留する冷媒ガス**も少ないので、**高圧縮比**でも**体積効率**がよく、**往復動冷凍機**と比べ振動・騒音が少ない。

ただし、**容量調整装置**はなく、容量制御は、**オン・オフ制御**で行うようになっている。

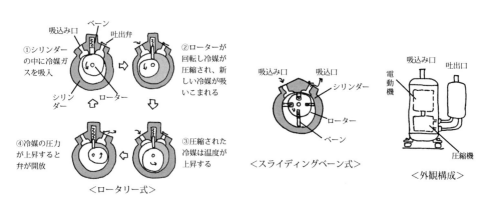

図3・11　ロータリー圧縮機

3）スクロール冷凍機（scroll refigerating machine）

スクロール冷凍機は、図3・12に示すような、渦巻状の**固定スクロール**と**可動スクロール**を組み合わせて圧縮する方式である。

トルク変動力が少なく、低振動・低騒音であるため**家庭用ルームエアコン**などの小容量のものに用いられている。

【技術用語解説】

トルク（torque）
　回転軸に働くねじりモーメントのこと。軸は**トルク**により動力を伝え、回転数を乗じたものが**伝達動力**となる。

第3話 空調用冷熱源機器に関する知識

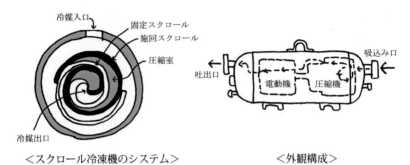

<スクロール冷凍機のシステム＞　　　＜外観構成＞

図3・12　スクロール冷凍機

3・6 吸収冷凍機の冷凍サイクル

吸収冷凍機は、①再生器（regenerator）、②蒸発器（evaporator）、③吸収器（absorber）、④凝縮器（condenser）の以上、4つの主要部分で構成されている。

図3・13において、**吸収液**は**吸収器**と**再生器**との間を循環し、**冷媒（水）**は、**再生器⇒凝縮器⇒蒸発器⇒吸収器**をというサイクルを循環する。なお、吸収冷凍機の冷媒は、あくまで**水**であることに留意すること。

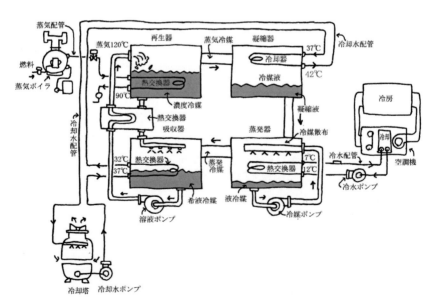

図3・13　吸収冷凍機の冷凍サイクル

蒸発器内で冷媒である**水**を蒸発させて**冷凍作用**を行わせ、蒸発した**水蒸気**を**吸収器**で**吸収液**に吸収させる。**水蒸気**を吸収して**希溶液**となった**吸収液**は、ポンプによって**熱交換器**を経て**再生器**に送られ、蒸気・高温水などで加熱される。**再生器**で沸騰した**吸収液**は、**水蒸気**を放出し、**濃溶液**となり**熱交換器**を経てまた**吸収器**にもどる。**再生器**で発生した**水蒸気**は、凝縮器に入り冷却されて液化し蒸発器に送られる。

吸収器では水蒸気が吸収液に吸収される際に生ずる**凝縮潜熱**と**溶解熱**を放出し、**凝縮器**では水蒸気の**凝縮潜熱**を放出する。なお、冷却水は、**吸収器**を通って**凝縮器**に送られ、**吸収器**および**凝縮器**への放熱を吸収する。

ここで注目してほしいのは、**吸収冷凍機**では、冷媒である**水**の蒸発温度を低くするために、**圧力**を非常に低くしなければならないということである。

例えば、**蒸発温度を2℃**とすると、0.7kPa[0.0072kgf/cm²abs]となる。また、**凝縮温度を45℃**とすると、9.6kPa[0.098kgf/cm²abs]となり、**大気圧**よりはるかに低い圧力となるので、器内は常に**真空**に近い状態で運転しなければならない。

吸収冷凍機の**熱収支**は、**溶液ポンプ**および**冷媒ポンプ**の動力・放熱・吸熱などの損失を無視すると、次式で示される。

$$Q_E + Q_G = Q_A + Q_C \quad (W) [kcal/h]$$

ここに、Q_G：再生器で吸収液に与えた加熱量（W）[kcal/h]
　　　　Q_E：冷凍熱量（W）[kcal/h]
　　　　Q_C：凝縮器で冷却水に放出する熱量（W）[kcal/h]
　　　　Q_A：吸収器で冷却水に放出する熱量（W）[kcal/h]

吸収冷凍機の成績係数（COP）：εは、次式で示される。

成績係数：$\varepsilon = Q_E / Q_G$

3・7 吸収冷凍機の種類
(1) 吸収冷凍機

吸収冷凍機は、開発当初は**単（一重）効用吸収冷凍機**が存在したが、現在では

【知っておきたい豆知識】

蒸気や高温水で、どうして冷水が作れるの？
　筆者が、某私立女子大学住居学科担当の某教授に招かれて、住居学科の女学生に**吸収冷凍機**の講義をおこなったことがある。その講義の席上で一女学生から、上記の質問が飛び出した。この質問に筆者は上手な回答もできず、上述の**吸収冷凍機サイクル**の説明をして了解してもらったが、講義が終了しても彼女達はなお不満顔であった。

第3話 空調用冷熱源機器に関する知識

省エネルギーの観点から、**単（一重）効用吸収冷凍機**は、ほとんど生産されておらず、吸収冷凍機の成績係数（COP）を改善した、**二重効用吸収冷凍機**が広範に

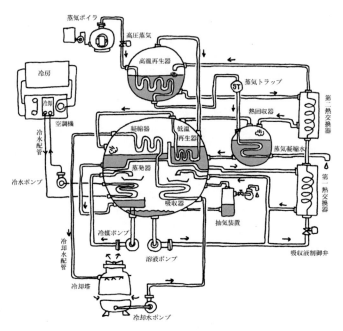

図3・14　二重効用吸収冷凍機

【知っておきたい豆知識】

ゲージ圧力（gauge press.）と絶対圧力（absolute press.）

圧力の表示方法には、**ゲージ圧力表示**と**絶対圧力表示**があるが、**大気力圧表示（atomospheric press.）** を基準にとった圧力を**ゲージ圧力**といい、ゲージ圧力に**大気圧力**を加えたものを**絶対圧力**という。

なお、我々が配管工事の**気密・水密試験**で採用しているのは、あくまでも**ゲージ圧**のことである。既述の**abs**はabsolute press.のことで、絶対圧のことを意味する。

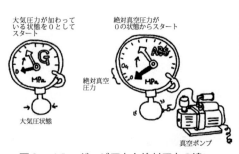

図3・15　ゲージ圧力と絶対圧力の違い

利用されている。この二重吸収冷凍機は、図3・14に示すように、高圧蒸気：0.7〜0.8MPa[7〜8kgf/cm^2]・高温水：190℃程度または温水：80℃により**高温再生機**を加熱し、その**高温再生器**で発生した**冷媒水蒸気**をさらに**低温再生器**の加熱に用いることにより、COP：0.65〜1.2程度となるが、遠心冷凍機のCOPは、4.5〜5.5である。

◇吸収冷凍機の特徴
① 電気の消費電力がわずかである。⇒**特高受変電室**が不要となる。
② 法令上の**運転資格者**が不要である。
③ 機内は、**大気圧**以下で、爆発などの危険がない。
④ 振動および騒音が少ない。
⑤ 吸収剤（臭化リチウム）に毒性が少ない。
⑥ 低負荷時運転の効率がよい。
⑦ 始動時間が長い。
⑧ 機器重量が重い。
⑨ 冷却塔の容量が大きい。⇒遠心冷凍機の場合の2倍近くの容量となる。
⑩ 冷水出口温度は、遠心冷凍機の場合、4℃程度まで使用できるが、吸収冷凍機の場合6℃までしか利用できない。

なお、吸収冷凍機には本体の他に、①溶液ポンプ・冷媒ポンプ、②溶液熱交換器、③高温再生器、④抽気装置、⑤容量制御装置などの**補器**が付属しているが、説明は割愛させていただく。ただ、容量制御範囲は、10%〜100%程度であり、以下の5つの容量制御方式がある。
① 蒸気圧絞り制御方式：再生器入口の加熱蒸気圧を調節弁で制御する。
② 溶液絞り制御方式：再生器におくる溶液の循環量を調節弁で制御する。
③ 蒸気ドレン制御：再生器で凝縮した加熱蒸気のドレンを調節弁で制御する。
④ 蒸気圧絞りと溶液絞りの併用方式。
⑤ 蒸気ドレンと溶液絞りの併用方式。

【他書には載っていない、ノウハウ】

　筆者は、かつて米国の冷凍機メーカーが主催する**ターボ冷凍機**の講演会が日本で開催され参加したことがある。傍聴者の筆者が、"米国では、吸収冷凍機をなぜ使用しようとしないのですか？"と質問した。すると、"両方の冷凍機のCOPの違いを見れば、容易にわかるでしょう！"という、つれない（まともな？）返事であった。

（2）直だき吸収冷温水機

直だき吸収冷温水機は、二重効用吸収冷凍機の加熱源を**蒸気**または**高温水**に替えて、ガス・灯油・重油などの燃焼で、加熱する方式のものである。

この**冷温水機**は、図3・16に示すように、**冷水**と**温水**を同時に取り出すことができるため、**ボイラ**と**冷凍機**を別個に設置するよりも、**設置面積**が少なくて済む。さらに、**高温再生器**内の圧力が**大気圧以下（93.3kPa前後）**であり、**ボイラ関係法規**の適用を受けない。最近、70〜105kW（20〜30冷凍トン）の小型の機種までも**二重効用式**が製作され、**屋外設置形式**のものまで揃っている。

ちなみに、この**冷温水機**の温水取り出し方法には、以下の3つの方法がある
①冷房運転時、**冷却水配管**から取り出すもの。
②高温再生器内に**温水熱交換器**を設けて取り出すもの。

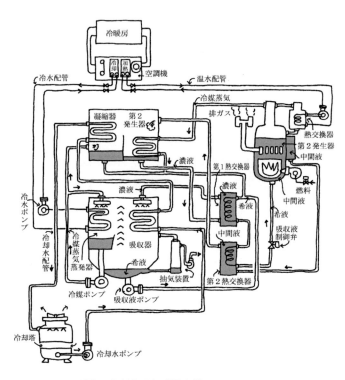

図3・16　二重効用直だき吸収冷温水機

【知っておきたい豆知識】

ベストミックス熱源システム
　日本では、建物内の種々のエネルギー消費に対して、**電力**だけに頼らず、冷熱・温熱・電力などを高効率に経済的に、また環境負荷を低減して**安定供給**するために、複数のエネルギー（電力・ガス・油など）を合理的に組み合わせるシステムを構築しているが、この設計コンセプトを、特に**熱源システムのベストミックス**と呼んでいる。

③高温再生機内の外部に、**温水熱交換器**を設けてとりだすもの。

なお、この冷温水器には、本体の他に**高温再生器・容量調整装置・安全装置**が設置されているが、ここではその説明は割愛させていただく。

(3) 小形吸収冷温水発生機

小形吸収冷温水機は、10～186kW[3～50USRT]程度の小形の**単効用**または**二重効用の直だき吸収冷温水機**で、一般にユニットタイプである。

蒸発器および**凝縮器**は、伝熱管をコイル状にした**シェル・アンド・コイル式**を採用し、小型で軽量である。また、**抽気装置**には、パラジウムセル併用の**溶液エゼクター方式**を採用し、抽気操作が不要となっている。屋内外設置兼用タイプで、**補機動力盤・遠隔操作盤**を備えているものが標準である。

3・8 ヒートポンプ冷凍機

冷凍機は、**蒸発器**では水や空気を冷却すると同時に、**凝縮器**では水や空気に熱を放出している。ヒートポンプ（heat pump）は、この**凝縮器**における加熱作用を**暖房や給湯**に利用するものである。

(1) 電動ヒートポンプ冷凍機

電動ヒートポンプは、別名：電動熱ポンプとも呼ばれる。**ガスヒートポンプ**とは異なり**電力**を利用して、熱を**低温部**から**高温部**に移動させる（汲み上げる）機械のことで、根本的には**冷凍機**である。

【技術用語解説】

ヒートポンプの成績係数（COP）

ヒートポンプの成績係数（COP）は、理論的に考えると**冷凍機**の成績係数に1を加えた値になるが、**蒸発温度・凝縮温度**により変わるものである。一般に**蒸気圧縮式冷凍機**の成績係数（COP）が4～6程度に対して、ヒートポンプの成績係数は、空気熱源の場合は2～4程度、井水を熱源とする場合は4～6程度である。ただし、実際の成績係数は、**熱損失**あるいは**機械的な損失**により、**理論成績係数**の50～70%程度となる。ちなみに、図3・17は、ヒートポンプの成績係数の**理論値**と**実際値**の関係を示したものである。

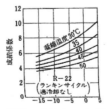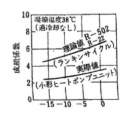

図3・17 ヒートポンプの成績係数の理論値と実際値

第3話　空調用冷熱源機器に関する知識

　ところで、熱源としての**地下水**（underground water）は、年間を通じてほぼ一定温度であり、水量が十分得られれば最も望ましい熱源である。
　しかしながら、地下水の採取が**地盤沈下**（subsidence of ground settlement）の原因となるため、多くの都市では使用を制限している。
　一方、熱源としての**空気**は温度が常に変動し、暖房では**外気温度**が低くなるほど**暖房負荷**が増大するに対し、**ヒートポンプ**の能力は反対に減少し、**蒸発器表面**は、**着霜**（frost）する欠点がある。
　しかしながら、空気熱源は熱源としては無尽蔵であり、手近に利用でき公害（public nuisance）を発生させない点から、最近急速に脚光を浴びるようになり、利用されるようになってきた。**ヒートポンプ冷凍機**を使用するのに適した**建物**としては、**暖房負荷**が**冷房負荷**と比べて比較的小さい建物、内部発生熱の多い建物および同時に**冷房負荷**が発生する建物などが挙げられる。
　暖房負荷が比較的多い場合、年間を通じて圧縮機を**低負荷で効率の悪い点**で運転する時間が長くなり、経済的に不利になるので、**補助熱源**あるいは**蓄熱**を考慮して、**圧縮機の容量**を決定すべきである。**ヒートポンプ冷凍機**は、**冷房運転**に比較して、一般に**凝縮温度**が高く、**空気熱源**の場合、**蒸発温度**が低いので、ヒートポンプの圧縮機は大きな圧縮比を必要とすることに注意すること。
　なお、参考までに表3・2に空**気熱源ヒートポンプの暖房能力表**を示しておく。

（2）ガスエンジンヒートポンプ

　ガスエンジンヒートポンプ（GHP）は、**ガスエンジンで駆動するヒートポンプ**

表3・2　空気熱源ヒートポンプの暖房能力表

形式 \ 要項	冷媒	温水温度の範囲	暖房容量×10^3kW[kcal/h] （50Hz/60Hz）
往復動式	HCFC-22	40～45℃	32/38～186/215 [28/33～160/185]注1
熱回収ターボ式	HCFC-123	40～45℃	441～4418 [380～3,800]注2
スクリュー式	HCFC-134a	45～50℃	26/38～2,034/2,476 [23/28～1,750/2,130]注1
スクリュー式	HCFC-22	40～45℃	46/58～3,209/3,872 [40/50～2,760/3,330]注1

（注）1. 外気温度−2℃、温水出口温度45℃の時の値
　　　2. 熱回収ターボ式は暖房容量の80%の回収熱のある場合の値

装置で、エンジン排熱の有効利用による**省エネルギー効果**を目指したものであり、すでに試験段階は十分に過ぎ、実用段階に達している。**エンジンの排ガス**（500～700℃）や冷却水の排熱（70～100℃）を回収し、**暖房**や**給湯**の加温また**吸収冷凍機**の熱源や空気調和の**再熱**などに有効に供給することができる。

圧縮機としては、**開放式往復動圧縮機**または**スクリュー圧縮機**が用いられ、**中形ヒートポンプ**（70～1,04kW）[20～300USRT]駆動用のガスを燃料とする、エンジンとしては、現時点ではオットーサイクルエンジン（電気点火の往復動式）が効率・信頼性・価格などの点で優れているといわれている。なお、図3・18にGHPの熱収支の一例を参考までに示しておく。**入力エネルギー（燃料の発熱量）**を100%としたとき、**回収可能な排熱**は、50%程度となり、**加熱能力**は170%程度が得られる。**ボイラ**と比較すると、**同じ熱出力**に対し、約1/2の燃料消費量となる。

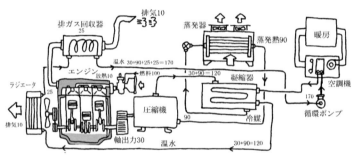

図3・18　GHPの熱収支（空気熱源水加熱方式・暖房運転）の一例

◇**ガスヒートポンプ（GHP）の特徴**
①燃料に**都市ガス**を用いることにより、**受電設備**が大幅に軽減でき、電力の**夏期ピーク需要**の緩和が期待できる。
②排熱回収による**省エネルギー効果**が大きい。
③**極寒冷地**においても、**エンジン排熱を暖房に利用**することにより、ヒートポンプの暖房能力および効率の大幅な低下が避けられる。
④**冷房能力**に比べて**暖房能力**が大きいため、暖房時の**始動立上がり時間**が短い。
⑤容量制御は、**エンジン回転数制御**により容易にでき、**部分負荷効率（partial load efficiency）**が高くなる。
⑥騒音・振動が大きい。
⑦電動式ヒートポンプに比べ、**維持管理**が容易でない。
⑧**設備システム**が複雑で、**設備費（イニシャルコスト）**がかさむ。

3・9　冷却塔

冷却塔（cooling tower）は、別名クーリングタワーという言葉で親しまれている。**凝縮器**に使用する**冷却水**を冷却するもので、**冷却水**の一部を蒸発させて、その**蒸発潜熱**により**冷却水**の水温を下げる装置である。

冷却塔は構造になどより、**開放形冷却塔・密閉式冷却塔・蒸発式凝縮器・空冷式凝縮器**などに分類されるが、ここでは、一般的な空調用冷却塔である、**開放式冷却塔**と**密閉式冷却塔**について概説することにする。

（1）開放式冷却塔

開放式冷却塔は、その送風機の設置位置により、**吸込み通風式**と**押込み通風式**とがあり、また**冷却水**と風の接触方法により、**対向流形（カウンターフロータイプ）**と**直交流形（クロスフロータイプ）**の２種類がある。一般のビルでは、**吸込み通風式**で**占有面積**に小さい**対向流形**が多用されている。

冷却塔は、冷凍機に使用される**冷却水**を5℃程度下げる装置で、図3・19に示すように、散水装置・充填材・ファン・エリミネーター・下部水槽・補給水装置・ケーシングなどで構成されている。

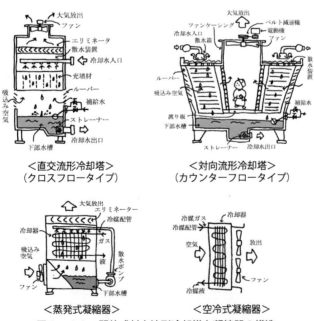

図3・19　開放式対向流形冷却塔と凝縮器の構造

冷却塔での**冷却メカニズム**は、冷却塔上部から散水された**冷却水**が**充填材**（filling）の間を**水滴**や**水膜**の形で流下し、その一部が蒸発する時にその潜熱で冷却水の水温を下げることにある。**冷却**が主として**水の蒸発**によるため、極限でも、冷却塔入口空気の**湿球温度（日本では、通常27℃C.W.B.）**まで、一般には32℃程度までしか下げられない。

したがって、**冷却塔**では水の蒸発や水滴の一部が大気流によって塔外に**キャリーオーバー**（carry-over）されるので、冷却水循環水量の2〜3%程度の水を常時補給する必要がある。

（2）密閉式冷却塔

開放式冷却塔では、**冷却水**と**外気**が直接接触するために、大気中のじん埃・亜硫酸ガスなどを吸引して**冷却水水質**が悪化し、冷却水配管や冷凍機の凝縮器を汚染・腐食させる原因ともなる。

そのため、図3・21に示すように、冷却水を外気に直接接触させないように、冷却塔内に**熱交換コイル**を組み込み、コイル外面に冷却水を散布しながら**強制通風**を行う**密閉式冷却塔**が、開発され一時使用されるようになってきた。

【技術用語解説】

アプローチ（approach）とレンジ（range）：冷却塔やエアワッシャーなどで、**冷却塔出口水温**と冷却塔入口空気の**湿球温度**（通常27℃C.W.B.）との温度差を**アプローチ**（approach）と呼んでいる。図3・20に示すように、冷却塔・エアワッシャーなどによる冷却は理論的に到達できる極限の水温は、冷却塔入口空気の**湿球温度**である。この値が低いほど**冷凍機**にとっては有利となるが、大型の冷却塔が必要となるので、日本では通常5℃程度の**アプローチ**を採用している。

一方、冷却塔の冷却水の入口温度と出口温度の温度差を**レンジ**（range）と呼んでいる。日本では**冷却水入口温度**は通常37℃程度で、**冷却水出口温度**は通常32℃程度のレンジ（△t5℃）を採用している。

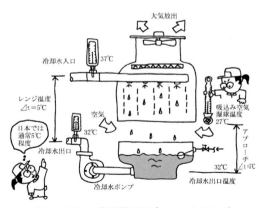

図3・20　冷却塔のアプローチとレンジ

第3話 空調用冷熱源機器に関する知識

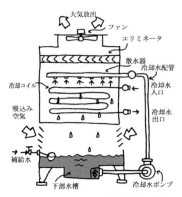

図3・21 密閉式冷却塔の構造

【技術用語解説】

冷却水の水質管理

冷却水系における障害は、大別して**スケール障害**（scale trouble）・**スライム障害**（slime trouble）・**腐食障害**（corrosion trouble）などがある。その中で、**スケール**（scale）は、補給水中の**硬度成分**が濃縮されて**析出**されたもので、そのほとんどが**炭酸カルシウム**（$CaCO_3$）である。

また、**スライム**（slime）は、細菌などの微生物が**有機物**や**栄養塩類**などと日光により繁殖し、**土砂**や**鉄さび**などを巻き込んで**泥状塊**となったものと、冷却塔水槽や水槽ルーバー面に付着した**藻類**（algae）などである。

冷却水の水質基準としては、表3・3に示す**日本空調冷凍空調工業会**で定めた規格**JRA-GL-02-1944**がある。冷却水の水質を**一定基準**内に納めるためには、**連続ブロー**あるいは**定期的なブローダウン**を実施し、また**添加剤**（additive）などを投入する必要がある。

表3・3 冷却水の水質基準

	項目	基準値	
		循環水	補給水
基準項目	pH（25℃）	6.5〜8.2	6.0〜8.0
	電気伝導率 [mS/m]（25℃） {μS/cm}（25℃）	80以上 {800以上} 200以下	30以上 {300以上} 50以下
	塩化物イオン（mgCl-/ℓ）	200以下	50以下
	硫化イオン（mgSO4²⁻/ℓ）	100以下	50以下
	酸消費量（pH4.8）（mgCaCO3/ℓ）	200以下	70以下
	全硬度（mgCaCO3/ℓ）	150以下	50以下
	カルシウム硬度（mgCaCO3/ℓ）	50以下	30以下
参考項目	イオン状シリカ（mgSiO2/ℓ）	1.0以下	0.3以下
	銅（mgCu/ℓ）	0.3以下	0.1以下
	硫化物イオン（mgS²⁻/ℓ）	検出されないこと	検出されないこと
	アンモニウムイオン（mgNH4⁺/ℓ）	1.0以下	0.1以下
	残留塩素（mgCl/ℓ）	0.3以下	0.3以下
	遊離炭酸（mgCO2/ℓ）	4.0以下	4.0以下
	安定度指数	6.0〜7.0	―

しかしながら、**密閉式冷却塔**は、重量が大きくかつ高価で、**搭載熱交換器**の通風抵抗が大きいなどの欠点がある。

ちなみに、冷却塔関連で最近特に話題となっているものに、レジオネラ属菌による**レジオネラ症**の問題がある。**レジオネラ属菌**は、37℃〜42℃付近で最もよく繁殖するといわれるので、**レジオネラ症**の発症は、**循環式入浴施設**の給湯や冷却塔の**飛散冷却水**に起因するものが圧倒的に多く、施設利用者のみならず、通行人にも罹病の危険をもたらすことがある。

したがって、**レジオネラ属菌防止対策**としては、殺菌・化学洗浄などがあるが冷却水水質管理には、特に留意する必要がある。

3・10 空調用温熱源設備機器

温熱源設備機器の主役はなんといっても**ボイラ**（boiler）である。ボイラ本体の他に、**燃焼装置・通風装置・給水装置・自動制御装置**および、**安全弁・圧力計・水面計**などの各種付属品から構成されている。

しかしながら、本稿では、ボイラ付属品類については割愛させていただき、空調用ボイラとして汎用されている**ボイラの種類**について紹介することにしたい。**ボイラ**は、大気圧を超える**蒸気**、あるいは**高温水・温水**発生させる機器であり、空調用ボイラとしては**蒸気ボイラ**と**高温水ボイラ・温水ボイラ**がある。

なお、表3・4は各種ボイラの種類を**一覧化**したものである。

ここで、お断りしておきたいことは、給湯設備の熱源となる**真空式温水発生器**（商品名：バコチンヒータ）および**無圧式温水発生器**などは、割愛させていただく。

（1）鋳鉄製ボイラ

このボイラは別名：セクショナルボイラとも呼ばれるが、図3・22に示すような構造をしている。このボイラは**鋳鉄製セクション**をニップルで接続して缶体を構成し、セクション枚数は、5〜6枚から20枚程度まで、蒸発量は50kg/h〜5ton/h程度まである。なお、**鋳鉄製ボイラ**を蒸気ボイラとして使用する場合には、最高使用圧力0.1MPa（1kgf/cm²）以下、**温水ボイラ**として使用する場合には、最高使用圧

【技術用語解説】

ボイラの容量表示
　ボイラの容量は、**最大連続負荷**における熱出力を**定格出力**として、一般にW[kcal/h]で表すが、**蒸気ボイラ**の容量は、**実際蒸発量[kg/h]**あるいは**換算蒸発量[kg/h]**で示すこともある。

第3話 空調用冷熱源機器に関する知識

表3・4 各種ボイラの種類

ボイラの種類		ボイラより取り出す熱媒の種類	蒸気圧力または温水温度	蒸気量または熱出力	ボイラ効率[%]	主な用途
鋳鉄製ボイラ		蒸気	0.1MPa以下	0.3～4t/h	80～86	給湯・暖房用
		低温水	120℃	29～2300kW		
丸ボイラ	立てボイラ	蒸気	0.7MPa以下	0.1～0.5t/h	70～75	暖房・プロセス用
	炉筒煙管ボイラ	蒸気	1.6MPa以下	0.5～20t/h	85～90	給湯・暖房・プロセス用
		中・高温水	170℃	350～9300t/h		
貫流ボイラ	単管式小型貫流ボイラ	蒸気	3MPa以下	0.1～15t/h	80～90	暖房・プロセス用
	多管式小型貫流ボイラ	蒸気	1MPa以下	0.1～2t/h	75～90	暖房・プロセス用
	大型貫流ボイラ	蒸気	5MPa以下	100t/h以上	90	発電用
		高温水	130℃以下	5.8MW以上		
水管ボイラ	立て水管ボイラ	蒸気	1MPa以下	0.5～2t/h	85	地域暖房用
	二筒水管ボイラ	蒸気	0.7MPa以下	5t/h以上	85～90	給湯・暖房プロセス用
電気ボイラ		温水	120℃以下	120～930kW	98	暖房・プロセス・発電用
熱媒ボイラ		気相	200～350℃	1.2～2300kW	80～85	全電気式空調補助熱源用
		液相				
真空温水器	鋳鉄製	低温水	80℃以下	120～3000kW	85～90	プロセス用
	炉筒煙管式	低温水	80℃以下	46～1860kW	85～88	給湯・暖房
住宅用小型温水ボイラ		温水	0.1MPa以下	12～41kW	60～80	給湯・暖房

力0.5MPa(水頭圧50mH$_2$O)以下、かつ温水温度120℃以下で使用することが、**ボイラ構造規格**で規定されている。

　ちなみに、**鋳鉄製ボイラ**は、耐食性に優れ寿命が長く、分割搬入が可能で、かつ後述の**炉筒煙管ボイラ**に比べて安価であるなどの長所がある。

第3話 空調用冷熱源機器に関する知識

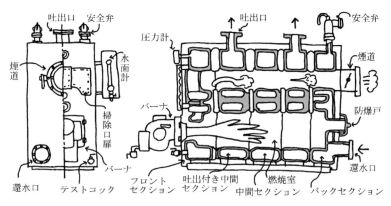

図3・22 鋳鉄製（セクショナル）ボイラの構造

（2）立てボイラ

　立てボイラは、丸ボイラの一種である。図3．24に示すように、垂直に立てた**ドラム内**に**燃焼室**および**対流伝熱面**を設けた構造をしており、**対流伝熱面**には、比

【他書には書いていない、ノウハウ】

　筆者が入社して間もない頃、老練先輩社員が筆者に向かって"君！易しい仕事だから手伝ってくれ！"といわれたことがある。当時はまだ**セクショナルボイラ**がよく使用されていた時代でもあった。それは、セクショナルボイラの容量アップのために、**セクショナルボイラに一枚セクションを増設する仕事**であった。

　筆者が大急ぎで設計図を完成させ、先輩の所にもっていったところ"これは何だ！"と笑われて（叱られて？）しまった。

　筆者の設計図には、なんと既設のボイラの片端に**増設セクション**が増設されていたのだ。先輩曰く、"セクショナルボイラのセクションには、**フロントセクション・バックセクション・中間セクション**の3種類が有るんだよ！こんな簡単なこと、大学で勉強してこなかったのか？"・・・・と。

図3・23　セクショナルボイラのセクション増設工事

較的少数の煙管または水管を設けたものが多い。

所要面積が小さく構造も簡単であるが、高さの制約から蒸発量500kg/hまでの小容量の蒸気ボイラまたは温水ボイラとして用いられる。

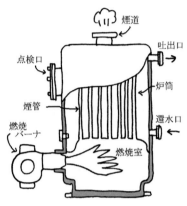

図3・24　立てボイラの構造

（3）炉筒煙管ボイラ

炉筒煙管ボイラは、図3・25に示すように、円筒形の缶胴の中に**波形炉筒（燃焼室）**と多数の**煙管（対流伝熱面）**を配置した構造となっている。

燃焼ガスは、炉筒から2〜4パスの煙管を通して煙道に流れる構造をしており、胴内のボイラ水は炉筒・煙管によって加熱される。このボイラは缶胴の大きさの制限から、圧力は1.6MPa（16kgf/cm²）以下で容量は20ton/h程度まである。空調用

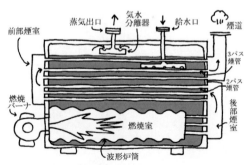

図3・25　炉筒煙管ボイラ（3パス式）の構造

ボイラとして用いられるものには、ボイラ本体・給水装置・自動制御装置・安全装置などの**付属品**を共通ベースの上に取り付けた**パッケージ形式**のボイラである。

（4）小型貫流ボイラ

空調用ボイラとして用いられる**貫流ボイラ**は、そのほとんどが**多管式小型貫流ボイラ**である。貫流ボイラは、図3・26に示すような構造をしており、管入口の水が順次予熱・蒸発加熱されて**加熱蒸気**を取り出すように伝熱面が構成されているボイラである。容量的には200kg/h～2ton/h程度であるが、圧力的には1～2MPa（10～20kgf/cm²）程度の高い蒸気圧力が得られる。他形式のボイラに比べて、水管が小さく大径のドラムが不要のため高圧に適し、同時に**ボイラ保有推量**が少ないために、法規上ボイラ技士の**資格適用規則**が緩和されている。

（5）水管ボイラ

水管ボイラには**立て水管ボイラ**と**二胴水管ボイラ**とがある。このボイラは、図3・27に示すように、伝熱面となる多数の水管とドラムを組み合わせて、ボイラ水の**循環回路**を構成し、ボイラ水の密度差によって**自然循環**させるもので、炉筒煙管式ボイラに比べて**保有水量**は少ない。容量は5ton/h以下のものもあるが、通常5～50ton/hで、圧力は1～15MPa（10～150kgf/cm²）の範囲である。

したがって、空調用としては、大規模な病院・ホテルなどの**高圧蒸気**を多量に必要とする建築物の他、地域暖房（DHC）における**遠心冷凍機駆動用蒸気タービン**の熱源として用いられている。

（6）電気ボイラ

電気ボイラは、図3・28に示すように、円筒形のタンク内に**シーズヒータ**を組み込んで、外周部を保護した構造をしている。

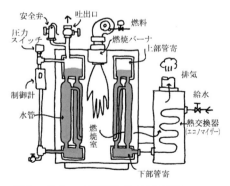

図3・26　小型貫流ボイラの構造

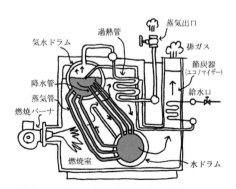

図3・27　二胴水管ボイラの構造

第3話　空調用冷熱源機器に関する知識

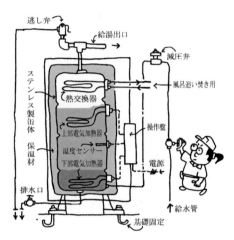

図3・28　電気ボイラの構造

電力設備容量20kWを伝熱面積1㎡とみなし、その1最大電力設備容量を伝熱面積に換算し、普通のボイラ同様の**法的規制**を受ける。

ちなみに、熱出力は120〜930kW、圧力は開放式では1MPa（水頭10m）、密閉式では5MPa（水頭50m）で、貯湯量は0.2〜1㎡の範囲である。ただし、開放式のものには、貯湯量50㎡に達し、蓄熱槽と組み合わせた**蓄熱型熱源**とするものもある。

3・11 熱交換器

熱交換器（heat exchanger・heat converter）は、温度の異なる流体を**固体壁**を介して間接的に接触させ、**熱移動させる装置**のことである。両流体を直接接触させるもの、あるいは**蓄熱体の熱容量**を媒体として**熱交換**を行うものもある。

建築設備業界の中でいう**熱交換器**とは、狭義の意味で、蒸気または高温水で温水を加熱するものを指す場合が多い。

しかしながら、熱交換の組み合わせには、高温度差で熱交換する**水⇔蒸気・水⇔高温水**、および低温度差で熱交換する、**ブライン⇔冷水・冷水⇔冷水・冷却水⇔冷却水・温水⇔温水**などもある。その他空調系統には、空気対空気の**全熱交換器**も広範に採用されるようになっている。

ちなみに、熱交換器の種類には、①U字管形熱交換器、②遊動頭形熱交換器、③固定多管形熱交換器、④立て形シェル・アンド・コイル形熱交換器、⑤プレート形熱交換器、⑥スパイラル熱交換器などがあり、構造・用途は多種多様である。

暖房用および給湯用の熱交換器は、水⇔蒸気（または高温水）で、シェル・チューブ式の**U字形管熱交換器**、あるいは**遊動頭形熱交換器**が用いられる。

ちなみに、図3・29は**遊動頭形熱交換器**と**プレート形熱交換器**の構造を示ししたものである。

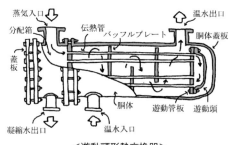

＜遊動頭形熱交換器＞

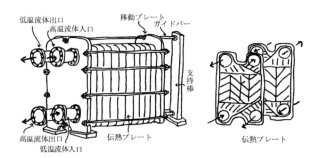

＜プレート形熱交換器＞
図3・29 代表的な熱交換器の構造

3・12　共通機器：ポンプ編

空調・衛生設備の不可欠な共通機器には、**ポンプ**と**送風機**があるが、ここでは、**ポンプ**の必須知識について、ごく簡単に紹介したい。

建築設備に使用されるポンプの大半は、**ターボ型ポンプ**で、表3・5に示すように、構造的には遠心式・斜流式・軸流式に大別される。また、遠心式はさらに**渦巻きポンプ**と**ディフューザーポンプ**とに分類され、ポンプの構造（メカニズム）によっては、①遠心式、②往復式、③回転式、④特殊型に分類できる。

第3話 空調用冷熱源機器に関する知識

表3・5 ターボ形ポンプの分類と特徴

種類		遠心力		斜流系	軸流系
		渦巻きポンプ	ディフューザーポンプ		
比速度(n_s)		100～700		700～1,200	1,200～2,000
能力	吐出量	0.05～200㎥/min		3～500㎥/min	10～1,000㎥
	全揚程	5～1,000m		2～30m	1～5m
特性上の特徴		締切り揚程が比較的低く揚程曲線が右下りのなだらかな曲線。ポンプ効率は水量の増大に伴い軸動力は増加する。	渦巻きポンプとほとんど同じであるがポンプの効率は高く、高効率の水量範囲が狭い。	遠心ポンプと軸流ポンプの中間的独性を示す。軸動力は水量に対してほとんど変化しない。	締切り揚程が非常に高く、揚程曲線が急勾配で途中に不安な部分がある。締切り動力が高く、水量の増大に伴い軸動力は低下する。
用途		給水・揚水用冷却水・冷温水・給湯用循環消火・排水・農業かんがい用水など全般	ボイラ給水・デスケーリング・鉱山排水などの小水量・高揚程の用途	火力発電所冷却水・農業かんがい用水・下水排水などの中水量・中揚程の用途	河川排水・農業かんがい用水・排水など大水量・低揚程の用途

（1）渦巻ポンプとディフューザーポンプ

　渦巻ポンプは、**渦巻室**で羽根（インペラー）を回転させ、**速度水頭**を**圧力水頭**に変換するポンプで、図3・30に示すように、構造も簡単で**ポンプケーシング**も小さい。一方、ディフューザーポンプは、羽根車に接して設けられた**ディフューザー**（**diffuser**）により、**速度水頭**を**圧力水頭**に変換するもので、構造的には渦巻ポン

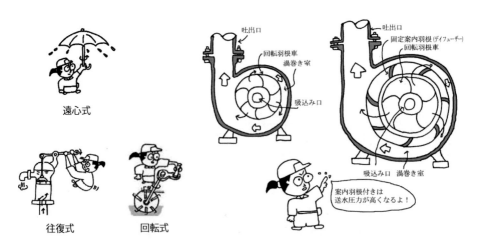

図3・30 渦巻ポンプとディフューザーポンプの構造

プと全く同じものであるが、**ポンプ効率**は当然高くなる。なお、図3・31は渦巻ポンプの**性能曲線**（performance curve）を示したものである。

（2）単段ポンプと多段ポンプ

ポンプの揚程（head）は、ポンプ羽車の**外周速度**の2乗に比例する。そのため、ポンプ羽車の外径を大きくし、回転数を多くすれば、ポンプ揚程は当然2乗に比例して大きくなる。ところが実際に大きなポンプ揚程を得るには、羽車を何段かに直列に並べた**多段ポンプ**（multi-stage pump）が使用される。

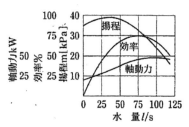

図3・31　渦巻ポンプの性能曲線

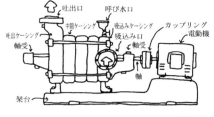

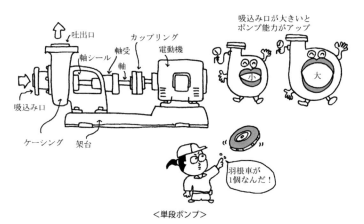

図3・32　単段ポンプと多段ポンプ

(3) 片吸込ポンプと両吸込ポンプ

ポンプには、ポンプ吸込口が片側だけにある**片吸込みポンプ**（single suction pump）と両側にもある**両吸込みポンプ**（double suction pump）の2種類がある。

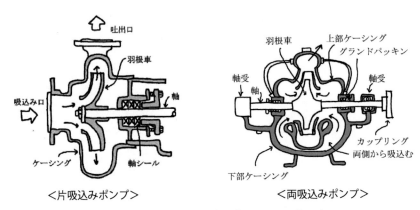

図3・33　片吸込みポンプと両吸込みポンプ

(4) 横軸ポンプと縦軸ポンプ（**図3・34 参照**）

一般に用いられるポンプは、そのほとんどが**横軸ポンプ**である。
しかしながら、取り付け面積が狭い場合や**キャビテーション（後述）**の発生の心配がある場合には、**縦軸ポンプ**がよく使用される。特に給排水衛生設備の地下ピットなどからの排水ポンプなどには、この**縦軸ポンプ**が多用されている。

(5) ポンプの揚程（ポンプヘッド）

図3・35に示すように、ポンプの**吸込み水位**から**吐出し水位**までの高さを**実揚程（Ha）**という。また、ポンプの中心から**吸込み水位**までの高さを**吸込み実揚程（Hs）**といい、吐出し水位までの高さを**吐出し揚程（Hd）**という。

これらには、実揚程（Ha）＝吸込み揚程（Hs）＋吐出し揚程（Hd）という関係がある。

ところで、配管系には①流体の直管摩擦損失・曲管の摩擦損失・拡大縮小管などの摩擦損失（Hf）と、②吐出し速度水頭（Hvd）・吸込み水頭（Hvs）とがある。

配管摩擦損失と各種速度水頭との和に実揚程を足したものを**全揚程（H）**といい、全揚程（H）は、全揚程（H）＝損失水頭（Hf）＋吐出し水頭（Hvd）＋吸い込み水頭（Hvs）＋実揚程（Ha）で表される。

第3話　空調用冷熱源機器に関する知識

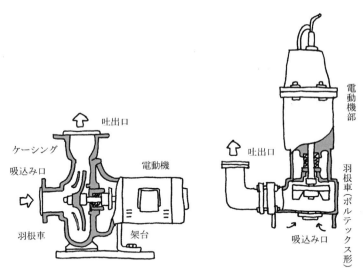

図3・34　横軸ポンプと縦軸ポンプ

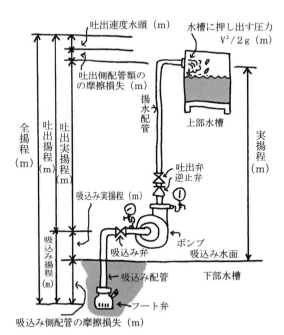

図3・35　ポンプの全揚程（吸い上げの場合）

（6）ポンプの比速度（比較回転速度）

ポンプの**比速度：Ns**（比較回転速度）とは、**ターボ型ポンプ**において、羽車の相似性・ポンプ特性やポンプ形式決定などを論ずるときに用いる値である。ポンプの比速度：Nsとは、実際のポンプの羽車と幾何学的に相似で、吐出量：1 m³/minで全揚程：1 mを出すような羽根車を持つポンプを想定したときの**回転数**のことである。

図3・36に示すように、比速度：Nsは、小水量で高揚程のポンプほどその値は小さく、大水量かつ低揚程のポンプほどその値は多くなる。

ちなみに、図中の（イ）・（ロ）の羽根車は、外径に対して**出口幅**が狭く、**高揚程の渦巻ポンプ**に使用される。（ハ）・（ニ）は、**低揚程の渦巻きポンプ**を表し、（ホ）・（ヘ）は、**斜流ポンプ**の羽根車で、水の流れは入口から出口に至るまで斜め方向である。（ト）は、**軸流ポンプ**の羽根車で、水流は完全に軸方向となる。

なお、比速度：Nsの点からみると、**斜流ポンプ**や**軸流ポンプ**は、一見**渦巻ポンプ**と**揚水原理**が異なるようにみえるが、**斜流ポンプ**や**軸流ポンプ**も、**渦巻ポンプ**の一変形に過ぎないことがわかる。

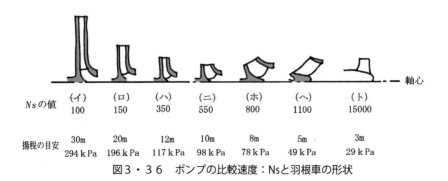

図3・36　ポンプの比較速度：Nsと羽根車の形状

（7）ポンプの性能曲線

縦軸にポンプの揚程・効率・軸動力（軸馬力）を、横軸に水量をとって、**水量の変化**に対する揚程などの諸元の変化を示したものが、ポンプの**性能曲線**（performance curve）である。ちなみに、図3・37は**渦巻ポンプ（Ns≒140）**と**射流ポンプ（Ns≒710）**と**射流ポンプ（Ns≒1,550）**の性能曲線を示したものであるが、ポンプの比速度：Nsの相違によるポンプの特性がよく表現されている。

ポンプ別の揚程・効率・軸動力（軸馬力）の各曲線の特徴を覚えておくこと！

第3話　空調用冷熱源機器に関する知識

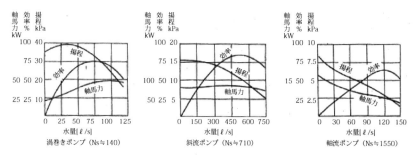

図3・37　各種ポンプ別の性能曲線

（8）ポンプの相似法則

幾何学的に相似なポンプでは、**相似法則（similarity law）**が成立する。同一ポンプの場合、回転数をn_1からn_2に変えることによって、以下のことが言える。
① 吐出量：Qは、(n_1/n_2)の1乗に比例して変化する。
② 全揚程：Hは、(n_1/n_2)の2乗に比例して変化する。
③ 軸動力：Lは、(n_1/n_2)の3乗に比例して変化する。

（9）ポンプの「直列運転」と「並列運転」（図3・38参照）

同じ性能を有する2台のポンプの**直列運転**と**並列運転**に関しては、実務上送風機の場合と同様、以下の2点を覚えておけば十分である。
① 直列運転の場合：同じ2台のポンプを**直列運転**して得られる揚程は、それぞれのポンプを単独運転をした場合の揚程より増えるが、その2倍より小さくなる。
⇒水量の増加にはならない。
② 並列運転の場合：同じ2台のポンプを**並列運転**して得られる水量は、それぞれのポンプを単独運転した場合の水量より増えるが、その2倍より小さくなる。
⇒揚程の増加にはならない。

（10）ポンプのキャビテーション

ポンプの**キャビテーション（cavitation）**とは、ポンプ運転中にポンプの羽根車入口などで、局部的にある点の圧力がその時の水温に相当する**蒸気圧以下**になり、その部分に**気泡**を生じ空洞（cavity）を作る現象のことである。

ポンプの吸込み揚程が高い時や吸込み水温が上昇した時に起こりやすく、騒音・振動を発して時にはポンプの稼働が不可能な状態になる。ポンプでは、一般に羽根車の入口部分で**キャビテーション**がおこりやすい。したがって、ポンプ吐出水量の調節は、ポンプ吐出側の**玉形弁**で行うことが肝要である。

第3話 空調用冷熱源機器に関する知識

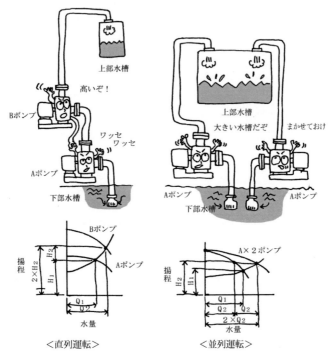

図3・38 ポンプの直列運転と並列運転

◇キャビテーション防止のための3つの留意事項

① ポンプの据え付け位置をできるだけ低く、**吸込み管**は極力短くし、**吸込み揚程**を小さくすること。

② ポンプの吸込み側で、ポンプ吐出量を絞って流量調整をすることは、絶対にさけること。
　⇒ポンプの吐出側の弁は、**ゲート弁**ではなく**グローブ弁**とする。

③ ポンプの全揚程に必要以上の余裕を見込まないこと。
　⇒過ぎたるは及ばざるがごとし！

（11）ポンプのサージング

　ポンプの送水系に**外力**が働かないのに、**吐出量**と**圧力**が周期的に変動する現象を**サージング**（surging）という。

　ポンプ出口側・入口側に設置した**圧力計**および**真空計**が、大きな振幅（amplitude）で揺れると同時に、周期的な騒音や振動を伴う現象である。

◇ポンプが「サージング現象」を起こす3条件
①ポンプの**揚程曲線**が**山形特性**を有し、勾配が**右上がりの揚程曲線部分**で運転するとき。
②吐出配管中に、**タンク**または**空気溜まり**が存在するとき。
③吐出量を調整する弁が、**タンク**あるいは**空気溜まり**より、後方（下流側）にあるとき。

3・13　共通機器：送風機編

　第3話の掉尾をかざる話題として、ここでは空調・衛生設備にとって、**ポンプ**と同様に不可欠な設備機器である、**送風機**について紹介しておきたい。気体（ガス）にエネルギーを与え、その**圧力**（press.）と**速度**（velocity）を高めることにより、圧力の低いところから高いところへ送り出す、誠に便利な機械を**送風機**（fan）・**圧縮機**（compressor）というが、表3・6に示すように、送風機と圧縮機はその吐出側の気体の圧力によって分類している。

表3・6　送風機と圧縮機

名称		吐出圧力（ゲージ圧力）
送風機	ファン	9.8kPa未満（1000mmAq）
	ブロワ	9.8kPa～98kPa（1～10mAq）
圧縮機		98kPa以上（10mAq）

　ところで、送風機は空調設備のみならず衛生設備にも多用され、後述する**換気設備**や**排煙設備**にとっても不可欠な機器である。

（1）各種送風機の種類とその特性
　まず、各送風機の概要を把握するために、表3・7に**各種送風機の種類とその特性**を示しておく。

（2）多翼送風機（シロッコファン）
　多翼送風機は、**シロッコファン**という別名で親しまれている。しかし、このシロッコとは、英語で"sirocco"と綴り由来は、アラビア語の**東（風）**からの意から"北アフリカから南ヨーロッパに吹き付ける砂混じりの熱風"という意味であり、米国の送風機メーカーの商品名がそのルーツとか・・・。
　ちなみに、このファンは英語では"multi-blade fan"と呼ばれるように、**前曲羽根（高さが低く前方に曲がった羽根）**を多数有したファンで、**遠心送風機**のなかでも

第3話 空調用冷熱源機器に関する知識

表3・7 各種送風機の種類とその特性

種類		遠心送風機			軸流送風機
		多翼送風機（シロッコファン）	後ろ向き送風機（ターボファン）	翼型送風機（エアロフォイルファン）	プロペラファン
羽根車の形状					
要目	風量 [m³/min]	10～2,000	30～2,500	30～2,500	20～500
	静圧 [Pa]	100～1,230	1,230～2,450	1,230～2,450	0～100
効率[%]		35～75	65～80	70～85	10～50
比騒音[dB]		40	40	35	40
特性上の特徴		風圧の変化による風量と動力の変化は比較的大きい。風量の増加とともに軸動力が増加する。	風力の変化による風力の変化は比較的大きい。動力の変化も大きい。軸動力はリミットロード特性がある。	風力の変化による風力の変化は比較的大きい。動力の変化も大きい。軸動力はリミットロード特性がある。	最高効率点は自由吐出し近辺にある。圧力変化に谷はない。
用途		低速ダクト空調用 各種空調用 給排気用	高速ダクト空調用	高速ダクト空調用	換気扇 小型冷却塔 ユニットヒーター 低圧・大風量

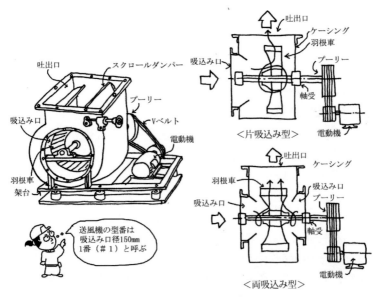

図3・39 多翼送風機（シロッコファン）

最も代表的な送風機である。図3・39に示すような構造をしており所定の風量と静圧を得るのにもっとも小型な送風機のため、空調・換気・排煙用として多用されている。

このファンは圧力を高くするために回転数をあげると、騒音が非常に大きくなるので600～800Pa程度以下で使用することが望ましい。

このファンの特性曲線は、図3・40に示すように、圧力が**山**と**谷**をもつために、**設計風量**を超えて電動機が**オーバーロード**したり**サージング現象**を起こしたりすることもあるので、その選定及び取扱いに際しては十分に注意をする必要がある。

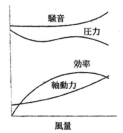

図3・40　多翼送風機の性能曲線

（3）後向き送風機（ターボファン）

このファンは別名：ターボファンとも呼ばれるが、**多翼送風機**では得られないような**高い圧力**を得るために利用される送風機である。

羽根の枚数は少なく、回転方向に対して**後向き**（後曲羽）に曲がっている。2,000Pa～3,000Pa程度の高い圧力まで使用され、多翼送風機に比較して効率もよく、**発生騒音**も少ない。現在では空調用としては、あまり使用されていないが、かつて空調設備で**高速ダクト**が流行していた時代には多用されていたファンである。

（4）翼型送風機（エアロフォイルファン）

送風機の羽根の断面を**航空機の翼**のような形状にして、効率を高めるとともに、発生騒音の低減を図ったファンで、**リミットロード特性**がある。

【技術用語解説】

オーバーロード（overload）
　日本語では**過負荷**と呼ばれている。　これは、機器や装置の容量に対し、圧力・電圧・電流など、あるいは負荷側の抵抗や消費するエネルギーが超過した状態のことをいう。

（5）軸流送風機（プロペラファン）

図3・41に示すように、**プロペラ型**の羽根を回転させ、送風機の軸と同じ方向に空気を流すファンで、**冷却塔**のファンなどに多用されている。低圧で大風量の送風を行うのに適しているが、発生騒音が大きいという難点がある。

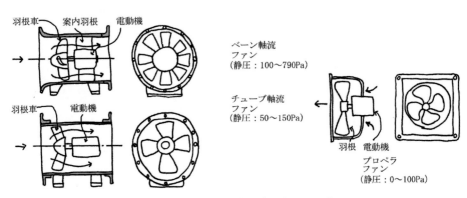

図3・41　軸流送風機（プロペラファン）

（6）送風機全圧

送風機全圧（Pt）とは、送風機によって気体に与える全圧の**増加量**のことで、図3・42に示すように、送風機の**吐出全圧**（Pt2）と送風機の**吸込み全圧**（Pt1）との差で表すことができる。

（7）送風機の「直列運転」と「並列運転」

同じ性能を有する2台の送風機の**直列運転**と**並列運転**に関しては、ポンプの場合と同様、以下の2点を覚えておけば十分である。

①直列運転の場合

同じ2台の送風機を直列運転をして得られる静圧：P_Tは、それぞれの送風機を単

【技術用語解説】

リミットロード特性（limit load characteristics）
　規定風量以上で**軸動力**が極大値を示すので、すべての運転状態で**過負荷**（overload）をおこさないような**遠心送風機**や**遠心圧縮機**の特性のこと。特に気流に**予旋回**[注]を与える**案内羽根**を持ち、**後ろ向き羽根**が吸込み口付近で反転しているものに著しい（JIS B 0132）。
　注：予旋回（prewhirl）：ポンプ・送風機・圧縮機などの**インペラ**に流入する流体が、**インペラ**直前で行う**旋回運動**のこと。

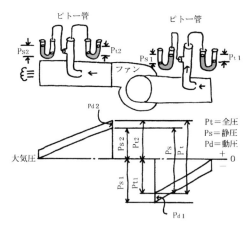

図3・42　送風機各部の圧力

独運転した場合の静圧：P_1の和：2倍より少し小さくなる。

　⇒送風機の風量は増えない。

②並列運転の場合

　同じ2台の送風機を並列運転をして得られる風量：Q_Tは、それぞれの送風機を単独運転した場合の風量：Q_1の和：2倍より少し小さくなる。

　⇒送風機の静圧は増えない。

（8）送風機のサージング

　風量の増加とともに圧力増加する**右肩上がりの圧力曲線**を有する送風機（多翼送風機など）では、一定回転数で運転をしながら**吐出ダンパー**を絞って風量を減少していくと、急激に**脈動**や**振動**を起こし、運転が不安定になることがある。

　この遠心式の機械に特有な現象を**サージング**（surging）という。送風機を選定する際、設計風量を過大にとり、実際の運転で風量を絞って**サージング領域**で運転しないようにすること！

　⇒過ぎたるは及ばざるが如し！

[引用・参考文献]
(1) 厚生労働大臣登録【空調衛生管理監督者講習会テキスト】第4版第2刷，（公財）日本建築衛生センター，平成27年2月発行
(2) 図解「空調・給排水の大百科」，空気調和・衛生工学会編，オーム社，平成10年7月発行
(3) 図解「1級管工事施工管理技士試験」合格必勝ガイド第二版，安藤紀雄監修，安藤紀雄・瀬谷昌男・中村勉・矢野弘共著，彰国社，2010年6月
(4) 「空気調和衛生用語辞典」，（社）空気調和・衛生工学会編，オーム社，1990年8月

第4話 空気調和機に関する知識

4・1 空気調和機とは？

　空気調和機は、英語でAir Conditionerと呼ばれるが、第1話の1・1空気調和設備の**空気調和の五大制御因子**の項で述べた、①**温度**、②**湿度**、③**気流**、④**清浄度**、⑤**気圧**の内、**気圧**を除く**四大制御因子**を制御する**玉手箱**である。

　空気調和機というと、最近の空調技術者からは、すぐに"エアハン（AHU：：Air Handling Unit）のこと？"という返答が返ってきそうであるが、1960年（昭和35年）代以前は、空調技術者が、送風機を決め、冷温水コイルの列数・加湿方法・搭載するエアフィルタ・ケーシング構造・寸法などまで、詳細に設計し決定しなければならない時代であった。これらの空調機は、以降の4・5項で述べる、様々な空

図4・1　空気調和機：四大制御因子の玉手箱

第4話 空気調和機に関する知識

調機に包含すべき**空調機の臓物**を現場に搬入し組み立てを行う、いわゆる**現場組立て空調機**（ビルト・アップ空調機：Built-up Air-conditioner）で、その設計・施工に携わることが、また空調設備技術者の**生きがい**という時代でもあった。

ちなみに、当時**現場組立空調機**の中には、空調機のケーシングとして**鉄板**でなく、**建築躯体**（**RC躯体**）を利用するものさえもあった。

これが現在では、**空調機メーカー**が、簡単に工場製品（AHU：エアハンドリングユニット）として、いとも簡単に現場に搬入する非常な便利な時代となっている。

その反面、**送風機**の設定や**冷温水コイル**の列数を計算したこともないような空調技術者が大半となり、かつての空調設備技術者から見れば、"現在の空調設備設計者は**カタログデザイン家**ではないか？"と嘲笑されるような時代になっている。

【覚えておくと、お得！】

筆者は、かつてシンガポールで52階建ての超高層ビルの空調・換気設備の施工を担当させていただいたことがある。この超高層ビルは、大きく3層に分かれ、それぞれの層に**空調機械室**があり、そこに一台の巨大な**セントラル空調機**を設置していた。その空調機こそ、まさに**ビルト・アップ空調機**そのもので、1フロア分の**空調機械室**の大半を占有するほどの大きさであった。

その空調機の外板は、**鉄骨骨組**を利用して、**鉄板**ではなく**厚い鋼板**で組み立てたもので、まるで**軍艦**のようであった。

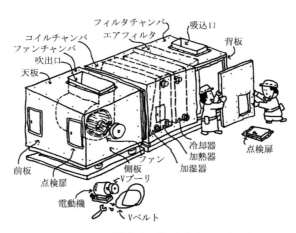

図4・2　現場組立て鉄骨鋼板製大型空調機

4・2　空気調和機の分類

　空調機は、**熱源供給型**と**冷凍機内蔵型**とに大別される。**熱源供給型**とは、空調機自体**熱源機**を持たず、他の熱源機械室（プラントルーム）から供給される**冷水・温水・蒸気**などを利用して、空気の冷却・加熱・減湿・加湿・混合・除塵などを行い、処理された調和空気を**所要のゾーン**に送風する装置である。

　このタイプの代表的な空調機には、**エアハンドリングユニット（AHU）**と**ファンコイルユニット（FCU）**があり、エアハンドリングユニット（AHU）は、さらに、①一般型ハンドリングユニット、②システム化エアハンドリングユニット、③ターミナル型エアハンドリングユニット、④各種用途別エアハンドリングユニットに分かれる。一方、**冷凍機内蔵型**とは、空調機内に**冷凍機**を内蔵してした空調機のことで、①パッケージ型エアコンデイショナ（略称：パッケージエアコン）、②マルチ型パッケージエアコンデイショナ（略称：ビルマルチエアコン）、③水熱源ヒートポンプパッケージエアコンデイショナ（略称：PMACエアコン）、④ルームエアコンデイショナ（略称：ルームエアコン）などがある。

　ちなみに、図4・3は、それらの空調機の分類を示したものである。

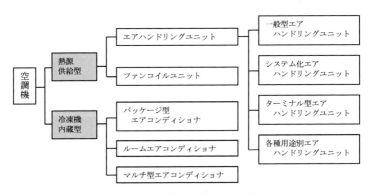

図4・3　多種多様な空調機の分類

4・3　空気調和機の種類
（1）一般型エアハンドリングユニット（AHU）

　エアハンドリングユニット（AHU）は、通称**エアハン**という略称で親しまれているが、工場で製作される**既成品空調機**の**代名詞**といっても過言ではない。

　ちなみに、図4・4は、一般的なエアハンの内部構成を示したものであるが、空

第4話 空気調和機に関する知識

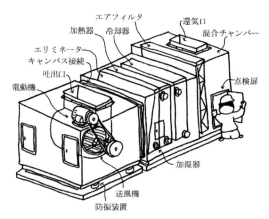

図4・4 一般的なAHUの内部構成

調機械室での収まりを考慮して、**横型AHU**と**立型AHU**がある。なお、各内部構成品の各役割に関しては、以降の4・5項で詳述する。

空調装置として、現在広範囲に用いられているAHUの容量は、その**処理風量**の違いによって**形番**を表すのが一般的である。能力は、風量：約120〜1,500㎥/min、ファンの静圧：0.5〜2kPa（50〜200mmAq）程度のものが多く製作されている。

比較的大型のエアハンは、建物内に設けられた**空調機械室**に設置され、ここからエアハンに接続されたダクトによって、所定のゾーンまで調和空気を送気し空調を行うことになる。

（2）用途別エアハンドリングユニット

上述の標準的な空調機に加え、様々な用途に対応したエアハンが開発され、市場に投入されている。その例を挙げると①システム化エアハンドリングユニット（略称：システムエアハン）、②ターミナル型エアハンドリングユニット（略称：ターミナルエアハン）、③床吹出空調用エアハンドリングユニット（略称：アンダーフロア空調エアハン）、④クリーンルーム用エアハンドリングユニット（略称：クリーンルームエアハン）、⑤コンピューター室用エアハンドリングユニット（略称：コンピュータエアハン）、⑥オールフレッシュ用エアハンドリングユニット（略称：オールOAエアハン）、⑦デシカント空調機、等々枚挙に暇がないくらいの品揃えであるが、ここではその説明は割愛させていただく。

その中で、日本ではすでにほとんど消えて行ってしまった空調機：①マルチゾーン空調機、②二重ダクト空調用空調機、③インダクションユニットなどがある。

第4話　空気調和機に関する知識

1) システム化エアハンドリングユニット

用途別エアハンのトップに紹介したいのが**システム化エアハンドリングユニット**である。筆者は、この空調機のネーミングは、日本独特のものと推察しているが、略称**システムエアハン**と呼ばれているので、以降**システムエアハン**と呼ぶことにする。

この**システムエアハン**というのは、ユニットに**マイクロコンピュータ**を搭載し、各ゾーン・各室の温度・湿度の設定値を前もって入力しておき、外気の状況により**全熱交換器**や冷水・温水の流量、送風静圧などを**最適制御**し、その他の高度な制御を可能にしたエアハンのことを指すものである。

さらに、**給気ファン・換気ファン**および**全熱交換器**などを組み込んで一体化し、排気が持つ**顕熱**と**潜熱**を回収する**システムエアハン**もある。

ちなみに、図4・5は**全熱交換器組込みシステムエアハン**の一例である。

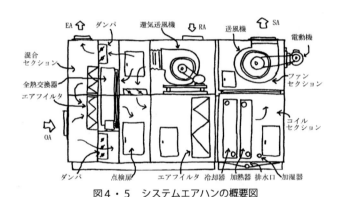

図4・5　システムエアハンの概要図

2) ターミナル型エアハンドリングユニット

次に紹介する、**ターミナル型エアハンドリングユニット**とは、比較的小型のエアハンで、**温度調節装置**などを内蔵し、室内の**壁体**や**天井**内に収納され、それぞれが比較的狭い**空調ゾーン**を分担するように配置されるエアハンのことで、略称：**ターミナルエアハン**と呼ばれている（図4・6）。

3) 床吹出空調用エアハンドリングユニット

第2話2・5（4）の1）で**床吹出空調システム**について紹介したが、**床吹出空調用エアハンドリングユニット**とは、その空調システム用に特別に開発された空調機である。**床下**に向けて給気する機種なので、まるで"**逆立ちした空調機**"と形容することができる（図4・7）。

第4話　空気調和機に関する知識

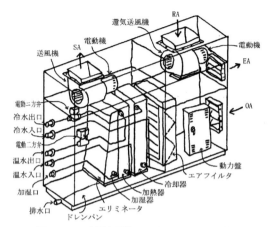

図4・6　床置き型ターミナルエアハンの例

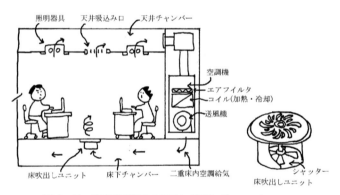

図4・7　床吹出空調用エアハンドリングユニット

4）クリーンルーム用エアハンドリングユニット

　エレクトロニクス・バイオテクノロジーなどの**先端産業**では、生産過程・実験過程などで**クリーンルーム**（Clean Room）が不可欠である。

　このために清浄な空気（clean air）を作る主体となる**クリーンルーム用空調機**は、高性能エアフィルタ（HEPAエアフィルタ・ULPAエアフィルタなど）を搭載しており、通常のエアハンに比べて、より高度な性能が要求される。**クリーンルーム用空調機**と**一般用空調機**の特性の違いを比較すると、以下のように次項が挙げられる。

①一般用エアハンと比べると、**連続運転**が多く、**年間運転時間も長いので**、**耐久性**

第4話 空気調和機に関する知識

（durability）と信頼性（reliability）が要求される空調機である。
② 一般空調用エアハンに比べて、極端に**処理風量**が大きい。
③ 一般用のエアハンに比べ、**HEPAフィルタ・ULPAフィルタ**などのような、**高性能フィルタ**を搭載しているので、送風機の**必要静圧**が高く、用途によっては風量の**変動**が大きい。
④ クリーンルームでは、室内を**正圧**（positive press.）に保つ必要があるため、**外気を大量に導入する必要があり、コイルの容量や列数が大きくなる**。
⑤ クリーンルーム用空調機では、空調機周囲の空気を機内に吸い込まないように、**空調機ファン**は空調機の**押込み側**に配置し、空調機自体を**気密構造**としなければならない。
⑥ クリーンルーム用空調機の機内に**内張り用**として採用する**断熱材**などは、飛散したり発塵性のない材料としなければならない。

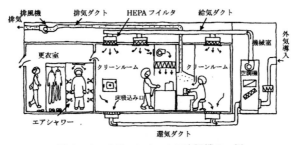

図4・8　クリーンルーム用空調機の一例

（3）パッケージ型空調機

パッケージ型空調機は、空調機に**冷凍機**を組み込んだ空調機と思えばよく、空調機の**冷温水コイル**の代わりに、**冷媒蒸発器**（直接膨張コイル：Direct Expansion Coil）を搭載している。この**冷媒蒸発器**を**熱交換器**として利用し、室内の空気を冷却減湿する**パッケージ型空調機**は、この他に圧縮機・膨張弁・凝縮器・送風機・エアフィルタなど構成部品で構成されている。

したがって、英語では、"self-contained air-conditioner"などと呼ぶこともある。

この空調機は、**冷房専用型（冷専型）**と**暖冷房兼用型（ヒートポンプ型）**があり、また**冷却方式**によっては**水冷式**と**空冷式**がある。

パッケージ型空調機は、図4・9に示すように主要な部品を同じケーシング内に

第4話 空気調和機に関する知識

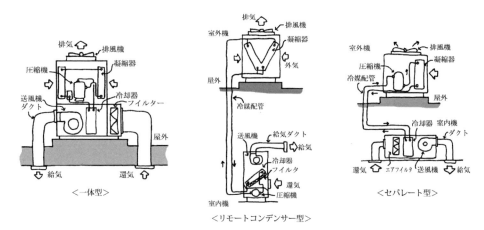

図4・9 パッケージ型空調機のヴァリエーション方式

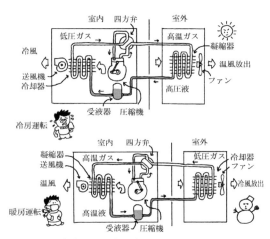

図4・10 空冷ヒートポンプユニットによる冷暖房方式

収めた**一体型ユニット**や、**外気熱交換器（凝縮器）**を屋外に設け、他の主要な部品は屋内に設けて**冷媒配管**で接続する**リモートコンデンサ型**や、**外気熱交換器（凝縮器）**と圧縮機を屋外に設け、屋内の**熱交換器（蒸発器）**を室内に設ける、いわゆる**セパレート型**などがある。

　空冷式は、冷房時に室内から採熱した熱を**冷媒**を利用して、直接大気と熱交換を行い、屋外に放熱する方式のものをいい、これに対し**冷媒**に集められた熱を**冷却水**を利用して大気に放熱する方式のものを**水冷式**という。

空冷ヒートポンプ式は、冷房時には室内の空気から採熱する**室内側熱交換器を冷媒蒸発器**として利用し、**室外熱交換器を冷媒凝縮器**として用いて大気に放出する。**暖房時**には、**四方弁**（4-way valve）で冷媒の流れを変え、**室外熱交換器を蒸発器**として大気から採熱し、**室内熱交換器を凝縮器**として、室内に放熱することにより暖房を行うものである。

水冷ヒートポンプ式は、熱源水から**採熱**や**放熱**を行っており、**熱源水**としては年間ほぼ水温一定の**井戸水**を利用する方式がある。

また、**第2話2・5（3）の3**で紹介した、**冷房時**には**冷却塔**で大気に放熱し、一方、**暖房時**にはボイラから熱源水を供給する、いわゆる**水熱源ヒートポンプパッケージエアコンデイショナー式（略称：PMAC式）**もある。

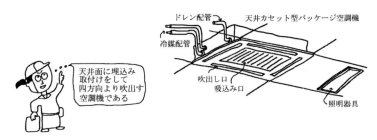

図4・11　天井カセット型パーケージ型空調機

パッケージ型空調機の種類は、多種多様であり、用途別にそれぞれ**専用の機種**を各メーカーが開発している。例えば、**建物用途別**では、事務所用・店舗用・ホテル用・学校用・パチンコ店用・厨房用・クリーンルーム用・コンピュータ用・低温貯蔵庫用・船舶車両用・航空機用などがある。

また、**機能別**では、恒温恒湿用・中温用・年間冷房用・異電圧用・スポット用・オールフレッシュ用・小風量用・VAV用など、さらに設置場所別では壁掛け型・床置き型・天井カセット型・ビルトイン型・天井吊隠ぺい型・天井吊露出型などの品揃えがある。

（4）ビルマルチ空調機

この**ビルマルチ空調機**は、実は誰にでも親しまれている、いわゆる日本で独自に開発された**ビルマル空調システム機**として採用されている**ビルマルチ空調機**ことで、**マルチエアコン**とも呼ばれる**セパレート形エアコンユニット**のことである。

第4話　空気調和機に関する知識

　このビルマルチ空調システムは、図4・13に示すように、1台の室外ユニット（室外熱源機）に、複数台（マルチ）の室内ユニット（室内機）を接続して構築する空調システムである。この空調方式は、次項で述べるルームエアコンデイショナー（ルームエアコン）で多室を空調するとき、共有室外ユニットを一つの設置場所に集約するために開発されたといっても過言ではない。
　ちなみに、ビルマルチエアコンは、日本で1982年（昭和57年）に発売が開始され、以降現在まで40年近くが経過しようとしている。

【他書には載っていない、ノウハウ】

　送風機の搭載されていないパッケージ空調機：筆者がシンガポールで超高層ビルの空調設備の施工を担当していたときの体験記である。筆者の別の仲間が、たまたま日系企業シンガポールの現地工場の空調設備工事（パッケージ空調設備工事）を担当していた。ここの工場用にと、日本に手配していた某日本メーカーのパッケージ空調機の到着を今か今かと首をながくして待っていた。
　するとこの品物が日本から、香港経由でやっと明日にはシンガポールに到着するという情報が入ってきて、竣工日も迫っているので"これで一安心！"と胸をなでおろしていた際の出来事であった。この荷物を積んでいた日本の船会社が急に倒産し、この船がシンガポール港の直前で、日本にUターンしてしまった由。あわてた同僚の担当者は、シンガポール中の空調機代理店を駆け回り、メーカーこそ異なるが代替パッケージユニットを1台見つけて、至急現場に届けるように手配したのである。
　ところが、現場に届けられた品物の梱包を早速開けてみたところ、なんと送風機が搭載されていない代物であった。代理店に文句をいうと、代理店からは"注文の際お客様から機外静圧のご指定が無かったので当然のことです。"という返事が返ってきかたとか・・・。"日本の常識は、世界の非常識"を痛感した一幕であった。

図4・12　送風機未搭載のパッケージ空調機なんてあり？

第4話 空気調和機に関する知識

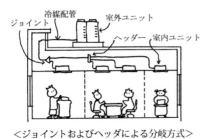
＜ジョイントおよびヘッダによる分岐方式＞

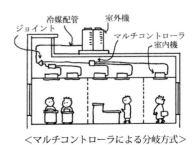
＜マルチコントローラによる分岐方式＞

図4・13　ビルマルチ空調システム

　個別制御性・集中管理の容易性・施工面における省人化などが市場に受け入れられ、中・小規模の建築物から、その是非はともかく、最近では床面積：10,000㎡を超えるような**大規模オフィスビル**にも採用されるようになってきている。
　ビルマルチエアコン空調システムは、従来の**水搬送**や**空気搬送**による**中央式空調システム（セントラル空調システム）**を駆逐する傾向が強く、中・小規模の店舗や事務所ビルなど、床面積：3,000㎡以下の**特定建築物**以外の建築物においても、その普及は著しい。
　この大規模空調システムでは、屋上一面に屋外機が多数設置されるケースが多いが、このような場合、屋外機周辺の屋外空気が**ショートサーキット（short**

注：ビルマルチエアコンメーカによるビルマルチエアコンの能力表示は、冷房時の外気温
　　度：35℃、暖房時の外気温度：8℃という条件下のものであることに注意！

【技術用語解説】

ショートサーキット（short circuit）
　屋外機から排出された、排気がまた屋外機の空気　流入口から吸い込まれてしまい、新しい空気が全然入らずに、屋外機周辺の空気が"どうどう巡り"してしまう状態のこと。

図4・14　ショートサーキットのイメージ

circuit）として、40℃以上の外気を**空気熱源**として利用せざるを得ないようなケースも散見され、必ずしも**省エネ空調システム**になっていないケースも多い。

ところで、ビルマルチ空調システム登場時、**制約条件**の一つであった、**冷媒配管の許容長さ**の問題に対しても、図4・15に示すように改良が重ねられてきた。

冷媒管の長さは、1989年（平成元年）には100mであったものが、2007年（平成19年）には165mまでに延長されている。また、**ビルマルチ空調機**は、室外機の冷媒配管系統ごとに、**冷房・暖房を一括で切り換える標準型**に加え、最近では**インバータ**を搭載したものが開発され、その後に同一冷媒配管系統内で冷房・暖房が自

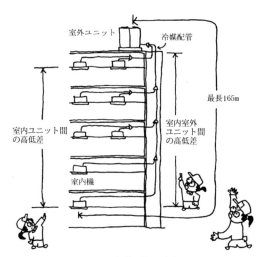

図4・15　冷媒配管の許容長さ

【技術用語解説】

ビルマルチ空調機冷媒の変遷

既述のように、ビルマルチ空調機が、1982年（昭和57年）に登場以来約40年近くになろうとしているが、設置後20年以上経過したユニットに関しては、その**リニューアル工事**が始まっている。当初のユニットは、HCFC冷媒であるR22を搭載していたが、混合冷媒：407Cの時代を経て、同じく混合冷媒：410Aの時代へと移行して、しばらくの間長期政権（？）が続いていた。

しかし、ここに来てさらなる新冷媒HFC：R32（ODP：0・GWP：650）が登場するようになってきている。この動向は、オゾン層破壊問題・地球温暖化問題の解決目標（ODP：0・GWP：0）をターゲットにしたものだが、現段階で目標ODP：0の冷媒の開発目標は達成したものの、GWP：0の冷媒の開発は未達成である。今後近い将来にまた、GWPがHFC：R32よりさらに少ない、優れた冷媒が登場するものと思われる。

由に選択できる**冷暖フリー型**や、高層建築物や寒冷地の建築物に対応する**水熱源型**や割安な深夜電力で**蓄熱**を行う**氷蓄熱マルチ**が登場するなど、様々なタイプのビルマルチが開発されている。

（5）ルームエアコンデイショナー

　ルームエアコンデイショナーは、日本ではルームエアコンという略称で親しまれているが、住宅の冷暖房用として用いられる小型の**空冷パッケージ空調機**である。ルームエアコンは、圧縮機・凝縮器・蒸発器・送風機・フィルタ・制御装置・冷媒回路から構成される。

　かつては、図4・16中の一体型（ウインドウ型）をよく見かけたが、現在住宅や小さな事務所などで、最も広範囲に使用されているのが、ヒートポンプタイプの**セパレート型ルームエアコン**で、屋内機と屋外機に分かれ、これ1台で**冷暖房**が可能なようになっている（図4・16参照）。

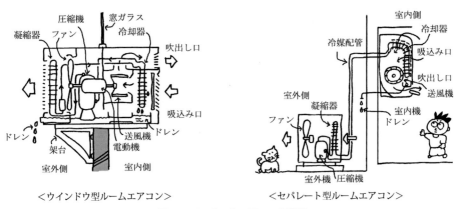

<ウインドウ型ルームエアコン>　　　　<セパレート型ルームエアコン>

図4・16　ルームエアコンの種類

　ただし、注意しておいて欲しいことは、既述のように、最近では冷媒が混合冷媒：R410AからHFC冷媒：R32にとって代わられていることである。

（6）ファンコイルユニット

　ファンコイルユニットは、日本ではFCUという略称で呼ばれているがFan Coil Unitの頭文字からの命名である。FCUは、図4・17に示すように、冷却／加熱コイル・送風機ファン・エアフィルタが箱型ケーシングに内蔵され、室内空気を**冷却・減湿**または**加熱**して、部屋の冷暖房を行う装置である。

第4話　空気調和機に関する知識

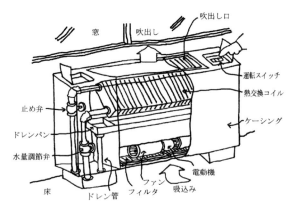

図4・17　床置き型ファンコイルユニットの構造

　事務所ビル・ホテル・病院などに多く利用されているが、FCUの心臓部である冷却・加熱コイルは、銅管とアルミフィンで作られており、銅管内を流れる冷温水とアルミフィン側を通過する空気とで**熱交換**を行っている。

　通常、コイルに冷房時には**冷水**を、暖房時には**温水**を流す二管式の**冷温水コイル**を搭載したFCUが一般的であるが、三管式・四管式の配管方式もある。

　特に、**四管式用**のFCUでは、**シングルコイル型**ではなく**ダブルコイル型**のFCUもあるにはあったが、現在時代のニーズからはずれ**三管式・四管式**はほとんど採用されなくなっている。送風機としては、多翼型の送風機が1台のFCUの中に1～2台

【覚えておくと、お得！】

ルームエアコンの運転効率の向上
　電動機器の効率は、**EER（消費電力1kW当たりの冷暖房能力）**で表されるが、ルームエアコンのEERは、ここ数十年で飛躍的に向上（50％以上）したといわれる。その理由としては、以下のような理由が挙げられる。
①圧縮機効率の改善：既述のように圧縮機の主流である**回転型**は従来の**往復動型**に比べて、部品点数が少なく小型・軽量で、**円形運動**のため**機械損失**が少ない。また、構造上**冷媒の吸込み損失**も少ない。
②凝縮器・蒸発器の伝熱効率の向上：空気コイルの配置変更やフィンを波形にするなど、また冷媒管に**内面溝付き**を使用するなどの工夫によって、凝縮器・蒸発器の**熱伝達率**が向上した。
③部分負荷率の向上：運転制御が従来の**ON-OFF制御**に代わり、**インバータ**による圧縮機の回転数を連続的に制御する方式が導入され、負荷に応じた運転ができ**省電力効果**が高まった。

第4話 空気調和機に関する知識

内蔵されているが、FCUの送風機の**機外静圧**は、一般に小さいのが難点である。

ちなみに、日本で発売されているFCUには、200型〜1200型まであるが、表4・1はFCUの仕様を示したものである。

FCU電動機は、通常高速・中速・低速の**3段階の回転数選択制御**しており、これにより空気との熱交換をおこなっている。最近では、FCU送風機を無段階回転数制御している機種もある。エアフィルタのろ材は、洗浄可能な**サランネット**が多く用いられているが、**中性能フィルタ**や**高性能フィルタ**を搭載できる機種もある。

FCUケーシングは、**鋼板製で内面にグラスウールや樹脂発泡剤**を張り付けて、FCUの内面の結露を防止している。

表4・1 FCUの型番別の仕様

項目		型番	200	300	400	600	800	1200
性能	冷房能力	顕熱量 [kW]	1.35	1.94	2.76	4.02	5.84	7.00
		全熱量 [kW]	1.74	2.57	3.56	5.35	7.19	8.83
	暖房能力 [kW]		2.95	4.17	5.70	8.43	12.01	14.67
水量 [l/s]			0.083	0.122	0.170	0.255	0.362	0.473
ヘッド損失 [kPa]			2.6	5.6	10.7	30.6	11.7	22.5
風量 [m³/s]			0.094	0.142	0.189	0.283	0.378	0.567
運転騒音 [dB (A)]			34	35	36	37.5	39	42
電源			単位 100V、50/60Hz					
送風装置	形式		前傾多翼型(シロッコファン)					
	入力[W]		37/50	45/55	60/75	80/95	120/145	155/185
	電流[A]		0.40/0.55	0.50/0.65	0.65/0.85	0.85/1.05	1.30/1.60	1.65/2.00

図4・18 ローボーイ型FCU

第4話　空気調和機に関する知識

　FCUは、その用途により**床置き型**と**天吊り型**とに大別される。**床置き型FCU**は、きれいな化粧パネルで外装しているが、一般に**ローボーイ型**と呼ばれる**露出型FCU**や**ペリカウンタ**と呼ばれる窓側に、台のようなカウンタを設置して、その中にFCUを納める**隠ぺい型FCU**もある。

　天吊り型も**露出型FCU**と**隠ぺい型FCU**に分けられ、**隠ぺい型FCU**でも**カセット型**（cassette type）と呼ばれる機種は、天井内に半分埋め込まれ、吹出口・吸込み口・点検口パネルが一体化したものもある。

　また、**隠ぺい型FCU**の多くは、天井内に吊込まれ、吹出口・吸込口が短いダクトで接続されており、天井面には**吹出口**と**吸込口**しか見えないものもある。

4・4 デシカント空調機

　最近の空調業界では、**デシカンント空調システム**と呼ばれる、いわゆる**化学減湿法**が積極的に採用されるようになってきている。ちなみに、**デシカント**（desiccant）とは、**乾燥剤**または**除湿剤**の意味である。

　従来の空調方式で**除湿**する場合には、**冷媒**や**冷水**で冷水コイルを冷却し、空気中の水分を**結露**させること、すなわち**冷却・減湿方法**で除湿（減湿）を行ってきた、場合によっては**再熱制御**（reheat control）が必要となる。

　これに対し、**デシカント空調機**を採用する**デシカント空調システム**は、**乾燥材**によって空気中の水分を直接除去し、その後に**顕熱**のみを所要のレベルまで低下させる空調システムである。

　換言すると、従来の空調方式では、除湿のために、空気の**顕熱・潜熱**を物理的（機械的）に一体処理するのに対し、**デシカント空調システム**では、**顕熱・潜熱**を化学的に分離処理するので、**省エネ**などの利点を享受することができる。

　ちなみに、乾燥剤には**塩化リチウム**（LiCl）や**シリカゲル**（silica gel）等が使用

【覚えておくと、お得！】

　病院建築とFCUの相性：病院の空調方式には、**外調機単一ダクト＋FCU方式**を採用する例が多い。病室などの場合には、各室の要求に応じた**室内温度**に設定できるなどの利点がある。
　しかしながら、反面FCUの**ドレンパン**や**冷水コイル**など、湿潤で不衛生な部分に**かび**や**細菌**が繁殖したり、エアフィルタの清掃・交換時に**じん埃**が病室内に飛散するというリスクもある。そのために、**一次空気**に室内冷房負荷の**潜熱処理分**を受け持たせ、FCUは**顕熱分処理**のみを受け持つように考慮し、**冷水コイル**などが湿潤な状態にならないようにするなどの計画が必要である。

され、最近では優れた防湿性能を有する**ゼオライト**も使用されるようになっている。
　デシカント空調機は、図4・19に示すように、①除湿ロータ、②顕熱交換ロータ、③再生用温水ヒータおよびコイル、④再生側蒸発式コイル、⑤処理側温水コイル（暖房用）、⑥処理側・再生側ファン、⑦処理側と室内換気側のフィルタ等で構成される。**デシカント空調システム**は、環境と人間に優しい空調システムで、まだ実績はそれほど多くないが、今後状況によっては、大いに普及する可能性を具備した空調方式である。

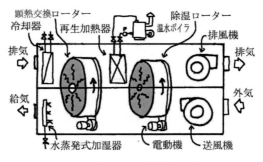

図4・19　デシカント空調機の一例

4・5　空気調和機を腑分けする

　筆者は、冒頭の4・1項で**空気調和機**は、**一種の玉手箱**と述べたが、人体に例えれば様々な機能を具備した**臓器**が納められ、丈夫な皮膚で覆われたボデイということができる。ここでは、**エアハンドリングユニット（AHU）**内に、組み込まれた臓器類の**腑分け（解剖）**をすることにする。

（1）送風機（fan）

　送風機は、空調機ケーシング内に収納するため、一般に**両吸込型多翼送風機（シロッコファン）**が使用されるが、大風量空調機の場合**タンデム型（二連型）**の送風機が採用される場合が多い。また、**静圧：1.5kPa**以上の高圧用および省エネルギー用としては、**リミットロード型・エアロホイル型**の送風機が使用される。送風機および電動機は、風量および静圧（空調機内の静圧損失とダクトの静圧損失の和）より選定するが、**吐き出し風速・騒音レベル**を確認の上決定することもある。
　なお、送風機の**可変風量（VAV）**の方法には、**スクロールダンパー制御方式・インレットベーン制御方式・インバータ制御方式**がある。

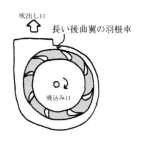

図4・20　エアハンドリングユニットの送風機

この中で、送風機の**スクロール（scroll）**の形状を変え、**送風特性を変えるスクロールダンパー**を制御する方式が一般的であるが、最近では**インバータ制御方式**の採用も多くなっている。また、**インレットベーン制御方式**は、比較的大型のリミットロード型送風機および**ターボ型送風機**に採用される場合が多い。

インバータ制御方式は、中型・小型送風機の**電源周波数**を変化させ、電動機の**回転数**を変えて風量・静圧を変化させる制御方式で**省電力効果**は大きく、**コンパクトエアコンやシステム化エアハンドリングユニット**で多用されている。

建物の軽量化・柔構造化および設備機械室の中高層化などにより、送風機の**振動**と**固体伝播音**が床や建物に伝搬するのを防止するため、送風機ユニットの下部に**防振装置**を付ける場合が多い。

（2）冷却コイル（cooling coil）

冷却コイルには、通常5～7℃程度の**冷水**が供給され空気を**冷却減湿**する。コイルの管は、外径：16mm、肉厚：0.5mmが使用され、フィン板厚は0.2mmが使用される。また、銅管・アルミフィンに**樹脂コーテイング**した**プレートフィンコイル**が一般的であるが、**腐食性**の強い空気に場合、ステンレス鋼管・ステンレス鋼フィンを使用することもある。

コイルの列数は、通常4～8列コイルが多く用いられるが、**外気処理用**や**特殊用途**には、10～12列コイルも使用される。フィンピッチ（フィン間隔）は、1インチ（25.4mm）当たり6枚・7枚・8枚・10枚のものがあるが、**冷却コイル**においては、**冷却減湿**によるドレンの関係で、8枚のものが多く使用される。

なお、コイルの通過風速（面風速）が、3.0m/sを超えると、コイルドレンが**キャリーオーバー**しやすいので、面風速：2.0～3.0m/sで設計される。空調送風機の

第4話 空気調和機に関する知識

表4・2 コイル用途によるチューブ・フィンの材質の例

用途	管材	フィン材	被覆・めっきなど
標準の冷温水コイル	銅	アルミニウム	なし
軽度の耐食性コイル	銅	アルミニウム	アクリル系樹脂皮膜
塩害、亜硫酸ガス、窒素酸化物対応コイル	銅	銅	なし
重塩害対応コイル	銅	銅	すずめっき
プール用コイル（海水や塩素対応コイル）	キュプロニッケル	キュプロニッケル	なし
食品工場、印刷工場用コイル	ステンレス	ステンレス	なし
高温水・高圧蒸気用コイル	鉄	アルミニウム	なし
高温水・高圧蒸気用コイル	鉄	アルミニウム	アクリル系樹脂皮膜

※キュプロニッケルは、銅（90）・ニッケル（10）の合金

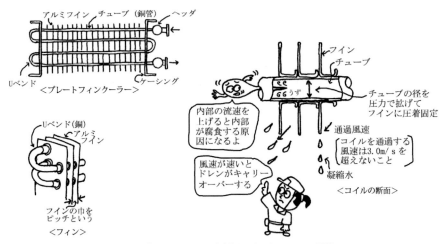

図4・21 プレートフィン型冷却コイルとフィンの構造

搬送動力低減の目的で、2.5m/s程度で選定されることが多い。

コイルの管の断面形状を**楕円（ellipse）**にして、空気圧力損失を低減したコイルの採用も一部見かけるようになっている。コイルの**管内径水速**は、**エロージョン・腐食防止**の目的で、管1本あたり2〜25l/minの間になるように、**サーキット（ハーフサーキット・シングルサーキット・ダブルサーキット）**を選定する必要がある。

冷却コイルに**温水**を供給し**冷温水コイル**としても使用することができるが、中には**冷媒**や**ブライン**を供給する冷却コイルもある。

第4話　空気調和機に関する知識

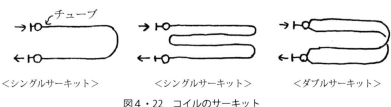

図4・22　コイルのサーキット

（3）加熱コイル（heating coil）

　加熱コイルは、熱媒の種類により**温水コイル**と**蒸気コイル**に分けられる。温水コイルには、通常40～50℃の温水が供給され、空気を加熱する。**温水コイルは冷水コイルと同じ構造のため、冷水コイルと兼用することが多く、この場合冷温水コイル**と呼ばれることがある。

　一方、**蒸気コイル**には、低圧蒸気：0.2MPa（G）以下の蒸気が供給され、列数はせいぜい1～2列が一般的である。蒸気コイルは、蒸気の**熱膨張**による**チューブ破損防止**のため、**伸縮ベンド付き**や**凝縮蒸気ドレン**の排水をよくした**片こう配コイル**を選択する。また、加熱負荷に見合った**バルブ**や**スチームトラップ**を選定し、バルブの開閉による**スチームハンマー**を和らげることが大切である。

（4）加湿器（humidifier）

　加湿器の種類は、表4・3に示すように、多種多様の種類があるが、空調機に組

【覚えておくと、お得！】

エロフィンチューブ（Aerofin tube）
　管の外側に薄板をらせん状に巻き付けたフィン付き管のことで、フィン内縁にしわがあり、**リンクルフィン管**とも呼ばれている。
　元々は、メーカーの商品名であるが、一般的にも使用されている。

図4・23　エロフィンチューブ

第4話　空気調和機に関する知識

表4・3　空調用加湿器の種類

方式		構造・原理	概略図
蒸気式	ノズル式	水蒸気の飽和蒸気をノズルより噴射する。	
	蒸気拡散管式	絞り現象を利用して飽和蒸気を加熱蒸気に変えて噴射する。	
	蒸気発生式	電熱コイル、電極版、赤外線灯などで、加熱蒸発させる。	
気化式	回転式	水を含ませた給湿エレメントを回転させ蒸発させる。	
	毛細管式	吸水性の高い繊維に毛細管現象によって水を含ませ蒸発させる。	
	滴下式	給湿エレメントに水滴を落として水を含ませ蒸発させる。	
水噴霧式	高圧噴霧式	ポンプで水の圧力を上げて、小口径ノズルから噴射する。	
	超音波式	高周波振動で水を霧化する。	
	遠心式	モータにより円盤を高速回転し、遠心力により水滴を霧状にする。	

み込む**加湿器**は、一般に**水加湿器**かまたは**蒸気加湿器**とする。

　水加湿器は、水をノズルより空気中に噴霧するもので、水の飛散を防ぐ目的で**エリミネータ**（eliminater）を設置する必要がある。

　なお、給水圧が小さい場合には、**加湿ポンプ**を設置する。加湿器の薄型化と水の飛散を防止した**通風気化式水加湿器**の採用が多くなっている。

　一方、**蒸気加湿器**は、**加湿管**に小さな穴をあけ、気流中に蒸気を噴霧する加湿器である。蒸気の**凝縮ドレン**を処理するため、**加湿管**を小さな箱に収めたものや、二重管にして**乾き蒸気**のみを噴霧する方法も採用されている。なお、**蒸気源**がない場合には、**電気パン型加湿器**を使用する。

　ちなみに、加湿器の制御は**ON-OFF制御**が一般的である。

（5）エアフィルタ（air filter）

　エアフィルタは、空気中の**じん埃**（dust）を除く目的で、空調機に組み込まれるものであるが、**乾式ろ過式**が一般的で、エアフィルタのろ材としては、かつてグラスファイバ・ポリウレタンフォーム・不織布（non-woven cloth）が多く用いられ

第4話　空気調和機に関する知識

ていた。しかも、フィルタは通常500×500サイズ、610×610のサイズのユニット型であった。

しかしながら、その後図4・24に示すような、フィルタの**保守管理作業**を省力化するため、**自動巻取り型**で**タイマー**またはエアフィルタの**圧力損失**により、**目詰**

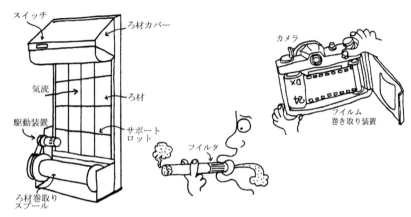

図4・24　自動巻取り型エアフィルタ

【技術用語解説】

コイルの凍結防止

　北海道のような寒冷地などでは、夜間冷房停止時に外気が空調機内に侵入して、**加熱コイル**の凍結により**コイルチューブ（coil tube）**が破損するなどの事故がある。このため、**外気取入口**は冬期に外気の影響を受けにくい位置に設置したり、夜間空調機の運転停止時に、外気取入ダクトのダンパーを閉鎖するなどして、**外気の侵入**を防ぐ必要がある。また、コイル内に**温水**や**蒸気**を常に流したり、空調機内の**電熱ヒータ**を設けるなどの対策も取られている例も多い。

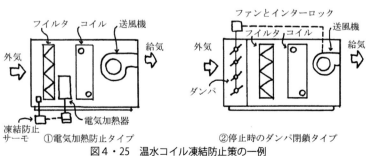

図4・25　温水コイル凍結防止策の一例

第4話 空気調和機に関する知識

まりしたフィルタろ材を自動的に巻き取る、自動巻取り型エアフィルタ："オートマチック・ロール・エアフィルタ"が開発された。

日本では、1970年（昭和45年）に画期的な"建築物における衛生的環境の確保に関する法律（通称：旧ビル管法・現：建築物衛生法）"が制定された。

この法の中で、**建築物衛生法の室内環境基準**として、**室内浮遊塵埃量**が0.15mg/㎥以下と規定されたため、この基準値をクリアするために、表4・4に示すような**中性能エアフィルタ**を搭載する空調機が多くなってきた。

表4・4 空調用除じんフィルタの性能別分類

種類	形式	適応粉じんの粒径 [μm]	粉じん捕集率 [%]		
			重量法	比色法	計数法
粗じん用エアフィルタ	パネル型、自動巻取型、自動洗浄型	5以上	70〜90	15〜40	5〜10
中性能エアフィルタ	バグ（袋）型、ろ材折込み型	1以上	90〜96	50〜80	15〜50
高性能エアフィルタ	バグ（袋）型、ろ紙折込み型	1以上	98以上	85〜95	50〜90
	静電型		98以上	70〜95	60〜75
中高性能エアフィルタ	ろ紙折込み式	1以下	—	—	99.97以上

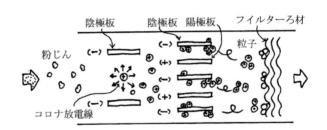

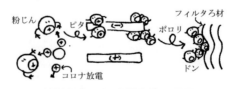

図4・26 電気集塵器（二段荷電式）の原理

すなわち、具体的には、**重量法**による粉じん捕集効率：70％程度の**プレフィルタ**に加えて、**比色法**によるじん捕集率：60〜90％の**バグ型（袋型）エアフィルタ**や**ろ材折込み型エアフィルタ**および**電気集塵器**（図4・26）を組み込むことが必要な時代となっている。

（6）ケーシング（casing）

ケーシングは、**ハウジング**（housing）とも呼ばれるが、上述の臓物を覆う皮膚に該当する。通常ケーシングは、**等辺山形鋼（アングル）**で骨格を組み、鋼板の内側を**断熱材**で処理した**パネル**を取り付ける。特に、クリーンルーム・病院・食品など、保温材からの発じんを嫌う施設用には、保温材の表面を**グラスクロス**で覆う必要がある。ケーシングの底面には、**防食処理**を施した**ドレンパン（露受け皿）**を設け、コイルのドレンや加湿器の水を受け、ケーシング外に排出する。コイルやフィルタのケーシングは、空気が**バイパス**することなく、取り外しが可能な構造とする。

現場組立てエアハンの場合には、各ユニット単位および各ボックス面単位で**ブロック化**し、設置場所まで搬入し、ボルト・ナットで再組立てをする。

4・6 空調機の「機内静圧」と「機外静圧」

実は、第4話の最後に何故**機内静圧**と**機外静圧**という項目が出て来るのか、不思議に思っている読者も多いことだろう。ここでは、"その意図は何か？"を以下で是非説明させていただきたい。表4・5に示す**空調設備設計図一覧表**の中には、必ず**機器表（リスト表）**が含まれており、そのプロジェクトで使用する**各機器の仕様（specification）**が、詳しく記載されている。

表4・5　空調設備設計図一覧表

標準仕様書	空調機器	換気設備系統図	中央監視設備機器表
特機仕様書	空調設備配管系統図	換気設備各階平面図	中央監視設備系統図
仕様概要表	空調設備各階配管平面図	自動制御設備機器・器具表	中央監視設備図
敷地案内図	空調設備ダクト系統図	自動制御設備系統図	その他図面
配置図	空調設備ダクト各階平面図	自動制御設備各階平面図	各種計算表

ここで**空調機**に限って話をさせていただくと、空気調和機に関して特記しておくべき事項は以下の通りである。

◇**空調機**

型式・冷却能力・コイル列数・加湿形式・有効加湿量・風量・**機外静圧**・コイル

第4話　空気調和機に関する知識

出入口温度・冷温水量・冷温水温度・冷温水損失水頭・コイル通過風速・電動機出力・電動機の電源種別・防振基礎の種別・台数など・・・。

　建築設備業者が、空調機をメーカーに発注・手配する際にベースとなるのは、実は設計事務所の設計した設計図の機器表に明示されている**機器仕様**で、特に空調機の**機外静圧**が特記されていることに注目してほしい。

　ちなみに、**機外静圧**（ex-unit static press.）とは、空調機に内蔵されている送風機の全圧のうち、空調機以降または以前の空調装置の必要静圧（摩擦損失：ダクト直管／曲管抵抗・吹出口／吸込口抵抗・消音ボックスやVAV装置の抵抗等）のことである。

　換言すると、空調機送風機の**必要全静圧**から、空調機自身の**機内抵抗**（フィルタ・コイル・チャンバ・エリミネータなどの抵抗）を差し引いたものが**機外静圧**である。

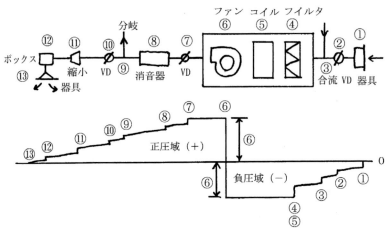

図4・27　空調機の「機内静圧」と「機外静圧」

【覚えておくと、お得！】

日本の空調機械室は、まるで銀行のロビーのよう？

　筆者がシンガポールで空調設備工事の施工担当をしていた時の話である。知り合いのシンガポール人技術者が、日本に出かけた際、たまたま日本の某ビルの空調機械室を見学させてもらったそうである。彼がシンガポールに帰国後、筆者に語った印象は、"日本の空調機械室は、まるで銀行のロビーのように美しかった！"（皮肉？）ということであった。

　彼の言葉は、"日本は、必要もないところに無駄な金をかけて、どういう神経をしているのだろう？"というように聞き取れた。

第4話　空気調和機に関する知識

すなわち、その関係式で表すと次のようになる。
　空調機の必要全静圧＝空調機機内静圧＋空調機機外静圧
　ちなみに、**空調機機内静圧**は、空調機メーカーで算出してくれるが、**空調機機外静圧**は、設備施工会社がダクト施工図に基づいてあらたに算出し、空調機メーカーに指示して、初めて空調機の仕様が決定するのである。
　実際には、設備設計事務所の仕様書だけで、そのまま空調機をメーカーに発注しているケースが大半であろうが、理想的には、**空調機機外静圧**は新しく作図した**施工図**に基づき算出すべきものである。
　その際に、是非留意してほしいことは、機外静圧を算出する場合、**余裕率（safety factor）** をあまり過度に見込まないようにすることである。現場で試運転調整作業を開始した際に、いきなり吐出側の**ダクト風量ダンパー**を**全閉状態**で運転しているようなケースによく遭遇するが、**省エネルギー**上非常に無駄なことである。

【引用・参考文献】
(1) 厚生労働大臣登録【空調衛生管理監督者講習会テキスト】第4版第2刷，（公財）日本建築衛生センター，平成27年2月発行
(2) 図解「空調・給排水の大百科」，空気調和・衛生工学会編，オーム社，平成10年7月発行
(3) 図解「1級管工事施工管理技士試験」合格必勝ガイド第二版，安藤紀雄監修，安藤紀雄・瀬谷昌男・中村勉・矢野弘共著，彰国社，2010年6月
(4) 管工事「施工管理技術」テキスト：施工編（改訂第4版），国土交通省所管（財）地域開発研究所：管工事施工管理技術研究会，平成13年4月発行
(5) 空気調和衛生工学便覧：第13版「2 汎用機器・空調機器篇」空気調和衛生工学会，2011年11月

第5話 工事施工管理上の必須知識

5・1 工事施工管理とは？

　工事施工管理（work contract management）とは、**受注⇒着工⇒施工⇒試運転⇒竣工⇒引渡し⇒アフターケア**という一連の流れを責任をもって完遂することである。

　現場所長（プロジェクトマネージャー）は、建設現場では以降の項で、詳述するQ・C・D・S・E・Mの六つの管理項目を重点的に管理する必要がある。

図5・1　現場管理6項目：Q・C・D・S・E・Mって、一体何？

（1）品質管理（Q：Quality Control）

　設計図に盛り込まれ、意図された**設計品質**を確保し、仕様書に遵守して、施工の品質管理を履行すること。⇒**不備な品質管理**が、可能な限り**後工程**に及ばないよう

にしておくこと。

（2）原価管理（C：Cost Control）

　企業の存続は、企業に利潤をもたらすことである。合理的な施工法などを積極的に採用して、**実行予算内**で工事を完成させるように、**ムリ・ムダ・ムラ**を省く現場管理を行い、企業のために**利益**を確保すること。

　実行予算が守れない**赤字工事**の元凶は、非常事態の**突貫工事突入**による、膨大で無駄な人工（man power）の現場投入による場合が多い。このような最悪事態を回避するためには、後述の**工程管理**が重要である。

（3）工程管理（D：Delivery Control）

　空調設備工事において、初期に作成した**工程表（バーチャート工程表・ネットワーク工程表）** などの通りに、工事が遂行されているかどうかを**節目節目**でチェックする。万一工事に遅れがでている場合には、その当該工事の遅れに対しての、**フォローアップ**をするために、**バックアップアクション**をとることである。

　品質管理用語に"デミングサークル（P⇒D⇒C⇒A）を回すこと！"という用語があるが、筆者の独断と偏見かも知れないが、P⇒D（**計画⇒施工**）までは誰（？）にでもできるが、現実にはC⇒A（**チェック⇒アクション**）が未実施である現場が多いのは大変残念である。

（4）安全管理（Safety Control）

　建設工事現場を無事故・無災害で迎えることは、我々建設現場を預かる担当者にとって、**究極の目標**である。よく"**安全と弁当は、手前持ち！**"というが、やはり、我々第三者の目で、定期的に現場を**安全パトロール**し、安全で衛生的な**労働環境**を創出する必要がある。

（5）環境の保護（Environment Protection）

　工事を遂行するに当たって、可能な限り地球環境に優しい**環境負荷**の少ない**機器**

【覚えておくと、お得！】

監理と管理（supervision & management）
　この用語は、俗に**監理**は"**サラ（皿）カン**"、**管理**は"**クダ（管）カン**"とも呼ばれることもある。
◇**監理**：発注者の立場で、適正な工事契約が履行されるよう、公正な立場で工事を監督し取り締まること。
◇**管理**：施工業者（請負者）の立場で、設計図書を中心に、契約条件を満足させるよう、**現場の運営方針**に従って実施計画を立て、現場を取り締まること。

資材を現場に投入し、**持ち帰り容器**などを多用して、現場に**不要なゴミ類**を持ち込まないような工夫をすることである。

(6) **志気管理**（Morale Control）

聞きなれない用語と思われるが、小さな**一人現場**ならいざ知らず、**大規模な現場**では空調設備担当者といえども、中には、少なくとも5～6名以上も配員されている場合も多い。そのような**大型現場**では、現場管理を担当する担当員同士の意思の疎通が悪く、世間でいう"あの現場の担当者同士は、非常に仲が悪い！"というような風評が立っては困るのである。

少なくとも、現場担当者同士の**意思ベクトル**の統一を図るのは、現場所長の責務である。場合によっては、担当員の配置換え・入替えをするなど**ドラスティックな人事対策**も必要となる。

図5・2 現場担当者同士の意思ベクトル統一の必要性

5・2 工事施工計画の策定

工事請負契約が成立し、工事に**着手**してから**完成**するまでの工事過程には、原則的に**工事順序**（work procedure）がある。

したがって、現場管理者はその**工事順序**にしたがい、**適切な工事施工計画**を立案し、その**施工計画**に基づいて、工事の施工を進めなければならない。

そして、**実施結果**と**当初計画**とを比較（予実対比）し、もし相違点があれば調整し、また必要に応じて当初作成した**施工計画書**にも修正を加えながら、工事の遂行を進めていくことが**正しい工事管理**の進め方である。

第5話　工事施工管理上の必須知識

　このように**工事施工計画**の立案は、工事管理の最も重要な第一段階であり、基本的なものであるから、十分ある**予備調査**に基づいて慎重に検討し、かつ工事の進捗に支障のないように計画・立案すべきものである。
　ちなみに、一口に**工事施工計画**といえども、作成・準備しておくべき、**施工計画書**を、時系列的に挙げると以下の3つがある。
①現場で施工に着手する前工程で、準備しておくべき計画書類（着工業務リスト）
②着工中に必要な計画書類（施工中業務リスト）
③完成時に必要な計画種類（完成時業務リスト）
　ちなみに、図5・3は事務手続き関係・現場施工関係・購買関係・安全関係の成すべき役割を上記の時系列別に詳細に表したもの、すなわち**設備工事管理業務一覧表**である。この図に示すように**現場工事管理業務**は複雑多岐にわたっているので、この図を**チェックリスト**代わりに利用し役立てていただきたい。
　また、これらの複雑多岐にわたる業務は、よく"**人間一人では生きていけない！**"という諺があるように、到底一人でこなすのは不可能であるから、それぞれの**役割り分担（work sharing）**を決めて、他人に依頼するものは依頼して**組織力**を活用して、遂行していくことが極めて重要な事である。
　筆者の経験から申し上げると、この表中の**計画書類**は、いずれも重要であるが、最も重要な書類は、**事務手続関係業務**中の**諸官庁申請届出手続き業務**と**現場施工関係業務**中の**施工図・製作図**の作成業務である。
　よく日常の世間で"**段取り八分、仕事二分**（Work arrangement 80%, Actual work to be done 20%）"と言われるように、建設工事現場でもこの格言はよく当てはまる。
　筆者が特記しておきたい業務をここで2例だけ挙げておく。

（1）諸官庁申請届け出手続き業務

　これらの書類は、着工前〇〇日以前に提出し、書類の承認許可をもらい着工後、初めて**諸官庁検査**を受けることになっている。現場で申請必要書類が間に合わず、当然着工もできず、試運転調整にも着手できなかったという事例を多く耳にする。

【覚えておくと、お得！】

予実対比
　予実対比の"予"とは予定の"予"である。一方、"実"は実状の"実"である。この用語は日常の仕事でも適用できるが、例えば、年初に立てた**経営目標**が順調に達成されているかどうかを節目節目で**実施状況**と対比することである。

第5話　工事施工管理上の必須知識

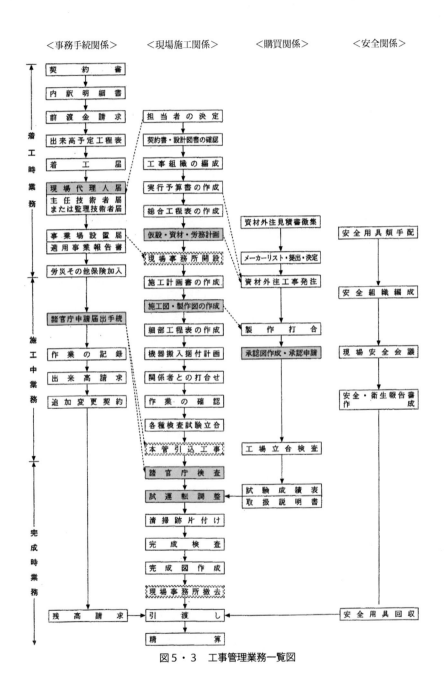

図5・3　工事管理業務一覧図

したがって、**ポカヨケ対策**として、**諸官庁申請届け出手続業務工程表**を作成し現場管理を行う必要がある。

図5・4　諸官庁届け出手続き業務

（2）空調設備の施工図（working drawing）作成業務

ダクト工事や**配管工事**などに着手するには、**承認施工図**（approved working drawing）が不可欠である。かつて筆者は、現場を担当する部下に対して"**施工図の早期作成！**"という指示をし、口酸っぱくして現場管理指導を行ってきた。

というのは、施工図は先ず衛生設備・電気設備などの他業者との**取り合い**（coordination）を済ませた上で、設計事務所の承認（approval）をもらう必要があり、**施工図承認**をもらうまで多くの時間を要するからである。

したがって、現場では通常の工程表の他に、**施工図作成一覧表**とその**施工図承認工程表**を作成し、施工図の作成工程管理をする必要がある。

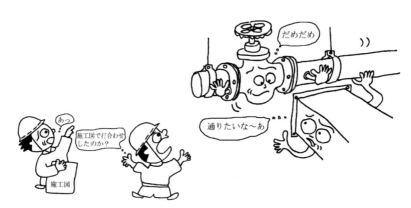

図5・5　空調設備の施工図承認

第5話　工事施工管理上の必須知識

（3）機器類製作図の作成承認業務

　　日本においては、機器類の製作図（承認用図面）は一般に機器製作メーカーが作成準備するのが慣例になっている。設計機器表には機器仕様は明記されているが、その他に詳細決定すべき検討事項も多い。

　　通常は、設計事務所・設備施工会社・機器製作メーカーが詳細な打合わせを行い、三者が同意した**機器製作承認図**をもとに初めて機器の製作が開始されるのである。実は、遠心冷凍機や炉筒煙管ボイラのような**大型熱源機器**は、納期（dlivery time）に3〜4ケ月をも要することもあるので、機器製作承認図の作成を含めると、現場に納入するまでに4〜5ケ月も要することもあるのである。

　　このような機器発注指示遅れ防止の**ポカヨケ対策**として、通常の工程表とは別に筆者は各現場ごとに**機器製作・搬入工程表**の作成を義務付けていた。

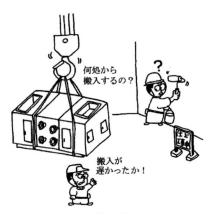

図5・6　機器製作・搬入工程

　　筆者は、上述の3種の工程表をかつて**現場管理3種の神器**と呼んでいた。
　　その他、現場で**工事着工前**に、是非とも準備しておきたい図書の一つに、**施工要領書**（図5・7）がある。というのは、最近JVプロジェクトが増えており、また一社施工の場合でも大規模現場では、ダクト工事にしろ配管工事にしろ**複数の協力会社**が参加することが多い。JV各社や各協力会社で、施工法が微妙に異なることがある。

　　したがって、**施工品質の標準化**を図るため、着工前に**施工要領書**を作成し、その内容を施工関係者に**周知徹底**させておく必要がある。

第5話　工事施工管理上の必須知識

図5・7　「施工要領書」は現場工事のバイブル？

5・3 工事品質管理の要点
(1) 品質管理とは？

　品質管理（Quality Control）とは、広義には、物を作る場合、**調査⇒設計⇒製作⇒検査**までのすべての段階を通して、決められた品質の品物経済的に生産共用する目的のために、さまざまな手段を講ずることである。

　これらのことを**空調設備**の品質管理に当てはめると、"設計管理とは、設計図に示された品質を十分満足するような空調設備工事を、問題点や改善方法を見出しながら、最も経済的に作るために、この工事のすべての段階に**統計的手法**などを採用して工事品質を高めていくこと。"である。

(2) 品質管理のサイクル

　このサイクルは**デミングサークル（デミングの輪）**という名で知られているが、米国のデミング博士が考案した**品質管理サイクル**である（図5・8）。

　これを建築工事に当てはめると、以下のように換言することができよう。

　第一段階は、目的にあった建築設備を作るための**計画・設計**（P：Plan）、つまり**品質基準**を構築する段階、第二段階は、設計（品質標準）にあった工事（製品）を作り込むための**施工標準（作業標準）**を作成し施工（D：Do）する段階である。

　第三段階は、供用に先立って**工事（製品）**が、計画目的（設計目的）に合致しているかどうかの検討（C：Check）を行い、第四段階は、供用された工事において**顧客満足度**が得られているかどうかを調査し、その結果に基づいて**問題点の改善**（A：Action）をして、また次の第一段階の"P"にもどるということである。

　ちなみに、良好な品質管理を実施するは、**P・D段階**だけで満足することなく、**P・D・C・Aの輪（デミングサークル）**を常に回していくことが肝要なのである。

第5話 工事施工管理上の必須知識

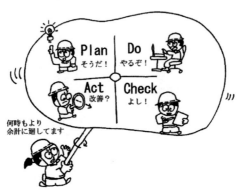

図5・8 デミングサークル

（3）品質管理の効果

　品質管理をしたからといって、はたしてどんな効果があるのだろうか？と思っている人も多いのではないだろうか・・・。
　したがって、品質管理効果の事例を、平易な言葉で以下に列挙しておく。
①品質が向上し、**不良品の発生**や**トラブル・クレーム**が減少する。
②品質の信頼性（reliability）が増す。
③工事原価が確実に下がる。
④無駄な作業（3T作業：手待ち・手戻り・手直し作業）が無くなり、貴重な地球資源の無駄使いも減少する。
⑤品質にバラツキがなくなり、品質の均一化が図れる。
⑥新しい問題点や改善の方法が発見される。
⑦検討内容が適切で検討作業早くなり、しかも大きな効果が期待できる。
⑧品質検査の手数を大幅に減らすことが可能である。

（4）品質管理の手法

　品質管理を行う手法として、一般に**品質管理の七つ道具**（通称**QCの7つ道具**）と言われている手法が活用されている場合が多い。
　ちなみに、**QCの7つ道具**（図5・9）とは、①チェックシート（check sheet）、②ヒストグラム（柱状図：histgram）、③パレート図（Pareto chart）、④特性要因図（cause & effect diagram）、⑤層別（grouping）、⑥散布図（scatter diagram）、⑦管理図（control graph）の以上7つの道具のことである。
　ここでは、紙面の都合上、現場での品質管理上比較的役に立つと思われる、③**パレート図**および④**特性要因図**についてのみ少し解説しておきたい。なお、他の道具

第5話 工事施工管理上の必須知識

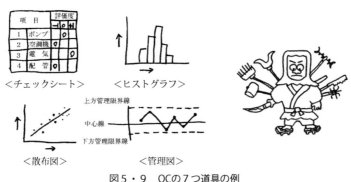

図5・9 QCの7つ道具の例

については、他の参考書を参照し、各自学習することを希望する。

◇パレート図

　この図は、項目別に**層別**し**出現度数**の大きさ順に**累積和**を示したものである。例えば、不良品を不良の内容別に分類し、**不良個数**の順に並べて、**パレート図**を作ると、不良品の重点位置が一目瞭然となる図である。ちなみに、この図はイタリアの経済学者パレートが考案したものである（図5・10）。

　パレート図では、内容分類項目が10項目以上ある場合には、上位の3～4項目が全体項目の70～80％を占めるということを意味し、この図を用いてさまざまな事例を分析することを**パレート分析**とも呼んでいる。

　筆者は、この図から、人間が**"総花的思考"**をするより、**"重点的思考"**をすることがはるかに重要であるということを、ご教示いただいた。

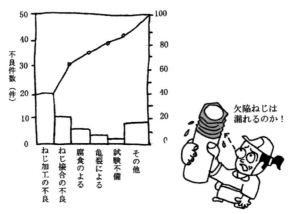

図5・10　パレート図による早期配管漏水事故の原因分析例

◇特性要因図

　この図は、不良や工程で起こる問題の結果（特性）とその原因（要因）との関係を体系化し、図5・11に示すように、**魚の骨（大骨・中骨・小骨）**のような図にしたものである。

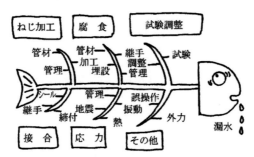

図5・11　給水配管漏水の特性要因図の例

（5）品質検査の方法

　建築設備の施工段階で実施する**品質検査**は、極めて重要な事項であるが、まず、検査には**全数検査**と**抜取り検査**がある。
　さらに、検査対象により、**機材品質検査**と**施工品質検査**とに分類される。

1）全数検査

　全数検査とは、検査ロットの全数に対して実施する検査のことであるが、次のような場合には**全数検査**が望ましい。

[機材品質検査]
①大型機器：冷凍機・ボイラなど。
②防災機器：消火設備・防火ダンパー・防炎ダンパー・安全弁など。
③特殊機器：初めて製作される機器・製作台数が極めて少ない機器など。
④新機種：製造を開始して間もない機器など。
⑤取外しが困難な機器：現場搬入後、搬入口が無くなるものなど。

[施工品質検査]
①配管圧力試験：水圧試験・満水試験など。
②試運転調整：給水状況・冷暖房調整など。
③防災関係検査：防火区画の穴埋め状況など。
④工事隠ぺい部分検査：埋設配管勾配・天井内・床などの保冷工事など。

2）抜取り検査

　抜取り検査とは、上述の**全数検査**と対をなすものである。まず、**検査ロット**から、予め決められた**抜取り検査方法**に従って**サンプル**を抜き取り検査する。
　次にその結果を**ロットの判定基準**と比較して、ロットの合格・不合格を判定する検査である。
　抜取り検査は、主として次のような場合に適用される場合が多い。
①検査対象が多種多量のもので、ある程度の不良品の混入が許されるもの。
②検査項目が多くて、全数検査の実施が極めて困難なもの。
③不完全な全数検査に比べ、信頼性の高い結果が得られるもの。
④検査に要する費用がかかりすぎるもの。
⑤非破壊検査で済ませたいが、どうしても破壊検査を必要とするもの。
⑥平均品質の向上・改善が図られているもの。

5・4 工事工程管理の要点

　建設現場で、工事に遅滞が生じないように**工事の進捗度管理**をすることは、極めて重要な管理項目であるが、それを**工事工程管理**と呼んでいる。
　ちなみに、一般的な品質管理用語は**日程管理**という用語が正しいとされているが、ここでは建設業界で慣習的に使用されている**工程管理**という用語を使わせていただくことにする。

（1）工程管理の基本事項

　建設工程の計画および建設工程管理をするに当たって、重要な基本問題の一つは**工事速度**で、次の事項に関連する。
①施工の経済性と品質に適合した**実行性**のある最適工期を選定すること。
　しかし、設備工事の遂行にあたっては、建築施工会社（通称ゼネコン）が作成した**総合工程表**に基づいて**設備工事工程表**を作成している。
②図5・12に示すように、所定の工期・品質および経済性の3条件を満足する合理的な工程計画を作成すること。
③**実施工程**を分析検討して、これを**計画工程**に乗せるために、必要なバックアップアクションを必ず取ること。

（2）工程表の種類

　建設工事の進捗度の**予実対比**をするために便利な道具が工程表である。建築工事関連で多く使用されている代表的な工程表が、以降で解説する**バーチャート工程表**

第5話　工事施工管理上の必須知識

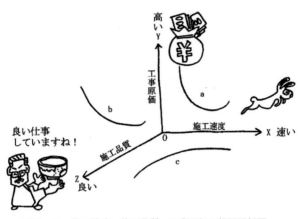

図5・12　施工速度・施工品質・工事原価の相関関係図

とネットワーク工程表の2つである。

なお、**ガントチャート工程表**もあるが、これは縦軸に**作業項目**を、横軸に**百分率**を記し、**作業の達成率**を示すものである。

【技術用語解説】

工事進捗度曲線（バナナ曲線）

建設工事において、工事進捗度は、着工前半は比較的ゆっくりと推移し、竣工直前になると急に上昇する傾向がある。この工事進捗状態は、**上方許容限界線**と**下方許容限界線**の間にあれば特に異常な状態ではない。この状態、すなわち、**工事出来高**と**時間**の関係を表した図をその形状から、特に**バナナ曲線**とか**S字カーブ**とか呼ぶことがある。

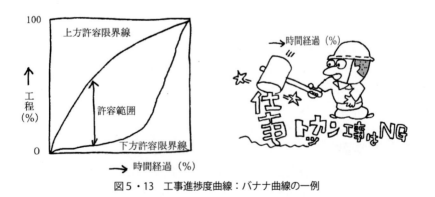

図5・13　工事進捗度曲線：バナナ曲線の一例

1）バーチャート工程表（図5・14参照）

　この工程表は、左縦軸に時系列べつに**作業名**を記し、横軸に**暦日（日にち）**を、右縦軸に**出来高（累積％）**を取った工程表である。

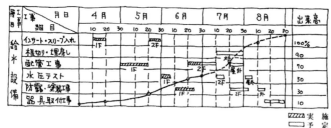

図5・14　バーチャート工程表の例

　そして、この工程表の特徴としては、以下のような事項が挙げられる。
①各作業に必要な**作業時間数（日数）**がわかる。
②各作業の**着手日**と**完了日**がわかる。
　ただし、作業間の**相関関係**はある程度しかわからない。
③工程上の問題がどの作業に波及するのかが不明である。
④工事に着手すべき**余裕日数**の盛り込み状態が不明確で、他の作業への**影響状態**が把握できない。
⑤工程上の問題が生じた時、総合的に必要な**所要時間**の検討に時間がかかる。

2）ネットワーク工程表（図5・15参照）

　ネットワークとは、本来網の目のような組織（net-work）の意味のことで、道路網・放送網などと同義である。**丸印**と**矢印**で作業の着手日・完了日や、次の作業の

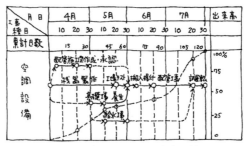

図5・15　ネットワーク工程表の例

着手日を表した工程表で、大型で複雑な工事の**工程管理**するのに適している。
そして、この工程表の特徴としては、以下のような事項が挙げられる。
①図形的な表現法を採用しているので、親しみやすく理解しやすい。
②各作業の**相互関係**がわかりやすく、また**工事余裕日数**も計算しやすいので、作業の**余裕の有無**や**遅れ**などが、容易にわかる。
③**クリティカルパス**（critical path）を抜き出すことによって、工程上の問題点の**重点管理**が実施しやすい。
④**並列作業（平行作業）**もわかるので、作業調整や安全管理活動に活用できる。
⑤工事規模が大きい場合や、工程・作業が複雑な場合に適している。
⑥この工程表は、作成が難しく相当な**熟練度**が必要である。

（3）工程表の作成

現場工事施工を担当するに当たって、現場施工担当者は、まず早急に建築設備工事専用の**工程表**（progress schedule）を作成しなければならない。

それには、建築会社が作成した**建築本体工事（躯体・内装・外装・仮設足場工事など）**を織り込んだ**総合工程表**を参考にして、設備工事専用の工程表を作成する必要がある。その際作成の基礎となる工事種目別の**作業日数**は、定休日・天候その他に起因する作業不能日数などを差し引いて推定する。

また、一日の**標準施工量**は、各工事業団体などが公表している値や所属する会社のデータなどを参考にして割り出すとよい。

（4）バーチャート工程表の作成手順

バーチャート工程表は、以下のような手順で作成する。
①左側縦軸には、工事種目・工事細目などを時系列で記載する。
②右側縦軸には、作業合計の累積出来高を記載する。
③上段横軸には、暦日（工事日数）を記載する。
④工事種目別に**作業日数**を割り出し、作業順位（時系列）ごとに上段の暦日（工事日数）に沿って横線を記載する。
この際、建築工事・給排水衛生設備工事・電気設備工事など関連工事も考慮する。
⑤月間（一定期間）の「累計出来高」をプロットして線で結ぶと、一般的に前半は緩やかで、途中で急な、後半はまた緩やかな曲線（カーブ）が描ける。
これが既述の**S字曲線（S字カーブ）**である。

（5）ネットワーク工程表の作成手順

上述の**バーチャート工程表**の作成手順に引続き、**ネットワーク工程表**の作成手順

につき紹介すべきところであるが、この工程表の作成には、多くの特殊専門用語の事前学習が不可欠な上、紙面の制約上ここではその説明を割愛させていただく。

5・5 工事安全管理の要点

担当建設工事現場を**無事故無災害**で終えるということは、現場担当者の悲願でもある。ちなみに、建設業における**労働災害**は全産業の30%を占めるという。

その中でも、図5・16に示すように、**墜落・転落事故**による死傷者数・死亡者数の割合が高いので、**墜落・転落事故**は**重大災害**に指定されている。

（1）災害発生率の指標

厚生労働省では、**災害発生の程度**を次の3つの指標で表している。

①度数率：これは、100万延べ労働時間当たりの労働災害の**死傷者数**を表すもので**災害の発生頻度**の指標である。

度数率＝（死傷者数／延べ労働時間×1,000,000）

②強度率：これは、1,000延べ実労働時間当たりの**労働損失日数**で表すもので、**災害の規模程度**を表す指標である。

強度率＝（労働損失日数／延べ実労働時間×1,000）

③年千人率：これは、労働者1,000人当たりの1年間に発生した**死傷者**で表すもので、**発生頻度**の指標である。

図5・16　建設業における「死亡事故」の発生要因

（2）安全管理の進め方

工事現場においては、**安全管理業務**を推進するために、さまざまな推進策がとられているが、その代表的なものを抜粋して、6項ほど以下に示しておく。

① 安全管理者の責任と権限の明確化。
② 作業環境の整備⇒安全通路の確保・工事用設備の整備・工法の安全化・工程の適正化・休憩所の設置など。
③ 労働者の安全意識の喚起⇒**安全のしおり**などの配布など。
④ 安全朝礼の実施。
⑤ ツールボックスミーティング（TBM）の実施。
⑥ 安全点検の実施。

（3）安全作業のための要件

工事現場での安全作業を実施するために、**労働安全衛生規則**（安衛則）でさまざまな**工事安全要件**が詳しく規定されているが、その項目だけを列挙する。

1）足場と通路の安全要件

① 移動はしご（安衛則527条、図5・17参照）、② 脚立（安衛則528条、図5・18参照）、③ はしご道（安衛則556条）、④ 仮設通路（安衛則552条）、⑤ 固定足場の構造（安衛則563条の1項）、⑥ 高所からの物体投下（安衛則536条）、⑦ 現場通路の安全（安衛則541条・542条）等々。

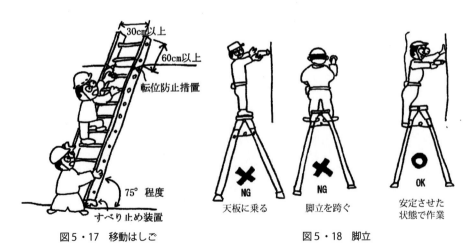

図5・17　移動はしご　　　　図5・18　脚立

2）その他の安全作業要件

① 掘削工事の安全、② クレーンによる揚重の安全、③ ガス溶接・溶断作業の安全、④ アーク溶接作業の安全、⑤ 塗装作業の安全、⑥ 酸素欠乏危険作業の安全、⑦ 感電事故の防止等々。

第5話　工事施工管理上の必須知識

5・6 工事原価管理の要点

建設企業は、**慈善事業団体**ではなく、あくまで**営利事業団体**である。工事現場で、適切な利益を生むことは企業にとって、不可欠で重要な課題である。

この目的に向かって、現場担当者は**現場を**運営し**工事原価**の管理をして行く訳であるが、**適正な工事利益**を生むには、早期に**実行予算**を作成しこれに基づき**工事原価**を管理していくことが最も重要である。往々にして、現場で"赤字工事になってしまった！"ということを耳にすることがあるが、最初から**赤字実行予算**を組まねばならなかったような特殊な場合を除いて、往々にして工程遅れで**突貫工事**に突入し、異常なまでの**人工投入**となった場合に**赤字工事**は発生しやすい。

したがって、ムリ・ムダ・ムラを極力排除して、**3T工事（手待ち・手戻り・手直し工事）**が発生しないように、工程管理をすることが、**工事原価管理**の要点である。

5・7 工事施工管理の要点

（1）機器基礎工事

機器基礎工事は、以降で解説する**機器搬入据付工事**の前段階（前工程）で、完全に完成させておかねばならない工事である。

したがって、**機器基礎工事**を実施するにあたっては、基礎工事の**基礎（？）知識**を最低習得しておく必要がある。ここでは基礎工事の基礎知識を紹介する。

1）機器基礎

冷凍機・ボイラ・送風機・ポンプ・空調機などの機器類はもとより、受水タンク・高置タンク・オイルタンクなどを設置する場合には、床の上に直接機器を設置せずに、必ずコンクリートで作った**基礎（foundation・plinth）**や鋼材で作った**架台（cradle）**の上に設置する必要がある。

機器基礎や**機器架台**の役割は、機器類を床上に堅固に取り付けて、**運転**や**地震**などによって機器類が移動したり転倒したりしないようにするためである。

ちなみに、ポンプや送風機など、機器とモータが連結されているような場合には、その**芯（alignment）**がずれたりしないように、また、大きな水槽などでは、全体がひずんだりしないように保つことを目的としている。

なお、基礎の形状はその上に設置する機器の形状によって、図5・19に示すように機器の底全面とするもの（通称：べた基礎）や機器の脚部のみ設けるもの（通称：はり基礎）がある。

機械室のコンクリート床に設ける**コンクリート基礎**は、図5・21に示すように

第5話　工事施工管理上の必須知識

無筋または**鉄筋コンクリート**とし、**鉄筋**は床コンクリートの鉄筋と溶接するか、鋼線などで緊結するなどして、基礎上に載せる**機器類の重量**に耐えるような強度としなければならない。

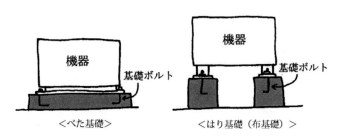

図5・19　基礎の平面形状による分類

【覚えておくと、お得！】

スリップしてしまった送風機基礎

　某現場で**突貫工事**におわれ、送風機のコンクリート基礎の打設が大幅に遅れてしまった由。基礎コンクリート打設の4日後、送風機を据え付け、試運転を開始したところ、送風機が始動した途端に、送風機もろとも当該**コンクリート基礎**がスリップして移動してしまったそうである。

　原因は、コンクリート養生日数が不足していて、**コンクリート強度**がでていない上、どうやら床面の**目あらし**も怠っていたようである。筆者の経験では、コンクリート打設後、最低でも**10日間のコンクリート養生期間**は必要である。

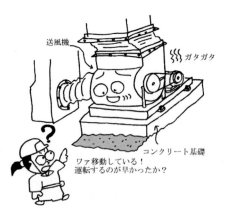

図5・20　スリップしてしまった送風機基礎

第5話　工事施工管理上の必須知識

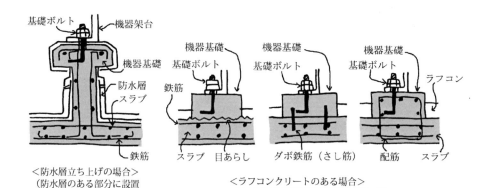

図5・21　機械室コンクリート床に設けるコンクリート基礎

【技術用語解説】

あと施工アンカー
（post-installed anchor）

コンクリート打設後、設備機器類の固定・支持などの目的で、コンクリートに打ち込むアンカーのこと。金属系アンカー・接着系アンカー（ケミカルアンカー）・その他のアンカー（カールプラグなど）がある。

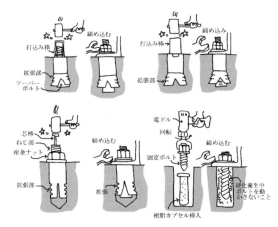

図5・22　さまざまなあと施工アンカーの種類

【技術用語解説】

コンクリートの養生期間

打設コンクリートが、その「所定強度」を発揮するまでの**日数・期間**（curing time）のこと。ちなみに、**コンクリート強度**は、**水・セメント比**によって決められるが、打齢：28日の**4週圧縮強度**で表すものと規定されている（JIS A 1132）。

屋上設置する機器の基礎は、屋根の防水層を破らないように、基礎の上まで屋根防水層を立ち上げる必要がある。また、工場など機械室で土間床に機器基礎を設ける場合には、土間床と一体化するか、土間床の下まで地面を掘り下げ、コンクリートを打設して機器基礎とする場合もある。

機器基礎の上に機器を据え付ける際には、機器と機器基礎をアンカーボルトで緊結しなければならない。アンカーボルトは、機器の振動などによって、機器基礎から抜けないように基礎コンクリートや床の鉄筋と緊結したり、あるいは容易に抜けない構造のものとする必要がある。

2）防振基礎

冷凍機・ポンプ・送風機などの回転機器は、回転部の不釣り合いなどによって振動（vibration）をおこすことが多い。このような回転機器を直接床上やコンクリート基礎上に設置すると、その振動が建築構造体を通して他の場所に伝えられ、そこの床や壁を振動させたり、時には固体伝搬音を発生させたりする原因となる。

このような現象の発生を防ぐに、大きな振動が発生すると予想される回転機器と基礎の間には、防振装置を挿入する必要がある。

【技術用語解説】

固体伝搬音（solid borne sound）
　コンクリートや鉄骨・鉄筋などの固体中を伝わる振動が、壁などを振動させることによって建築空間へ放射される現象。

図5・23　固体伝搬音の例

第5話　工事施工管理上の必須知識

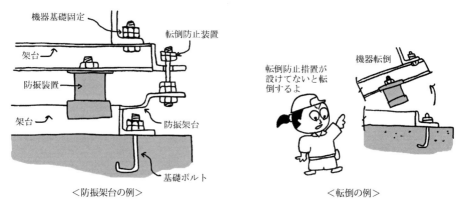

図5・24　耐震ストッパー（すべり止め用・転倒防止用）

　ところで、**防振装置**は、機器の重量・振動数などによって使用すべき**防振材**が異なる。ちなみに、一般に小型・軽量で振動数の高い**中・小容量**の送風機などでは**防振ゴム**が用いられている。
　一方、大型で重量があり比較的振動数の低い送風機・往復動冷凍機・発電機などには、**金属ばね**などが用いられている。
　工場の土間床などに機器を設置する場合には、普通**防振基礎**は不要であるが、機器および機器基礎が建物の**基礎ばり**の上に乗っているような場合には、このはりを通して振動が伝わることもある。例えば、**半導体工場**のように**微弱な振動**も嫌うような施設では、**機器の防振装置**に特別な注意を払う必要がある。
　ちなみに、機器を**架台（cradle）**の上に設置する場合には、**防振装置**は架台と基礎との間に挿入し、機器は常に架台と一体で動くようにする必要がある。**防振材**を使用する場合は、機器と基礎とは緊結されず**ルーズ**になるので、**地震**の時などには機器がずれたり、ときには機器が**転倒**したりする危険性がある。
　このような危険性が予想されるときには、図5・24に示すような機器移動や機器転倒を防止するために、**耐震ストッパー**を取り付けておくこと。

（2）機器搬入工事
　空調設備機器を所定の設置場所まで、搬入し据付けるまでの工事のことを**機器搬入工事**と称しているが、**垂直方向揚重**および**水平移動（横引き）**が伴い、特に重量機器を建築現場内に搬入する際には、建築工事会社（通称ゼネコン）との綿密なる事前打合わせ（搬入時期・搬入方法など）が不可欠である。
　機器搬入工事の留意点を列挙すると以上のような事項が挙げられる（順不同）。

第5話　工事施工管理上の必須知識

① 建築工事の仕上げ時期および機器搬入用の**開口部閉鎖時期**について、建築担当者と十分打ち合わせをし、**機器揚重遅延**などによって**手待ち状態**が、絶対に起こらないようにすること。

② 一度に**必要以上の機器数量**を搬入し、スペースの占有・機器資材の散逸・汚損などを起こさないようにすること！

③ **場内移動（場内運搬）**については、搬入通路・開口部を十分に検討し、周囲の壁・床など仕上げ部分に対する**損傷防止措置**を講ずるとともに、**危害防止措置**などの**安全対策**を講じておくこと。

　上述の**重量機器類**を場内運搬する際、建築構造上**当該床の耐荷重**が不足すると予想された場合には、その機器横引きルート上に、下階から床スラブの**補強支持**を適切に行うこと（図5・26）。

④ 市街地で機器搬入工事を行う際には、現場周囲の**交通事情**などを検討し、**搬入日時と搬入経路**に支障がないかなどを正確に打ち合わせた上、必要に応じて**関係先への届出（警察署への道路占有・専用許可証など）**を必ず行っておくこと。

⑤ 機器搬入に際しては、**基礎工事**の完成状態・関連工事との調整（ダクト・配管・給排水管・電気・建築仕上げ工事など）を十分行っておくこと。

【技術用語解説】

マシンハッチ（machine hatch）
　重量機器(注)または**大型機器類**の搬出入用の開口部のこと。機器類の搬出入に必要な寸法に製作され、マシンハッチの上部に**吊フック**を設けておくほか、**雨仕舞**にも考慮して設置しておく。
　このハッチは、将来機器の**更新入替え（リニューアル）**時にも利用されるので、一時的なものでなく**永久的に使用できる構造**のものとしておくこと！

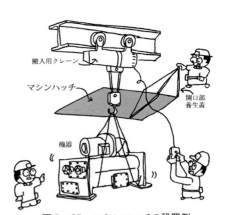

図5・25　マシンハッチの設置例

注：空調設備において、重量機器とは遠心冷凍機や炉筒煙管ボイラで、1台当たりの総重量が15～20トンにもなるので、機器搬入時には特に留意しておくこと。

第5話　工事施工管理上の必須知識

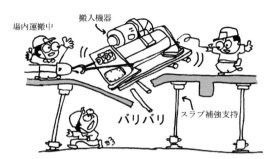

図5・26　機器横引きルート上に対する、下階からの床補強支持

⑥機器搬入に際しては、作業場所の**環境整備（照明・換気・通路などの確保）**を確実に行い、その整備状況を事前に確認しておくこと。

⑦機器搬入工事の遂行に際しては、経験の豊富な適切なる**作業責任者**の選任を行い、作業指示・命令系統を明確にしておくこと。

（3）機器据付工事

機器据付工事とは、機器を搬入した後所定の位置まで移動させて、そこに設けられた**基礎（コンクリート基礎・架台基礎）**上に設置し固定することである。

一口に**空調設備機器**と言っても、その種類は多種多様である。

したがって、ここでは、代表的な空調設備機器ごとに、機器据付上の要点につき、ごく簡単に紹介しておきたい。

1）冷凍機

冷凍機には、**遠心式電動冷凍機**の他、多くの機種があるが、ここでは冷凍機据付上の共通留意事項について述べる（図5・27～29）。

①冷凍機は、**水準器（レベル）**などを使用して、基礎上に水平に据付け、機器の振動などで冷凍機本体が移動しないように、**基礎アンカーボルト**などで、基礎に緊結し固定させること。

②冷凍機の基礎は、冷凍機運転時における重量の3倍以上の運転荷重に十分耐える**コンクリート**または**鉄筋コンクリート造り**とし、表面は**モルタル仕上げ**とすること。ただし、**吸収冷凍機**の場合には、回転部分がないので、**静荷重**に耐える強度があればよい。

③これは、施工図作成段階の問題であるが、冷凍機凝縮器のチューブの引抜き用として、チューブの引抜き方向に有効なスペースを設けること。なお、冷凍機周囲にも保守点検スペースとして、最低でも1m以上のスペースを確保しておくこと。

第5話 工事施工管理上の必須知識

④重量機器の基礎は、できるかぎり**大ばり**（girder）の上に重量がかかるように設けること。

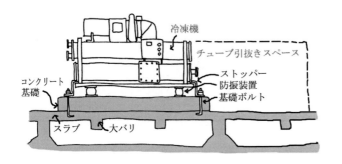

図5・27　冷凍機の据付け施工例

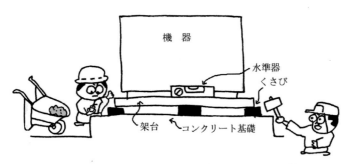

図5・28　冷凍機の据付け：水準器によるレベル調整

図5・29　基礎アンカーボルトの締め付け

⑤空気熱源ヒートポンプ冷凍機などの屋外ユニットを屋上などに設置する場合には、近隣への騒音対策に留意すること。

2）ボイラ

ボイラには、**炉筒煙管ボイラ**の他、多くの機種があるが、ここではボイラ据付け上の共通留意事項について述べる。

①ボイラは、**水準器（レベル）**などを使用して、基礎上に水平に据付け、地震など

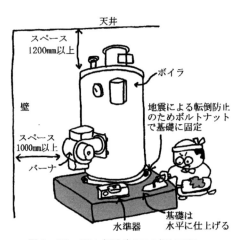

図5・30　図は立型ボイラの据付け例

【技術用語解説】

動荷重と静荷重

　動荷重（dynamic load）とは、時間的に変動する荷重のことで、風荷重・地震荷重・機械振動におる荷重などはその代表例である。

　一方**静荷重（static load）**とは、固定荷重・積載荷重などのように、構造物に**加速度**などを生じさせない静止している荷重のことである。

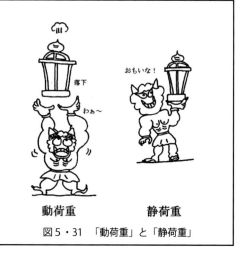

図5・31　「動荷重」と「静荷重」

でボイラ本体が移動しないように、**基礎アンカーボルト**などで、基礎に緊結し固定させること。
② ボイラ基礎は、**コンクリート基礎**とし、満水時重量の3倍以上の**長期荷重**に十分耐えるものとすること。なお、基礎表面は、**金ごて仕上げ**または**モルタル仕上げ**とすること。
③ ボイラの据付けには、ボイラの周囲スペースなど**法的に定められた事項**も多いので、その関連法規に遵守して据付け工事を行うこと。

3）冷却塔

冷却塔は、そのほとんどが屋上防水床上に設置する場合が多い。
① 冷却塔は、**水準器（レベル）**などを使用して、**独立屋上防水基礎**上に水平に据付け、アンカーボルトなどで基礎に緊結し固定すること。
② 冷却塔への**補給給水口**は、補給水が有効に補給できるように、**高置水槽の低水位**よりできれば**2m以上**の落差を設けること。
③ 冷却塔まわりの配管には、その配管重量が冷却塔に直接かからないように**配管支持**をとること。

【技術用語解説】

長期荷重と短期荷重
　長期荷重（permanent load）とは、固定荷重・積載荷重（多雪地帯においては積雪荷重の含む）などを組み合わせた、長時間にわたり作用する荷重のことで、**常時荷重**とも呼ばれる。一方、**短期荷重**（temporary load）とは、固定荷重・積載荷重などの常時作用する荷重に、地震時・暴風時時・積雪時などの一時的に作用する荷重を組み合わせた設計用の荷重のこと。

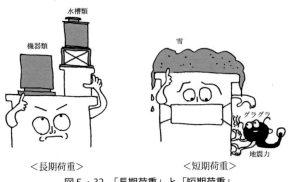

図5・32　「長期荷重」と「短期荷重」

なお、冷却水管および補給水管の冷却塔への接続は、**可とう継手**を取り付け、冷却塔本体に配管荷重がかからないようにすること。
④冷却塔は、煙突・外気ガラリ・排気ガラリなどから影響を受けない、かつ影響を与えない距離に設置すること。

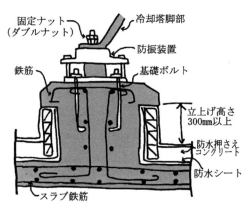

図5・33 冷却塔用防水基礎と冷却塔の据付け例

4）空気調和機（エアハンドリングユニット）

①エアハンの基礎は、高さ：150mm以上の**コンクリートベタ基礎**であるが、その基礎上に一般には**防振パット**を敷いて水平に据え付けること。
地震による**横ずれ移動防止**の目的で**ストッパー**を設けること。

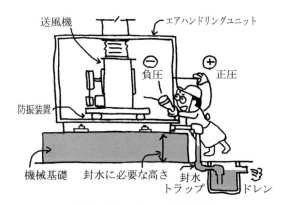

図5・34 エアハンの据付け例

②エアハンの**防振装置**は、エアコンの送風機部に設け、ダブル防振[注1]にならないようにすること。
③エアハンからの**ドレン排水**には**トラップ**を設けるので、エアハンの基礎の高さには特に注意すること。

5）ファンコイルユニット（FCU）

①床置き型FCUは、一般的に室の外壁面（ペリメータゾーン）に沿って据付けられるが、壁面より50mm〜60mm程度離して据付けること。固定金物を用いて、壁または床に固定すること。
②天井吊型FCUは、天井から**直接吊支持**するのではなく、天井コンクリート床スラブよりFCUの4隅に吊支持を取り水平に吊支持すること。
③天井埋込型FCUは、メンテナンス（保守管理）が容易にできるように、FCUの近傍に必ず**点検口**を設けること。

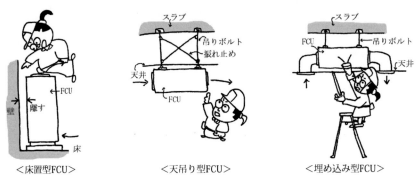

図5・35　FCUの据付け設置例

6）送風機

送風機の種類もいろいろあるが、ここでは送風機の代表ともいえる、**遠心送風機**（通称シロッコファン）の据付上の留意点について述べる。
①10番[注2]以上の大型送風機は、必ず**鉄筋コンクリート基礎**上に据え付けることが望ましい。

注1：**ダブル防振**とは、防振材（防振装置）が、直列に2以上繋がること。
注2：日本では、送風機の大きさは、通常**番手**で表すのが慣例である。ちなみに、1番（♯）の大きさは、送風機の吸込口径で決められ、遠心送風機の場合は150mm、軸流送風機の場合は100mmである。

②送風機の振動や発生騒音の影響があまり問題とならない場合には、コンクリート基礎上に**防振パット**を介して据え付けること。
③2番以上の送風機を天井吊設置する場合には、図5・36に示すように、必ず**型鋼の架台**を使用して吊支持すること。
ただし、2番未満の送風機は、直接**吊ボルト**によって、吊支持してもよい。

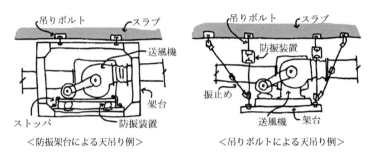

図5・36 送風機の防振天井吊の施工例

7）ポンプ

ポンプにもさまざまな機種があるが、ここでは**遠心渦巻ポンプ**の据付け上の留意

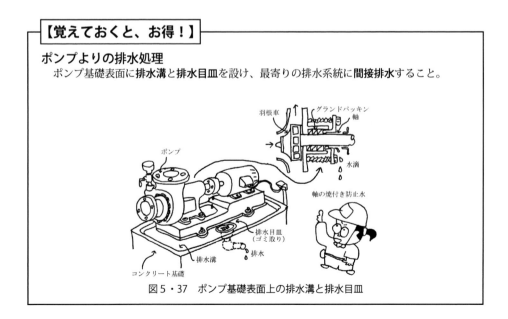

【覚えておくと、お得！】

ポンプよりの排水処理
ポンプ基礎表面に**排水溝**と**排水目皿**を設け、最寄りの排水系統に**間接排水**すること。

図5・37 ポンプ基礎表面上の排水溝と排水目皿

点について述べる。
① ポンプの**吸込み能力**は、常温で6m程度なので、**開放回路配管**の場合には、**吸水面**にできるだけ近い位置に据付けること。
② ポンプの吸込管は、できるだけ短くし、**空気溜まり**ができないように、ポンプの吸込口に向かって、1/50～1/100程度の**上り勾配配管**とすること。
③ ポンプの吐出管側に、**逆止弁**と**仕切り弁**を設けること。
　なお、吐出管側の揚程が、30m（294kPa）を超える場合には、設置する**逆止弁**には、必ず**衝撃吸収式逆止弁**を採用し、**ウオータハンマー**の予防をすること。
④ ポンプによる振動・騒音の発生する恐れがある場合には、ポンプと配管（吐出管・吸込管）を接続する際には**防振継手**を使用すること。
　ただし、開放式配管の場合には、吐出配管側にだけ設置すればよい。

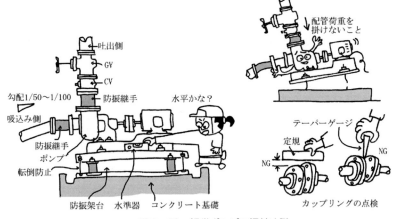

図5・38　渦巻ポンプの据付け例

8）ルームエアコン（ヒートポンプエアコン）

① 室外機（屋外機）は、屋外機同士が相互に**ショートサーキット**を起こさないような位置に据付けること。
② 冷媒管の実長は、100m（相当長では125m）以下の機器が多いので、メーカーに確認をとること。
③ 室外機と屋内機の落差は50m以下、室内機同士の間の落差は30m～40m以下の機種が多い。

第5話　工事施工管理上の必須知識

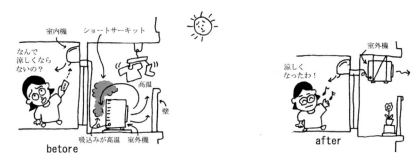

図5・39　ルームエアコンのショートサーキット改善例

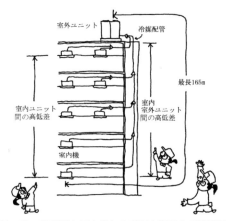

図5・40　室外機と屋内機および室内機同士の落差限界例

(4)箱入れ工事・はり貫通スリーブ入れ工事・インサート打ち工事
1）箱入れ工事

　ダクト工事などでは、鉄筋コンクリート製の**床・壁**をダクトを貫通せざるを得ない場合がある。その場合には、事前に建築躯体に**開口部（opening）**を設け、コンクリート打設前に、図5・41に示すような**箱入れ工事**を行う必要がある。
　ただし、**耐震壁**にダクト類を絶対に貫通させてはならない。
　それに伴い、床・壁などの開口部には、鉄筋による**補強工事**を以下の要領に従い、適切に実施する必要がある。
①床開口の最大径が両方向とも**配筋間隔（配筋ピッチ）**以下で、鉄筋を緩やかに曲げることにより、図5・42（a）に示すように、開口部を避けて配筋できる場合

第5話　工事施工管理上の必須知識

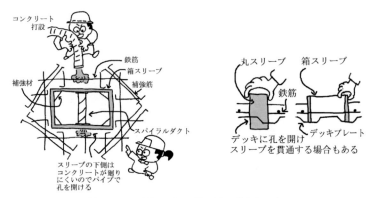

図5・41　ダクト貫通用開口部の箱入れ工事

には、その開口部の補強は省略することができる。

②床開口・壁開口の大きい場合（配筋ピッチ以上の開口部）には、図5・42（b）に示すように、開口によって切断されると**同量の鉄筋**で周囲を補強すること。

さらに、開口隅角部には**斜め方向**の補強として、上下スラブ鉄筋の内側に鉄筋補強を行うこと（図5・42（c））。

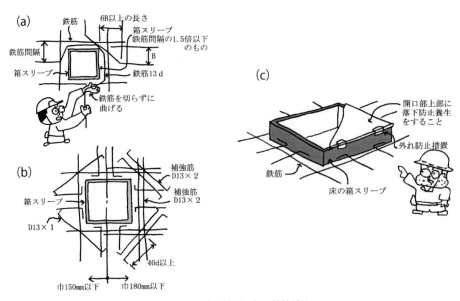

図5・42　床・壁開口部の鉄筋補強

2）はり貫通スリーブ入れ工事

　配管やスパイラルダクトを**はり貫通**させる場合には、図5・43に示すようにコンクリート打設前に、梁の中に適切な**スリーブ**（sleeve）**入れ工事**を行う必要がある。なお、**梁貫通スリーブ材**は、ボイド管なども採用する場合もあるが、金属製や鉄管製のものが望ましい。

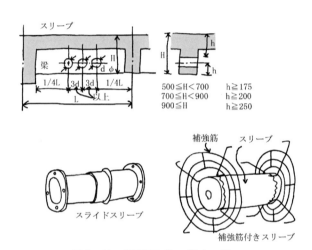

図5・43　梁貫通スリーブ入れ工事

3）インサート打ち工事

　インサート（insert）**打ち工事**とは、ダクトや配管を天井スラブ下面より、**吊ボルト**で吊支持するために、床スラブのコンクリート打設前に予め図5・44に示すような**鋼製インサート金物**を打ち込んでおく工事である。

　ある配管施工会社の話であるが、最近は**インサート金物**を事前に打ち込むことはやっていないそうである。その理由は、建築工事が短工期になった影響で、この時期までにきちんとした**施工図**が容易されている現場が数少なくなっている。

　ましてやその**施工図**に基づいた**インサート敷設施工図**など、事前に完備している現場など希少なので、使えるかどうかわからないような一発60円もかかる**インサート金物**の無駄打ちはやめて、あと**施工アンカー工法**を採用している由。

　また、最近の超高層ビルの床工法は、いわゆる**鋼製デッキスラブ工法**を採用しているので、ほとんど**あと施工アンカー**にたよっているとか・・・。

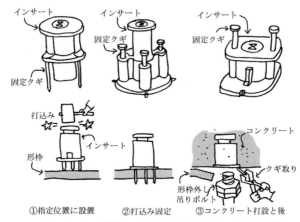

図5・44 鋼製インサート金物とインサート打ち工事

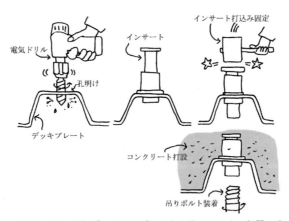

図5・45 鋼製デッキスラブへのあと施工アンカー打設工事

5・8 設備工事の工業化工法
(1) 工業化工法とは？

　製品の品質・生産性の向上・生産コストの低減などのニーズを他産業においては、**工業化**（industrialization）することによって達成してきた。一方、建築物の生産形態は、**受注・単品生産**や**現地・野外組立生産**であることを理由に、他産業に比べてその**生産性**は極めて低く、その工業化は著しく立ち遅れていた。

第5話　工事施工管理上の必須知識

　しかしながら、建築物の大型化・高層化や建築物の高機能化・多様化・短工期化などのニーズで、1989〜90年頃の加熱した**バブル経済**の影響による**建設労働者払底**のあおりを受け、生産性の向上（D）・品質の確保（Q）・安全作業の推進（S）・生産コストの削減（C）・地球環境保全（E）の側面から、建築業界でも**工業化**に取り組む必然性が生じてきた。

　従来の建設現場では、**現場作業**するのが当然であり、**ロジスティクス（logistics）**の合理化を図るという考え方が非常に希薄であった。

　建設現場にも、**ロジスティクス**の考え方を積極的に導入する、すなわち**オフサイト（off-site）**の工場で、資材を製品の形に**製作加工（prefabrication）**し、現場では**組付け作業（assembly work）**だけを残し、製作加工の**現場作業（site-work）**を極力低減した上で**現場作業の機械化**も推進し、建築生産システムの**技術革新（technology innovation）**を図ろうとするものが**工業化工法**なのである。

（2）採用工業化工法の事例
1）プレハブ工法

　従来、建設資材の製作・加工は、その大半が**建設現場**で行われていた。

　ちなみに、配管・ダクトの製作・加工ならびに一部の組み立て作業を、工場での**プレハブ作業（off-site prefabrication）**に切り替え、現場では加工資材の**接続・組立作業**のみを行う工法を**プレハブ工法**という。

　この**プレハブ工法**を積極的に導入することにより、建築設備工事の**生産性の大幅な向上**が図れる他に、副次効果として、**製品品質の向上・均一化**や**現場労働災害の撲滅**という目標が達成できるのである。

2）ユニット工法

　ユニット工法とは、工場で**プレハブ加工**した部材を一つのユニットとして組み立て、現場搬入し据え付けることによって、従来**建築躯体工事**完了後の長時間かけて行っていた、機器据付け作業や配管・ダクト工事を短工期で完了させる工法である。

【覚えておくと、お得！】

ロジスティクス（logistics）
　この用語は、最近日本の一般企業でも、極めて重要な部門として認識されるようになってきたが、日本語では**兵站**と訳されている。
　ロジスティクスとは、戦場で戦う兵士たちに**物資（兵器・食料・衣料など）**を送り届ける行為のことである。この**ロジスティクス**が未熟であると、戦争を肯定する訳ではないが、前線で戦っている兵士達は戦意を喪失し、戦争には勝てないのである。

第5話　工事施工管理上の必須知識

　代表的なユニット工法としては、**ポンプヘッダユニット工法**（図5・46）・**立てシャフトユニット工法**（別名：**ライザーユニット工法**（図5・47））・**配管・ダクト複合ユニット工法**などがある。
　また、機械室関係では、機器回りの複雑な接続配管と機器とを一体化した、**ポンプユニット工法・空調機ユニット工法・冷凍機ユニット工法**などがある。
　なお、最近では3階層に渡って設置される**3連空調機**と3階層分の**シャフト配管**をユニット化し、現場の揚重機を利用して一挙に揚重して、所定位置に据え付けてしまう、**複合ユニット工法**の採用実績もある。

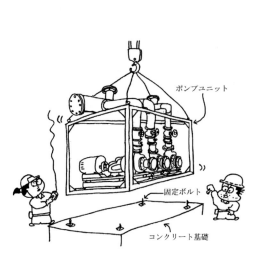

図5・46　ポンプヘッダユニット工法

図5・47　ライザーユニット工法の実例

3）ブロック化工法

　機器回りのユニット工法の発想をさらに発展させて、熱源機械室全体の機器・配管群をいくつかのブロックに**分割ブロック化**して機器・配管ユニットとして、現場に搬入し組み立てる工法である。この工法は、有名なおもちゃのレゴを組み立てることを連想してもらえればよく、筆者はこの工法を別名**レゴ工法**とも呼んでいる。

4）建築作業との一体化・複合化工法

　この工法は、建築と設備を一体化・複合化させて構築・施工することにより、**作業の合理化**をドラスティックに行う工法である。その代表例が、**システム天井工法**

第5話　工事施工管理上の必須知識

やフロア（スラブ）ユニット工法・リフトアップ工法などである。
　この工法を採用すると、超高層ビルで懸案の問題となっている**資材搬入労力**の削減および**資材の搬入コスト**の低減目標を完全に達成することが可能となる他、**現場での工事作業**が激減するという副次効果も期待できる。

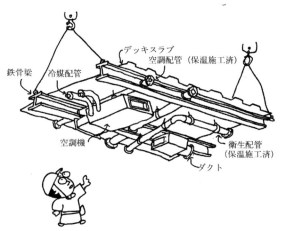

図5・48　フロア（スラブ）ユニット工法の例

【技術用語解説】

リフトアップ工法

　階高の高い**主機械室**（main plant room）に、**複層の重量配管**などを行う工法のことである。図5・48に示すように、床レベルで配管作業を一層完了ごとに**リフトアップ**（lift-up）し、最終的な姿の**天井配管**を完成させる工法である。配管揚重・吊支持鋼材は高価になるが、現場作業の生産性の向上や安全性の向上の点で優れている。

図5・49　リフトアップ工法の概念図

（3）全天候型自動化建設工法

　従来建築現場は通常屋外であり、現場での作業はどうしても天候条件に左右されがちであった。ここで紹介する建設工法は、この問題を解決した、最も進んだ建築工事の機械化・工業化工法で、建築全体の構築を自動化する工法ある。

　最初に地上で**屋根付きの最上階**を構築し、最上階を**スライドアップ**させながら、下層階を逐次構築していく工法やクレーン付き仮設屋根をスライドアップさせつつ建築工事を進める方法もある。

　作業場は、屋根付きでメーカーの工場のように**作業環境**も良好で、従来工法より少ない労働者数で作業ができ、生産性の大幅な向上が可能となる。

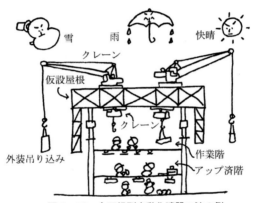

図5・50　全天候型自動化建設工法の例

【引用・参考文献】

(1) 厚生労働大臣登録【空調衛生管理監督者講習会テキスト】第4版第2刷，（公財)日本建築衛生センター，平成27年2月発行
(2) 図解「1級管工事施工管理技士試験」合格必勝ガイド第二版，安藤紀雄監修，安藤紀雄・瀬谷昌男・中村勉・矢野弘共著，彰国社，2010年6月
(3) 管工事「施工管理技術」テキスト：施工編（改訂第4版），国土交通省所管(財)地域開発研究所：管工事施工管理技術研究会，平成13年4月発行
(4) 図解「建築設備工事用語辞典」安藤紀雄監修・清水亨・瀬谷昌男・堀尾佐喜夫 共著，オーム社，平成15年5月

第6話 ダクト設備工事の必須知識

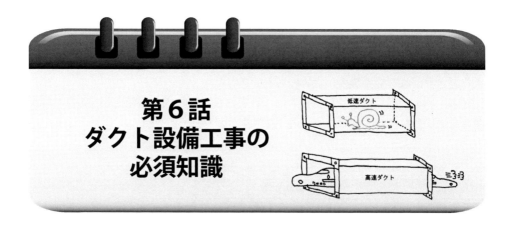

6・1 ダクト設備工事とは?

建築設備において、**ダクト設備工事**と**配管設備工事**は、2大基幹工事（trunk works）である。ダクト設備工事は、一般には**気体**（gas）を運んだり排出したり、**粉体**（powder）など搬送したりする役割を果たす、いわゆる**ダクト**（風道ともいう）を加工・製作し、所定の場所に設置（installation）する**空調設備**にとって不可欠な工事のことである。

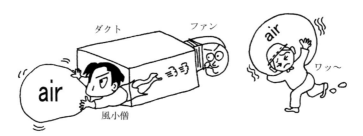

図6・1 ダクト（風道）の役割

6・2 日本におけるダクト工事の変遷小史

日本では昔から**温故知新**という言葉が健在であるが、**温故知新**とは、"故（ふる）きを温（たず）ね新しきを知る"と訓読する。

この言葉のルーツは、**論語**の**為政**と言われており、"過去の事実を研究し、新しい知識や見解をひらくこと。"という意味である。その意味で、日本のダクト工事

第6話　ダクト設備工事の必須知識

の嚆矢（こうし）について、少し触れておきたい。

日本のダクト技術は、1908年（明治41年）の**赤坂離宮**の現場で完全に習得されたと言われているが、それ以前の**日本のダクト技術**は、どちらかというと**ブリキ職人**などと呼ばれる**板金職人**の世界のものであった。

元来、屋根の**銅板葺き**や**鉄板葺き**は、いずれも江戸時代から存在し、これには**瓦葺き**も用いられたが、**はぜ（鈎）**の工法はなぜか存在しなかった。

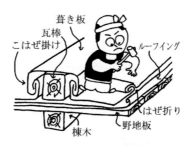

図6・2　瓦棒と瓦棒葺き

鉄板屋根の瓦棒葺きに用いる**はぜ工法**は、明治年間に**洋風建築**が導入されたときに入ってきたもので、江戸時代の**銅板屋根**の職人が**鉄板屋根**の職人に転業し、彼らがそのままダクト工事も手掛けるようになったと思われる。

【技術用語解説】

トタンとブリキ

日本では**トタン**と**ブリキ**という用語が何気なく使われている。**トタン**はポルトガル語の古語"タタナーガ（tutanaga）"がそのルーツで、それが訛ったものと言われている。**トタン**は英語で"Galvanized sheet Metal"と言われるように、**鋼板**を亜鉛で被覆した材料で屋根葺き材料に使用される。一方**ブリキ**は錫（すず）めっきした薄い鋼板であるが、オランダ語のBlikに由来する。

図6・3　トタンとブリキ

第6話 ダクト設備工事の必須知識

本はぜ (Grooved Seam)	ピッツバーグはぜ (三井はぜ、アメリカはぜ) (Pittsburgh Lock Seam)	ボタンパンチスナップロック (ボタンパンチ) (Button Punch Snap Lock)	スピンはぜ (Spin Seam)
昭和4年(1929年)まで	昭和4年(1929年)から	昭和39年(1964年)から	平成13年(2001年)から

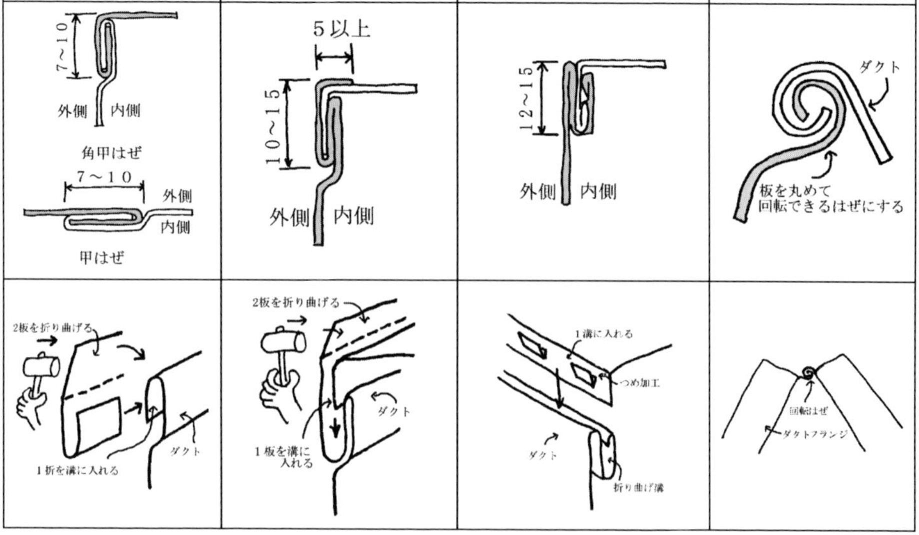

図6・4 日本における代表的な「ダクトはぜ」

　そして、日本におけるダクト用の**はぜ**は、**本はぜ**から**三井はぜ（ピッツバーグはぜ）**へ、そして**ボタンパンチはぜ**へと形が変化していった。

　それに伴って使用される**工具**や**機械**も、図6・5および図6・6に示すように変わってきた。近年では、**手工具**から**電動工具・電動機械**へと移行し、さらにコンピュータ内蔵の**自動化ライン**、新しいダクトニーズに基づく**ダクト工事の技術革新**への対応と、めまぐるしい進展をしてきている。

図6・5　代表的なダクト金切りバサミ

第6話　ダクト設備工事の必須知識

①プラズマ自動切断機　　②はぜ折り機
③折り曲げ機　　④スポット溶接機　　⑤リブ成形機

図6・6　鉄板ダクト製作・加工の機械類

　これらの**日本のダクト工事の歴史**については、紙面の制約上引用・参考文献の（3）で詳述しているので、興味のある方は是非参照いただきたい。
　さらに、筆者は、引用・参考文献（4）の**日本のダクト工事ヒストリア**という**メインタイトル**の記事を、オーム社発行の"**設備と管理**"誌の2017年5月から11月まで、7回にわたって連載した。
　この連載記事の**サブタイトル**は、以下のようになっている。
第1回：日本のダクト工事はこうして始まった
第2回：ダクトは現場にて手加工で作るものだった

【技術用語解説】

SMACNA工法
　SMACNAとは、Sheet Metal Air-conditioning Contractor's National Association（米国薄板鉄板空調工事業協会）の略で、この協会が採用しているダクトの工法を**SMACNA工法**と呼んでいる。最近入手した知見であるが、タイのダクト工業会などでは、"SMACNA工法"がバイブルとなっており、日本では使用されていない、**Cスリップ／Dスリップ**も広く使用されているとか・・・。

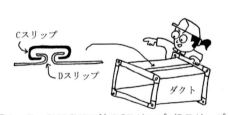

図6・7　SMACNA工法のCスリップ／Dスリップ

第6話　ダクト設備工事の必須知識

第3回：高度成長期、ダクトはプレハブ化時代に突入
第4回：プラズマ切断機が省人・省力化の幕を開けた
第5回：ビルマルチほかが、ダクト業界に急激な変化をもたらせた
第6回：折り畳めるダクトの開発・施工を効率化した
第7回：ダクト技術は日進月歩の歩みを続けている

実はこの短い**サブタイトル**の一文こそが、日本の**ダクト工事小史**を端的に代弁していると思われる。この過程の中で、特筆に値するのは、従来**アングルフランジダクト工法（FA工法）**一辺倒であったが、**コーナーボルト工法**が導入されたことである。

【技術用語解説】

コーナーボルト工法（Corner Bolt 工法）

長方形ダクト工法の一つで、ダクト四隅にコーナーピースを取付けて**4組のボルト**で締付ける画期的なダクト接続工法。コーナー部以外のフランジ部分は**抑え金具**で締め付ける工法で、ちなみに**共板フランジ工法（TF工法）**と**スライド・オン・フランジ工法（SF工法）**とがある。

	コーナーボルト工法ダクト	
	共板フランジダクト（TFダクト）	スライドオンフランジダクト（SFダクト）
構成図	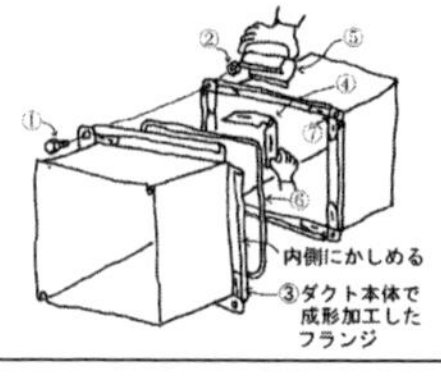 （図）	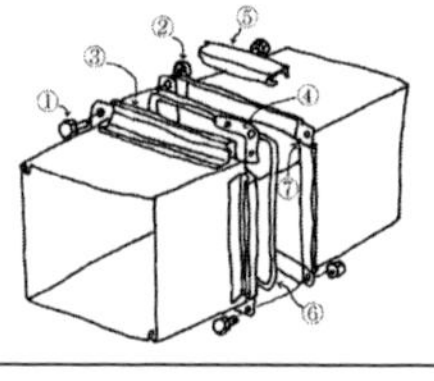 （図）
フランジ接続法	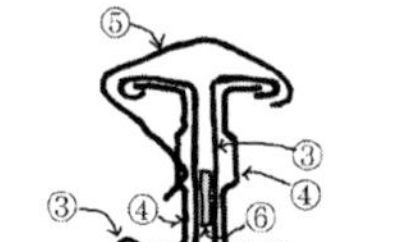 （図）	 （図）
構成部材	①ボルト（四隅コーナー部のみ） ②ナット（四隅コーナー部のみ） ③共板フランジ ④コーナー金具（ピース） ⑤フランジ押え金具（クリップ・ジョイント） ⑥ガスケット ⑦シール材（四隅コーナー部のみ）	①ボルト（四隅コーナー部のみ） ②ナット（四隅コーナー部のみ） ③スライドオンフランジ ④コーナー金具（ピース） ⑤フランジ押え金具（ラッツ・スナップ・クリップ・ジョイント） ⑥ガスケット ⑦シール材（四隅コーナー部のみ）

図6・8　共板フランジ工法（TF工法）とスライド・オン・フランジ工法（SF工法）

図表6・1　ダクト製作・加工の流れ（その1）

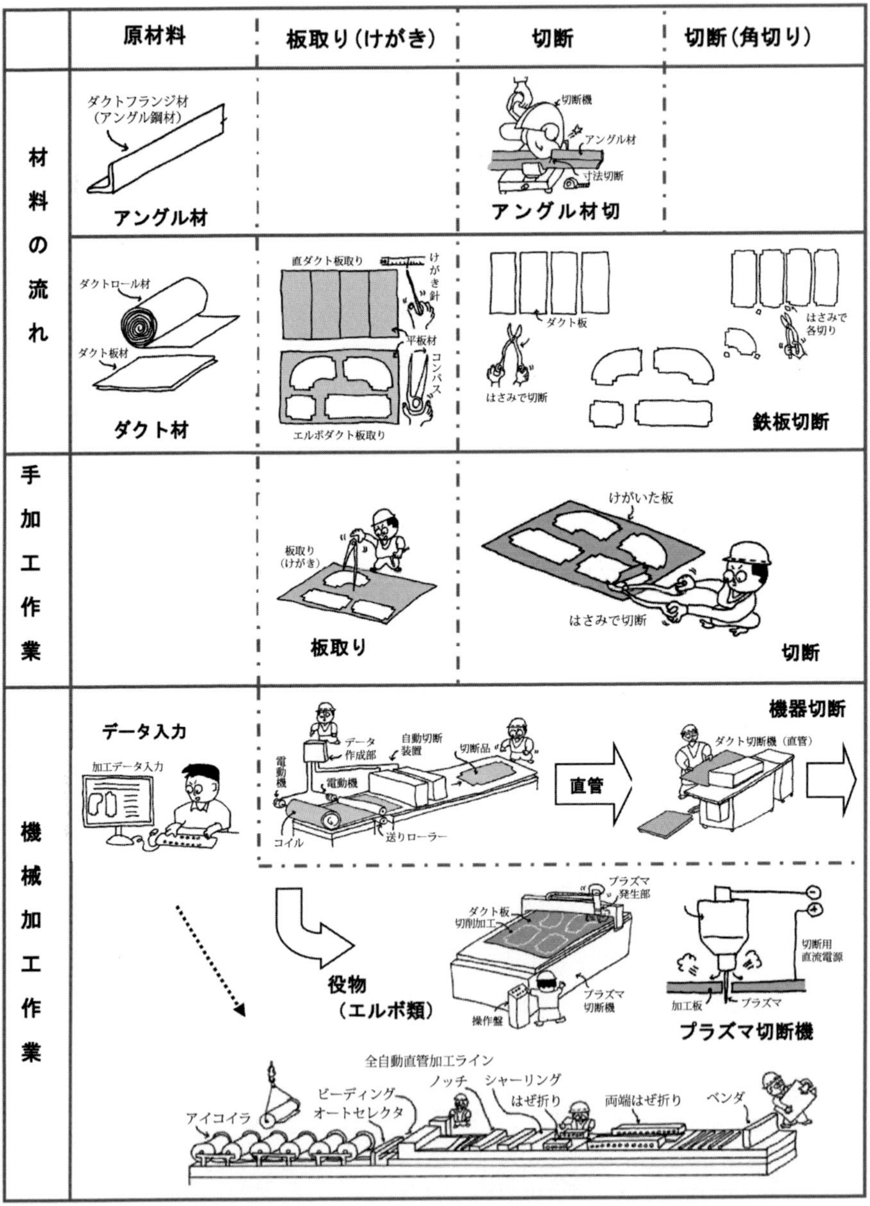

図表６・１　ダクト製作・加工の流れ（その２）

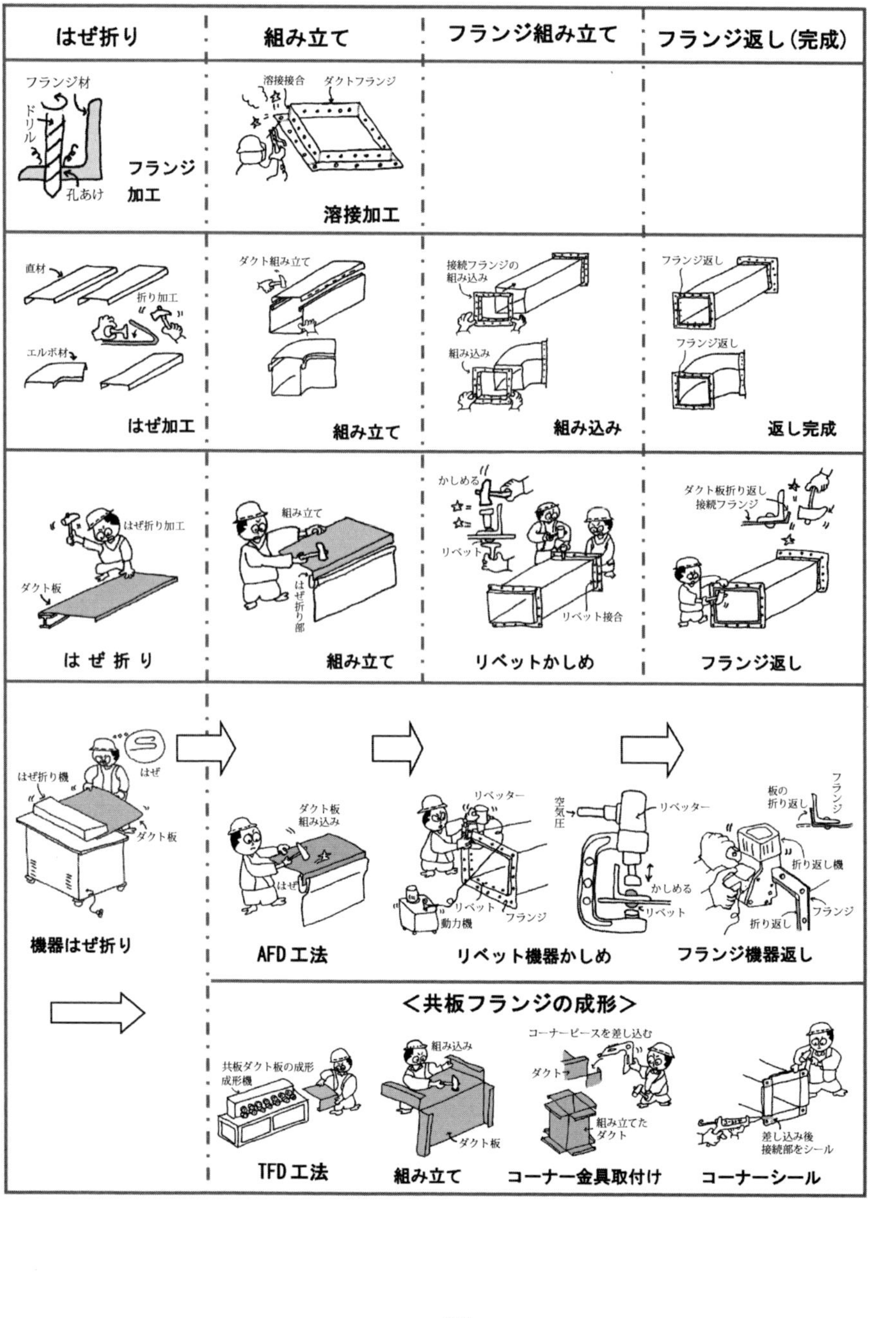
はぜ折り
組み立て
フランジ組み立て
フランジ返し（完成）
フランジ材
ドリル
孔あけ
フランジ加工
溶接接合
ダクトフランジ
溶接加工
直材
折り加工
エルボ材
はぜ加工
ダクト組み立て
組み立て
接続フランジの組み込み
組み込み
組み込み
フランジ返し
フランジ返し
返し完成
はぜ折り加工
ダクト板
は ぜ 折 り
組み立て
はぜ折り部
組み立て
かしめる
リベット
リベット接合
リベットかしめ
ダクト板折り返し
接続フランジ
フランジ返し
はぜ折り機
はぜ
ダクト板
機器はぜ折り
ダクト板組み込み
はぜ
AFD 工法
リベッター
リベット
動力機
フランジ
空気圧
リベッター
かしめる
リベット
リベット機器かしめ
板の折り返し
フランジ
折り返し機
フランジ
折り返し
フランジ機器返し
<共板フランジの成形>
共板ダクト板の成形
成形機
TFD 工法
組み込み
ダクト板
組み立て
コーナーピースを差し込む
ダクト
組み立てたダクト
コーナー金具取付け
差し込み後接続部をシール
コーナーシール

第6話　ダクト設備工事の必須知識

　筆者の**独断**と**偏見**かもしれないが、日本のダクト工事の歴史を一言で表現するとすれば、ダクト加工・製作に採用されてきた**本はぜ⇒三井はぜ⇒ボタンパンチ⇒ルーズはぜ**の導入の歴史といっても過言ではないだろうか？
　ちなみに、前頁の図表6・1（その1）、（その2）は上記**手加工作業**から**機械加工作業**の違いを**ダクト製作・加工の流れ**として、参考までに図説したものである。

6・3　ダクト設備工事の種類

　まず、ダクト工事の主役である**ダクト**は、以下のように分類することができる。
（1）使用目的別ダクト分類
①空調設備用ダクト
　空気調和設備において、**調和空気**を部屋に**給気**したり、部屋より空気調和に**還気**したり、必要な外気を導入したりする目的専用のダクトである。上記のダクトをそれぞれ**給気ダクト**（SAD：Supply Air Duct）・**還気ダクト**（RAD：Return Air Duct）・**外気ダクト**（OAD：Outdoor Air Duct）と呼んでいる。

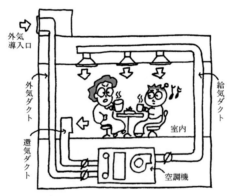

図6・9　空調設備用給気ダクト・還気ダクト・外気ダクト

②換気設備用ダクト
　空気調和設備に含まれる**換気設備**にもっぱら用いられるダクトのことで、換気設備用ダクトには、**給気ダクト**（SAD：Supply Air Duct）と**排気ダクト**（EXD：Exhaust Duct）の2種類がある。
③排煙設備用ダクト
　排煙設備も空気調和設備に含まれているが、**排煙ダクト**はもっぱら火災時の緊急

第6話 ダクト設備工事の必須知識

図6・10 換気設備用給気ダクト・排気ダクト

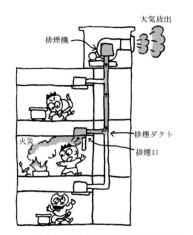

図6・11 排煙設備用排煙ダクト

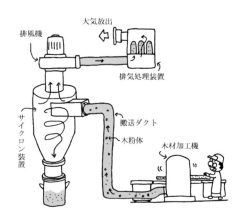

図6・12 搬送設備用ダクト

避難時の**排煙**（smoke exhaust）の目的に使用されるダクトのことである。したがって、**排煙ダクト**は、SED：Smoke Exhaust Ductと呼ばれている。

④**搬送設備用ダクト**

　このダクトは、別名**工業用ダクト**とも呼ばれ、**気送管**などのように、もっぱら物体（粉末・固体など）の搬送の用に供されるダクトのことである。

（2）使用材料別ダクト分類

　ダクト材料には数多くの種類があるが、空調・換気・排煙設備用の**ダクト材料**としては、なんといっても**亜鉛鍍鉄板（亜鉛めっき鉄板）**が最も広範に採用されている。

　ちなみに、現時点で考えられる**ダクト材料の種類**を列記すると下記のようになる。

　①亜鉛鍍鉄板製ダクト、②鋼板製ダクト、③ステンレス鋼板製ダクト、④塩化ビ

ニルライニング鋼板製ダクト、⑤硬質塩化ビニル板製ダクト、⑥グラスウール製ダクト、⑦段ボール製ダクト、⑧コンクリートダクト、⑨フレキシブルダクト、⑩ガルバニウム鋼板製ダクト、⑪ステンレス鋼鋼管製ダクト、⑫配管用炭素鋼鋼管製ダクト

注：最近では、従来から使用されている**亜鉛鍍鉄板**に替わって、別名**花柄鉄板**と呼ばれ、Super Dyma（S社）・エコガル（J社）とも呼ばれる、建材向け**高耐食めっき鋼板**も市場投入されてきている。

（3）形状別ダクト分類

筆者は、ダクトといえば、すぐに**角ダクト**を連想してしまうが、その形状により下記のようなダクトがある。

①長方形ダクト

矩形ダクトとか**角ダクト**という呼称もあるが、英語ではrectangular ductといい、最も広範囲採用されている形状のダクトである。同風量を送風するには、**正方形ダクト**が最も効率がよく、英語ではsquare ductという。

②円形ダクト

円形ダクト（round duct）は、小口径（100φ〜300φ）程度の**枝ダクト**（branch duct）としてもっぱら多用されているが、工場用の換気ダクトなどでは、1000φ以上の**大口径ダクト**が使われることもある。

ちなみに、最近の円形ダクトは、そのほとんどが**甲はぜ掛け**した、工場で加工・生産された**スパイラルダクト**（spiral duct）である。

なお、スパイラルダクトの長所は、空気漏洩量が少ない・サイズ（口径）の標準化がなされている・短納期製品（ストック製品）である・構造上強度が大であることである。反面、短所としては、普及当初は比較的価格が高かった・継手が一個でも不足すると、次のダクトが延長できない・施工途中の設計変更などに、素早く対応することが困難であることなどが挙げられる。

③三角形ダクト

三角形ダクト（triangle duct）は、ほとんど見かけることは少ないが、**屋上露出ダクト**などで、**ダクト天板**に雨水などを常時滞留させない目的で使用される。

④ひし形ダクト

ひし形ダクト（rhombus duct）は、**正方形ダクトをひし形状に設置すれば、上**述③と同じ目的が達成できる。

⑤オーバルダクト

オーバルダクト（楕円ダクト：oval duct）は、**円形ダクトと長方形ダクト**の特徴

を併せもつダクトで、**円形ダクト**が納まらない空間にも適合しやすい。また、円形ダクトとまったく同じ方法で接続できる。**オーバルダクト**は、**スパイラルダクト**を**オーバルフォーマー**という加工機により**長円形**に加工して製作され、種々の**アスペクト比**のものが得られる。なお、ダクト寸法と板厚の関係は、オーバル加工前のスパイラルダクトの寸法に準ずる。

6・4 ダクトサイズの決定法

ダクトサイズの決定法をマスターすることは、**ダクト設計**上の問題であって、**ダクト施工**上は必要ないと思われている方も多いと思われる。

【覚えておくと、お得！】

ダクトの形状

同一材料か同一断面積のダクトの場合、同じ送風量では**円形ダクト**のほうが、**長方形ダクト**より単位長さ当たりの圧力損失（摩擦損失）は少ない。

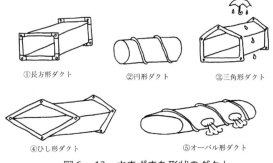

図6・13 さまざまな形状のダクト

【技術用語解説】

長方形ダクトのアスペクト比
（duct aspect ratio）

長方形（矩形）ダクトにおいて、その**長辺**と**短辺**の比のこと。ちなみに、アスペクト比が1（正方形）に近いほど、**空気摩擦抵抗**が少なくなり望ましい形状となる。

図6・14 長方形ダクトのアスペクト比

第6話　ダクト設備工事の必須知識

しかしながら、このダクトサイズ決定法を知っていると、**設計変更**（design variation）などが生じた際や**施工図作成**などの際、**ダクトサイズ**を変更する場合などに、いちいち設計事務所の手を煩わせなくとも済むのである。

ダクト寸法の決定法（ダクトサイジング）には、歴史的にみて①等圧法（Equal Press. Loss Method）、②等速法（Equal Velocity Metro）、③静圧再取得法（Static Press. Regain Method）、④全圧法（Total Press. Method）の以上4つの方法があるが、ここでは紙面の都合上、③および④は割愛させていただき、比較的使用頻度の多い①等圧法および②等速法についてのみ紹介させていただく。

（1）等圧法（Equal Press. Loss Method）

ダクト寸法決定法の中で、最も広範に採用されているのがこの方法で、別名：**等摩擦損失法**とも呼ばれ、英語ではEqual Reaction Loss Methodと呼ばれている。この方法は、ダクト長さ1m当たりの**ダクト内空気摩擦抵抗損失**を一定の値に選んですべての**ダクト寸法**を決定していく方法である。

亜鉛鉄板ダクトの摩擦損失線図やダクト設計用に開発された、いわゆる**ダクチュレーター**などと呼ばれる**ダクト計算尺**（その一例を**写真6・1**に示す）でダクト寸法を決めることができる。

したがって、この方法は**低圧ダクト寸法**の決定に最も頻繁に採用されている。

ちなみに、上記の**ダクト空気摩擦抵抗損失**の値は、**0.78～1.47Pa/m（0.08～0.15mmAq/m）**程度が推奨されている。

この等圧法の特徴としては、以下のようなことが挙げられる。
① ダクト寸法の決定が簡便な上、送風機の所要静圧の算定が容易である。
② ダクト内風速はダクトの末端にいくに従って減速するので、騒音の問題が少ない。
③ **空気吹出口**における**圧力**がそれぞれ異なるので、**吹出風量**の調整が面倒である。

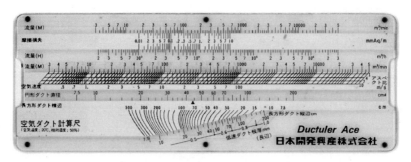

写真6・1　ダクト計算尺：ダクチュレーター

④**主ダクト系**と**分岐ダクト系**とも**同一摩擦損失値**を採用しているので、**給気系ダクト**には、計算値以上の風量が流れる。

換言すればダクト末端にいくほど風量が増加する。逆に還気ダクト・排気ダクトでは末端にいくほど、吸込風量が減少する。

⑤**静圧再取得**を全く無視しているので、**高速ダクト**のダクトサイズ決定に本方法を採用した場合には、ダクト上流部とダクト下流部では、**風量の均衡（風量バランス）**が著しく悪くなる。

⑥**送風動力**は、**静圧再取得法**（今回割愛）によるものより大きくなる。

この欠点を多少とも是正するための方法として、**分岐点**より**主管ダクト**までの**圧力損失**と**分岐点**より**分岐ダクト末端**までの**圧力損失**を等しくするように設計する、いわゆる**改良等圧法**（今回割愛）もある。

（2）等速法（Equal Velocity Method）

この方法は、英語では"Equal Velocity Method"と呼ばれているように、ダクト内風速をダクト主管・ダクト分岐管とも、常に**一定速度値**に定め、ダクト寸法を決定する方法である。この方法は、一般に**工業用途用**として採用されている。

ただし、排煙ダクトだけは、例外的に**ダクト内速度（20m/s）一定**という**等速法**ダクトサイズが決定されている場合が多い。

気流内に**粉体などが含まれる空気搬送用ダクト**の寸法決定に採用されるので、粉体などの**被搬送物体**が**ダクト内風速の変化**などで、ダクト内に**沈滞・堆積**しないよ

表6・1 等速法によるダクト内最低推奨流速（搬送風速）の例

(a)作業による分類　　　　　　　　　　(m/s)

作業	フード形式と吸い込み風速	搬送風速
吹付研磨	—	18
自動車車庫	テイルパイプと厨房フード	10
厨房用レンジ	天がいフード前面開口部速度0.5m/s	7.5〜9
グラインダー	標準フード	18
岩石穿孔(乾式)	—	18
ふるい	フード開口部を通る吸い込み速度0.8〜1.0m/s	18
噴霧塗装	ブース、ブース断面において0.8〜0.5m/s	7.5〜10

(b)搬送物質による分類　　　　　　　　(m/s)

搬送物質	搬送風速	搬送物質	搬送風速
砂	35	羊毛	〜25
セメント	35	木綿	〜22.5
赤鉄鉱	32.5	微粉炭	〜20
塩	27.5	のこくず	〜15
小麦	29	—	—

うに、表6・1に示すような**最低推奨流速（搬送速度）**を選び、ダクト寸法を決定する必要がある。また、この方法では、ダクト系の抵抗計算が、**各区間で抵抗値が異なるため複雑**となる。

6・5 日本におけるダクト呼称と圧力範囲
（1）低速ダクト方式採用の留意点
　日本では、古くから**低速ダクト方式**が採用されてきた。ダクト内風速を低くとり、圧力損失（摩擦損失）を小さくしようとすれば、**ダクト寸法**は大きくなり、当然**ダクト工事費**は高くなる。しかしながら、**低速ダクトシステム**からの**発生騒音**は低くなり、**送風動力**も小さくなり、送風機の**ランニングコスト**が安くなる。

　一方、**高速ダクト方式**を採用し、ダクト内風速を高くとり、ダクト寸法を小さくすれば**ダクトスペース**は小さくて済むが、**発生騒音**が高く**送風動力**も大きくなり、送風機の**ランニングコスト**も大きくなる。一般に**ダクト工事費**と**送風機動力**の関係は、図6・15に示すように**トレードオフ（trade-off：相殺）**関係になる。

　したがって、**ダクト寸法**は、ダクト工事費の**原価償却費**と**送風機の動力費**の和が小さくなるように選定する必要がある。

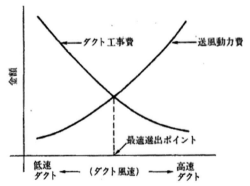

図6・15　ダクト工事費と送風動力の関係

【覚えておくと、お得！】

ポツ・イチダクトサイズ設計法
　筆者が空調設備設計業務に従事していた頃、ダクト寸法の決定というと、必ずきりのいい**0.1mmAq/m（0.98Pa/m）**という設計値が標準値として採用されていたので、"ダクトサイズは、ポツイチで決める！"という**専門用語（jargon）**が設計部内で定着していたほどであった。

（2）「高速ダクト方式」採用の留意点

　高速ダクト方式においては、鉄板の振動や渦流による騒音の発生を伴うため、それらの問題解決のために、どうしても**ダクト補強材の強化・ガイドベーンの使用・消音ボックスの多用**などの配慮が不可欠となる。このために、**高速ダクト**の工事費は、**低速ダクト**の工事費との比較において、思ったより高価になる。

　結論から先にいうと、日本でもかつて**二重ダクト空調方式**の流行とともに、**高速ダクト方式**が隆盛の時代もあった。しかし、現今では**省エネルギーダクトシステム**という観点から、排煙ダクトや工業用排気ダクトに適用される場合を除いては、**低速ダクト方式**に完全にとって代わられている。

　ちなみに、表6・2は、参考までに**低速ダクト方式**と**高速ダクト方式**の諸元値（略算値）を比較した一例を示したものである。

表6・2　「低速ダクト方式」と「高速ダクト方式」の諸元値（概略値）の比較

	主ダクト風速 [m/s]	枝ダクト風速 [m/s]	ファン全圧 [Pa]（mmH₂O）	ファン動力 [kw]
低速ダクト方式	8～15	4～6	490～735（50～75）	30～37
高速ダクト方式	20～30	10～12	1,470～2,450（150～250）	75～100

（3）日本における「ダクト呼称」と「圧力範囲」

　かつて、日本で採用されていた**高速ダクト・低速ダクト**という呼称は、現在では

表6・3　日本におけるダクトの分類

圧力分類による ダクト呼称	圧力範囲		流速範囲 [m/s]
	常用圧力 [Pa]（mmH₂O）	制限圧力 [Pa]（mmH₂O）	
低圧ダクト	+490（+50）以下 −490（−50）以下	+980（+100）以下 −735（−75）以下	15以下
高圧1ダクト	+490（+50）を超え+980（+100）以下 −490（−50）を超え−980（−100）以下	+1,470（+150）以下 −1,470（−150）以下	20以下
高圧2ダクト	+980（+100）を超え+2,450（+250）以下 −980（−100）を超え−1,960（−200）以下	+2,940（+300）以下 −2,450（−250）以下	20以下

注　1）常用圧力：通常運転の最大のダクト内の静圧をいう。
　　2）制限圧力：ダクト内のダンパの急閉などにより、一時的に圧力が上昇する場合の制限圧力をいう。
　　　　制限圧力内ならばダクトの安全強度や空気漏れ量などは保持されているものとする。
　　3）高圧1ダクト・高圧2ダクトを排煙時用ダクトに用いる場合の流速上限は、25m/s程度とする。

第6話　ダクト設備工事の必須知識

表6・3に示すように、HASS 010-1933では、低圧ダクト・高圧1ダクト・高圧2ダクトという圧力範囲の分類にとって代わられている。実は、正直いうと、筆者も過去にこのダクト規格制定の一員として、参加させていただいているのだが・・・。

6・6　亜鉛鍍鉄板製ダクトの強度と板厚

ダクトの品質要件の一つに**強度**（strength）・**剛性**（rigidity）がある。ダクト自身は、ある程度の**剛性**を具備していなければならない。実は本来あってはならないことだが、吊支持したダクトは、往々にして現場で他業者の**足場**（foothold）代わりに使用されることも考慮しておかねばならない。そのために、ここでは、このダクト強度（剛性）の役割を演出している**3つの部材**につれて、触れてみたい。

（1）鋼板製ダクトの継ぎ目（はぜ）の位置

日本では、ダクトはぜの採用は、図6・16に示すように、**本はぜ**（Grooved Seam）⇒ピッツバーグはぜ（Pittsburgh Lock Seam：三井はぜ・アメリカはぜ）⇒ボタンパンチ・スナップロック（Button Punch Snap Lock：ボタンパンチはぜ）⇒スピンはぜ（Spin Seam）という過程を経て現在でも様々な用途のダクトに採用されている。

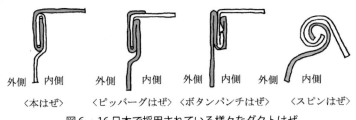

図6・16　日本で採用されている様々なダクトはぜ

ところで、長方形ダクトの加工・製作に当たって、隅角部のはぜ（継目）の数が、**ダクトの剛性**に大きな影響を与えることになるのである。

実は、長方形ダクトの加工・製作する際、**はぜ部（継ぎ目）**の数には、図6・

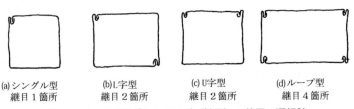

図6・17　長方形ダクトのはぜ（継目）の位置の選択肢

第6話　ダクト設備工事の必須知識

17に示すように**4つの選択肢**がある。この図中の（a）は通称**ワンシームダクト**（one seam duct）と呼ばれているが、ダクトの剛性は劣るが空気漏洩量は少ないというメリットを具備したダクトである。

　図中の（b）は俗に**Lピースダクト**と呼ばれるもので、ダクトの剛性の面では（d）に劣るが、反面空気の漏洩量は(d)のダクトの半分になるとも言われる。

　換言すると**はぜの数**と**空気漏洩量**は、互いに**トレードオフ（相殺）**の関係にあるといえる。また図中（c）のダクトは、厨房用ダクトとして採用されるが、その理由はダクト内に残留した**油脂類**などがダクト下面から漏れ落ちるというおそれがないというメリットがある。

　いずれにしても、これらの件に関しては、設計事務所の**仕様書**に特記されていることが多いので、**施工要領書**などに転記することにより、**手直し工事**等が生じないように、事前にダクト製作業者に周知させておくことが大切である。

（2）ダクトの補強材

　亜鉛鍍鉄板製長方形ダクトを接続延長する場合に日本では**アングルフランジ工法（AF工法）**が多用されてきたが、この工法は**ダクト接続機能**の他にダクトに**剛性機能**を付与している。また、**機械設備共通仕様書**の中に**ダイヤモンドブレーキ**という一項がある。すなわち、"矩形ダクトで、幅または高さが450mmを超えるダクトで、かつ保温を施さないダクトには、間隔300mm以下のピッチで、**補強リブを入**れなければならない。"と規定されている。

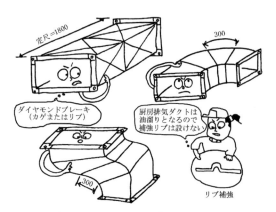

図6・18 ダクトのダイヤモンドブレーキによる鉄板補強例

（3）長方形亜鉛鍍鉄板ダクトの板厚の不思議？

　長方形亜鉛鍍鉄板ダクトの板厚には、周知のように0.5mm～1.2mmまであるが

第6話　ダクト設備工事の必須知識

その採用根拠は、一体どのようになっているのでしょうか？

ダクトの板厚は、ダクトの剛性確保にも寄与しているが、**ダクト板振動**などを防止する上で大いに寄与している。ちなみに、表6・4は、亜鉛鉄板鍍鉄板ダクトの採用板厚の表であるが、実はダクトの板厚は、長方形ダクト（矩形ダクト）の**長辺方向**の寸法によって決められているのである。

筆者にとって非常に興味があることは、この表に示されている**ダクト板厚**がどのようにして決められたのか、今もって不明なことである。

ここで非常によい機会であるので、筆者は以下の2点を提案させていただきたい。

◇提案1：表6・4に規定されている**角ダクトの板厚決定法**を実験などによって、官民共同で再度見直し、理論的に解明し権威あるものとすること。

◇提案2：ダクト業界の現状をみると、ダクトに**格子補強リブダクト**などが広範囲に採用されている。これにより、民間では従来のダクト板厚より**一番手も二番手**も薄い板厚のダクトの採用が普及し、地球資源の節約に貢献している。

ちなみに、この格子補強リブダクトは、㈱タムラカントウが2001年1月に開発したダクトで、開発と同時に**同業他社**への使用を許可した結果、同工法ダクトの採用が日本全国に急速に拡大した。

表6・4　長方形ダクトの板厚

ダクトの圧力区分	低圧ダクト [mm]	高圧1ダクト [mm]	高圧2ダクト [mm]	板厚 [mm]
ダクトの長辺	450以下			0.5
	450を超え 750以下			0.6
	750を超え 1500以下	450以下		0.8
	1500を超え 2200以下	450を超え 1200以下		1.0
	2200を超えるもの	1200を超えるもの		1.2

注　1）コーナーボルト工法とは、共板工法ダクトおよびスライド・オン・フランジ工法ダクトをいう。
　　2）共板工法ダクトの長辺は最大2200mmまでとする。
　　3）共板工法ダクトでは、断面の縦横比を1：4以下とする。
　　　　1：4の比を超えるときは十分な強度を有するよう、補強材により補強する。

したがって、**機械設備共通仕様書**にも、"角ダクトにこの類の**格子補強リブ**を採用した場合には、ダクト板厚はそれぞれのダクト長辺が○○mm以下には、○○ tの板厚を採用できる。"というような**特記仕様**を新規に追加すべき時代が到来しているのではないだろうか・・・・？

6・7 ダクト設計・施工上上の留意点
（1）一般的注意事項
ダクトの設計・施工に当たっては、まず次の事項に留意すること。
1）ダクトの作業空間についての検討
①ダクトの搬入・吊込みなどの**スペース**を確保すること。
②ダクトフランジの**ボルト締め**のための**作業スペース**を確保すること。

図6・19に示すように、横長の長方形ダクトを**ダクトシャフト**や**天井面**に取付ける場合に、作業スペースが狭いと**ダクトフランジ接続のためのボルト締め作業**が不可能となる。**設計図・施工図**では納まっていても、これらの設計図・施工図は"絵にかいた餅"となる。

③保温保冷工事や塗装工事（露出駐車場ダクトなど）を施工する作業スペースを確保しておくこと。

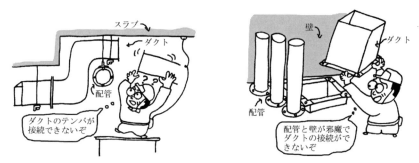

図6・19 どうやって「フランジボルト」を締めればいの？

【技術用語解説】

格子補強リブダクト
格子補強リブダクト（lattice reinforcement rib duct）は、従来の**ダイヤモンドリブ**に変わり、ダクト前面に格子状の補強リブを施したダクトである。

図6・20 格子補強リブダクトの例
TLD（タイル・リブ・ダクト）

2）保守点検作業等についての検討

①風量調整ダンパー（VD）の操作・開度確認作業および防火ダンパー（FD）の**温度ヒューズの交換作業**に支障のないようにすること。また、**点検口**を設ける場合、**ダンパー用点検口**との位置関係に留意すること。⇒"開かずの踏切"ではないが、"役立たずの点検口"にならないように注意すること！

②送風機などの**注油・ベルトの掛け換え**および**点検扉の開閉**などに支障はないか事前に十分検討しておくこと！

3）壁貫通部・床貫通部の施工

①防火区画・防火壁・防煙壁などを貫通するダクトは、その隙間を**ロックウール保温材料・その他の不燃材料**で埋めること。なお、その貫通部に保温を施す場合には、**ロックウール保温材**を使用すること。（建基令129条の2の2の7）

②一般壁の貫通部の埋め戻しについては法的な規制はないが、**隣室**からの**騒音防止**（**クロストーク防止**など）のためにも、また**防火上**からも、できるだけ**埋め戻し作業**をしておくべきである。

　特に**機械室**のように騒音の大きい室の貫通部は、完全に**埋め戻し**作業を行っておく必要がある。保温を施さないダクトを埋め戻す時には、ダクトの表面に**耐食性塗料**を塗って埋め戻すこと。

　なお、**ダクト振動**を直接壁に伝えないようにするには、ダクトの外周部に**ロックウール**またはその他の**不燃性の緩衝材**を用いて埋め戻しを行うこと。

③屋根などの**防水層**を貫通する場合には、**配管**を貫通させる時と同様特別な配慮が必要である。

4）厨房用ダクト・浴室用ダクトなどの「高温多湿箇所」の施工

①ダクトの**継目・継手**を外側から、**シール材**でシールすること。

②内部に**凝縮水**の生ずるおそれのある場合には、**水抜き**を設けること。

（2）ダクト加工・製作および施工上の留意点

1）ダクトのアスペクト比

　長方形（矩形）ダクトの長辺と短辺の比のことを**アスペクト比**というが、4：1以下（最悪でも8：1以下）とすることが望ましい。同じ風量を送る場合、理想的にはアスペクト比1：1の**正方形ダクト**が最も効率がよい。

　注：**等圧法**により**ダクト寸法**を算出する場合、**ダクト断面積**が同じであれば同じ風量が送れると錯覚してはならない。

第6話 ダクト設備工事の必須知識

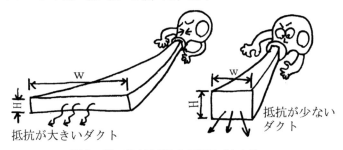

図6・21 長方形ダクトのアスペクト比

2）ダクトの「急拡大」と「急縮小」

ダクト形状は、ダクトの**局部抵抗**が増すことのないよう、できるだけ変形させないことが理想的である。したがって、どうしても**急拡大**や**急縮小**せざるを得ない場合やダクトの中間に、**コイル**などを挿入設置には、図6・22にそのような角度遵守する必要がある。なお、急拡大の場合、拡大角度：$\theta \leqq 15°$となっているのは、下流で急拡大すると**渦流（eddy flow）**が生じやすいからである。

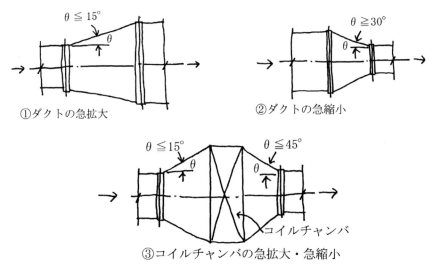

図6・22 ダクトの「急拡大」と「急縮小」

3）ダクトの曲率半径

ダクトの直管が方向変換する場合には、**ベントダクト**とか**エルボーダクト**という**曲管**を使用する。その場合には、図6・23に示すように、**局部抵抗を極力小さく**抑える目的で、ダクトの曲がる部（ベント・エルボー部）の**曲率半径：R**をダクト幅：W以上とすること。このスペースを確保することが無理な場合には、ガイドベーン（guide vane）などを入れた**各エルボ**を採用することが望ましい。

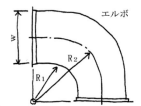

図6・23　ダクト曲がり部の曲率半径

4）円形ダクトの接続法

円形ダクト（丸ダクト・スパイラルダクト）の接続には、図6・24に示すように**差し込み継手接続法**、または**フランジ継手接続法**を採用する。

図6・24　円形ダクトの「差し込み継手接続法」および「フランジ継手接続法」

5）ダンパーの取り付け法

ダンパーの製作・取付け工事は、ダクト工事の**付随工事**である。そのダンパー類は、図6・25に示すようにその用途により、**風量調整ダンパー（VD）**から**逆流防止ダンパー（CD）**まで多種多様なダンパーがある。

通常は、事前に**ダンパーメーカー**に注文を出し、工場製作された**ダンパー類**は現場に搬入され、**ダクト取付工**の手で所要箇所に取り付けられている。

第6話　ダクト設備工事の必須知識

ダンパ類の種類名	種別記号	表示記号 単線	表示記号 複線
風量調節ダンパー	VD	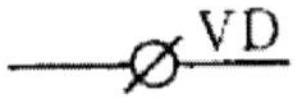 VD	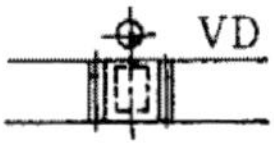 VD
防火ダンパ（空調換気）	FD	 FD HFD FVD	 FD HFD FVD
防火ダンパ（排煙）	HFD		
風量調節兼防火ダンパー	FVD		
モータダンパー	MD	 MD	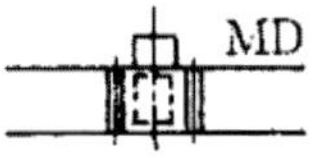 MD
ピストンダンパー	PD	PD	PD
煙感連動ダンパー	SD	 SD SFD	 SD SFD
防火兼煙感連動ダンパー	SFD		
逆流防止ダンパー	CD	CD	CD

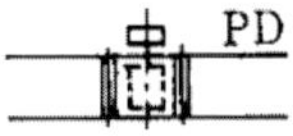

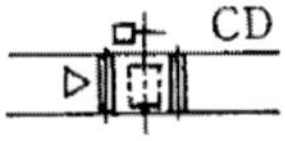

図6・25　各種ダンパーとダクト施工図上の表示記号

　ここでは、ダンパーの取扱いに関して是非注意してほしい事項を三点紹介しておく。
①風量調整ダンパー（VD）
　図6・26に示すように、風量調整ダンパーには、(a) 平行翼ダンパー、(b) 対向翼ダンパー、(c) バタフライ型ダンパー、(d) スライド型ダンパー、(e) スプリット型の5種類のダンパーがある。
　この中で最も頻繁に多用されているVDが、風量調整機能に優れた (b) の**対向翼ダンパー**である。ここで特記しておきたいことは、**対向翼ダンパー**の取り付け姿勢に留意してほしい。
　すなわち、図6・27に示すように、対向翼ダンパーの羽根が、気流方向に対して**水平方向**でなく**垂直方向**になるように設置しなければならない。
②防火ダンパーの温度ヒューズ（可溶片）
　防火ダンパーの種類には、**空調換気用FDと排煙用HFD**の2種類がある。

第6話　ダクト設備工事の必須知識

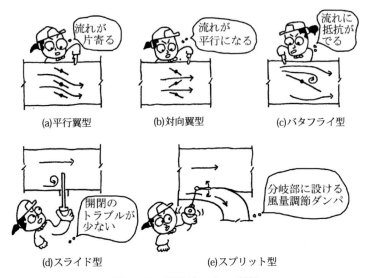

図6・26　風量ダンパーの種類

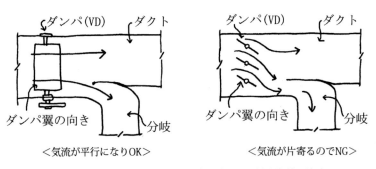

図6・27　対向翼風量調整ダンパーの取付け姿勢に注意！

　空調換気用FDの**温度ヒューズ**の作動温度は**72℃**とするが、排煙用HFDの**温度ヒューズ**の作動温度は**280℃**の高いもの使用する。
　これらのFD・HFDをダクト加工・製作会社に一任手配していると、この知識があまりないダクト製作・製作会社が、不適合な温度ヒューズを搭載したFD・HFDを現場に搬入する場合があるので、くれぐれも注意のこと！
③防火区画貫通する**防火ダンパー（FD）**の固定支持方法
　図6・28に示すように、火災時**防火ダンパー（FD）**が落下しないように、本体を4点支持とすること。

第6話 ダクト設備工事の必須知識

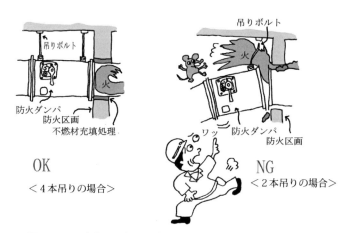

図6・28 防火区画を貫通するFDの固定支持方法

6・8 送風機回りのダクト施工

送風機回りのダクトの施工に当たっては、特別の注意が必要なので、ここで新規に項を改めて、下記のように注意項目列挙して解説しておきたい。

①送風機吐出直後でダクトを取出す際、**曲がり部の方向はできるだけ送風機の回転方向**に逆らわない方向とすること。やむを得ず**回転方向**から反転させる場合には、図6・29に示すように、**ガイドベーン（案内羽根）**を必ず設け、ダクトの**局部抵抗**および**発生騒音**を減少させるような措置を講ずること。

②送風機吐出口直後での曲がりは、図6・29に示すように**曲がり部までの距離**を少なくとも**ファン羽根径**の1.5倍以上確保し、急な曲がりは避けること。

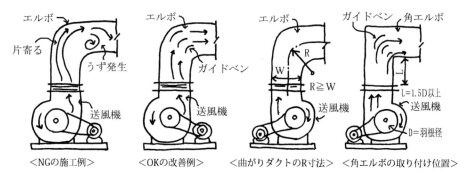

図6・29 送風機吐出ダクトの正しい取出し方法

③送風機吐出側で**吐出ダクト**を接続する場合には、図6・30に示すように、**送風機吐出口断面**から**吐出ダクト断面**への変形は、急な変形を避けて、**傾斜角：15°以内**の漸拡大とすること。

図6・30　送風機吐出側ダクトの正しい接続法

④送風機の軸方向に直角に接続される**吸込みダクト**の幅：Aは、図6・31に示すように、ファン羽根車に対して大きく（厚く）とり、ファン吸込み口付近での**圧力損失**ができるだけ少なくなるようにすること。

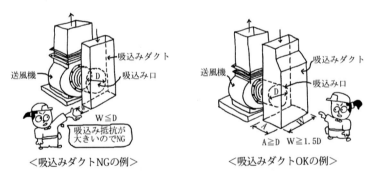

図6・31　送風機吸込み側の正しいダクト接続

⑤送風機吸込口が、ダクトの直角曲り部の近くにある場合には、図6・32に示すように、必ず**ガイドベーン**を設けること。
⑥送風機吸込口と接続するダクトで**局部抵抗**が大きくなる場合には、図6・33に示すような**ベルマウス（bell-mouth）**などを設けること。
⑦送風機吸込口側ダクト部が、**7°以上**の傾斜角になる場合には、図6・34に示すように直管ダクトを設けてファンに接続すること。
⑧両吸込型送風機を格納する**チャンバー（ケーシング）**の大きさは、図6・35に

第6話　ダクト設備工事の必須知識

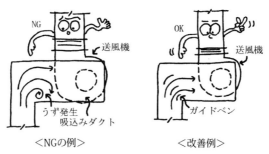

図6・32　送風機吸込口側のダクトの良否例（1）

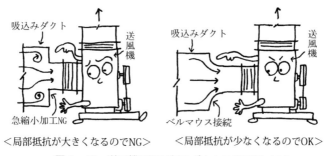

図6・33　送風機吸込口側のダクトの良否例（2）

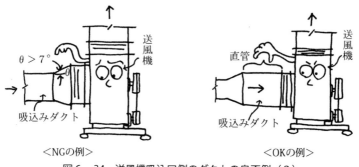

図6・34　送風機吸込口側のダクトの良否例（3）

示すように、**チャンバー（ケーシング）壁面**とファン吸込口との間の距離が、**ファン羽根車**の直径以上を確保するようにすること。
⑨風量測定口は、できるだけ**層流（laminar flow）**となる位置に設置すること。

第6話　ダクト設備工事の必須知識

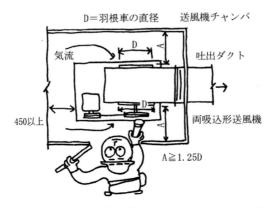

図6・35　両吸込送風機のチャンバー（ケーシング）

6・9 ダクトからの空気漏洩とシール作業

　配管系では、水圧試験などの**耐圧漏洩試験**を実施し、配管からの流体の漏洩を**皆無**にするのが常識となっている。

　しかし、ダクト系では**クリーンルーム用ダクト**などの一部を除いて、**仕様書**などに特記なきかぎり、**空気漏洩試験**は要求されておらず実施しない。

　また、**空気漏洩試験**を実施しても、配管系の漏洩試験と異なり、漏洩率：0%を達成することが不可能なことは黙認されている。その理由は、送風系ではダクトから多少の**エアリーク**があっても、**致命的な支障**がないからである。

　ところで、ダクトからの空気漏洩量は、ダクトの加工・製作精度が大きく影響するので、ダクトの設計・計画時に正確に設定することは困難である。かつては、大規模なビルのダクト系では、空気漏洩量は10%以上にもなるといわれていた時代もあり、そのために一般ダクト系では、予め総送風量の**10%程度の漏洩量**を見込み、送風機風量を割り増しして、送風機の選定をするなどということも実際に行われていた。

　また一般に亜鉛鍍鉄板製の長方形ダクトからの空気漏洩量は、**スパイラルダクト**や**グラスファイバーダクト**に比し、大きいといわれている。

　これは、ダクトの構造もさることながら、かつては**ダクトはぜ**をしめることにしても、**手作業**にたよる部分が多く、ダクト工の熟練度に起因する**ダクト加工精度差異**などによることも多かったからである。

　しかしながら、現在ではダクト加工・製作はその大部分が機械化・自動化され、

ダクトシールも確実に実施されるようになり、ダクトの品質も著しく向上した。

したがって、筆者の推察では現今の**プレハブダクト**では、通常5％以内の**空気漏洩量**に収まっているものと思われ、従来のダクト工の技能格差に起因する**空気漏洩問題**は、すっかり解決されていると確信している。

注：ダクトはぜの**狭い隙間**からの空気漏洩量の関係式なども公表されているが、紙面の制約上ここでは割愛させていただく。

このように**ダクトからの空気漏洩**は、近代的なダクト加工・製作プロセスの改善により、従来からはるかに低く抑えられるようになってきた。

しかしながら、**排煙ダクト**などのような**高速ダクト**においては、**空気漏洩量**は依然無視できない問題であり、所定の設計風量を確保できない場合も多い。

したがって、**クリーンルーム用ダクト**などでは、図6・36に示すような**エアリークテアスト**を確実に実施する必要がある。

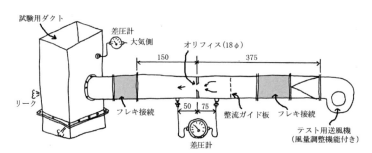

図6・36　正圧ダクト用空気漏洩試験装置の構成例

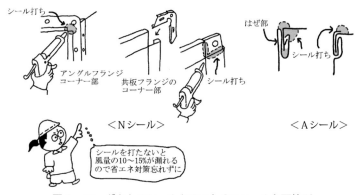

図6・37　ダクトのシールクラスとそのシール必要箇所

第6話　ダクト設備工事の必須知識

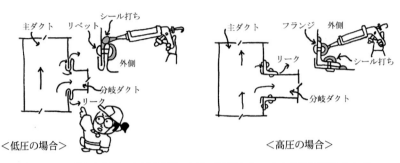

図6・38　ダクト用途・圧力区分による、はぜとシールクラスの組み合わせ

【覚えておくと、お得！】

厳しい空気漏洩テスト

　筆者の体験談であるが、シンガポールで52階建て超高層ビルの空調換気設備工事の施工を担当していた時の話である。

　入札受注した際には気付かなかったのであるが、厚さ３ｃｍにもなる、**工事特記仕様書**の中に"空調用ダクトは漏洩防止の目的で、**ダクトシーム部**すべてにダクト外面から**ハンダづけ**を施し、かつすべてのダクトにエアリークテストを実施し、しかも空気漏洩率1.0％以下になるように**全数テスト**を行うこと。"という、日本では信じられないような条項が、記載されていたのであった。

　"原子力研究所のダクトではあるまいし、**ハンダづけだけ**は勘弁してくれ！"と懇願し、代替案として**シール材**を塗布することで了承してもらった。

　そのために、米国から**３Ｍシール材**を多量に購入したが、やっと到着した３Ｍシール材を空港に取りにいったらその**コンテナ**の中が空だったという珍事も体験した。

　一方、**ダクト空気漏洩装置**に手造りにも着手することになったが、**正式なオリフィス**の入手に非常に難儀した。しかも、**空気漏洩率1％以下**という目標を達成するにも、試行錯誤の連続でその準備期間だけでも３か月を要してしまった。

　今となっては楽しい思い出ではあるが・・・・。

図6・39　シンガポール空港に届いた空っぽの「シール材コンテナ」

第6話　ダクト設備工事の必須知識

　ダクトのシールの方法は、ダクトからの空気漏洩量に大きく影響するが、HASSでは**ダクトのシールクラス**とその**シール必要箇所**を規定している（図6・37参照）。
　また、図6・38は、**ダクト用途・圧力区分による、はぜとシールクラスの組み合わせ**を示したものである。

【引用・参考文献】
(1) Tea breakを取りながらマスターできる【空調設備ダクト設計・施工の実務技術】，安藤紀雄著，理工図書，平成11年12月
(2) 空気調和・衛生工学新書【ダクト／配管工事の省人・省力化計画】—ダクト／配管工事の過去・現在・未来—空気調和・衛生工学会編，安藤紀雄著，理工図書，1997年6月
(3) 温故知新「日本におけるダクト工事の源流を訪ねて」，【ダクト工事の曙から2016年まで】，安藤紀雄・瀬谷昌男，監修：(一社)全国ダクト工業団体連合会，平成29年3月
(4) 「設備と管理」創刊50周年記念連載【日本のダクト工事ヒストリァ】，設備と管理誌：第1回(2017年5月)〜第7回(2017年11月)，安藤紀雄・瀬谷昌男，オーム社
(5) 管工事「施工管理技術」テキスト：施工編（改訂第4版），国土交通省所管(財)地域開発研究所：管工事施工管理技術研究会，平成13年4月発行
(6) 厚生労働大臣登録【空調衛生管理監督者講習会テキスト】第4版第2刷，(公財)日本建築衛生センター，平成27年2月発行

第7話 配管設備工事の必須知識

7・1 配管設備工事とは？

建築設備において、**配管設備工事**と**ダクト設備工事**とは、2大基幹工事（trunk works）と呼ばれている。配管設備工事は、人体に例えれば、**血管（blood vessel）**に該当する。その役割は、**空調設備**にとって不可欠な**血（blood）**を所定の場所（空調機・FCUなど）まで送り、また所定の場所から**心臓部（冷温熱源機**

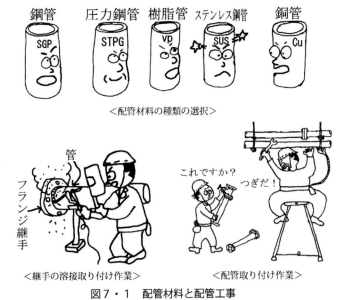

図7・1 配管材料と配管工事

第7話 配管設備工事の必須知識

器)まで戻すためのいわゆる**配管**(piping)を敷設する工事のことである。

一般に**配管**という言葉には、2通りの解釈がある。1つ目は**配管材料**(piping materials)という意味で、2つ目は**配管工事**(piping works)という意味である。

配管設備工事は、まず配管材料を調達(procurement)し、必要な長さに切断・加工(cutting & processing)し、加工した**配管部材**を建築躯体に取り付け(installation)て、配管からの**漏洩**(leakage)がないかどうか確認する作業のことである。

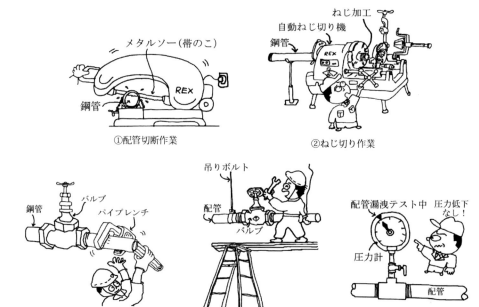

図7・2 ねじ込み配管工事の流れの例

【覚えておくと、お得！】

密閉系配管に白ガス管は必要か？

筆者はシンガポールで55階建ての超高層ビルの空調・換気設備工事の施工に携わったことがある。この現場の冷凍機の冷水配管材料仕様は、**黒ガス管**の使用が明記されていた。筆者の日本での工事経験から、**黒ガス管**は蒸気管・油管だけに使用するもだという**先入観**に捕らわれていた。"冷水管材料として、なぜ黒ガス管を使用するのですか？"と設計事務所に問い合わせたところ、"冷水管は密閉系配管なので、腐食のおそれは一切ないから・・・。"という明快な返事が戻ってきた。

このプロセスを**ねじ込み配管工事**の例で図解すると、図7・2（前頁）に示すように、①配管切断⇒②ねじ切加工⇒③ねじ込み接続⇒④取り付け作業⇒⑤漏洩試験のような一連の作業の流れとなる。

7・2　空調設備配管の分類
一概空調設備配管といっても、さまざまな分類方法がある。
(1) 配管用途による分類
空調設備配管を用途別に分類すると、図7・3に示すような配管の種類がある。
1) 冷水配管
冷熱源機器（冷凍機類）の**蒸発器（エバポレータ）**で生み出される**冷水（通常5℃〜7℃）**を末端の**冷房機器（空調機・FCUなど）**まで送り、約10℃〜12℃まで**昇温した冷水還水**を再び蒸発器まで戻す配管のことである。蓄熱槽方式を採用している**開放系配管**を除き、一般的には**密閉系配管**を採用しているので、配管材料としては、鋼管に亜鉛メッキを施した、通称**白ガス管（配管用炭素鋼鋼管：SGP）**が多用されてきた。

2) 冷却水配管
冷熱源機器（冷凍機類）の**凝縮器（コンデンサー）**から送り出される37℃程度の**冷却水**を冷却塔まで送り、冷却塔で約32℃まで冷却し、**凝縮器**まで送り返す配管のことである。

なお、冷却水配管は、**開放系配管**なので**冷水配管**に比べて、**溶存酸素（DO）**や**大気汚染物質**が混入するおそれがあるので、配管材料としては**内面ライニング鋼管**や**ステンレス鋼鋼管**が採用される場合が多い。

3) 温水配管
温水管は温熱源機器である**ボイラ・冷温水発生器**などで発生させた**温水（40℃〜60℃程度）**を末端の**暖房機器（空調機・FCU・放熱器など）**まで送水し、温熱源機器まで還水して循環させるための配管である。

【技術用語解説】

溶存酸素（DO）
　水に溶け込んでいる酸素（DO：dissolved oxygen）の量のことで、単位は〔mg/l〕で表す。水の**汚濁（pollution）**を示す指標ではないが、酸化鉄・亜硫酸第一鉄など**還元物質**による直接酸化や、生物学的に**有機汚濁物**を浄化する**微生物**の生息や魚介類の生息に欠くことのできないものである。

第7話　配管設備工事の必須知識

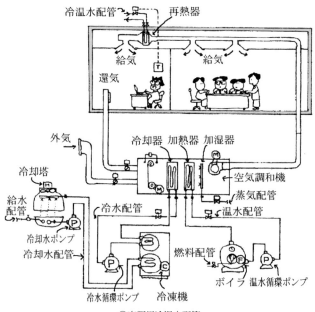

①空調用冷温水配管

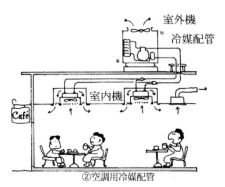

②空調用冷媒配管

図7・3　用途別空調配管

　もちろん、**温水配管**といえば、**高温水暖房**などに使用される、温度100℃以上の**高温水配管**も温水配管の一つである。

4）冷温水配管

　日本は**冷房シーズン**と**暖房シーズン**がある。冷房期に**冷水**だけを通し、暖房期に**温水**だけを通すような場合、この配管を特に**冷温水管**と呼んでいる。

第7話　配管設備工事の必須知識

5）蒸気配管

蒸気ボイラから発生する蒸気を供給する配管のことである。**空調機**の蒸気コイルまで、直接蒸気を供給する場合もあるが、通常は、**蒸気⇔温水熱交換器**で温水に換えて温水を供給している場合が多い。最近では、病院・ホテルなど以外の建物では、蒸気の需要が少なくなってきているので、蒸気配管の施工例は数が少なく珍しくなってきている。

なお、**蒸気往管**には、亜鉛めっきを施していない**黒ガス管（SGP）**を使用しているが、凝縮蒸気の戻り管である**蒸気還水管**は**炭酸腐食**などを起こしやすいので、必ず**ステンレス鋼鋼管**を採用することが望ましい。

6）油配管

油焚きボイラに油（灯油・重油など）を供給する配管、いわゆる**オイル配管**で、**腐食（corrosion）**のおそれがないので、通常**黒ガス管（SGP）**を使用している。しかしながら、配管継手部からの**油漏洩（oil leakage）**がないように、油配管工事では**ねじ接合**ではなく、**溶接接合**を採用している。

7）冷媒配管

最近では、冷媒管の施工例は、**ビルマルチ空調方式**の急速な普及に伴って急増している。なお、配管材料としては、**銅管**が使用されている。

（2）配管方式による分類

配管方式としては、流水方式・回路方式・還水方式・搬送方式の4つの配管方式に分類することができる。

1）流水方式（water flow system）による分類

この分類には、①一過式配管システムと②再循環式配管システムとがある。

①一過式配管システム（once-through piping system）

図7・4に示すように、送られた流体はそのまま戻らず、いわゆる"使い捨て配

【技術用語解説】

　高圧蒸気・中圧蒸気・低圧蒸気：蒸気の圧力は、**ゲージ圧力**で表示されるが、一般的に①低圧蒸気（ゲージ圧力：0.1MPa未満）、②中圧蒸気（ゲージ圧力：0.1MPa〜0.2MPa）、③高圧蒸気（ゲージ圧力：0.2MPa以上）の3種類に分類しているが明確な規定はない。空調設備のみの用途に使用される場合には、通常2kgf/cm²以下の蒸気が、また医療用・ランドリー用としては0.2〜0.5MPaの蒸気が用いられる。

　しかしながら、同じ空調用と言っても、空調冷熱源機器の**二重効用吸収冷凍機**には、**0.8MPa以上の高圧蒸気**が使用されている。

第7話 配管設備工事の必須知識

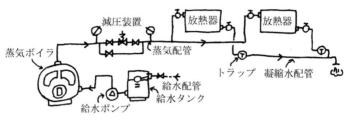

①一過式配管システム

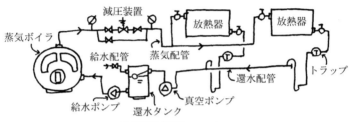

②再循環式配管システム

図7・4 一過式配管システムと再循環配管システム

【技術用語解説】

ポンプの実揚程
（actual pump head）
　ポンプを含む管路系において、**上部吐出し液面**と**下部吸込液面**の差のこと（JIS B 0131）。

図7・5　ポンプの実揚程

管方式"のことである。給排水衛生設備の**給水配管・給湯配管・排水管**は、この好例である。

②**再循環式配管システム**（recirculation piping system）

図7・4（前頁）に示すように、送られた流体は、送られてから戻ってまた戻ってくる、いわゆる"再循環配管方式"のことである。

2）回路方式（flow circuit system）による分類

この分類には、①開放式配管および②密閉式配管の2種類の配管方式がある。

①**開放式配管方式**（open-type piping system）

図7・6に示すように、配管途中で流体が空気に曝されるような配管方式で、**蓄熱槽利用配管・冷却水配管**などが、この配管方式の具体的例である。この配管方式では、流体が一度空気に触れるため**溶存酸素（DO）**などによる腐食の問題があり、また循環ポンプの選定時に**実揚程**を考慮する必要があるため、ポンプ動力も当然大きくなる。

②**密閉式配管方式**（closed-type piping system）

図7・6に示すように、配管系が密閉した状態の、いわゆる"**ぐるぐる回しの配管方式**"のことである。ちなみに、空調設備の配管方式としては、一般に密閉式配管方式が多用されている。

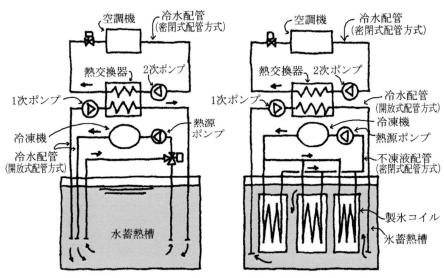

図7・6　開放式配管方式と密閉式配管方式

3）還水方式（water return system）による分類
　この分類には、①直接還水配管方式と②間接還水配管がある。
①直接還水配管方式（direct return piping system）
　図7・7に示すように、各空調機器（空調機・FCU・放熱器など）に送水された冷水・温水などが、そのまま熱源機器まで還水される配管方式である。この還水配管方式では、この配管系にぶら下がる機器類の数が多数になると、各機器までの配管総延長長さが異なるので、配管各機器を流れる流量が不均一（unbalance）になり、その流量バランスを取るのが難しいという難点がある配管方式である。
②間接還水配管方式（reverse return piping system）
　図7・7に示すように、各空調　機器（空調機・FCU・放熱器など）に送水された冷水・温水がそのまま戻らず各末端機器まで一端もどり、その後温熱源機器までもどるという配管方式である。この還水方式は、各空調機器までの**配管総延長**を等しくなるようにした配管方式で、**配管工事費**は割高になるが、上記の直接還水方式の有する短所を解決した配管方式である。

4）搬送方式（water conveyance system）による分類
　この分類には、①2管式配管、②3管式配管と③4管式配管の3種類がある。
①2管式配管（two-piping system）
　図7・8に示すように、冷房期には冷水を、暖房期には温水を、**往管**と**還水管**の2本の配管の通す配管方式である。この配管方式は、**複管式**とも呼ばれるが、一般に空調設備用配管はこの配管方式を採用している。

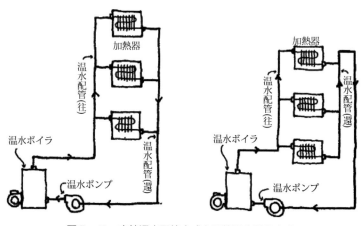

図7・7　直接還水配管方式と間接還水配管方式

第7話　配管設備工事の必須知識

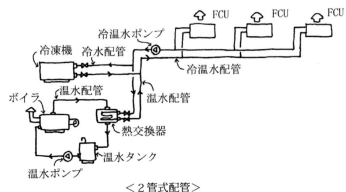

＜2管式配管＞

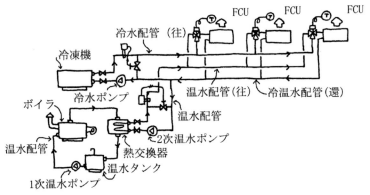

＜3管式配管＞

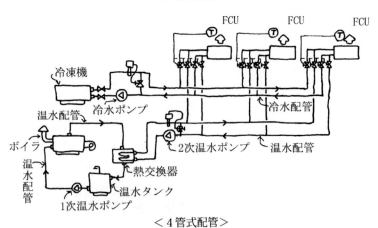

＜4管式配管＞

図7・8　2管式配管・3管式配管・4管式配管

② 3管式配管 (three-piping system)

図7・8に示すように、空調機器類に常時冷水・温水を供給するために、**冷水管**と**温水管**の2本の**往管**を設け、**還水管**は共通管として冷熱源機器まで戻す配管方式である。**還水管**は共通管なので、冷水と温水が混ざり**ミキシング・ロス**が生じるという欠点がある。

③ 4管式配管 (four-piping system)

図7・8に示すように、**冷水管**と**温水管**の2本の**往管**を配管し、**還水管**もそれぞれ**冷水管**と**温水管**をそれぞれ単独で2本の配管を敷設する配管方式である。この配管方式は、各ユニット・各系統ごとに冷房運転・暖房運転が行うことを狙いとしたものである。

これらの3管式配管および4管式配管方式は、**ペリメータゾーン**の冷暖房ニーズに対応するための**配管方式**で、一時流行った時代があるが、現在ではほとんど採用されず、"**昔懐かしい配管システム**"となっている。なお、表7・1は、2管式配管・3管式配管・4管式配管システムの特質を比較したものである。

表7・1　2管式配管・3管式配管・4管式配管システムの特質比較

比較項目 \ 配管システム	2パイプシステム	3パイプシステム	4パイプシステム シングルコイルユニット	4パイプシステム ダブルコイルユニット
①冷房・暖房同時運転可否	×	○	○	○
②イニシャルコスト	◎	○	△	×
③配管スペース	◎	○	△	△
④省エネルギー（ミキシングロス）	◎	×	△	◎

◎：非常に有利、○：有利、△：不利、×：非常に不利

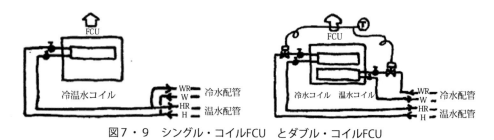

図7・9　シングル・コイルFCU　とダブル・コイルFCU

7・3 空調設備用配管材料

　配管工事に不可欠なものが**配管材料（piping material）**であるが、その種類（管種）は、表7・2に示すように、多種多様である。配管材料といえば、給排水衛生設備用配管材料は、空調用設備配管に比べ、その種類も複雑多岐にわたっている。

　ところで、表7・2を見れば分かるように、**配管材料は、金属配管材料と非金属配管材料**とに大別される。いずれにしても、配管材料（管種）は、その用途・流体の化学的性質・流体の温度・流体の圧力・管外側の条件・管の外圧・管の施工性・管の重量、および輸送性・その他の諸条件を加味して選択・決定しなければならない。

　以降で空調用設備用の**代表的な配管材料**について、説明を加えておきたい。

表7・2　建築設備配管材料の分類と種類

	名　称	規格	記号
炭素鋼管	配管用炭素鋼鋼管（白）	JIS G 3452	SGP（白）
	配管用炭素鋼鋼管（黒）	JIS G 3452	SGP（黒）
	圧力配管用炭素鋼鋼管（白）	JIS G 3454	STPG（白）
	圧力配管用炭素鋼鋼管（黒）	JIS G 3454	STPG（黒）
	水配管用亜鉛めっき鋼管	JIS G 3442	SGPW
樹脂被覆鋼管	水道用硬質塩化ビニルライニング鋼管	JWWA K 116	SGP‐VA,VB,VD
	水道用耐熱性硬質塩化ビニルライニング鋼管	JWWA K 140	SGP‐HVA
	フランジ付硬質塩化ビニルライニング鋼管	WSP 011	FVA,FVB,FVD
	フランジ付ポリエチレン粉体ライニング鋼管	WSP 039	FPA,FPB,FPD
	フランジ付耐熱性樹脂ライニング鋼管	WSP 054	H‐FVA,H‐FCA
	水道用ポリエチレン粉体ライニング鋼管	JWWA K 132	SGP‐PA,PB,PD
	消火用硬貨塩化ビニル外面被覆鋼管	WSP 041	SGP‐VS
	排水用硬質塩化ビニルライニング鋼管	WSP 042	D‐VA
	排水用塩化ビニル塗覆装管	メーカー規格	
	排水用ノンタールエポキシ塗装鋼管	WSP 032	SGP‐TA
	ナイロンコーティング鋼管	メーカー規格	
	ポリエチレン被覆鋼管	JIS G 3469	P1H,P2S,P1F
ステンレス鋼鋼管	一般配管用ステンレス鋼鋼管	JIS G 3448	SUS‐TPD
	水道用ステンレス鋼管	JWWA G 115	
	配管用ステンレス鋼鋼管	JIS G 3459	SUS‐TP
	水道用波状ステンレス鋼鋼管	JWWA G 119	
	ガス用ステンレス鋼フレキシブル管	日本ガス協会	
	給水用ステンレス鋼フレキシブル管	メーカー規格	
鋳鉄管	ダクタイル鋳鉄管	JIS G 5526	D‐CIP
	水道用ダクタイル鋳鉄管	JWWA G 113	D‐CIP
	排水用鋳鉄管	JIS G 5525	CIP
銅管	銅及び銅合金の継目無管	JIS H 3300	
	被覆銅管	JWWA H 101	
	水道用銅管	JWWA H 101	
	冷媒用フレア及びびろう付け管継手	JIS B 8607	

7・3・1　金属配管材料
（1）配管用炭素鋼鋼管（SGP：JIS B 3452）

　配管用炭素鋼管は、通称"ガス管"と呼ばれ、"SGP（Steel Gas Pipe）"という略称で親しまれている、古くから最も多用されている配管材料の一つである。

　このSGPは、かつて**ガス用配管**として専ら使用され、**JIS G 3457 ガス管（1951年）**⇒**JIS G 3432 ガス配管（配管用鋼管）（1955年）**⇒**JIS G 3432 配管用鋼管（ガス管）（1958年）**⇒**JIS G 3452 配管用炭素鋼鋼管（1962年）**⇒**JIS G 2452 配管用炭素鋼管（2004年）**という紆余曲折を経て**ガス管**という呼称がとれたのは、1962年（昭和37年）のJIS改訂以来のことなのである。

　現在の配管用炭素鋼鋼管の規格は、①外径公差大きすぎる、②内径寸法・真円度の規定がない、③鉄鋼五元素中の化学成分：P（リン）・S（硫黄）しか規定されていないというような、**特徴ある規格**となっている。

　ところで、このSGPは現在でも**空調工事**にも**衛生工事**にも広く使用されており、建築用途・配管用途によってもバラツキはあるものの、全体的にその配管の60％〜80％近くは、SGPが使用されているといっても過言ではないであろう。

　SGPは通常、使用圧力の比較的低い蒸気・水（ただし上水を除く）・油・ガス・空気などの配管材料として使用される。なお、このSGPの使用圧力は、一般的には**1 MPa（10kgf/㎠）**以下、使用温度は**-15℃〜350℃**の範囲が一応の目安である。

　SGPの製造法には、通常、呼び径：100A以下のSGPに適用される**鍛接鋼管**の製造法、すなわち**CW（Continuous butt Weld）法**、および呼び径：125A以上のSGPに適用される、**電気抵抗溶接鋼管（通称：電縫管）**の製造法、すなわち**ERW（Electric Resistance Weld）法**の2種類がある。

【技術用語解説】

鉄鋼五元素
　鉄鋼に含まれるP(リン)・S（硫黄）・C(炭素)・Si（ケイ素）・Mn（マンガン）の以上5つの元素のこと。

図7・10　鉄鋼の五元素

第7話　配管設備工事の必須知識

　ここで特記しておきたいことは、特殊SGPとして**溝状腐食**（groove corrosion）対策を施した**耐溝状腐食電縫鋼管SGP**（MN）が、鋼管メーカで製造されていることである。

（2）圧力配管用炭素鋼鋼管（STGP：JIS G 3454）

　圧力用炭素鋼鋼管は、"STGP"という愛称で呼ばれているが、"Steel Tubing Piping General"の頭文字を取ったものである。SGPと異なり、化学成分はJIS G 3454では、C・Si・Mn・P・Sの、いわゆる**鉄鋼五元素**がきちんと規定されている。

　STPGは、使用圧力：10MPa（100kg/㎠）、使用温度15℃〜350℃程度の**圧力配管**に使用される。製造方法には、**継目無鋼管**と**電気抵抗溶接鋼管**の2種類があり、引張り強さにより"STPG38""STPG40"があり、それぞれに**管の肉厚**（**スケジュール番号**）がある。

（3）ステンレス鋼鋼管（SUS-TPD：JIS G 3448、SUS-TP：JIS G 3459）

　ステンレス鋼（Stainless Steel：以降SUS鋼と呼ぶ）は**不銹鋼**（ふしゅうこう）とも呼ばれ、管表面に**不働態被膜**（passive state film）を形成するので**錆**（Stain）の**ない**（less）鋼、または**錆にくい鋼**、すなわち**耐食材料**とみなされている。

　しかしながら、**耐食材料**とはされているものの、SGPなどと同様に**局部腐食**の障害が多く発見される。ちなみに、SUSの**不働態被膜**を破壊する環境因子の代表的な

【覚えておくと、お得！】

SGPの定尺長 5.5mの不思議？

　日本ではSGPの定尺長がなぜか**5.5m**となっている。聞くところによると、その経緯は1912年（大正元年）頃、ガス管の製造設備をドイツから輸入した際、デマーク社の仕様が**5.5m定尺**になっていたので、**5.5m定尺**が日本に定着（定尺？）してしまったらしい。

　一方、**銅管・SUS管**などは**4m定尺**を使用している。建築現場などで、現場内に配管材料を搬入する際、**4m定尺**の銅管は少しも問題ないのだが、**5.5m定尺**のSGPは揚重機にそのまま載せられず問題となり、現場で難儀したことがある。

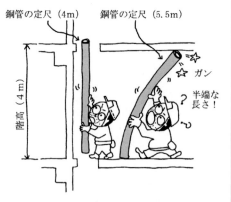

図7・11　鋼管の定尺管と銅管の定尺管

ものは、**塩素イオン**である。SUSには明確な定義はなく、一般的には、12%以上の**クロム（Ｃｒ）鉄合金**をSUSと考えてよい。

SUS鋼管は、その用途により表7・3のように分類されている。

表7・3　ステンレス鋼鋼管の分類

項目	JIS G 3448 （一般配管用ステンレス鋼鋼管）	JIS G 3459 （配管ステンレス鋼鋼管）
適用範囲	給水、給湯、排水、冷温水の配管およびその他の配管用	耐食用、高温用および低温用
種類	SUS304とSUS316の2種類	SUS304、SUS304L、SUS321など13種類
記号	SUS-TPD	SUS-TP
製造方法	溶接管のみ熱処理を既定せず	溶接管と継目無管を採用、固溶加熱処理を行う
呼び	通常呼び方はSu。Su10（10A）～Su25（25A）は同呼称。ただし、Su40・Su50・Su60・Su75は、A呼称ではそれぞれ32A・40A・50A・65Aとなるので注意！Su80（80A）以上はSu呼称もA呼称も同じとなる。	呼び径AとBがある
外径	Su40以上はガス管と同サイズ	ガス管サイズ
長さ	原則として4,000mm	指定せず
厚さ	1種類のみ	スケジュール5S~80
外径の許容差	JIS G 3459よりも厳しく規定	30mm未満　±0.3mm 30mm以上　±1%
厚さの許容差	±10%	2mm未満　±0.2mm 2mm以上　±10%
付属書	溶解試験を規定	特別品質規定として高温降状点または耐力、超音波探傷検査、渦流探傷検査、腐食検査を規定

ちなみに、従来は**建築設備用配管材料**として、SUS鋼管は"高価で贅沢な鋼管"というイメージが強かったが、近年そのイメージはすっかり払拭され、建築設備配管中のシェアを確実に伸ばしつつある。その理由にSUS管は**耐食性・耐熱性**に優れかつ**軽量**であり、その価格がSGPに比して、かつてほど割高ではないという考えが浸透してきたためだと思われる。したがって、**耐食性**を必要とする配管や、**高温用・低温用配管**としてよく使用されるようになった。

建築設備用配管として、主に使用されるSUS鋼管には以下の2種類がある。

①**一般配管用ステンレス鋼鋼管（JIS G 3448)**

このSUS管は、記号：SUS－TPDとも呼ばれ、最高使用圧力：1MPa（10kg/㎠）以下の冷温水管・給水管・給湯管・排水管などに使用される。また、このSUS管には"SUS 304"と"SUS 316"の2種類があるが、"SUS 316"は水質・環境などから"SUS 304"より高い耐食性が要求される用途に使用される。

第7話　配管設備工事の必須知識

②配管用ステンレス鋼鋼管（JIS G 3459）

このSUS管は、記号SUS-TPとも呼ばれ、耐食用配管・高温用配管および低温用配管に使用されが、スケジュール番号：5s・10s・20s・40s・80s・120s・160sがある。

さらに、その他として1 MPa（10kg/cm²）以下で使用される**水道用ステンレス鋼鋼管**（JWWA G 115-82・記号：SSP）のSUS 304とSUS 316の2種類がある。

（4）銅管（JIS H 3300・JWWA H 101）

銅管（copper tube）は、表面に形成される**保護被膜**のために、酸・アルカリ・塩類などの水溶液や有機化合物に対してかなりの**耐食性**を有し、**電気伝導度**や**熱電導度**がかなり大きい配管材料である。

しかしながら、銅管は注意しないと**銅イオン**による**青水の問題**や給湯用銅管の**腐食**（エロージョン・コロージョン）や**孔食**（ピッチング）などを発生しやすい。

銅管は、機械的性質に優れており、はんだ付け・ろう付・拡管などによる接合が容易、すなわち**加工性**にとんでいるために、給水管・給湯管・冷媒管をはじめ、**熱交換器**のコイル配管などにも広く使用されている。

銅管には、**リン脱酸銅継目無管**（JIS H 3300）および**銅合金継目無管**が多く用いられる。この管は電気銅を**リン**（P）で脱酸処理して、**冷間引抜法**などによって製造された**継目無管**であるが、その肉厚によりKタイプ・Lタイプ・Mタイプに分類される。KタイプおよびLタイプは、主として**医療配管用**に、LタイプおよびMタイプは主に主として水道配管用・給水配管用・給湯配管用・冷温水配管用・都市ガス配管用に使用される。ちなみに、肉厚はMタイプ⇒Lタイプ⇒Kタイプの順に厚くなる。

日本水道協会の規格の**水道用銅管**（JWWA H 101）には、Mタイプで被覆のないものと、外面に合成樹脂を被覆した**被覆銅管**がある。最近では、施工性に富んだ**被覆銅管**が開発され、住宅配管を中心にその実績が増加している。

ちなみに、ビルマルチ空調用冷媒配管材料としては、高圧に耐える**一般冷媒用配管**（第1種銅管・第2種銅管・第3種銅管）を選択して採用することが不可欠となる。

7・3・2　非金属配管材料

非金属配管材料は、①硬質ポリ塩化ビニル管、②ポリオレフィン管、③無機材料管の3種類に大別できる。主として給排水衛生設備用配管に採用される配管材料なので、ここではその代表的な**非金属配管材料**の名称だけを紹介するにとどめたい。

①硬質ポリ塩化ビニル管（JIS K 6741）

②ポリエチレン管
　水道用ポリエチレン二層管（JIS K 6762）・架橋ポリエチレン管（JIS K 6769）
③ポリブテン管（JIS K 6778）

7・4 配管工事を支える補助部材

　配管工事を施工するには、それを支える補助部材が不可欠である。以降でその補助部材について簡単に紹介しておきたい。

（1）管継手類

　多種多様な配管網を構築する上で、重要かつ不可欠な媒体が**管継手類**である。

①**管ねじ継手**
　ねじ接続配管に使用される管継手で、エルボ・T（チーズ）・ソケット・ユニオンなど多くの種類がある（図7・12）。

②**溶接継手**
　溶接接続配管に使用される管継手である。管ねじ継手と同様に多種多様な溶接継手がある。

③**機械管継手（メカニカル管継手）**
　この継手は、配管を機械的（メカニカル）に接続する上で非常に便利な管継手である。

図7・12　多種多様な継手類

図7・13　ねじ込み継手類

第7話　配管設備工事の必須知識

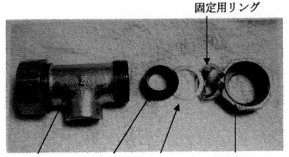

図7・14　鋼管用機械管継手の種類と名称

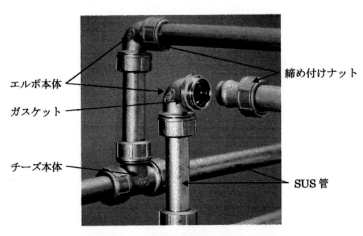

図7・15　SUS配管用機械管継手の種類と名称

（2）配管用特殊継手類

　この継手には、**伸縮管継手**と**変位吸収管継手**の以下の2種類がある。
①**伸縮管継手**（expansion joints）
　この継手は、一般に**膨張継手**とか**エクスパンション・ジョイント**と呼ばれる継手のことである。**管軸方向**の伸縮を吸収するために使用する管継手で、その**伸縮吸収機構**により、**スリーブ形伸縮管継手・ベローズ形伸縮管継手・ベンド形伸縮管継手**（通称：**タコベント**）の3種類に分類される。なお、ベント形伸縮管継手の一種に**スイベル・ジョイント**がある。

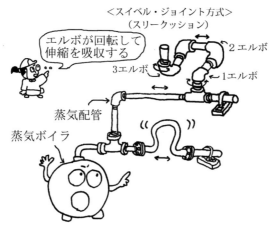

図7・16　タコベントとスイベル・ジョイント

②変位吸収管継手（flexible joints）

　この継手は、主に建築設備配管の建物への導入部・建物のエキスパンジョイント部・機器接続部などに使用される。

　また、地震・地盤沈下による発生変位、特にビルの**層間変位**などを吸収し、配管に**耐震性・免震性**を持たせ、建築設備の**機能維持**や**機能確保**に貢献するものであ

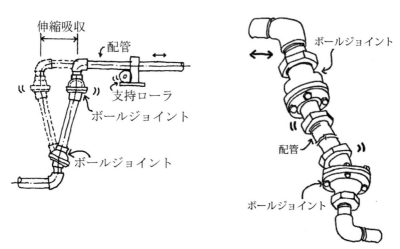

図7・17　ボールジョイント・ハウジング形管継手

る。なお、この継手の種類には、使用材料やその機構などにより、**金属製変位吸収管継手・メカニカル変位吸収管継手**（例：ボールジョイント・ハウジング形管継手等）・**ゴム製変位吸収管継手**などがある。

（3）弁（バルブ）類

管路の途中に設置される**弁（バルブ）類**には、下記のような種類がある。

①汎用弁

建築設備に使用される弁類は管路に組み込まれ、**管路の遮断（shut-off）・流量調整・圧力調整・流体の逆流防止**を目的とするもので、**玉形弁**（グローブ弁・ストップ弁）・**仕切弁**（ゲート弁・スリース弁）・**逆止弁**（チェッキ弁）などが主なものである。なお、通常口径：50A以下のバルブは**ねじ込み接続型**、口径：65A以上のバルブは**フランジ接続型**が採用される場合が多い。

②自動制御弁

自動制御弁は、温度・湿度・圧力などの信号によって、流体の流量や混合比の制御を**小型モータ**、または**空気圧**などで自動的に操作できるようになっている構造のバルブである。なお、自動弁には、二方弁・三方弁・電磁弁・温度調節弁（温調弁）などがある。

③特殊弁類

特殊弁類には、減圧弁・安全弁・ストレーナ・自動空気抜き弁・蒸気トラップ・定水位弁・衝撃防止弁・排水トラップ類・無弁通気口装置などがある。

【技術用語解説】

層間変位
（relative story dusplacement）
　地震力または風圧などの**水平力**を受ける骨組みの各層位置における**相対的な水平位置**のこと。

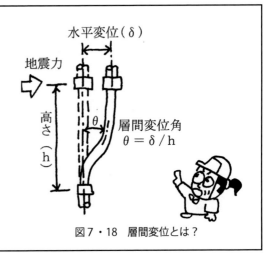

図7・18　層間変位とは？

第7話 配管設備工事の必須知識

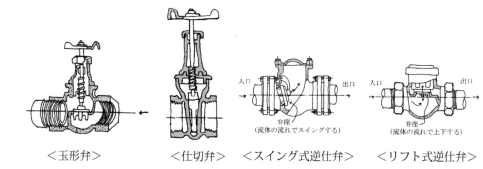

<玉形弁> <仕切弁> <スイング式逆止弁> <リフト式逆止弁>

図7・19 玉形弁・仕切弁・逆止弁

<電動二方弁> <電動三方弁> <電磁弁>

図7・20 二方弁・三方弁・電磁弁

<蒸気用減圧弁> <蒸気用安全弁> <Y形ストレーナ>

図7・21 減圧弁・安全弁・Y形ストレーナ

（4）計器類

代表的な計器類には、以下のような種類がある。

①温度計

流体の温度を測定する目的から設置するもので、その形式には**接触方式**と**非接触方式**がある。

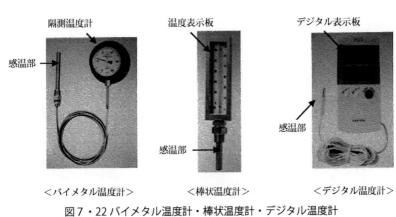

図7・22 バイメタル温度計・棒状温度計・デジタル温度計

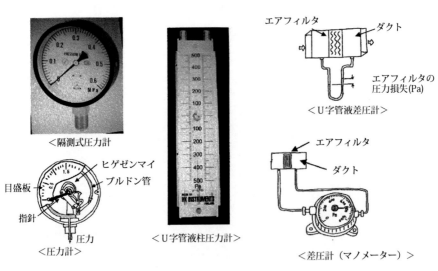

図7・23 隔測式圧力計・U字管液柱式圧力計

②圧力計
　流体の圧力を測定する目的から設置するもので、**U字管液柱計**などを一次圧力計と呼び、**ブルドン管圧力計**などを二次圧力計と呼んでいる。
③流量計
　流体の流量を計量する目的で設置するもので、差圧式（オリフィス式）流量計・面積式流量計・容積式流量計などがある。その他、**電磁流量計・超音波流量計**などもある。

＜流量計オリフィス板＞

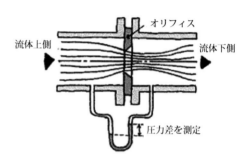
＜オリフィス測定の方法＞

図7・24　差圧式流量計とその測定方法

＜電磁流量計＞

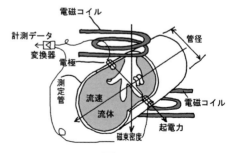
＜電磁流量計の原理＞

図7・25　電磁流量計とその原理

第7話　配管設備工事の必須知識

<フロート式流量計>

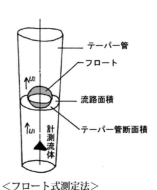
<フロート式測定法>

図7・26　フロート式流量計とその測定方法

（5）配管支持・固定材料

配管支持・固定材料には、一般に以下の5種類材料が使用されている。
①**配管吊金具（吊ボルト）**
　配管を上部から吊り・支持する**吊ボルト**で、現在では亜鉛めっきを施した**鋼棒**や、ステンレス製の**転造ねじ加工**を施した**全ねじ吊ボルト**が使用されている。
②**立てバンドと吊りバンド**
　配管は、立管の場合には**立てバンド**、横走り管の場合には**吊りバンド**で支持する。特にSUS鋼管配管の**支持バンド**には、腐食の関係で**合成樹脂**を被覆したものを

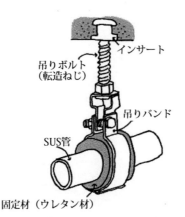

図7・27　吊ボルト・吊バンドによる横走り配管の支持

使用する必要がある。
③インサート金物・あと施工アンカー・かんざしボルト
　インサート金物・あと施工アンカーとは、上部のコンクリート床から**吊りボルト**で配管を吊り支持する場合に使用する金物である。一方、**かんざしボルト**は、機械室などで重量配管を吊支持する場合に採用される**吊りボルト**である。

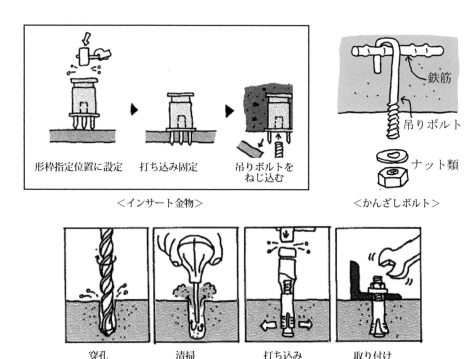

図7・28　インサート金物・あと施工アンカー・かんざしボルト

④共通吊支持架台
　配管を単独で吊り支持する代わりに、複数の配管を形鋼を使用して吊支持する架台である。
　ここで特に注意してほしいのは、3点以上の吊り支持は、**吊りボルト負担荷重**を均一にすることが難しいので、必ず**2点支持**とすることである。
④共通床支持架台
　床などに配管を**コロガシ配管**する場合、採用される**配管支持架台**のことである。

第7話 配管設備工事の必須知識

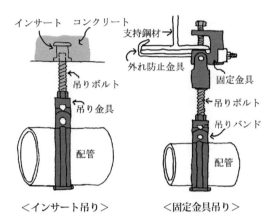

＜吊り支持架台施工例＞　　＜インサート吊り＞　　＜固定金具吊り＞

図7・29　共通吊支持架台による配管支持例

＜共通床支持架台施工例＞　　　　　＜床置き架台施工例＞

図7・30　共通床支持架台による配管支持例

7・5 配管材料別配管加工およびその接合法

　配管の接合方法は、配管材料により様々な方法があるが、ここではその代表的な空調設備配管の接合法のエッセンスにつき、金属配管材料に限定して簡単に解説しておきたい。なお、配管接合法の詳細につき知りたい方は、【引用・参考文献】の(3)【建築設備配管工事読本】を参照していただきたい。

(1) 配管工事の基本プロセス

　一般的に配管工事は、配管材料の選定・調達⇒管の切断⇒管の加工⇒配管現場での接合・取付け⇒気密試験・水圧試験⇒試運転調整という基本プロセスを踏む。

第7話 配管設備工事の必須知識

以降では、代表的な配管材料別の**配管加工**とその**接合法**について、その要点のみを記すことにする。

図7・31 配管工事の基本プロセス

（2）SGP：切削ねじの加工法および接合法

ねじ接合法は、今でも多く採用されているSGP接合法の一つであるが、この接合法に採用されている、ねじは**平行ねじ**（JIS B 0202）ではなく、傾斜のついた**管用テーパねじ**（JIS B 0203）である。

しかも、このSGP：ねじ接合法は、**小口径管**（15A～50A程度）の接続に適用されている。

①管の切断

バンドソー管切断機・メタルソー管切断機を使用して管軸に対して**直角**に管切断をおこなうこと。ちなみに、管の切断方法が不良だと、**欠陥ねじ**が発生する原因ともなりやすいので、管の切断に際しては注意のこと。また、ねじ切機搭載型の**押切カッタ**による管切断は、管切断内面に**まくれ**（かえり）が生じるので、**内面ライニング鋼管**の切断には絶対使用しないこと。

②ねじ加工

次に図7・34に示すような**ねじ切機**により、管端にねじ加工を施すが、最近の

第7話　配管設備工事の必須知識

＜ハンドソーによる管切断＞

＜メタルソー切断機＞

図7・32　バンドソー管切断機とメタルソー管切断機

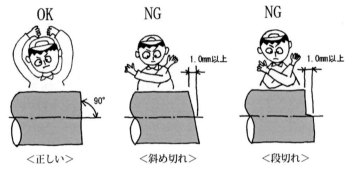

図7・33　良い管切断と悪い管切断

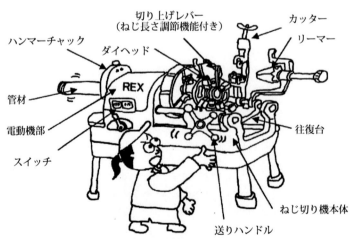

図7・34　自動切り上げ機能付きダイヘッド搭載ねじ切機

ねじ切機は**自動切り上げ機能付きダイヘッド**を搭載しているので、慣れれば誰でも簡単に**ねじ加工**ができる。

この際、重要なことは正しいねじ加工ができているかどうかをチェックするために、節目節目で**ねじゲージ**による加工ねじ検査を実施することである。

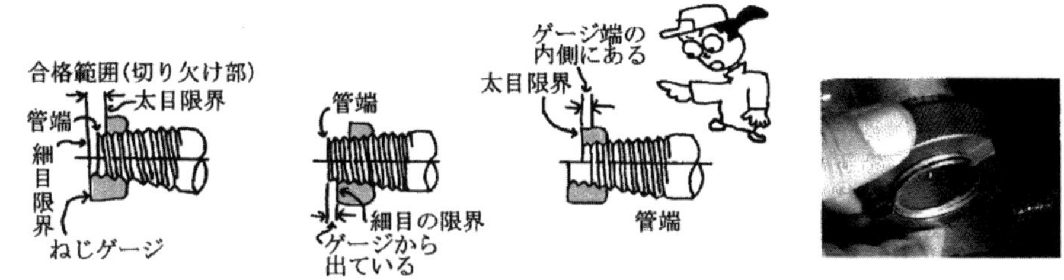

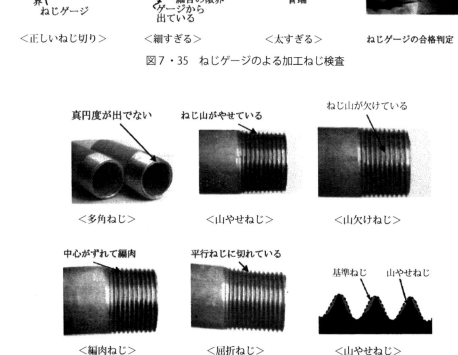

＜正しいねじ切り＞　＜細すぎる＞　＜太すぎる＞　ねじゲージの合格判定

図７・35　ねじゲージのよる加工ねじ検査

＜多角ねじ＞　＜山やせねじ＞　＜山欠けねじ＞

＜偏肉ねじ＞　＜屈折ねじ＞　＜山やせねじ＞

図７・36　欠陥ねじの種類

③ねじ込み作業

ねじ切削精度から、雄ねじ・雌ねじの締め付けだけで、管接合ねじ部の**気密性・水密性**を確保することは不可能である。

したがって、かならず**シール材**または**シール剤**などを介して、ねじ込み作業を実

第7話 配管設備工事の必須知識

施する必要を行う必要がある。通常床上でのねじ込み作業には、図7・37に示すような**バイス（万力）**を利用して、**フライヤ**や**パイプレンチ（通称：パイレン）**などを使用して適正なねじ込み作業を行う。

まず、手で手締めを行い、これ以上ねじ込めない位置（手締め位置）から**パイレン**などを使用して、ねじ2山～2½山程度をねじ込み、**馬鹿力**を出して決してねじ込み過ぎないこと。

ねじ込みに際して、**ねじの残り山管理**は決しておこなわないこと！

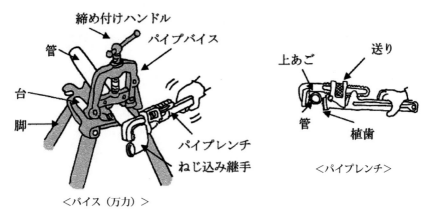

図7・37 バイス（万力）とパイプレンチ

【技術用語解説】

ねじ込みの残り山管理

配管口径25Aの場合を例にとると、図7・38に示すように、配管および継手が標準通りの製品の場合、**ねじ込み残り山数**は2か3山になる。しかしながら、**雄ねじと雌ねじ**にはそれぞれ公差が認められているので、**残り山**が最大4か5山であったり、最小0山であったりする。したがって、**ねじ込みの残り山**によるねじ込み管理を行うべきではない。

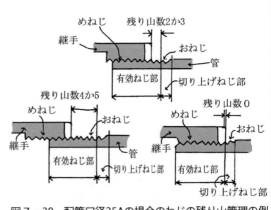

図7・38 配管口径25Aの場合のねじの残り山管理の例

（3）SGP：「転造ねじ」の加工法および接合法
1）転造ねじ（rolling thread）とは？
　金属にある一定の外力を加えると、外力を除いても元の形に戻らず**変形**が残る現象を**塑性変形**（plastic deformation）という。

　その変形をコロガシながら行うことを**転造加工**といい、この転造加工は、建築設備で多用している**転造ねじ吊ボルト**など、特に目新しい事項ではない。

　しかしながら、図7・39に示すように、**中空管**に**転造ねじ加工**を施した**転造ねじ加工管**の開発は、日本が世界に誇れる技術の一つである。

　なお、転造ねじ加工には、**寄せ転造方式**と**歩み転造方式**があるが、レッキス工業㈱が開発した**転造ねじ切機**は、**歩み転造方式**が採用している。

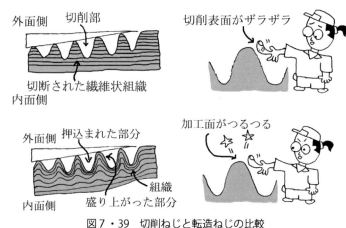

図7・39　切削ねじと転造ねじの比較

2）転造ねじの加工法
　転造ねじの加工法は、基本的には、**切削ねじ**の加工法と変わりはない。
①管切断
　切削ねじ配管に準じる。
②転造ねじ加工
　切削ねじ用の**ダイヘッド**を取り付けるのと同じ要領で、**転造ヘッド**を取り付け、鋼管に**真円加工**を施した後、**転造ねじ加工**を実施する。なお、転造ダイヘッドは別途に購入する必要があるが、メーカ（レッキス工業㈱）から直接レンタルすることも可能である。

③真円加工の必要性

　転造ねじ加工時に発生しやすい**多角ねじ**は、鋼管の**真円度**が大きく影響する。そのため、必ず鋼管を**スクレーパ**（scraper）で真円に仕上げる必要がある。この**真円加工**の際発生する**切り粉**の量は、非常に少なく、切削ねじ加工の場合の約1/12程度である。

3）転造ねじのねじ込み作業

　この作業も**切削ねじの締込作業**の項に準じるが、切削ねじの場合に比べ、ねじ込みに多少力が必要である。また、ねじ込み時に**シール材・シール剤**を必要としたが、転造ねじ自体に十分気密性・水密性があるので、シール材・シール剤は一切不要である。その代わりに、**転造ねじ専用ヘルメシール一剤：ZT**を塗布してねじ込むが、これは**シール剤**ではなく、あくまでスムースにねじ込むための**潤滑剤**（lubricating oil）と理解されたい。

（4）SGP：溶接接合法

　溶接（welding）とは、簡単に言えば**原子間の結合**により、2個以上の物体を局部的に結合させる方式である。建築設備に一般的に採用されているSGPの溶接法には、**ガス溶接法**と**アーク溶接法**がある。

　また、溶接操作によって分類すると、①全自動溶接法、②半自動溶接法、③手溶接法の3種類があるが、空調衛生設備工事などで多用されているのは、現場の条件・状況からそのほとんどが**現場手溶接法**である。

1）SGP：ガス溶接法（gas welding）

　ガス炎の熱を利用して溶接する溶接法のことで、**ガス溶接法**には、①酸素アセチ

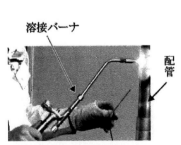
<ろう付け作業>

<酸素アセチレンボンベ>

図7・40　酸素アセチレン溶接装置

レン溶接法、②酸素水素溶接法、③空気アセチレン溶接法の3種類がある。
　この中でも、**酸素アセチレン炎**が最も高温が得られるので、この**酸素アセチレン溶接法**がガス溶接の代名詞となっているくらいである。

2）SGP：アーク溶接法（arc welding）

　この溶接法は、別名：電気溶接とも呼ばれ、現在ほとんどの建築設備工事に、この**アーク溶接法**がもっぱら活用されている。一口に**アーク溶接法**といっても、多種多様な種類があるが、そのなかでもSGPの溶接には、**被覆アーク溶接**と**不活性ガスアーク溶接**が最も頻繁に採用されている。

　前者は、最も普及している溶接法で、溶接の酸化などの障害をなるべく押さえるため、**フラックス（溶剤）**を塗布した**被覆溶接棒**を使用し、フラックスの燃焼によるガスで**溶融金属**と**空気**を遮断してSGPを溶接する方法である。

　後者は、アーク溶接部を**アルゴン**のような**不活性ガス（inert gas）**で包み、完全に空気を遮断して溶接方法で、**TIG溶接**と**MIG溶接**が代表的なものである。

　空調衛生設備配管などでは、**TIG溶接**が多用されている。その理由は、一般の**プラント用配管**に比べ、小口径配管（65A〜300A程度）を取り扱うことが多いため、SGP内面からの溶接が不可能なことである。

　したがって、**片面溶接**でも管裏面に欠陥のない**裏波（bead）**を形成する**裏波溶接**をしなければならないからである。

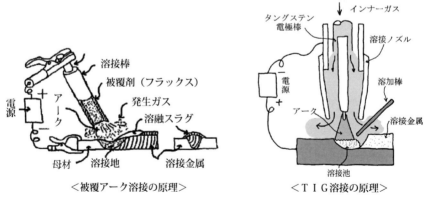

<被覆アーク溶接の原理>　　<TIG溶接の原理>

図7・41　被覆ガスアーク溶接の原理とTIG溶接の原理

3）SGP：溶接作業手順

①管の切断

第7話　配管設備工事の必須知識

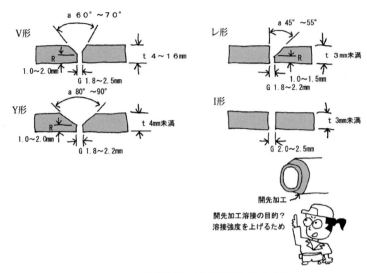

図7・42　溶接部分の開先形状とその寸法

　管軸に直角に管切断することは共通であるが、溶接接合を実施する場合には、管端溶接部に**開先加工**を施すことが**重要**である。
　図7・42は、溶接部分の開先形状とその寸法を示したものであるが、溶接接合の品質は、**開先形状**と**ルートギャップ**で決まるといわれているほどである。

②仮付け溶接と本溶接作業

　上記の**開先加工**作業が終了するといよいよ溶接作業に着手するが、最初に**仮付け溶接**を行い、その後に**本溶接**を実施する。
　ちなみに、日本では**仮付け溶接**（temporary welding）という用語が使用されているが、英語ではtack welding（鋲付け溶接）という用語が使われている。
　これは接合する鋼管同士、あるいは継手部の位置を正しく固定し、溶接部の歪み

図7・43　仮付け溶接と本溶接作業

による開先部の**位置のずれ**を防止する目的で、仮に（一時的に）3～4箇所をタック溶接する作業である。**仮付け**という言葉に惑わされて、素人に近い**見習い溶接工**に、この作業をまかせっきりにすることは大変危険である。なぜなら、このタック溶接部分に後々**溶接欠陥**が残ることが多いからである。

上記の**仮付け溶接**を終了した後、**溶接有資格者**の手で溶接部全体を溶接する作業が**本溶接**（full welding）である。当然、保護めがねを掛け、溶接ヒューム（特に白ガス管溶接時）を極力吸い込むことのないような**良好な環境下**での溶接作業が望まれる。

③**溶接作業と溶接姿勢**

溶接姿勢には、**下向き姿勢・上向き姿勢・立て向き姿勢**などがある。可能な限り**良好な溶接結果**が得られる**下向き姿勢**で溶接することが大切である。そのためには、**ターニングロールやポジショナー**などを使用して溶接鋼管を水平回転させて溶接作業をすることが望まれる。

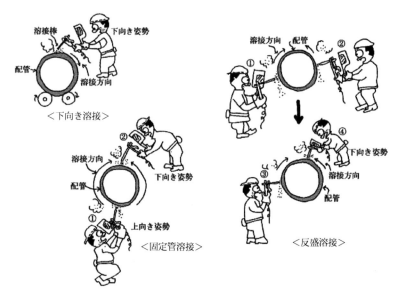

図7・44 さまざまな溶接姿勢（数字は手順を表す）

④**溶接欠陥と運棒法**

溶接時に発生する溶接欠陥（welding defects）には、ブローホール・溶け込み不足・スラグ巻き込み・アンダーカットなどがある。

また、溶接棒の種類・棒径・溶接姿勢などに応じて、欠陥のない美しい溶接部を

第7話 配管設備工事の必須知識

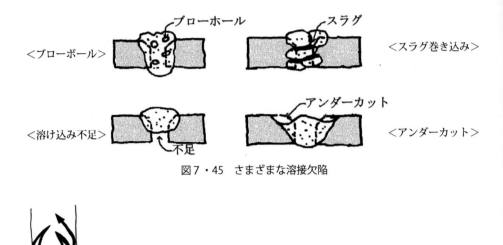

図7・45 さまざまな溶接欠陥

①栗形運棒　②ウイッピング　③楕円運棒　④円形運棒

⑤ウィービング　⑥クレータ処理運棒　⑦三角運棒　⑧ストリングビート

図7・46 溶接作業におけるさまざまな運棒法

〈ハウジング継手〉　〈継手の構造〉

図7・47 一般的なメカニカル管継手の形状と構造

効率よく形成するために、さまざまな運棒法（manipulation）が採用されている。

前頁の図7・46中の**クレータ処理運棒**は、いきなりアークを切ると**クレータ割れ**が生じるのを防ぐため、**クレータ**を埋めてからアークを切るための運棒法である。

（5）SGP：メカニカル管継手接合法

メカニカル管継手にも多種多様な種類があるが、別名**ハウジング管継手**とも呼ばれ、一般的には図7・47（前頁）のような形状および構造をしている。

この管継手による接合方法は、まずSGP管切断を行うが、切断方法に関しては、**ねじ接合**の場合と同様である。ただし、本管接合法では、管末端にねじを切るかわりに、**グルーバー（溝切機）**により、**グルービング（溝加工）**をして機械的に管接合を行う。

図7・48　グルバーによるグルービング（溝加工）

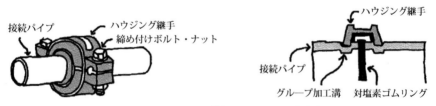

図7・49　メカニカル管継手のよるSGP管接合

（6）SUS鋼管の接合法

1）SUS鋼管接合法の種類

SUS鋼管の接合法は、まず**物理的接合法**と**機械的接合法**とに大別される。

前者には、①ハンダ付接合法と②溶接接合法が、後者は**メカニカル接合法**と総称

され、①ワンタッチ式、②プレス式、③ナット式、④ハウジング式、⑤ルーズフランジ式の5種類に分類されている。ちなみに、SUS鋼管は管肉厚が薄いため、溶接接合法としては**TIG溶接法**（図7・50）が採用されている。

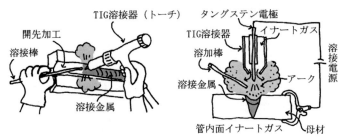

図7・50　SUS鋼管のTIG溶接の原理

2）SUS鋼管の切断法

SUS鋼管を切断する場合、管接合に適合する**切断面**を確保する必要がある。

そのため、管軸に対して直角で、たれ・バリがなく、切断面が**楕円化**しないように配慮する必要がある。SUS鋼管の切断工具には、いろいろなものあるが、代表的な管切断工具は、①パイプ固定式ロータリーカッタ（ハンドチューブカッタ）、②パイプ回転式管ロータリーカッタ、③プラリネタリー切断機（名前の由来：衛星のように回転しながら管切断を行うため）、④バンドソー切断機などがある。なお、上記の③および④は、口径の大きい場合や自動溶接をする場合の管切断に使用される。

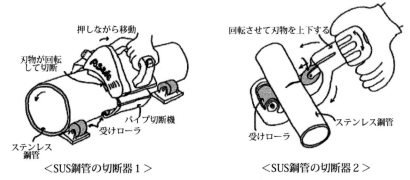

図7・51　SUS鋼管の切断方法

3）SUS 鋼管の接合法の留意事項

メカニカル接合法は、小口径配管に汎用されるが、その施工方法は各種各様なので、各社で発行している**施工マニュアル**に準拠すること。

ステンレス鋼鋼管のTIG溶接にあたっては、溶接作業中管内部（管内面）の**酸素濃度が0.01%以下**になるように**バックシールド**し、溶接することがポイントである。

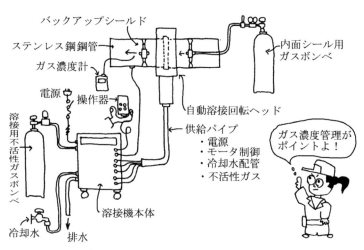

図7・52　SUS鋼管TIG溶接時のバックシールド

（7）銅管の接合法
1）銅管接合法の種類と原理

銅管の接合法には、①軟ろう付（はんだ付け）接合法、②硬ろう付（ろう付け）接合法、③機械的接合法、④突合わせ溶接接合法の4種類がある。

ここでは、その中で建築設備用の銅配管接合に多用されている①および②について紹介しておきたい。ちなみに、**ろう接**という用語があるが、これは**溶加材（はんだ・ろう）**を用いて、母材をできるだけ**溶融**しないで、**ぬれ現象**によって接合する

【技術用語解説】

ぬれ現象とは？
　溶融ろうが、接合面に馴染んで広がっていく現象のことで、接合面が"よく濡れる"条件としては、**酸化被膜や異物のないこと**および**適正なろう付け温度であること**の2点が重要である。

第7話 配管設備工事の必須知識

方法のことで、**はんだ付け**および**ろう付け**の総称である。

2）軟ろう付け接合法と硬ろう付け接合法

銅管と銅継手の**ろう接合**は、その**隙間（ギャップ）**を適切に保つことが非常に重要である。その間隙は、**軟ろう付け接合**の場合には、"0.01mm〜0.02mm（引張強度60kgf/m㎡：約588MPa）"程度、**硬ろう付け**の場合には、"0.05mm〜0.15mm（引張強度40kgf/m㎡〜90kgf/m㎡：約392〜882MPa）"程度が最も好ましいといわれている（図7・53参照）。

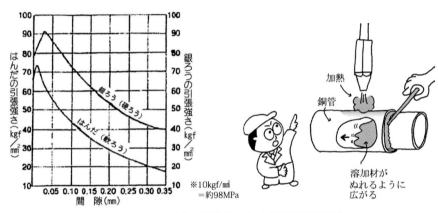

図7・53　ろう付けの隙間（mm）と引張強度の関係

＜はんだ付け＞

■ポイント
管に吸い込まれるために適した温度まで昇温する。多量のはんだは管内に入り侵食の原因となる。

＜ろう付け＞

■ポイント
銀ろう付け融剤（フラックスの）塗布を必ず行うこと、フラックス残渣は完全に除去する。

図7・54　銅管の「はんだ付け」と「ろう付け」

はんだ付けとは英語で"soft soldering"とも呼ばれ、融点が450℃未満の溶加材（はんだ：solder）を用い、母材（銅管と管継手）をできるだけ融かさない状態で、フラックスによるぬれや銅管と管継手の間にできるわずかな隙間（ギャップ）に生じる毛管現象により、はんだを充填（流入）させることによる銅管接合法である。

一方、ろう付けとは、英語で"hard soldering"とも呼ばれ、はんだ付けに対し、融点が450℃以上の溶加材（ろう）を用いる銅管接合法で、硬ろうによる銅管接合法は、呼び径：40mm以上の銅管や特に強度を必要とする場合に採用される。

ちなみに、ろう付けの種類には、使用するろうの種類により、りん銅ろう・銀ろう・アルミろう・ニッケルろう・金ろう等々があるが、もっとも一般的に用いられているのは、りん銅ろうと銀ろうである。

3）硬ろう付け（ろう付け）施工上の留意点

上述のように毛管現象により、溶融ろうを吸い込ませる原理に基づいているので、適正な隙間（ギャップ）を確保することがもっとも重要である。

しかしながら、口径が大きく（呼び径：40A以上）になると、隙間にバラツキができ適正な隙間が確保できなくなる。隙間が0.20mm以上になると毛管現象が十分機能せず、ボイドなどの欠陥が発生しやすくなる。

（8）その他のライニング鋼管の接合法

配管材料の所でも触れることができなかったが、日本では多種多様なライニング

【技術用語解説】

ボイド（void）
接合部にはんだやろうが十分に行き渡っていない欠陥ろう付け部分のこと。

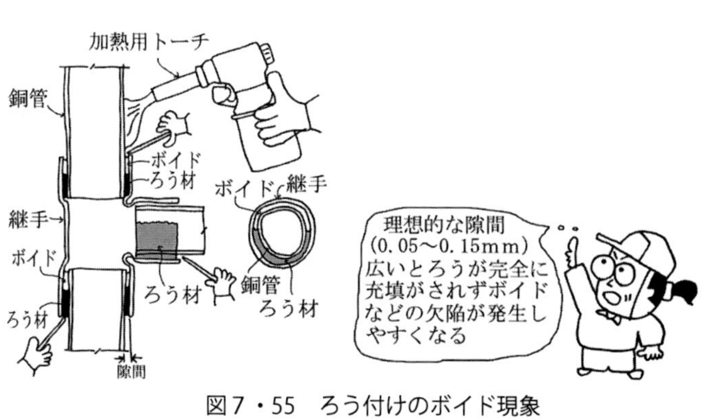

理想的な隙間（0.05～0.15mm）広いとろうが完全に充填がされずボイドなどの欠陥が発生しやすくなる

図7・55 ろう付けのボイド現象

鋼管が開発され、市場投入されている。その代表的なものが、**水道用硬質塩化ビニルライニング鋼管**（JWWA K 116）（以降「塩ビ鋼管」と略称）と**水道用硬質塩化ポリエチレン粉体ライニング鋼管**（JWWA K 132）（以降「ポリ鋼管」と略称）である。

この中で、**塩ビ鋼管**に関しては、その構造上および耐熱上、その施工：管切断・ねじ接合・溶接接合を実施する際に留意すべき点が多々ある。

しかしながら、紙面制約の都合上触れることができないので、関心のある方は、【引用・参考】文献（3）【建築設備 配管工事読本】に施工上の留意点などを詳述しているので、そちらを参照していただきたい。

7・6 配管工事：施工上のべからず集

配管工事の掉尾を飾る話題として、現場の配管工事を管理・監督する立場の人間が、現場検査などで看過してはならない事項を"べからず集"という形で、順不同で思いつくままに列挙してみた。一体なぜなのか？その理由の解説は割愛させていただいたが、これを機に是非各人で考えてみていただきたい。

（1）配管工事全般
①冷温水配管では、原則として、**鳥居配管**はするべからず！
②**T分岐配管（トンボ配管）**は、するべからず！
③内面ライニング鋼管の切断に**押切カッター**を使用するべからず！
④蒸気ドレン管にSGP管を採用すべからず！
⑤ねじ配管では、**地獄配管**は極力採用すべからず！
⑥蒸気配管では、**スチームハンマー現象**を無視すべからず！
⑦切削ねじ切機に搭載の**切削刃（チェーザ）**の寿命を無視するべからず！
⑧フランジボルト接合で**フランジボルト**の**片締め**をすべからず！
⑨配管の荷重を他の器機類に掛けるべからず！
⑩配管のガスケット材に**アスベスト系ガスケット**を使用すべからず！
⑪SUS配管の現場溶接接合は、極力するべからず！
⑫SGP溶接時**ドン付け開先**は、極力使用すべからず！
⑬空気抜き用・水抜き用の**捨てバルブ**の設置を忘れるべからず！
⑭**偏心レジューサ**を取り付ける際、水配管と蒸気配管と間違えるべからず！
⑮FCUの**ドレン配管**の勾配を間違えるべからず！
⑯蒸気立て配管の基部に**管末トラップ**の設置を忘れるべからず！

⑰電気抵抗溶接機は、**電撃装置付き**以外のものを使用すべからず！
⑱ねじ接合配管の**耐用年数**を過信すべからず！
⑲配管の耐震支持・耐震固定をおろそかにするべからず！
⑳配管工事の節目節目で、**配管のフラッシング作業**を怠るべからず！

（2）弁計器類の選択・取り付け

①蒸気配管に**ゲート弁**を用いるべからず！
②ねじ込み式ゲート弁に対して、配管をねじ込みすぎすべからず！
③ステンレス・銅配管には、鉄製バルブを用いるべからず！
④流量計の設置方向を間違えるべからず！
⑤バルブの取り付けに、**パイプレンチ**を使うべからず！
⑥過大なサイズの調節弁・調整弁を選定すべからず！
⑦バルブの近傍で、**溶接作業**や**ろう付け作業**を行うべからず！
⑧鋳鉄弁には、**メタルガスケット**を用いるべからず！
⑨**チェッキ弁**は、微差圧・過少流量で用いるべからず！
⑩エルボ部の直近にバルブを設置すべからず！

【引用・参考文献】

(1) Teabreakを取りながらマスターできる【空調設備配管設計・施工の実務技術】，安藤紀雄著，理工図書，平成4年2月
(2) 空気調和・衛生工学新書【ダクト／配管工事の省人・省力化計画】―ダクト／配管工事の過去・現在・未来―，空気調和・衛生工学会編，安藤紀雄，理工図書，1997年6月
(3) ―空調衛生設備技術者必携―【建築設備配管工事読本】，安藤紀雄監修，安藤紀雄・小岩井隆・瀬谷昌男・堀尾佐喜夫・水上邦夫共著，日本工業出版，平成29年1月
(4) 目でみてわかる【配管作業：Visual Books】安藤紀雄編著，安藤紀雄・瀬谷昌男・南雲一郎共著，日刊工業新聞社，2014年8月
(5) 保全マン必携【配管・バルブべからず集】，安藤紀雄・小岩井隆・瀬谷昌男共著，JIPMソリューション，2012年6月
(6) 管工事「施工管理技術」テキスト：施工編（改訂第4版），国土交通省所管(財)地域開発研究所：管工事施工管理技術研究会，平成13年4月発行
(7) 図解「1級管工事施工管理技士試験」合格必勝ガイド第二版，安藤紀雄監修，安藤紀雄・瀬谷昌男・中村勉・矢野弘共著，彰国社，2010年6月

第8話　換気設備工事

8・1 換気設備工事とは？

　換気設備工事とは、対象空間を換気（ventilation）するための送風機・排風機・ダクト設備・給気口／排気口・エアフィルタ・フードなどを組み合わせた換気設備を設置することをいう。この換気方法は、特に**機械換気設備**と呼ばれているが、**自然換気設備**も併用されている。

図8・1　換気設備の構成要素

【知っておきたい豆知識】

換気設備の歴史
　聞くところによると、換気設備のルーツは、どうやら**英国の鉱山**にあるらしい。かつての日本の**佐渡の鉱山**での金採掘作業をみてもわかるように、石炭採掘鉱夫が、劣悪な環境下で長時間石炭採掘作業を続けるためには、どうしてもできるだけ新鮮な外気を坑内に送気する必要があったからである。

8・2 なぜ換気が必要なのか？

室内の空気は、居住者からの発熱・呼吸・発汗による**水蒸気（vapor）・二酸化炭素（CO_2）・体臭（body smell）**または**燃焼器具（combustion appliances）**などから発生する**臭気（odor）・粉じん（dusts）・有害ガス（hazardous gas）**などによって汚染（contamination）され、時には酸素不足から不完全燃焼などの障害も生じる。

このように、室内空気が汚染されると、室内居住者（occupants）は次第に不快感を覚え、ついには居住することさえ不可能になる。

空調設備においても、空調用給気量の一部に、人間一人当たり最低限の**外気**を取入れることが不可欠であるが、この**外気取入れ量**が極端に不足すると、いわゆる**室

【技術用語解説】

粉じん爆発（Dust Explosion）

粉じん爆発とは、ある一定の濃度の**可燃性の粉じん**が大気などの**気体中**に浮遊した状態で、火花などにより引火し爆発を起こす現象のことである。炭鉱で**石炭粉末**が起こす**炭塵爆発**がその代表例である。

また小麦粉や砂糖やコーンスターチなどの食品や、アルミニウム等の金属粉など、一般に**可燃物・危険物**と認定されていない物質でも爆発を引き起こすことがある。日本での有名な**炭塵爆発**では、1899年に豊国炭鉱にて日本初の**炭塵爆発**が発生し、死者210名を出す大惨事となり、以後炭坑内での対策が進むことになった。

また、1963年には三井三池炭鉱三川抗で炭塵爆発が発生し、死者458名、一酸化炭素中毒患者839名を出す戦後最悪の炭鉱事故になった。

いずれにしても、**炭塵爆発防止**の観点ばかりでなく、炭鉱夫の健康維持の観点から、鉱山の換気設備は重要な役割を果たしている。

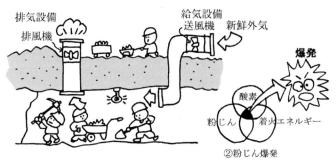

図8・2　鉱山の換気設備

第8話　換気設備工事

内空気質（IAQ：Indoor Air Quality）が悪化する。
　その一例が、1980年代前半から欧米のオフィスビルなどで、頻発した**シックビルディング症候群**（SBS：Sick Building Syndrome）である。この原因と考えられるのは、表8・1に示すような、空気中に含まれるさまざまな**空気汚染物質**である。

表8・1　主たる室内空気汚染物質

汚染物質	発生源
揮発性有機化合物（VOC）	香水、整髪剤、接着剤、光沢剤、ワックス、塗料、着色剤など
ホルムアルデヒド	パーティクルボード、合板、尿素ホルムアルデヒド発泡断熱材、キャビネット、家具、カーペットなど
薬剤	殺虫剤、殺菌剤、消毒剤、白蟻駆除剤、防蟻剤など
CO（一酸化炭素） CO_2（二酸化炭素） NO_2（二酸化窒素）	ガス・灯油暖房機器、木炭ストーブ、ガス調理器、暖炉、タバコ煙、自動車の排気ガスなど
SO_2（二酸化硫黄）	灯油暖房機器など
粉じん	暖炉、木炭ストーブ、ガス・灯油暖房機器、タバコなどの煙
オゾン	植物、動物、鳥、人体、ハウスダストなど
微生物（バクテリア、ウィルス、カビ、ダニ、花粉）	プリンター、コピーなど
ラドン	土壌、地盤などから

【技術用語解説】

IAQ（室内空気質）

"Indoor Air Quality"の頭文字をとったもので、**室内空気質**と訳されている。室内環境の性能を考えるとき、室内の**温熱環境**と並んで重要であり、室内居住者に健康に影響を与えるのが**IAQ（室内空気質）**である。

ところで、これらのもろもろの**換気問題**を解決するには、室内で発生する**汚染空気（polluted air）**を室外に排出して、清浄な空気で希釈（dilution）するか、清浄な外気で置換（displacement）する必要があり、この方法を換気という。

ちなみに、換気必要上の諸因子を表8・2に示す。

表8．2　換気必要上の諸因子

名称
酸素（O_2）
二酸化炭素（CO_2）
一酸化炭素（CO）
臭気（タバコ、体臭その他）
熱
湿気
燃焼ガス
粉じん（$PM_{2.5}$を含む）
細菌
有毒ガス

第8話　換気設備工事

【知っておきたい豆知識】

想定外の換気不足による事故！2例
①湯沸かし器用排気ダクト中のFD閉鎖による死亡事故例
　某個人の山小屋別荘に数人のスキーヤーが宿泊した時のことである。夕食後昼間のスキーの疲れもあって、**ガス湯沸かし器**に火をつけたままで、全員が熟睡してしまった。夜中睡眠中に、湯沸かし器専用の排気ダクトに設置されていた、**FD（防火ダンパー）**が湯沸かし器の排気熱により作動し、閉止状態になってしまった。そのため、**不完全燃焼状態**の排気ガスが逆流し部屋に充満し、全員死亡するという事故に繋がってしまった。この事故の反省から、以降湯沸かし器の**排気ダクト**の中には、FD（防火ダンパー）は、設置してはいけないことになった。

②温泉地でのH₂Sガス充満による酸欠死亡事故
　2014年10月北海道足寄町オンネトー温泉の宿"**景福**"で、男性入浴客が**硫化水素ガス**（H_2S）で中毒死した。その原因は、温泉浴室の換気扇が故障して取り外されたままで、浴室の換気が不十分だったことに起因するらしい。

　この浴槽は、底から湯が自噴する構造をしており、浴室のH_2Sガス濃度が高くなりやすいという。環境省の基準では、浴室のH_2S濃度が高い場合、換気の他に**温泉水**を空気にさらしてガスを抜く、いわゆる**曝気（air-purge）**と呼ばれる措置で**ガス濃度**を下げることが義務付けられているそうである。

　その旅館の経営者によると、浴槽が自噴式なのに特に注意を払っていなかったのについては、"湯の気泡が湧いてくるのが見えると、入浴客の評判がよく、問題があるとは認識していなかった。"と話したという。

　環境省の委託で現場を調べた、（公財）中央温泉研究所の報告では、"景福の立地は、浴室のそばまで山が迫り、温泉ガスがたまりやすく風通しも悪く、構造的な問題があり、いつ事故が起きてもおかしくない状態であった。"と指摘している。

　旅館側は、1987年営業許可を取得して以来、保健所も旅館も**浴室ガス濃度**を一度も測定したことなく、設備の不備について指摘を受けたこともなかった由。ちなみに、旅館経営者側は、"今回の事故後に、保健所から指定を受けた**是正事項**に対して、すべてを改善するには多額の費用が掛かるので、廃業するしか**選択肢**がない。"とコメントしているという。

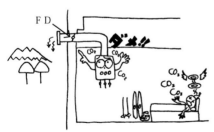

図8・3　湯沸かし器排気ダクトには、FDを設置してはならない！

図8・4　北海道オンネトー温泉浴室でのH_2Sガス充満事故例

第8話　換気設備工事

　1973年（昭和48年）の**第一次オイルショック**や1979年（昭和54年）の**第二次オイルショック**の影響を受けて、当時は**省エネルギー化**が社会的に強く求められた。
　そのために、建築分野においては、冷房負荷に大きな割合を占める**外気量の導入**を極力小さくするために、建築物の**高気密化・高断熱化**が進んだ。米国などでは、外気導入量を従来の値：15CFM（25.5㎥/h）の1/3である5CFM（8.5㎥/h）以下に設定したために、換気不良が生じ、このSBSの主因であったと考えられる。
　この結果、米国では1989年（平成元年）の基準を改定し、一人当たりの**外気取り入れ量**の最低値をかつての推奨値であった15CFM（25.5㎥/h）に戻した。
　日本では、**建築物衛生法**による**管理基準**を遵守したことから、幸いにも**顕著なSBS問題**は起こらなかった。

8・3　換気方法の種類

　換気の方法には、自然換気法と機械換気法がある。
（1）自然換気法（natural ventilation system）
　送風機などの機械力を一切使用せず、換気を行うための原動力が、自然の風による**風向・圧力差**、および建物室内外の温度による**密度差（浮力）**による換気法をいう。自然換気法は、外気の風向・風速・温度などの**自然条件**に左右されやすいので、**確実な換気**は期待しにくいが、**自然エネルギー**を利用するので、上手に利用すれば**省エネ換気方式**となる。
　ただし、風力発電の例を見れば分かるように、風力・風速は絶えず変化するので、**温度差による浮力**を利用する自然換気方式の方が安定している。なお、この換気法を、**パッシブ・ベンチレーション（受動的換気法）**と呼ぶこともある。

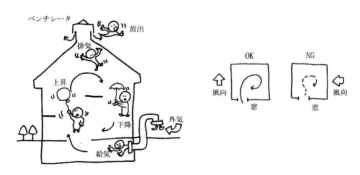

図8・5　自然換気法の例

（２）機械換気法（mechanical ventilation system）

　送風機・排風機などの機械力を利用した換気方式のことで、（３）項で述べるように３種類に分類されている。

　この換気方法を**アクティブ・ベンチレーション**（能動的換気法）と呼ぶこともある。

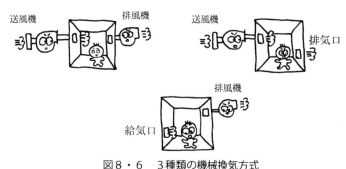

図8・6　３種類の機械換気方式

（３）機械換気法の種類

　既述のように、室内への給気または室外への排気を**送風機・排風機**を用いて、強制的に換気を行う換気方式で、この換気システムは、図8・7に示すように、一般的に送風機・排風機とダクトと空気吹出口・吸込口とで構成される。

①第１種機械換気方式

　この換気方式は、室の**給気側**と**排気側**の両方に、それぞれ送風機を設け換気を行う換気システムなので、最も確実な換気が期待できる。**給気量**と**排気量**を調整すると、室内を**正圧**（positive press.）にも**負圧**（negative press.）にも保つことができる。例えば、劇場・映画館・地下街の他、厳密な**室圧制御**や**気流分布**が要求される、**研究所・実験室**などの換気システムに適用される。

図8・7　第１種機械換気方式

②第2種機械換気方式

この換気方式は、室の**給気側**だけに送風機を設け、室内を正圧に保ちながら給気し、室内に設けられた**排気ガラリ**などから、室内流入空気を室外に自然に流す換気システムである。確実な給気量が期待できることから、多量の燃焼空気を必要とする**ボイラー室**や、室内への**隙間風の侵入（infiluration）**が問題となるような、高い清浄度が要求される**手術室**などに用いられる。

一方、**臭気**や**有毒ガス**が発生する部屋には、部屋の隙間からこれらのガスが拡散されることになるので、この換気システムの採用は不適切である。

図8・8　第2種機械換気方式

③第3種機械換気方式

この換気方式は、室の**排気側**だけに排風機を設け、室内を負圧に保ちながら排気し、給気は室内に設けられた**給気ガラリ**などから、給気を自然流入させるという換気システムである。この換気システムは、便所・浴室・湯沸かし室や有害ガスが発生する部屋や、臭気・水蒸気・有害ガスが部屋の開口部から拡散するおそれのある部屋など、室内を常に負圧に保つ必要のある諸室に適用される。

図8・9　第3種機械換気方式

8・4 全体換気方式と局所換気方式

換気を行う対象という観点からみると、換気方式には、**全体換気方式**と**局所換気方式**がある。

（1）全体換気方式（whole area ventilation system）

室全体の空気を換気対象とし、室内で発生する**汚染対象物質**を希釈・拡散した後に排出する換気システムなので、通常**希釈換気法式**（Dilution Ventilation System）とも呼ばれている。この換気法式は、**汚染源**（contamination source）や**汚染量**（contamination quantity）によっては、多量の換気量を必要とする。

図8・10　全体換気方式

【技術用語解説】

◇希釈換気方式
　全体換気では、室内で発生した**汚染物質**に外気を送ることによって、室内に拡散（diffusion）させ、室内全体の**汚染物質濃度**を人体に害をあたえない程度に"薄める"という考えの換気システムである。

◇置換換気方式
　全体換気方式では、汚染空気を完全に外気と置き換える必要があるが、**吹出し気流**や**吸込み気流**による室内気流によって、その効果が大きく左右される恐れがある。そのため、室内に**成層流**を送り込み、汚染空気を一気に室外に押し出してしまうというアイデアの換気システムである。
　ちなみに、筆者は、この換気システムを"ところてん換気"と命名している。

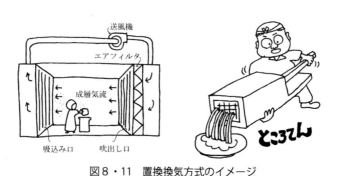

図8・11　置換換気方式のイメージ

第8話 換気設備工事

なお、最近では室内に**成層流**（laminar flow）を送り込み、汚染空気を一気に外へ押し出すという考えかたに基づく**置換換気方式**（Displacement Ventilation System）も登場している。

（2）局所換気方式（local ventilation system）

この換気方式は、**汚染物質**（contaminant・pollutant）を発生源のできるだけ近傍で、排気フード・排気ブース・ドラフトチャンバーなどで捕捉し排気する方法である。

必要換気量を全体換気方式の場合に比べて、はるかに少なくすることが可能なので、省エネルギー的な換気システムである。

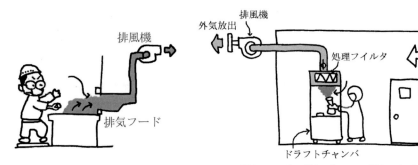

図8・12 局所換気方式　　図8・13 排気フード・排気ブース・ドラフトチャンバー

8・5 必要換気量の計算法

室内の換気に用いられる風量を**換気量**といい、通常一時間当たりの**空気の体積**（㎥／h）で表している。また**室内空気環境**を良好な状態に保つために必要とされる**最小外気取入れ量**を**必要換気量**と呼んでいる。

その必要換気量は、換気を必要とする**汚染物質**の発生量を室内の**許容汚染物質濃度**と**取入れ外気**の**汚染物質濃度**の差で割って求めることができる。

すなわち、

$$必要換気量（㎥/h）= \frac{汚染物質発生量（㎥／h）}{[許容汚染物質濃度（㎥／㎥）- 外気汚染濃度（㎥／㎥）]}$$

ちなみに、換気設備を設計する上で、不可欠な**必要換気風量**の算定方法には、以下に述べる5つの種類がある。

（1）換気回数による方法

各室の**室容積**を求め、表8・3に示す**附室の換気回数（回／h）の例**より、必要換気風量を算出する。この方法は、**許容値（tolerlance）**や**汚染源の状態**がはっき

表8・3　附室の換気回数の例

室名	換気回数〔回/時〕
厨房（大）	40〜60
厨房（小）	30〜40
水洗便所（事務所）	5〜10
水洗便所（劇場）	20〜30
湯沸し室	10〜15
洗濯室	20〜40
浴室	15〜20
地階倉庫	5〜10
自動車庫	10〜15
ボイラ室	10
電気室	20〜30

【技術用語解説】

室容積（Room Volume・単位：m³）と換気回数（air change rate：回／h）

◇室容積

　室面積に天井高を乗じて求めた値。ちなみに、**気積**という用語もあるが、これは一般事務室などで、在室者1人が占める部屋の容積のこと。部屋全体の容積を**在室者数**で割った値。**気積**が大きいほど居住環境は良好になる。

　少し脱線するが、オフィスビルなどの賃貸契約をする場合に、従来は**単位床面積（m²）**あたりの値段で決めているケースが多いが、これからは**気積（m³）**単位で決めるべき時代ではなかろうか・・・。

　かつては、天井高：2.4m程度のオフィスビルが数多く存在していたが、現在では、天井高2.7m〜3.0m程度のオフィスビルが常識となっている時代である。ちなみに、**日本の建築基準法**では、天井高2.1m以上の部屋を**居室**としている。

◇換気回数

　単位時間当たりに、**室容積**の何倍かの空気量を入れ替えるかを表す数値。建築設計時に、換気や気流分布の良否の指標となる値（JIS S 2091）。

　ちなみに、**全空気方式の空調システムをオフィスビル**に採用する場合、その総給気量は大体換気回数6回／h〜8回／h程度となっており、しかもその内訳は、**外気取入れ量30％程度**で、**還気量70％程度**と把握しておくとよい。

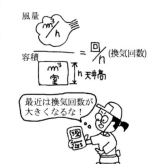

図8・14　室容積と気積

第8話　換気設備工事

【他書には載っていない、ノウハウ】

厨房の換気回数に関する提案

　表8・3の出所は不明だが、多くの参考書に記載されている資料である。この中で、厨房（大）換気回数40〜60回/時、厨房（小）換気回数30〜40回/時という数字が今でも一人歩き（？）している。この設計データは、厨房（大）にしろ厨房（小）にしろ、あまりに巾がありすぎて**設計屋泣かせのデータ**であると筆者は思う。さらに、この換気回数は、かつての**インダストリアル・クリーン・ルーム**の設計換気回数と同様に過剰であると思う。

　したがって、厨房の給排気量だけは、**換気回数法**によるのではなく、**調理用燃焼器具**を必ず使用するので、この後の（4）**燃焼器具に必要な換気量**をベースにして算定すべきではないかと思っている。この根拠となる、筆者が実際に体験した、**厨房換気**のトラブル例を、ここで2例紹介しておくことにする。

◇**包丁を入れた刺身がまずそうに変色！**

　某観光ホテルの和食の板前さんから、"自分が包丁をいれた刺身類が皿に盛りつけた途端にすぐまずそうに変色する。どうにかしてくれ！"というクレームが来たのである。設計給気量が多いので、刺身類の上に吹出空気が直にあたり、刺身が変色してしまうのである。解決策として、厨房給気ファンを少ない風量の機種に代えるとともに、刺身調理場の上部に配置されていた**吹出口**を全て撤去して、刺身類に直接**吹出し気流**が当たらない位置に付け変えた。

図8・15　換気風量が多ければ多いほどいい？

◇**寒くて「てんぷらの仕込み」ができない！**

　これは、某老舗てんぷら屋さんでの事例である。一般に、調理職人の服装は薄着である。冬季に**てんぷら屋さんの厨房**に外気を給気していたところ、"寒すぎて、仕事ができない！"というクレームがきた。解決策としては、送風機を小風量のものに変更し、送風ダクトの途中に**電気ヒータ（冬期専用）**を設置することにした。

　以上の事例は、いずれも**換気給気量過剰**に起因するものであり、厨房換気の設計にあたっては、筆者は、**中華料理用厨房・西洋料理用厨房・和食用厨房**で、そのニーズに即した対応が不可欠だと思いますが、皆さんどう思いますか？

図8・16　厨房換気の給気系統には、冬期温風が必要！

りと把握できない場合で、**室容積**を基準として換気量を計算してもあまり問題がないような附室が対象となる。

(2) 許容値以下にする方法

この方法は、**室内での空気汚染量とその許容値**が把握できている場合に、その許容値に適合するように、表8・4に示された計算式を用いて、必要換気量を算出する最も理にかなった方法である。

表8・4 室内環境許容値維持のための必要換気量計算式

項目	内容	必要換気量Q〔m³/h〕の算出方法	備考
発熱量	人体からの発熱量・室内熱源からの発熱量	$Q = \dfrac{3.6 q_s}{c_p \rho (t_1 - t_2)}$	q_s：発熱量（顕熱）〔W〕 c_p：空気の比熱〔1{1,006}〕〔kJ/(kg・k)〕 ρ：空気密度（1.2）〔kg/m³〕 t_1：教養室内温度〔℃〕 t_2：吹出し空気温度〔℃〕
有害ガス	室内燃焼物からの有害ガス・その他室内から発生する有害ガス	$Q = \dfrac{M}{C_1 - C_0}$	M：有機ガス発生量〔m³/h〕 c_1：CO_2許容濃度〔m³/m³〕 c_o：吹出し空気濃度〔m³/m³〕
二酸化炭素	人体からの呼気によるCO_2発生量・室内燃焼物からのCO_2発生量	$Q = \dfrac{M}{C_1 - C_0}$ （定常時）	M：室内におけるCO_2発生量〔m³/h〕 c_1：CO_2許容濃度〔m³/m³〕 　人体のみのとき0.001 c_o：吹出し空気のCO_2濃度〔m³/m³〕 　通常は外気CO_2と同じにすれば0.0003〜0.00035
煙突付き器具	煙突付き石油ストーブ・ガスぶろ・ボイラなどの燃焼	$Q = m Q_r$	Q_r：燃焼に必要な理論空気量〔m³/h〕 m：過剰空気率（1.2〜40） 　ただし、吹出し空気中の酸素を21％とする
喫煙量	室内の喫煙量	$Q = \dfrac{M}{C_0}$	M：喫煙量〔g/h〕 C_0：1m³/hの換気量に対し刺激を限度点以下に抑えうる許容たばこ燃焼量〔g/m³〕 　臭気限度を2とすると　0.0353 　臭気限度を1とすると　0.0171
じんあい量（ろ過器を用い、じんあい、有機ガス・においを除去するとき）	室内の発じん量	空気浄化装置なし $Q = \dfrac{M}{C_1 - C_0}$ 空気浄化装置あり $Q = \dfrac{M - Q_e c_1 (1-q)}{C_1 - C_0}$	M：じんあい、その他の発生量〔個/h〕または〔mg/h〕 c_1：許容じんあいなどの濃度〔個/m³〕または〔mg/m³〕 c_o：外気じんあい濃度〔個/m³〕または〔mg/m³〕 Q_e：空気浄化装置の風量〔m³/h〕 q：空気浄化装置のじんあいまたはにおいなどの通過率
水蒸気量	人体からの水蒸気発生量・室内燃焼物からの水蒸気発生量・その他、炊事などによる発生量	$Q = \dfrac{\omega}{\rho (x_1 - x_0)}$ $\fallingdotseq \dfrac{\omega}{1.2(x_1 - x_0)}$	ω：水蒸気発生量〔kg/h〕 ρ：空気の密度〔kg/m³〕 x_1：許容室内絶対湿度〔kg/kg（DA）〕 x_0：外気絶対湿度〔kg/kg（DA）〕

第8話　換気設備工事

（3）法規制に基づく方法

　建築基準法などでは、表8・4室内環境許容値維持のための必要換気量計算式が定められているが、**法規制による必要換気量**は、理論計算で求められた必要換気量よりさらに厳しく、**建築確認申請**などでは、審査対象事項となっている。
　参考までに、表8・5に**特殊建築物の換気量に関する規制**の一例を示しておく。

表8・5　特殊建築物の換気量に関する規制の一例

	換気量	条件	法規
作業室	30㎥/h・人	一人あたりの気積が床上4m以内で、10㎡以内または窓面積が床面積の1/20以上のこと	労働安全衛生規則
無窓工場	35㎥/h・人または15㎥/h・人床面積		無窓工場に関する取扱い（通達）
屋内駐車場	換気回数が10回/h以上	窓の大きさが床面積の1/10以内のとき	駐車場施行条例
駐車場	外気75㎥/㎡・h以上	駐車場面積が500㎡以上で窓の大きさが床面積の1/10以内のとき	東京都安全建築条例
劇場、映画館演芸場、観覧場、公会堂、集会場	外気75㎥/㎡・hは客席面積空気調和ある時は全風量75㎥/㎡・h外気量25㎥/㎡・h	・駐車場面積が400㎡以上または地下興行場（第一種） ・地上で150〜400㎡（第一種、第二種のいずれか） ・地上で150㎡以下（第一種、第二種、第三種のいずれか）	同上
地下建築物	30㎥/㎡・h床面積空気調和あるときは外気量10㎥/㎡・h	床面積1000㎡以上の階（第一種） 1000㎡以下の階（第一種、第二種のいずれか）	同上

（4）燃焼器具に必要な換気量から算出する方法

　室内に**燃焼器具**がある場合には、次式を満足する空気量：V（N㎥／kgまたはN㎥／N㎥）を供給しなければならない。

　　V＝m・Lt

　ここに、空気過剰係数m：空気比概数として以下の値を採用する。

　固体燃料：m＝1.5（石炭ストーブ焚き）
　液体燃料：m＝1.25（石油焚き）
　気体燃料：m＝1.1（ガス焚き）
　Lt：理論空気量（N㎥／kgまたはN㎥／N㎥）

（5）火を使用する室の換気量

　調理室（厨房）・浴室など**火を使用する部屋**で**換気扇**などの**機械換気設備**を設ける場合の**構造基準**および**最小有効換気量**は、建築基準法施行令第20条の3に基づく告示（昭和45年建設省告示第1826号）により、次式で計算した数値以上としなければならないと定められている。

すなわち、V＝KQ＝nkQ
ここに、V：有効換気量（㎥／h）
　　　　K：燃料単位消費量当たりの換気量（nk：㎥／kg）
　　　　n：排気フードの構造および設置条件によって定められた数値
　　　　　　（図表8・1による）
　　　　k：燃料の理論排ガス量（㎥／kg）
　　　　Q：実状に応じた燃料消費量（kg／h）

【技術用語解説】

空気過剰係数（excess air factor）

空気過剰係数の意味するところは、一般に固体燃料（solid fuel）では、空気と接するのは燃料の表面のみであるので、過剰空気を多量に必要とする（JIS B 0108）。一方、気体燃料（gas fuel）では、空気との混合が行われやすいため、理論空気量に近い空気量で完全燃焼する。また、液体燃料（liquid fuel）の場合、その中間という意味である。

理論空気量（theoretical amount of air）

燃料（fuel）を完全に燃焼させるのに必要な理論上の空気量。

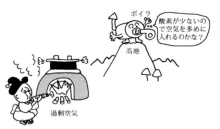

図8・17　空気過剰係数と理論空気量

【知っておきたい豆知識】

燃焼器具（combustion appliances）とは？

具体的にいうと、ストーブ・炊事用レンジ等の**燃料を燃焼**する装置を指す。排ガスを室内に放出する**開放型**、燃焼に必要な空気を屋外から取り入れ、**排ガスを屋外に放出する密閉型**、煙突のついた**半密閉型**がある。

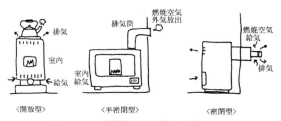

図8・18　燃焼器具と給気方式

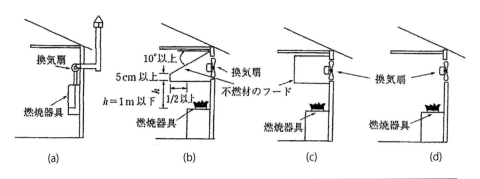

室名	条件	換気量係数（k）	該当図番
調理室 火気を使用する室	煙突を用いる排気施設	2×k	(a)
	告示に規定された排気フードを用いる排気設備	20×k	(b)
	上記以外の排気フードを用いる排気設備	30×k	(c)
	上記3法以外の排気設備	40×k	(d)

k：法規上の理論排ガス量

図表8・1　4種類の換気量係数

8・6　局所換気と排気フード類

　既述のように、室内の空気汚染の発生源が、局所的に限定されるときは、汚染物質の種類・有害性の度合い・飛散する方向・室内作業の状態や目的に応じて、各種フードを用いて局所換気を行う。

　また図8．19には、標準的な厨房用フードの構造例を、図8・20には排気フードの各部必要寸法を示す。

　なお、汚染物質がフードから飛散・拡散しないうちに、排気ダクト内に吸込み排

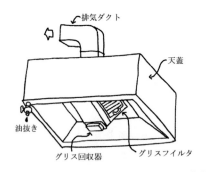

図8・19　標準的な厨房用フードの構造

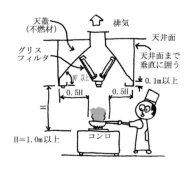

図8・20　排気フードの各部必要寸法

気する必要があるが、**吸込み風速**を必要以上に速くとると、排気量が多くなり設備費や排風機動力も増加し、**省エネルギー**上好ましくない。したがって、フードの吸込み風速は、**許容限度近くの**風速に、制御することが望ましい。

表8・6に汚染源に対する標準制御風速の例を示す。

表8・6　汚染源に対する排気フード標準制御風速の例

発生条件	制御風速 (m/s)	作業の実例
空気動を生じない作業で飛散速度のほとんどない場合	0.1〜0.5	液面からの蒸気、ガス、フューム
空気動の少ない作業で飛散速度の遅い場合	0.5〜1.0	吹付け塗装室、容器にときどき粉末を入れる作業、溶接作業
空気動の大きい作業で飛散速度の速い場合	1.0〜2.5	高圧吹付け塗装室、容器に材料を投入する場合
空気動の非常に大きい作業か飛散速度の非常に速い場合	2.5〜10	グラインダ作業、岩石研磨作業、サンドブラスト

【技術用語解説】

排気フードの制御風速

　機械換気設備に採用している**空気吹出口**から室内に吹き出される**空気の流れ**は、**噴流**（jet）と呼ばれるものである。吹き出された方向に周囲の空気を誘引（induction）しながら流れ、次第に速度を減らしながら室内に拡散（diffusion）していく。

　したがって、室内にある**汚染物質**（polluted matters）を、吹出し空気と共に、室内に拡散してしまうおそれがある。

　これに対し、吸込口（排気フードなど）回りの空気の流れは、図8・21に示すように、少し離れただけで急速に気流速度が落ちていく。例えば、空調用吸込口からちょっと離れただけで、気流をあまり感じないのはそのためである。そのため、**排気フード**は、できるだけ**排気汚染物質**の発生源の近くに設置する必要がある。

　周囲の気流に影響されずに**汚染物質**を排気フードに吸い込むために、汚染物質の発生場所で必要とする**吸込み風速**を**排気フードの制御風速**とか**排気フードの捕集風速**と呼んでいる。

図8・21　排気フード回りの吸込み気流

8・7 「空気齢」と「換気効率」

ここで、紹介する換気関連用語は、必ずしも**工事施工実務**に直接役に立つ事項ではないが、以下にその内容を簡単に紹介しておきたい。

（1）空気齢（Age of Air）

建物内に入った所定量の**取入れ外気**が、室内のある地点までに経過する**平均時間**のことを**空気齢**と呼んでいる。**空気齢**が大きければ大きいほど、その空気が汚染されている可能性が高いと考えられる。

（2）換気効率（Ventilation Efficiency）

空気吹出し口周辺の空間には、**新鮮空気**が供給され、一方、空気吸込み口周辺の空間には、室内で発生した**汚染物質**を含む**汚れた空気**が集まるなど、室内の換気の状況は一様ではない。これらの**室内の空気状況**を考慮して指標としたものの総称が**換気効率**である。

換気効率を用いて**室内換気性能**の良否が判定できる他、換気設計時には、これをもとに**基本必要換気量**を増減して**設計必要換気量**を算出することもできる。**換気効率**の指標としては、上記の**空気齢**のほか、**空気交換効率・規準化居住域濃度・排気**

図8・22 換気効率の意味

【技術用語解説】

排気捕集率
　台所の**燃焼器具**などから発生する**汚染物質**の総量に対して、レンジ・フードなどの**排気装置**によって、それらを室内に拡散することなく、直接屋外に排出できる**汚染物質**の割合のこと。

第8話　換気設備工事

捕集率などがあるが、その詳細についてさらに知りたい方は、関連参考文献を参照願いたい。ちなみに、室内におけるさまざまな換気効率の意味を示したものが、図8・22である。

8・8 換気に関する法規
（1）換気設備を対象とした法規制
　換気や換気設備には、建築基準法に規定があり、技術的な基準は、建築基準法施行令（政令）・建築基準法施行規則（省令）や同法に基づく国土交通省告示に示されている。建築基準法（以下法という）では、換気設備が定義され、これによると換気設備は建築設備の一つ（法第2条）で、建築確認が必要な建築物の換気設備は、報告や検査が求められている（法第12条）。
　また、住宅等の居室には、床面積の1/20以上の換気のための開口や換気設備が求められている（法第28条）。

（2）居室を対象とした法規制
　換気設備の検査・報告（法第12条）には、室内環境衛生保持の観点から、検査間隔が定められている（建築基準法施行規則第6条、以降規則という）。
　検査対象となる居室内の空気環境は、建築物における衛生的環境の確保に関する法律（旧ビル管法、現建築物衛生法）に定められており、また建築物の所有者らは、建築物衛生管理基準に従った維持管理が求められている（法第4条）。
　注意：以前は、オフィスビル内で測定器具（アスマン式温湿度計など）を搭載したワゴン車を引いた室内環境測定風景がよく見られた。

【知っておきたい豆知識】

居室（habitat room）
　居室とは、法第2条第4号で、"居住・執務・作業・集会・娯楽・その他これに類する目的のために、継続的に使用する室をいう。"と規定されている。
　注意：居室の天井高さは、2.1m以上でなければならない。ちなみに、建築基準施行令（以下令という）では、次の換気設備に関する技術基準が示されている。
①給排気口などの有効面積や材質、機械換気設備や中央管理式の空気調和設備の有効換気量、監視室の設置方法など（令第20条）。
②火を使用する室に設ける換気設備、給排気口や煙突や排気筒の設置基準（令第20条）。
③自然換気設備の給排気口や排気筒の構造、機械換気設備の構造など（令129条）。
　なお、国土交通省告示では、自然換気設備や機械換気設備（令第20条）における排気口の構造や換気経路の圧力損失を考慮した風量の確認方法（1982年）などが規定されている。

第8話 換気設備工事

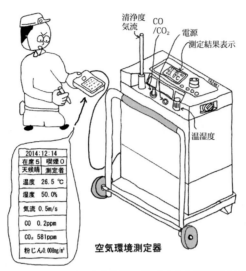

図8・23 ビル物衛生法に基づく室内環境測定風景

しかし、現在ではこの業務は、**各種デジタル測定器**を利用し、**測定データ**が瞬時にアウトプットされるように、著しく**技術革新**されている。

(3) 燃焼器具を有する室を対象とした法規制

火を使用する室（法第20条、調理室など）の換気設備に関しては、すでに8・5の(5)で紹介したように、**換気設備の構造**に関する**国土交通省告示（1982年）**に技術基準がある。その中の**換気扇の有効換気量**は、**開放式燃焼器具（ストーブなど）**を利用するときの換気量算出方法として広く準用されている。

このほか、法規制に準じたものとして、**東京都食品指導センター**による**ビル衛生管理の確認申請時指導要綱**（平成6年度）や**ガス事業法施行規則第85条**などにも、具体的な技術基準が定められている。

(4) 労働環境を対象とした法規制

労働環境は、**労働安全衛生法**で規定されており、事業者に作業環境の測定と結果

【技術用語解説】

ばく露時間
　人間が**汚染空気**にさらされる時間。労働環境では、8時間など。
　一方、居室では、24時間**汚染空気**にさらされるため、基準値は厳しくなる。

の報告を求めている（第65条）。

　測定対象は、**粉じんの多い作業場・暑熱・寒冷・多湿の作業場・中央管理方式の空気調和設備を有する事業所**などである（同施行令第21条）。

　このうち、**ガス**や**粉じん**などを発散する**屋内作業場**では、発散源の密閉や、**換気設備設置**（同法施行規則第577条）が、有害な排気を出す局所排気装置には、**排気処理装置**の設置が求められている（同規則第579条）。また、労働者一人当たりの**気積**や開放できる開口の設置などが規定されている。

　事務所に関しては、**事務所衛生基準規則**に、労働者一人当たりの気積：10m^3、換気設備がない場合に、**直接外気開放できる開口**の設置、一酸化炭素および二酸化炭素の濃度をそれぞれ50ppm、5000ppm以下にすることが定められている。

　これらの濃度は、**ばくろ時間**（作業時間）が短いため、**居室の基準値**に比べてやや緩い値となっている。

（5）換気に関するその他の法規制

　換気に関しては、上述以外にも、**地方公共団体**で定められた各種条例などで規定されている。その主なものを**表8・7 換気に関するその他の法規制**に示す。

表8・7　換気に関するその他の法規制

法令など	規制内容
危険物の規制に関する政令（第9条ほか）	危険物の製造所、貯蔵所における換気設備の設置 危険物の蒸気または微粉を高所に排出する設備の設置
駐車場法施行令（第12条）	建築物である路外駐車場における換気回数10回以上の換気装置の設置
医療法施行規則（第16条）	機械換気設備に関し伝染病室、結核病室などの空気が風道を通じて病院など他の部分に流入しないこと。
児童福祉施設最低基準（第5条）養護老人ホーム設備及び特別養護老人ホームの運営に関する基準（第3条）、旅館業法施行令（第1条）	適切な換気設備の考慮や設置
東京都建築安全条例	駐車場、劇場、集会場、地下建築物などにおける換気量および換気方式を規定

[引用・参考文献]
(1) 厚生労働大臣登録【空調衛生管理監督者講習会テキスト】第4版第2刷，（公財)日本建築衛生センター，平成27年2月
(2) 図解「空調・給排水の大百科」，（社）空気調和・衛生工学会編，発行：オーム社，平成10年7月
(3) 「空気調和衛生用語辞典」，（社）空気調和・衛生工学会編，オーム社，1990年8月

第9話 排煙設備工事

9・1 排煙設備工事とは？

　昔の人は、怖いものを"地震・雷・火事・おやじ"などと言っていたが、建築物に火災は避けて通れない災難である。

　建物火災時には、表9・1に示すようなさまざまな**燃焼ガス**が発生する。特に**初期火災時の煙の害**には、**一酸化炭素中毒（CO）**や**二酸化炭素（CO_2）**の増加に起因する**窒息（suffocation）**、煙が部屋中に充満することで**避難通路**が見えにくくなる**視覚的な害**、さらにはこれらの障害により引き起こされるパニックなどの**心理的な害**がある。

　ちなみに、火災時に発生する煙の制御は、**防煙**と**排煙**とに大別され、**防煙**は、火災室から他室への**煙の流失**を防ぐことである。

　一方、**排煙**は、発生した煙または火災室から流入した煙を排出することである。

　排煙の目的、すなわち排煙設備の役割は、初期火災時に発生する煙を速やかに室

図9・1　江戸の町火消しとまとい

表9・1　火災による燃焼生成ガスとその毒性

生成ガス	致死量	症状
O_2（酸素）欠乏	6%	精神・筋肉活動の低下、呼吸困難
CO_2（二酸化炭素）	20%	酸素欠乏の誘引、弱い刺激、呼吸困難
CO（一酸化炭素）	13000ppm	酸素の血流阻害、関節障害、意識不明
HCN（シアン化水素）	270ppm	細胞呼吸の停止、目まい・虚脱意識不明
HCl（塩酸）	1300〜2000ppm	眼・気道の粘膜刺激、軌道破壊による窒息

【知っておきたい豆知識】

火災の進行過程防火対策の例

　火災の中で、半分以上を占める**建物火災**について説明すると、**燃焼の三要素**として、①被酸化物（燃えるもの）、②酸素、③点火エネルギーの以上の3つがあれば燃焼は継続する。

　その挙動は、図9・2に示すように、無炎着火⇒無炎燃焼⇒有炎着火⇒（温度上昇）⇒フラッシュオーバー⇒全体火災⇒火災荷重消失⇒（余じん燃焼）⇒鎮火という、プロセスを踏むことになる。ちなみに、フラッシュオーバー以前を**初期火災**、全体火災を**最盛期**、余じん燃焼を**衰退期**という。消火の観点から見ると、**初期火災**の時点で火災を食い止めるのが最も効果的であり、この段階での消火を**初期消火**といい、建物在住者や**自営消防隊**による消火活動となる。火の発見が遅れた**フラッシュオーバー**以降の**最盛期火災**に対しては、自治体の消防隊による**本格消火活動**によらなければ鎮火にいたることは難しくなる。

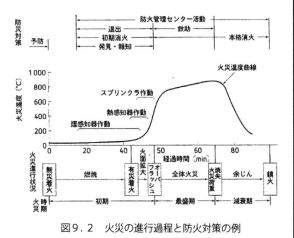

図9.2　火災の進行過程と防火対策の例

【技術用語解説】

フラッシュオーバー（flash-over）

　建物の火災の初期には、**くん焼**や炎が小さい状態で、徐々に室温が上昇し、家具や壁面などに燃え移ると火勢は拡大する。炎が天井に達する頃、火災室に**可燃ガス**が充満し、一気に**火災室**が炎に満たされる。この状態を**フラッシュオーバー**という（図9・2参照）。

第9話　排煙設備工事

外に排出し、**煙の拡散**と他層階への**煙の蔓延**を防止することで、建物の居住者が安全に避難するのを助けるためである。

　排煙設備は、**建築基準法**では、安全に避難できる経路を確保することに重点をおいているのに対し、**消防法**では、消防活動の拠点となる場所を煙から守ることに重点をおいている。しかしながら、**排煙設備自体**に変わりはない。

　注：排煙設備は、屋内消火栓設備や**スプリンクラー設備**などのような**消防の用に供する設備**ではなく、その目的上**連結送水管設備**や**非常用コンセント設備**などと同様、あくまで**消火活動上必要な設備**であることに注意！

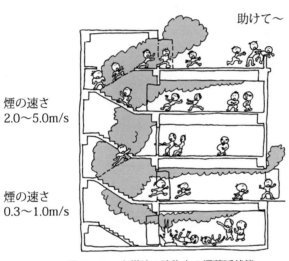

図9・3　火災時の建物内の煙蔓延状態

9・2　防火区画と防煙区画

　排煙設備の各論に入る前に、まず建築物の**防火区画**と**防煙区画**について理解を深めておきたい。

（1）防火区画

　防火区画には、**延焼防止**の他に**防排煙**を含めた避難経路の確保、消防活動の拠点の確保などの目的がある。これらのために構成する区画としては、**耐火構造**などによる**防火区画**の他、**防煙区画**などもある。

　建築計画に際しては、火災による**被害拡大防止**のために、**防火区画**に十分配慮し

第9話　排煙設備工事

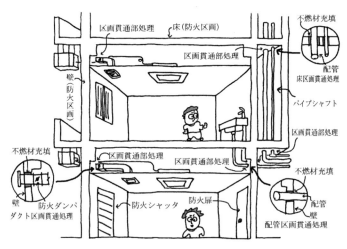

図9・4　防火区画を安全なものにするためには？

【知っておきたい豆知識】

延焼防止（protection of fire spreading）

　延焼とは火災が区画内・建物内・街区内などの**発生場所**から**他の場所**に拡大することで、同義に**類焼**という用語がある。ごく最近の大規模な延焼事例では、2016年（平成28年）12月に発生した**糸魚川市街大火災**が有名である。昔から延焼防止目的で考案されたものに**うだつ**（**卯立・卯建**）がある。これは、今でも日本の関西・四国地方の古い街道沿いの各商家の間などで見ることができる。これがルーツとなった格言が"**一生うだつが上がらない！**"という用語である由。

図9・5　古い街道沿いの商家間に散見される"うだつ"

第9話 排煙設備工事

ながら、全体の平面構成を考えることが望ましい。

防火区画すべきところや**区画の構成材**に要求される性能などが、建築物の用途・規模・構造などに応じて定められている。その基本は、①層間区画、②竪穴区画、③面積区画、④異種用途区画の以上4種類である。

①層間区画

上下階を区画する床は、安全上（防火上）非常に重要である。外装が**カーテンウォール構造**の場合には、特に床との間にすきまなどないようにし、設備配管などが床を貫通する部分の処理は、施工時に十分な点検を行う必要がある。

②竪穴区画

階段・エレベータや電気などのシャフト、吹き抜け・アトリウムなど**複数階**にわたって、上下に連続した空間は、火災時に**煙突効果**により、火や煙の伝播経路になりやすいので、煙を絶対に入れないようにする必要がある（図9・7参照）。

特に**階段室**は前室を設けるなどして、長時間にわたって煙から守る必要がある。

③面積区画

平面計画において**延焼防止**のために、建物本来の機能を損なうことなく、安全を確保するため、**1,000㎡**や**1,500㎡**ごとに**防火区画**を設けることである。

一つの**防火区画**を**防煙区画**で細分化しても、**防煙区画**が火災および煙の両方を対象とする**安全のための区画**であることには変わりはない。また、**防煙区画**もできるだけ**防火性能**を持たせて、より高い安全が保障されるようにすることが望ましい。

【技術用語解説】

カーテンウォール構造
（curtain wall structure）

建物の荷重を負担しない**非耐力壁**を採用した建築構造で、**帳壁構造**と呼ばれることもある。一般的には、近代建築（超高層ビルなど）において、構造上の外周に直接取り付けられる**薄い外壁**を採用した外壁構造のことを指す。

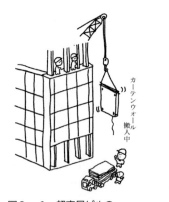

図9・6 超高層ビルのカーテンウォール構造

第9話　排煙設備工事

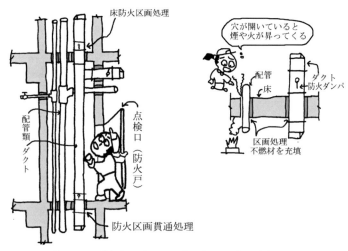

図9・7　ダクトスペース・パイプシャフトの防火区画

④**異種用途区画**

　防災上からは、**用途別**に**防火区画**する方が安全である。**異種用途区画**の対象としては、**大量**の**可燃物**や**危険物**を収納または取り扱う室、多数の人が集会する室、無窓の居室、火気を使用する室および防災センターその他の防災上重要な室などがある。これらの室の空調用ダクトは、極力別系統とすることが望ましい。

【技術用語解説】

煙突効果（stack effect）
　室温が外気温度より高い場合、室内外の空気の**比重量差**に比例して、室内空気が**浮力（buoyancy）**により上昇し、建物の上方開口より流出し、下方開口より流入する現象のこと。

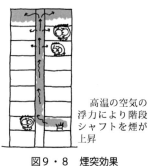

高温の空気の浮力により階段シャフトを煙が上昇

図9・8　煙突効果

第9話　排煙設備工事

図9・9　異種用途空間

（2）防煙区画

防煙区画（smoke compartment）とは、**排煙区画**とも呼ばれるが、初期火災時に火災煙が拡散し、緊急避難に支障をきたすことを防止する目的で、**防煙壁**などで火災煙が一定部分から、他の部分に煙が蔓延しないように設けた区画のこと。

具体的には、天井高3m未満の室では、**防煙区画**の面積は、**500㎡以下**とされ、**防煙壁**か**垂れ壁（天井面より下方に最小50cm以上）**で区画する。

一方、劇場や映画館などのような天井高：3m以上の場合には、内装を法令通り守ることを条件に、面積制限が500㎡に緩和される。

ここでは、好い機会であるので、**防煙区画（排煙区画）**を決定するにあたっての**設計指針**（design concept）について少し述べておきたい。

【技術用語解説】

防煙壁（smoke prevention wall）
防煙区画に用いる**間仕切り・垂れ壁**のことで、**不燃材料**で造るか、**不燃材料**で覆われたものをいう。大臣認定となった排煙については垂れ壁の寸法を250mmとする。

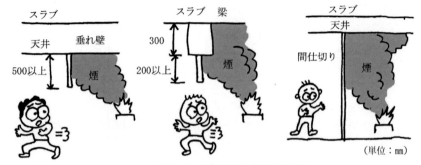

図9・10　「防煙壁」と「防煙垂れ壁」

煙制御計画は、建築物の用途の**配置計画**や、前述の**防火区画**、また**空調・換気設備**の計画などに対応して決めなければならない部分が多い。

したがって、建築計画の初期段階から、**防火安全計画（人命と財産の保護）**のサブシステムとして、総合的な視野で**煙制御（排煙区画）**を捉えることが重要である。

また、施設・設備の**維持保全**と相まって、当該煙制御マニュアルが忠実に実行されるように、日常的に管理（消防法で要求される**防火管理業務の一部**）を行うことが建物全体の安全を構築する上で**重要なファクタ**ーである。

さて、実際にはそれぞれの建築物の安全計画において、それぞれの固有の条件に合った合理的な**安全計画**や**煙制御計画**があるはずである。

法規をベースにしながらも、それぞれの建築物についての**独自の条件**に合わせて、その建築物の**防災計画**を樹立しなくてはならない。要は、**法の精神**を理解し、その適用の仕方や他のいろいろな要素（加圧排煙など）を総合的に計画することによって、建築個々についての**有効な排煙計画**を立てることである。

9・3　排煙方式の種類

排煙の方式には、換気設備と同様に、**自然排煙方式**と**機械排煙方式**がある。

（1）自然排煙方式

窓の上部の外壁や、屋根部分の外気に面する部分に設けた**排煙口**から、**空気の浮力**を利用して煙を外部に排出する排煙方式である。

自然排煙方式には、窓・排煙口による**自然排煙方式**とスモークタワーを利用する**スモークタワー方式**とがある。外気に面した窓・ガラリなどの開口部によって排煙を行う場合には、排煙口の面積が**防煙区画床面積**の1/50以上必要となる。

ところで自然排煙方式は、**風の外的条件**や**窓の開閉操作などの確実性**に難点があり、高層の建物では**外部風**の影響を受けやすいので、比較的小規模の低層の建物に採用される場合が多い。

【知っておきたい豆知識】

自然排煙と機械排煙の併用禁止
　防煙垂れ壁で区画された同一の居室で、**自然排煙**と**機械排煙**を併用することは、**相互の排煙機能**を損なうため絶対に行ってはならない。ただし、床から天井まで完全に**間仕切り**された**居室**と**廊下**などに別々に行う場合はこの限りではない。

第9話　排煙設備工事

図9・11　自然排煙方式

（2）機械排煙方式

　機械排煙方式には、吸引して排煙する**吸引式排煙方式**と給気と吸引の両方を行う**給排気排煙方式**がある。現在日本のオフィスビルで一般に採用されている、**吸引式排煙方式**は、排煙機によって煙を吸引し、**排煙ダクト**によって火災煙を建物外に排出する方式で、避難・救出活動が困難な**超高層ビル**など、一定規模以上の建築物で、窓からの**自然排煙**が適用できない場合に採用される。

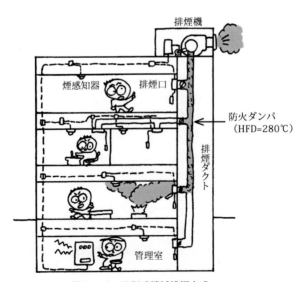

図9・12　吸引式機械排煙方式

ちなみに、表9・2は**自然排煙方式**と**機械排煙方式**の各長所・短所を比較対照したものである。

表9・2　自然排煙方式と機械排煙方式の比較

排煙方式	長所	短所
自然排煙方式	・解放機構が単純 ・装置が他室と共有することなく火災室だけに限定できる	・外部風の影響を受けやすい ・上階、隣接建物への延焼の恐れあり
機械排煙方式	・安定した風量の排煙が可能 ・火災室が負圧となり煙の拡散を防止できる ・地下室など窓や屋根のない室にも適用できる	・排煙口、排煙機、解放装置、非常電源などが必要でシステムが複雑 ・給気が不足した場合、過度の負圧で扉の開閉障害となる ・非火災室の排煙口を開放した場合、煙を呼び込むことになる

9・4　天井チャンバー方式の排煙設備

　空調システムの一つに、**ダクトレス空調システム**というのがあるが、これは**排煙ダクト**を設置する代わりに**天井チャンバー（ceiling plenum）**を利用する、いわゆる**天井排煙方式**が最近数多く採用されるようになってきている。
　この天井チャンバー内に**排煙ダクト**を敷設し、排煙時には天井内に設けた**吸込み口**を排煙口として代用し排煙を行う**天井チャンバー方式**の排煙方法が採用されるようになってきた。この排煙方式を採用すると、**天井チャンバー**容積分の**蓄煙量**が増加する上に、天井面全体から煙を均等に吸込むことにより、有効な排煙が可能になるという期待ができる。一方、この**排煙システム**の特徴を生かすためには、次のように設計・施工上の留意が必要である。
①**防煙区画**ごとに、天井内は建築的に**気密性**を高めること。
②法規上**防煙垂れ壁**は、25cm以上となっているため、**天井チャンバー**内の蓄煙を

【技術用語解説】

超高層ビル（high-rise building）
　もともと日本の建築基準法では、**高さ100尺（31m）**という規制があり、31m以上の高層ビルは存在しなかった。1964年（昭和39年）の東京オリンピックの開催を契機に、建築物に**柔構造**の採用が認可され、以降31mを超え200mにも達する**超高層ビル**が林立するようになり、日本でも**超高層**時代を迎えることになる。
　当初の日本の超高層ビルは、オフィスビルが主流であったが、現在では**超高層住宅（超高層マンション）**が、数多く建設されるようになっている。

考慮して、天井面での排煙風量が均一になるように、**天井吸込口**の配置や**開口面積**の調整することが必要である。
③天井内の**梁**や**ダクト**などにより、天井面からの排煙が不均等になるおそれのある場合には、天井内の**排煙ダクト**を延長したり、**排煙口**の適切な配置を行う必要がある。
④天井内の電線や器具の耐熱上の配慮が必要である（図9・13）。

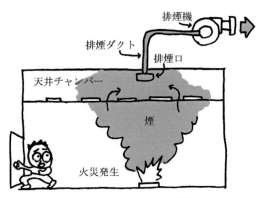

図9・13　天井チャンバー排煙方式

9・5　特殊な排煙方式

超高層ビルやアトリウムなどの大空間を有する、大規模で複雑な建物が増えてくるのに伴い、建物の特徴を生かして**排煙計画**を行う方が、より効果的・合理的という考えが高まった。その趣旨に基づき、建物ごとに**検討評価**が行われ、その採用が認められる事例が多くなった。これを**建築基準法第38号による特認事項**という。
　その事例を2例紹介する。
①**加圧排煙方式**
　階段や廊下など避難上、特に**安全を要求される区画**に、送風機で外気を給気し、その室の空気圧力を相対的に高く正圧に保ち、**煙の侵入**を防ぐ方式である（図9・14）。
②**空調兼排煙設備**
　原則として専用で設けることが義務付けられている**排煙設備**に対して、常時使用している空調・換気設備を火災時に、**ダンパなどの切り替え**によって、排煙設備として利用する排煙方式である（図9・15）。

空調機や送排風機は、日常運転され、保守もされているので、**排煙システム**の信頼性（reliability）が向上するとともに、設備費が経済的になる。

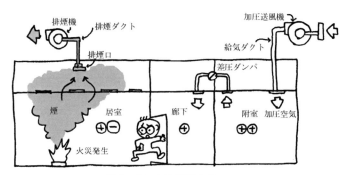

図9・14　加圧排煙方式

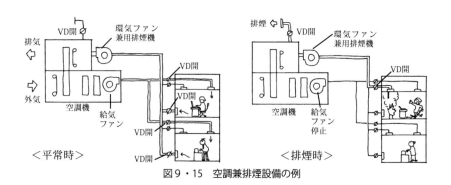

図9・15　空調兼排煙設備の例

9・6　排煙設備の設置対象場所

それでは、排煙設備の設置が必要な場所はどこであろうか？排煙設備の設置が義務付けられている**建物**および**建物の部分**は、以下の通りで**建築基準法**と**消防法**の両方で規定されている。

1）建築物の排煙設備

①**延べ面積**500㎡を超える特殊建築物（建築基準法施行令126条2に示す）
②3階以上の建築物で、延べ面積が500㎡を超える建物
③延べ面積が1,000㎡を超える建築物にある、床面積200㎡以上の大居室
④排煙上有効な開口部のない居室（無窓の居室）

ただし、上記①の特殊建築物のうち、学校・体育館等については、排煙設備は設置対象外で免除となっている。

2）特別避難階段の排煙設備
①15階以上または地下3階以下の階に通じる直通階段
②物品販売業を含む店舗で、15階以上の売り場に通じる階段
③物品販売業を営む店舗で、5階以上の売り場の用途に供する床面積の合計が、300㎡以上の建築物における階段

【技術用語解説】

特殊建築物
　学校、体育館、病院、劇場、観覧場、集会場、展示場、百貨店、市場、ダンスホール、遊技場、公衆浴場、旅館、共同住宅、寄宿舎、下宿、工場、倉庫、自動車車庫、危険物の貯蔵場、と畜場、火葬場、汚物処理場、その他これに類する用途に供する建築物をいう（建築基準法第2条第2号）。

【覚えておきたい豆知識】

　筆者は、今から約50年もまえに、シンガポールで44階建てと52階建ての2つの超高層ビルの空調設備工事の施工に携わった経験がある。
　これらの超高層ビルの**防煙システム**の考え方は、火災時に**階段室加圧ファン**（staircase pressurization fan）を一斉に起動させ、**階段室**（staircase）を正圧に保ち、**煙の侵入**を防ぎ、避難者は階段室に緊急避難するというものであった。
　そして、居室には日本におけるような**吸引式排煙装置**は一切設けていなかった。

図9・16　階段室加圧防煙方式

3）非常用エレベータの排煙設備
　高さが31m以上の建築物
4）地下街の排煙設備
　地下街の地下道に接する建築物
5）消防法による排煙設備
　①劇場・映画館などで、舞台部の面積が200㎡以上のもの
　②キャバレー・遊技場・百貨店・駐車場などの地階または無窓階で床面積が1,000㎡以上のもの
　排煙設備の設置対象となる建築物は以上の通りであるが、そのうち1）・2）・3）については**設置免除規定**も定められている。

図9・17　排煙設備の設置が必要な場所

9・7　排煙設備設計・施工上の留意点
（1）排煙風量の算定方法
1）防火区画の排煙風量
　[防火区画の床面積×1㎥/min・㎡]以上とする。
2）排煙機の風量：
　排煙機の風量は、防煙区画の数、天井高などによって算出されるが、排煙風量が少ない場合には**最低風量**が定められている。
①1防煙区画のみを対象とする場合
　120㎥/min以上で、かつ防煙区画の面積×1㎥/min・㎡以上

第9話　排煙設備工事

② 2以上の防煙区画を対象とする場合
　120㎥/min以上で、かつ最大防煙区画の床面積×2㎥/min・㎡以上
③ 天井高：3m以上で、500㎡を超える防煙区画を含み、内装を**不燃材料**
　または**準不燃材料**で仕上げてある場合：
　500㎥/min以上で、かつ防煙区画の床面積の合計×1㎥/min・㎡以上

（2）排煙用ダクトの風量算定

　排煙用ダクトの風量は、空調用ダクトや換気用ダクトとは、異なった考え方によって設計計画を行う必要があるので、以降でその設計例について紹介する。

1）各階横引き排煙ダクト

①各排煙口が「同時開放」の必要ない場合

　排煙分岐ダクトは、**各防煙区画**の排煙風量に基づいて、排煙ダクトサイズ決定を行う。ただし、2以上の**防火区画**を受け持つ排煙ダクトは、そのうち**最大の防煙区画**の排煙風量で、排煙ダクトサイズの決定を行う。

②各排煙口が「同時開放」が必要な場合

　排煙分岐ダクトは、前項と同様に**各防煙区画**の排煙風量に基づいて、排煙ダクトサイズの決定を行う。通常は、隣接する2防煙区画を考えればよいので、同時開放される2防煙区画のうち、合計排煙風量が最大になる排煙風量とすればよい。

2）排煙縦ダクト

　排煙縦ダクトは、排煙機より最も遠い階から排煙風量を順次比較し、各界ごとの排煙風量の内、大きい方の排煙風量に基づいて、排煙ダクトサイズの決定を行う。以下に排煙設備の風量算出の例を示す。

　＜例題＞　図9・18に示す排煙設備について、各室の排煙風量・排煙ダクト風量・排煙機の風量を算出せよ。ただし、各室の排煙口は**同時開放**があるものとする。

【技術用語解説】

◇**不燃材料**（noncombustible material）
　加熱しても容易に燃焼せず、防煙上有害な煙・ガスの発生、および溶融・破壊・脱落などを生じない材料のこと。コンクリート・れんが・瓦・鉄鋼・モルタル・アルミニウム・ガラスなど。

◇**準不燃材料**（quasi-noncombustible material）
　建築基準法施行令に規定された、**不燃材料**に準ずる**防火性能**をもつ材料。厚さ9mmのせっこうボードや木毛セメント板がこれに該当する。

第9話 排煙設備工事

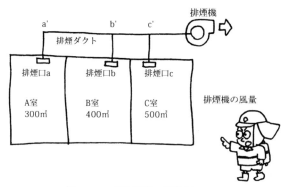

図9・18 排煙設備の設計例題

<解答>
[各室の排煙風量]・・・・排煙口a：300㎥/min
　　　　　　　　・・・・排煙口b：400㎥/min
　　　　　　　　・・・・排煙口c：500㎥/min
[排煙ダクト風量]・・・・a'〜b'：300㎥/min
　　　　　　　　・・・・b'〜c'：700㎥/min
　　　　　　　　・・・・c'〜f'：900㎥/min
[排煙機の風量]　・・・・1,000㎥/min

排煙機風量は、**最大防煙区画のC室（500㎡）**を対象として、
500（㎡）× 2（㎥/min・㎡）＝1,000（㎥/min）となる。
また、この排煙機の風量は、最低排煙機風量：120㎥/minを満足している。

（3）排煙口に関する必須知識

①機械排煙の排煙口の大きさは、排煙風量・吸込み風速・有効面積より求める。吸込み風速は、**10m/s以下**とし、有効面積は大きさによって変わるので、**メーカーの技術資料**などを参考にすること。

②排煙口の位置は、防煙区画の各位置より、**30m以内**とすること。また、垂直方向の有効部分は、天井高3m未満の場合は、図9・19に示す通りであり、天井高3m以上の場合は、床面より2.1m以上で、天井高さの1/2以上を**有効部分**とされている。したがって、天井面に取り付ける場合には問題ないが、**自然排煙方式**の排煙口には注意を要する。

③排煙機が、単独の**防煙区画**をまかなう場合、排煙口は**常時開放**でもよいが、同一

第9話　排煙設備工事

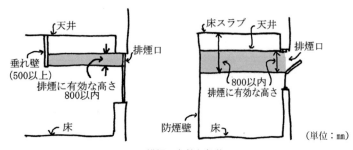

図9・19　排煙に有効な部分

　排煙機で2つ以上の**防煙区画**が受け持つ場合には、**常時閉鎖**状態になる構造の排煙口とすること。また、火災時の排煙運転の場合、該当しない防煙区画の排煙口は、閉鎖のままであり、その排煙口から万一漏洩があると、開放した排煙口の排煙風量に影響がでるので、**漏洩防止**に留意すること。

④排煙口には、必ず**手動開放装置**を設けること。さらに、建物によっては、**煙感知器（smoke detector）** と連動する**自動開放装置**や**遠隔操作**による方法がとられることもある。

⑤**手動開放装置**は、誰でも操作できるように、あまり力（10kg程度）が要らないようにし、開放したら自動的に**排煙機**が運転できるような**操作回路**としておくこと。

（4）排煙ダクトの設計・施工に関する必須知識

　排煙ダクトの設計・施工に関しての留意点を順不動で列挙すると、以下のような事項が挙げられる。

①排煙ダクトは、原則として、空調・換気用ダクトとの併用を避けて**専用**とする。

②排煙ダクトは、**等速法（equal velocity method）** で計画し、**風速：20m/s以下**とすること。⇒実用上は、ほとんど**風速：20m/s**を採用している。

③排煙ダクトの平面レイアウトは、原則として当該**防煙区画**内に収めること。やむを得ず**防火区画**を貫通する場合には、**温度ヒューズ式の防火ダンパー**を設け、その作動温度は**280℃**のものとする。

④各階を貫通する排煙主ダクトは、原則として**耐火構造のシャフト**内に収める。

⑤排煙ダクトは、**高速ダクト**で設計するため、無理な形状の排煙ダクトは極力避けること。特に、排煙機廻りでは、**急曲がりのダクト接続**は行わず、やむを得ない場合は、**ガイドベーン**を設けること。

⑥排煙機との接続は、**フランジ接合**とし、**たわみ継手・風量調節ダンパー**は、一切

設けないこと。
⑦排煙ダクト系の**抵抗計算**は、必ず実施すること。排煙口の数が多く、排煙ダクトの距離が長い場合には、**最遠の排煙口**のみを対象とするだけでなく、諸条件を加味して実施すること。
⑧排煙機の風量は、排煙ダクトおよび閉鎖している**排煙口**からの漏れを留意して、排煙ダクトの長さや排煙口数を考慮して、全体で**1.1～1.3の余裕率**を見込んでおくこと。
⑨排煙ダクトは、鋼板製とし、排煙ダクト板厚は**高速ダクト仕様**とし、**コンクリートダクト**などは一切使用しないこと。また、天井裏などの隠ぺい部分に設置する排煙ダクトには排煙時**有毒なガス**や**有害物質**を発生しない材料で断熱を施すこと。

(5) 排煙機の選定上の注意事項

排煙機（smoke exhaust fan）の選定では、**静圧**（static press.）が一般の送排風機に比べて非常に高いので、多点運動による**サージング**（surging）や排煙温度の

【技術用語解説】

サージング（surging）

ポンプや送風機・圧縮機を低流量域で使用する場合、吐出圧力や流量がかなり低い周波数で激しく変動する現象のことを**サージング現象**と呼ぶ。この現象は、ポンプ配管系では揚程と吐出量の曲線が、右上がり勾配をもち、配管中に気相部分が存在し、しかも吐出弁の位置がその下流にある場合に発生する。

圧縮機においては、圧力比と空気流量曲線が、右上がりである領域では、管路の特性にかかわらず発生することが多い。図9・20に示すように、各軸回転数の特性曲線の最大値を結んだ線がサージング限界として、一般に用いられ、それより左上の領域では、サージング現象が発生して、正常な運転ができなくなる。

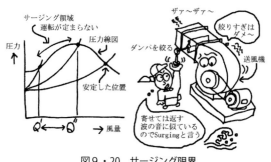

図9・20　サージング限界

第9話　排煙設備工事

変化のよる**サージング**などを考慮し、各種送風機の選定を行うこと。

　一般の目安としては、静圧0.78kPa（80mmAq）くらいまでは**多翼送風機**、静圧がそれ以上の場合には、**リミットロード送風機やターボ送風機**が採用される。

　排煙機の設置位置は、排煙の性格上、排煙系の最高部に設け、排煙機の**吐出側ダクト**は極力短くすること。

　また、排煙機の保守スペースは、周囲60cm程度を確保し、排煙機は火災時に起動するものなので、特別に防音・防振の配慮をすることは不要である。

　排煙機には、法令上**非常用電源**を設けるが、**非常電源**がない場合には、**専用エンジン**に替えることもできる。いずれにしても、**通常電源**より自動的に切り替えができ、運転が続行するように配慮しなければならない。

[引用・参考文献]
(1) 厚生労働大臣登録【空調衛生管理監督者講習会テキスト】第4版第2刷，（公財）日本建築衛生センター，平成27年2月発行
(2) 図解「空調・給排水の大百科」，空気調和・衛生工学会編，発行：オーム社，平成10年7月発行
(3) 「建築設備設計マニュアル」改訂第二版　1．空気調和編，（社）建築設備技術者協会，技術書院，平成7年9月
(4) 「空気調和衛生用語辞典」，（社）空気調和衛生工学会編，オーム社，1990年8月

第10話 保温・保冷工事

10・1 保温・保冷工事とは？

　保温・保冷工事とは、空調設備には不可欠な工事で、**空調用配管・空調用ダクト・空調設備機器**などからの熱の放散を、**保温材**を利用して可能な限り防ぐ工事を保温工事とよび、逆に外部からの熱の侵入を、**保冷材料**を利用して可能な限り防ぐ工事を保冷工事という。

　ちなみに、保温・保冷・防露という用語に関して、JIS A 9501（保温保冷工事施工標準）では次のように定義している。

◇保温：常温以上、約1000℃以下の物体を被覆し熱放散を少なくすること、または被覆後の表面温度を低下させること。

◇保冷：常温以下の物体を被覆し侵入熱量を小さくすること、または被覆後の表面温度を「露点温度」以上とし、表面に結露を生じさせないこと。

◇防露：保冷の一分野で、主に0℃以上常温以下の物体の表面に結露を生じさせないことをおこなうこと。

【技術用語解説】

シールド（shield）
　シールドには、本来遮蔽という意味があるが、**電気シールド・電磁シールド・音響シールド**などという用語が存在する。実は、保温・保冷・防露・断熱・防熱などの、**熱的なシールド＝Thermal Shield**ということができる。

10・2 代表的な保温・保冷材料

　保温・保冷材料には、**主材料・外装材・補助材**の3種類に分類できるが、ここでは**主材料**について紹介しておく。一口に**保温・保冷主材料**といっても、多種多様な種類があるが、一般的には**人造鉱物保温材・無機多孔質保温材・発砲プラスチック保温材**の3種類に大別できる。ここでは空調設備用に多用されている代表的な6種の保温・保冷材についてのみ紹介しておく。

＜人造鉱物保温材＞　　＜無機多孔質保温材＞　　＜発砲プラスチック保温材＞

図10・1　保温・保冷材の3大分類

（1）人造鉱物繊維保温材
1）グラスウール保温材（JIS A 9504）

　グラスウールは、ガラスを溶融し、これを火炎法・遠心法・渦流法などで**繊維化**

【技術用語解説】

かさ比重（bulk density）
　保温材などの密度を表す時に用い、みかけの**単位体積当たり**重量を意味し、通常Kで表す。ちなみに、グラスウール保温板には、24K・32K・40K・48K・64K・80K・96K・120Kまでの品揃えがある。

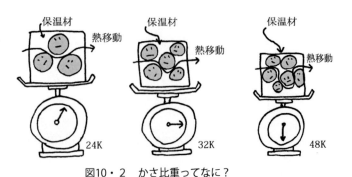

図10・2　かさ比重ってなに？

したものである。これは不規則に重なり合った繊維どうしの間に多量の空気が存在するため、軽量で優れた断熱性を具備する。

使用用途によって、保温板・保温筒・保温帯・ブランケットがある。保温板2号24Kの密度は、**24kg/㎥**というように、Kの前の数字は**密度**を意味する。

グラスウールの特性は、主としてガラス繊維の太さによって左右されるが、JISでは繊維の太さは、$12\mu m$以下で平均$7\mu m$のものと定めている。

2）ロックウール保温材（JIS A 9504）

ロックウールは、石灰・ケイ酸を主成分とする耐熱性の高い鉱物を**遠心力・圧縮空気・高圧蒸気**などで繊維化したものである。なお、繊維の径は$7\mu m$以下で、密度には2号（101～160kg/㎥）と3号（161～300kg/㎥）がある。使用目的によって、板・筒・フェルト・帯・ブランケット状に成型製品化してある。耐熱性は、上述のグラスウールより優れており、JISでは最高使用温度を650℃と定めているが、板・筒は400～600℃としている。

（2）無機多孔質保温材

1）けい酸カルシウム保温材（JIS A 9510）

けい酸質粉末・石灰などを均一に配合し、蒸熱反応によって、板状・半円筒形に成型したものである。けい酸カルシウム保温材は、耐熱性に優れており施工性・経済性もよいので、2号で650℃、1号で1,000℃までの保温材として広く使われ、ボイラの保温や地域暖房の高温水配管などに多用されている。

2）はっ水性パーライト保温材（JIS A 9510）

この保温材は、パーライトの接着剤・無機繊維・はっ水剤を均一に混合し、プレス成型したものである。なお、パーライトは天然ガラスの一種：真珠岩・黒曜石および松脂岩などを微粒に砕き、900℃～1,200℃で加熱膨張させて軽量で多孔質の粒状物としたものである。ちなみに、JISに示された最高使用温度は板や筒状で、900℃または650℃である。

（3）発砲プラスチック保温材

1）ビーズ法ポリスチレンフォーム保温材（JIS A 9511）

この保温材には、製法の違いにより**押出法ポリスチレンフォーム保温材**もある。ところで、この保温材は、発泡剤および難燃化材を添加した**ポリスチレン樹脂（自消性ポリスチレン）**を原料としている。ポリスチレンまたはその共重合体の**発泡性ビーズ**を型内発泡成型したもの、もしくは発泡成型したブロックから切り出した板

状または筒状の保温材である。

ちなみに、この保温材は**ビーズ法・押出法**とも熱に弱いので、使用用途は専ら防露・保冷用として使われている。JISでは、最高使用温度を筒：70℃、板：80℃と規定している。

2）硬質ウレタンフォーム保温材（JIS A 9511）

ポリオール・ポリイソシアネートおよび発泡剤を主剤として**発泡成型**したもの、もしくは**発泡成型**したブロックから切り出した板状または筒状の保温材である。気泡体には、炭酸ガス・フロロカーボンガスが封入されているので、空気より小さい**熱伝導率**となり、優れた**保温・保冷効果**を示す。また、施工面でも現場での**注入**や**吹付**により任意の形状に容易に現場発泡できる利点がある。ただし、安全使用温度は100℃と規定されている。

以上の6種の保温・保冷材の他にも、**炭化コルク板・けいそう土・硬質ラバーフォーム**などがある。

10・3　保温・保冷材料の選定上の留意点

保温・保冷材の選定に当たっては、まず第一にその**熱伝導率**（heat conduction ratio）に注目する必要がある。その選定には、①温度との関係、②密度との関係、③保温材の厚さとの関係、④水分との関係、⑤気体の種類との関係、⑥保温材の構造との関係、⑦保温材の経済的厚さの関係等々、数多くの必要検討事項がある。

ここでは紙面の都合上、保温材料の**温度との関係**、**水分との関係**および**経済的厚さ**の3点のみ取り上げて特記しておきたい。

（1）保温材料の温度との関係

保温材料の熱伝導率は、温度の上昇に伴い大きくなる。100℃以下の温度領域では、空気を利用した保温材料の熱伝導率は、温度の上昇に対して**ほぼ直線的**に増大する。中・高温領域になると**低密度保温材料**では、熱伝導率の増加割合は大きくなり、同一材種の熱伝導率でも密度が小さいほど熱伝導率は大きくなる。

これは、低密度で温度が高いほど放射（radiation）による伝熱量が増大するためである。繊維質の**保温帯**は、繊維の配列が熱流と同一方向にあるため、高温になると同一種・同密度の保温板に比べて熱伝導率が増大する。なお、含水している保温材料は、100℃前後で**自由水**が蒸発するので、熱伝導率が小さくなることもある。

（2）保温材料と水分との関係

保温・保冷材料が、水分を吸収すると**気体（空気）**が熱伝導率の大きい**水**と置換

（replace）するので、保温・保冷材料の熱伝導率が極端に大きくなる。水が水蒸気の状態として存在する場合には、**水蒸気**の熱伝導率は**空気**の熱伝導率より小さいので、大した障害とはならない。

しかしながら、スチレンフォームのような**発泡プラスチック保温材**は吸水しにくいが、グラスウール・ロックウールのような**繊維質保温材**は吸水しやすく、往々にして現場で保温工事する際問題を起こしやすい。

（3）保温材料の経済的厚さ

保温材料の厚さが増えれば放散熱量が減少するが、反面その保温工事費は増大する。この関係を定性的に表現したものが図10・3である。この図中で、曲線Aは、放散熱量に対する**燃料費**で曲線Bは**保温工事費**である。また、曲線CはA＋Bの合成曲線で、Cが最小値になるP点が経済的な保温材料の**経済的な保温厚さ**となる。

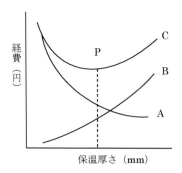

図10・3　経済的な保温材料の厚さ

10・4　保温材・防露材の必要な保温材厚さ

定常状態における保温された状態での、貫流熱量・必要な保温材の厚さ・保温材外側表面温度は、**平面と円筒（管）の２つの状態**に分けて考える必要があり、それは以下のような計算式で求めることができる。実際には**定常状態**にあることは、ほ

【技術用語解説】

定常状態（steady state）
　言葉の意味は"状態が常に一定していること"であるが、ここでは、配管など**保温対象物の温度**および**保温材料外周の温度**が、経過時間によって変化せず**一定の状態**であることを意味する。

第10話 保温・保冷工事

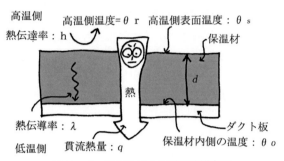

図10・4　平面の場合の熱貫流概念図

とんどないので、あくまで**簡易的な算出方法**である。保温対象物や周囲の時間の変化により条件が変わるので、目的に応じて条件を設定して算出する必要がある。

（1）平面の場合の熱貫流（具体例：ダクトの場合）

まず、最初に平面の場合の**熱貫流**（heat transmission）のイメージを図10・4に示しておく。その具体的な例としては、図10・5に示すような**屋内露出ダクト**に対する保温施工例が挙げられる。

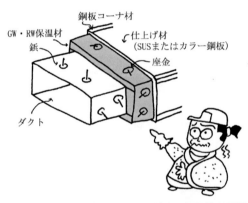

図10・5　屋内露出ダクトに対する保温施工要領

① **貫流熱量（放散熱量・熱損失量・侵入熱量）：$q[W/m^2]$**

$$q = \frac{(\theta o - \theta s)}{(d/\lambda)} = \frac{(\theta o - \theta r)}{(1/h + d/\lambda)} = \frac{(\theta o - \theta s)}{R} = h(\theta s - \theta r)$$

ただし、θo：保温材の内側の温度[℃]

θs：保温材の外側の表面温度[℃]
θr：保温材の外側の気温[℃]
d：保温材の厚さ[m]
λ：保温材の熱伝達率[W/m・K]
h：保温材の表面熱伝達率[W/㎡・K]
保温の場合、h=12、保冷の場合、h=8を使用する。
R：保温材の熱抵抗[㎡・K/W]

②必要な保温厚さ：d[m]（表面温度：θsを設定する場合）

$$d = \frac{\lambda(\theta o - \theta s)}{h(\theta s - \theta r)}$$

③保温材の外側表面温度：θs

$$\theta s = \frac{q}{h + \theta r}$$

(2) 円筒（管）の場合の熱貫流（具体例：配管の場合）

　まず、最初に円筒（管）の場合の**熱貫流（heat transmission）**のイメージを図10・6に示しておく。その具体的例としては、図10・7に示すような**屋内露出冷水管・冷温水管**に対する保温施工例が挙げられる。

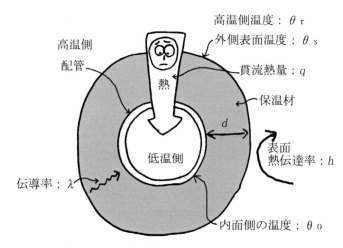

図10・6　円筒（管）の場合の熱貫流概念図

第10話 保温・保冷工事

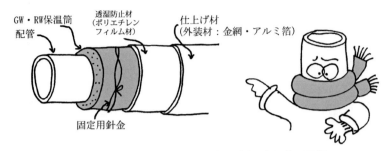

図10・7 屋内露出冷・温水管に対する保温施工要領

① 貫流熱量（熱損失量・侵入熱量）：q[W/㎡]

$$d = \frac{\pi(\theta o - \theta r)}{(1/h \cdot D + 1/2h \cdot \ln De/Dl)} = \frac{2\pi h(\theta o - \theta s)}{\ln De/Dl} = \frac{(\theta o - \theta s)}{R}$$

ただし、De：保温材の外径[m]
　　　　Dl：保温材の内径（配管外径）[m]

② 必要な保温厚さ：d[m]（表面温度：θsを設定する場合）

$$de = \ln(de/dl) = \frac{2\pi(\theta o - \theta s)}{h(\theta s - \theta r)}$$

$$d = \frac{(de - dl)}{2}$$

③ 保温材の外側表面温度：θs

$$\theta s = (q / \pi h De) + \theta r$$

（3）一般的な保冷・防露厚さの一例

グラスウール保温筒および保温板48Kの場合、その保冷・保温厚さのほんの一例を参考までに挙げると、JIS A 9501によって、次のように規定されている。

◇管内温度が15℃以上の場合

厚さは管呼び径15Aは15mm、管呼び径20A〜150Aは20mm、管呼び径200A〜300Aでは25mm、平面の場合25mmと決められている。

◇管内温度が5℃以上の場合

厚さは呼び径15A・20Aでは25mm、呼び径25A〜65Aでは30mm、呼び径80A〜300Aでは35mm、平面の場合40mmと決められている。

10・5 保温・保冷・防露工事の留意点

ここでは、主として**配管用**の保温工事を施工する上での留意事項を順不同で紹介することにする。

①保温・保冷の厚さは、**被覆材**の厚さのことであり、**外装材**や**補助材**の厚さは含まないので注意すること（**注：管工事試験で、よく問われる知識**）。

②保温材は、既述のように繊維質・多孔質・発泡質などに大別される。繊維質材料の中で無機質材料の**グラスウール**は、水に濡れると著しく断熱効果が減少することを肝に銘じておくこと。したがって、現場で保温工事を遂行する場合には、グラスウールへの**雨水侵入**には十分留意すること。

一方、ポリスチレンフォーム・硬質ウレタンフォームなどの**多孔質保温材**は、水濡れの影響を受けることはない。

③温水管・蒸気管の保温工事は、内側から順に**被覆材**⇒**外装材**の順序で施工すること。

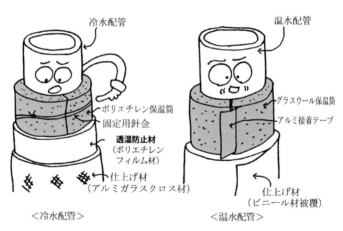

図10・8 冷水管と温水管の施工要領

【技術用語解説】

ラギング（lagging）

この用語は、従来から日本の職人の間ではなぜか、俗称**ラッキング**と呼ばれている。これは、冷凍機・ボイラ・配管などの保温・保冷被覆材の損傷を防止する目的で設ける金属製の防護カバーのこと。

雨水のかかる場所・浴室/厨房など湿度の高い場所、あるいは機械室などのように**管理作業**が常時行われる場所の機器類の断熱被覆部に施すこと。

第10話　保温・保冷工事

④冷水管の保温工事は、内側から順に**被覆材⇒防湿材⇒外装材**の順序で施工すること。温水管の保温工事の場合と異なることは、**結露防止**のために**防湿材**（vapour barrier）の施工が不可欠であることである。なお、**防湿材**としては、**ポリエチレンフィルム**が多く使用されている（前頁図10・8参照）。

⑤配管ピットなどの**多湿箇所**では、外装材として**アスファルトジュート**を巻き、その表面に**アスファルトプライマー**を塗布すること。

⑥屋外横走り配管の**金属製外装材（ラギング）**の継ぎ目は、雨水が侵入しないように、**横向き**または**下向き**とすること。

⑦屋外立て配管の外装材（ラギング）は、下面から上面に外装材を施し、継ぎ目に雨水がたまらないようにすること（図10・9参照）。

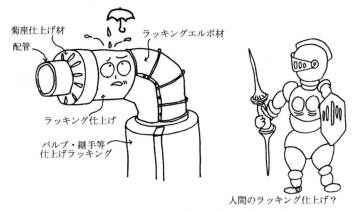

図10・9　金属製外装材の配管への施工要領

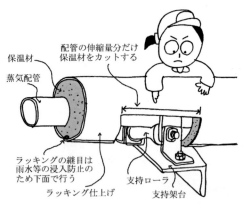

図10・10　蒸気配管：ローラサポート部の保温材被覆

⑧蒸気配管などの**伸縮の大きい配管**を指示する場合の保温材は、配管伸縮量を考慮して保温材の一部を欠くこと（前頁図10・10参照）。

⑨冷水管・冷温水管の**吊バンド**などの支持部は、**インシュレーション・スリーパ**などの**防湿加工**を施した支持受けを設けること。やむを得ず配管を直接支持する場合には、保温外面より吊り棒を150mmの長さまで保温の被覆を施すこと。保温施工を必要とする配管系のバルブには、**ロングネックバルブ**を採用すること（図10・11参照）。

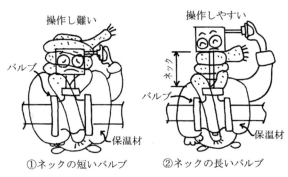

図10・11　ロングネックバルブ

【技術用語解説】

インシュレーション・スリーパ
（insulation sleeper）

この材料は、冷水配管などを吊バンドで支持する場合に採用される配管支持材である。配管支持部の結露と熱ロスを防止するとともに、保温筒がつぶれないようにする目的で設けるもので、"sleeper"の原義は"枕木"のことで、**硬質ウレタン製**のものが多い。

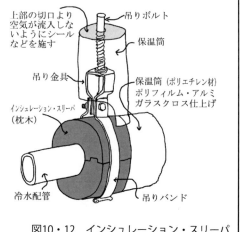

図10・12　インシュレーション・スリーパ

第10話　保温・保冷工事

⑩保温筒は、原則として厚さ：65mm以下の場合は**単層**とし、厚さ：75mm以上の場合には、**複層**とすること。
⑪保温筒の**継ぎ目**は、同一線上に並ばないようにずらして施工すること。
⑫ダクトの保温材には、予め**保温ピン**（鋲）を取り付けておくこと。原則として300mm格子ごとにダクトの下面・側面には2個、ダクトの上面には1以上取り付けること。

10・6 熱橋（サーマル・ブリッジ）

　第10話の掉尾を飾る話題として、あまり聞きなれない**熱橋**（サーマルブリッジ）について、少し紹介してみたい。

（1）熱橋とは？

　内部と外部にとの境界（boundary）に熱が移動する際に、ちょうど人が橋を渡るとき最も渡りやすい場所を選んで渡るように、熱が最も伝わりやすいところを**熱橋（サーマル・ブリッジ）**と呼んでいる。保冷の場合には、**熱橋部分**の熱流抵抗が保冷材より低いので、表面温度が下がり、結露現象が発生しやすく目に見える現象となる。
　ちなみに、国土交通省機械設備共通仕様書では、**冷水管**および**冷温水管**の吊バンドの支持部は、**合成樹脂製の支持受け（インシュレーション・スリーパ）**を使用す

図10・13　サーマルブリッジ

【覚えておくと、お得！】

　日本では、ダクト保温材は**保温ピン付工法（乾式工法）**が一般的であるが、今から約50年前のシンガポールではダクト保温材を取り付ける際、ダクト表面上に**瀝青（bitumen）**を刷毛塗し接着施工しているのを目撃したことがある。

ることになっている。これが**熱橋**を起こさない施工法を取り入れた一例である。
（2）熱橋現象が避けられないときの具体例
①配管保冷時の具体例

　5℃以下の冷水管を直接支持したときの**吊ボルト**は、配管本体保冷厚さの3倍の長さまで保冷し、吊ボルトの保冷厚は、原則として配管本体保冷厚の1/2が必要となる。また、配管が**上下二段吊り（俗にいう提灯吊り）**されている場合には、上下配管を吊支持している**吊ボルト全体**を保冷する必要がある（図10・14参照）。

図10・14　配管熱橋の例

　直接支持した場合の**アングル架台**は、冷水管・ドレン管部は全体を保冷する。
　また、他の配管支持と共用で、**アングル架台**が長いときは、保冷をする必要のある配管の保温筒外面から長さ300mm程度のところまで保冷する必要がある。
②**ダクト保冷時の具体例**

　日本では、グラスウール保温材をダクトに取り付ける場合、**金属鋲（保温ピン）**などを使用している。保温ピンが突き出て折り曲げた部分は、特に相対湿度85％以上、かつダクト内温度22℃以下になると**結露現象**が起こるので、**断熱ボルト**を使

【技術用語解説】

断熱ボルト（insulation bolt）
　保冷材を貫通して止めても熱橋を防ぎ、結露・放射防止を目的として開発されたボルトである。材質としては、ナイロン製、ガラス繊維入りナイロン製、アクリルゴタジエン・スチレン共重合成樹脂製などがある。

第10話　保温・保冷工事

用する必要がある。

　天井内の冷房用ダクトの保温施工には、ロール状の**アルミフォイルペーパ付のグラスウール保温板**を使用し、そのまま**オーバーラップ施工**を行っているが、**ラップ幅**が少ないと周囲条件によっては、アルミニウム箔の熱伝導により**ラップ部分**が結露するので、悪条件が予想される場所での保温施工は**ラップ幅**を100mm以上にして結露の防止を図る必要がある。長方形ダクトでの長辺が70mmを超える**補強アングル山形鋼**は、30mm以上になるので、保温板（ロール状を除く）は25mm厚さの

【技術用語解説】

グラスウール保温板 24K

　空調用ダクト保温・保冷用保温材として、最もよく採用されている材料。厚さ7μmまたは20μmのアルミ箔に、50g/㎡以上の**クラフト紙**を接着させた品を**グラスウール保温板**（ロール状）に張り、一体化した化粧保温板。

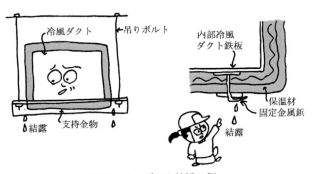

図10・15　ダクト熱橋の例

【技術用語解説】

熱的短絡路（ヒートパス）

　保温材は**圧縮・曲げ強度**が小さいので、保温材自身は**構造部材**とはならず、どうしても**補強部材**との併用となる。保温材を貫通するような**銅鋲**のような熱良導体があると**熱流**が平行なため、その部分の熱抵抗が減少し伝熱量が増加する。この部分を**熱的短絡路**（ヒートパス）と呼んでいる。

　この現象を回避するためには、**合成木材**などの保温性を有する材料を用いて**ヒートパス**を少なくする施工方法を採用している。

場合には、その部分を別に補強保温する必要がある。

③高温機器保温時の具体例
　高温機器の場合、**熱橋**で熱が機器の表面まで伝わると**火傷**または**発火**の恐れがあるので、その部分は必ず**複層保温**を施す。

[引用・参考文献]
(1) 図解「空調・給排水の大百科」，空気調和・衛生工学会編，発行：オーム社，平成10年7月発行
(2) 図解「1級管工事施工管理技士試験」合格必勝ガイド第三版，安藤紀雄監修，安藤紀雄・瀬谷昌男・中村勉・矢野弘共著，彰国社，2014年2月
(3) 管工事「施工管理技術」テキスト：施工編（改訂第4版），国土交通省所管(財)地域開発研究所：管工事施工管理技術研究会，平成13年4月発行
(4)『特設：これならわかる！設備保温のイロハ』，中村俊昭著，オーム社，「設備と管理」，2017年10月号
(5) Tea breakを取りながらマスターできる【空調設備配管設計・施工の実務技術】，安藤紀雄著，理工図書，平成4年4月
(6) Tea breakを取りながらマスターできる【空調設備ダクト設計・施工の実務技術】，安藤紀雄著，理工図書，平成11年12月

第11話 塗装工事

11・1 塗装工事とは？

塗装工事（painting works）とは、設備機器類の**保護機能**および**美装機能**を充足できるように、設備機器類およびダクト・配管類に、塗料を塗布する工事である。図11・1塗装の目的に示すように、**保護機能**としては、防錆・防水・耐薬品・防カビなどが、また**美装機能**としては、美観機能・識別機能などがある。

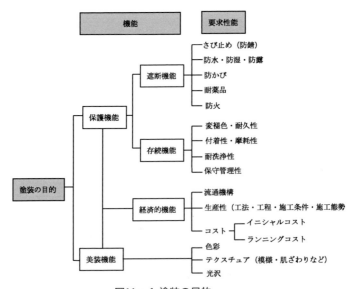

図11・1 塗装の目的

塗装工事の工程上の特徴としては、**試運転調整業務**と同様、建物竣工の直前の**"あわただしい時期"**に重なることが多い。

一般にダクトの塗装は、材料面の**保護**と**美装**の両面を兼備したものが大半であるが、特に**防食・耐食**などを重視する場合には、塗装で対応するよりむしろ**ダクト材料を変更（例：鉄板ダクト⇒塩ビダクト）**することにより対応する場合も多い。特殊用途に使用される塗料も開発・実用化されており、**結露防止塗料・防塵塗料・帯電防止塗料・絶縁塗料・発光塗料**などの品揃えもある。

11・2 塗装施工必要箇所

建築設備のどの部分に塗装を施すかは、被塗装面の材質や使用環境・経済性などを考慮して決められるが、空調機器類・配管類を除いて、一般的なダクトの塗装箇所は、以下の通りである。

①亜鉛鉄板の屋外露出裸ダクト外表面、②亜鉛鉄板の屋内露出裸ダクト（ただし、美観を無視して、最近では塗装しない場合も多い）、③ダクトのアングルフランジの鉄素地面、④ダクトの吊棒および吊支持鋼材の鉄素地面（注：ダクトの吊棒は、かつては**切削ねじ加工した鉄筋棒（黒）**を現場で、塗装工が**刷毛塗り錆止め塗装**を施していた時代もあったが、現在では**亜鉛めっき転造ねじ加工全ねじ吊ボルト**が使用されるようになっている。図11・2参照）、⑤鋼板製ダクト・支持鋼材などの鉄素地面、⑥多湿部や酸・アルカリを含んだ空気に触れるダクト・支持鋼材綱、⑦海岸付近などで**腐食環境**に曝されるダクト・支持鋼材綱、⑧居室や工場・機械室などで、美観・色彩調節・識別などを施す必要のあるダクト外表面、⑨吹出口

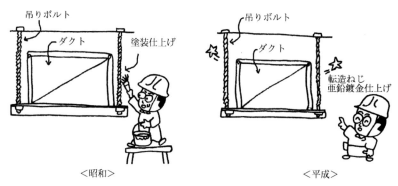

図11・2　亜鉛めっき転造ねじ加工全ねじ吊ボルト

・吸込口を接続するダクト内表面（通常黒ペイント塗装）、⑩綿布・ガラスクロス面、⑪その他。

　ステンレス鋼板やカラー鉄板・アルミニウムなどの、**耐食材料**は、錆びにくく美観も備えているので、通常塗装は不要である。

　また、亜鉛鉄板ダクトに対しては、**亜鉛めっき部**がかなりの**防食性能**を備えているので**美観**や**重防食**の目的以外には塗装は不要である。

11・3　塗料の分類

　塗料（paint）にも非常に多くの種類があるが、その代表的な塗料を大別すると以下のようになる。

（1）塗料の主成分による分類

①油性系塗料：一般錆止めペイント（1種）・調合ペイントなど。
②油性合成樹脂系塗料：合成樹脂調合ペイント・一般錆止めペイント（2種）など。
③合成樹脂系塗料：フタル酸樹脂系塗料・エポキシ樹脂系塗料（注）・塩化ビニル樹脂系塗料・ポリウレタン樹脂系塗料など。
　注：エポキシ樹脂コーティング（epoxy resin coating）＝**エポキシ材料**を用いて**コーティング（塗り・被覆加工）**すること。広義には、強化材として**炭素繊維**を何層にもコーティングして張り合わせる工法から、狭義には**エポキシ塗料**の塗装被覆することなど施工範囲は広い。
④瀝青系塗料：タールエポキシ樹脂系塗料。瀝青とは英語の**bitumen**のこと。
⑤ゴム誘導体塗料：塩化ゴム系塗料など。
⑥その他：エマルジョン塗料など。

（2）塗装工程による分類

①**下地処理塗料**：エッチングプライマ・目止め材など。

【技術用語解説】

エマルジョン（emulsion）
　互いに混じり合わない液体の系で、一方が小滴となって他方に分散している状態。白く濁った不透明な液で、別名ラテックスあるいは乳濁液ともいう。混濁した**ドレッシング**などでは、水と油を**界面活性剤**などで混和させる。ちなみに、連続層が油で分散している方（分散層）が水の場合が**油中水滴型エマルジョン**で、またその逆の場合を**水中油型エマルジョン**という。

②**下塗り塗料**：一般錆止めペイント・タールエポキシ塗料など。
③**中塗り・上塗り塗料**：合成樹脂ペイント・各種合成樹脂系ペイントなど。

（3）JIS規格製品

　大部分の塗料には**JIS規格品**があり、その品質についても**JIS K 5400**で、比重・粘度・塗膜状態・付着性・乾燥時間などが、細かく規定されている。
　一般には、仕様書や設計図書に**JIS規格品**と特記されている場合を除き、必ずしも**JIS規格品**が使用されているとは限らない。また、最近開発された**合成樹脂系塗料**には、JIS規格そのものが制定されていないものもある。

１１・４　塗料の種類

　前項では**塗料の分類**について触れてきたが、ここでは、建築設備に、一般的に使用される塗料の知識について、若干の説明をしておきたい。

（1）エッチングプライマ

　エッチングプライマ（JIS A 5633 1種）は、既述のように**ウオッシュプライマ**とも呼ばれ、ダクトなどの亜鉛鉄板を塗装しようとする場合に**下地処理塗料**である。
　亜鉛鉄板の上に、直接**仕上げ塗料**を塗布すると塗料が剥離するので、それを防止するために塗膜面の凹凸を解消し、仕上げ塗料の塗膜面への**密着性**を増す目的で使用するものである。ただし、この**下地処理材**を屋外で使用する場合には、**耐候性**（weather-proofing）が劣化するので、この下地処理材を塗布後、2～8時間以内に、**中塗り・上塗り塗装**を行う必要がある。

（2）下塗り塗料

　鉄板や鋼材などの一般鉄部に直接塗布し、**鉄面の防錆**や中塗り・上塗り塗料の**密着性の向上**を目的とした塗料で、**錆止め塗料**と**ジンクリッチペイント**がある。錆止めには、官庁仕様としての**鉛丹さび止めペイント**や、一般的な**さび止めペイント**や高温に使用される**耐熱さび止めペイント**などがある。

【技術用語解説】

エッチングプライマ（etching primer）
　別名**ウオッシュプライマ**とも呼ばれる。金属面の塗装において用いる**金属表面処理塗料**で、塗料中の成分の一部が**金属素地**と反応して化学生成物を作り、後工程の塗料の**付着性**を向上させるもの。一般には2液形と**短期ばくろ形**と**長期ばくろ形**の2種類がある（JIS K 5633）。

（3）中塗り・上塗り塗料

　主として、対候性・耐水性・耐薬性などの機能と美観の目的から、塗装を行うための塗料である。この塗料には**中塗り塗料**と**上塗り塗料**とに区分されるが、同一材料が使用されることも多い。

　この塗料にはSOPとかOPの略号で呼ばれている**調合樹脂ペイント**や耐薬性・耐水性に優れた**エポキシ樹脂系ペイント**や耐候性のよい**塩化ゴム樹脂系塗料**とか、銀ペンの俗称で呼ばれている**アルミニウムペイント**などがある。

（4）特殊用途の塗料

①結露防止塗料

　塗膜が水分を吸収する材料なので、一時的・部分的結露防止用として採用される塗料である。ただし、吸収した水分を発散させる時間が必要なので、常時結露している場所での適用には不向きである。なお、耐用年数も5～6年である。

②防かび塗料

　かび（mold）には、多くの種類があるので、**防かび**に有効な**防かび剤**が入っている塗料を使用する。また、**つや消し仕様塗装**は、ゴミが付着しやすくかび発生の原因ともなりやすいので、極力**つや有り仕様塗装**とした方がよい。

③ジンクリッチペイント

　乾燥塗膜中に80～90％の**金属亜鉛粉末**を含んだ塗料で、**亜鉛どぶ浸けめっき**と同程度の防食効果が得られるので、ダクトのアングルフランジ露出鉄部などの防食塗料として採用されている。

　なお、表11・1は、使用工程別に**各種塗料**の性質を示したものである。

11・5 塗料の耐久性

　最初に、塗装を施された塗料には、当然ながら**寿命**（life）があるということを先ず認識してほしい。塗装の耐久性（durability）については、**素地調整**や**塗料の種類**や**使用環境**によって大幅に異なるが、標準的な塗装仕様で施工した場合には、屋内では**光沢**（gloss）や**色調**（tone）などが多少劣化するが、耐久性で問題になることはほとんどない。

　しかしながら、屋外の場合には一般に3～4年で、一部の塗膜に**はがれ**や**割れ・膨れ**などが生じ、さびを発生させるばかりでなく、美観も損なわれる。このため、塗装面の耐久性を維持するためには、耐久性のよい**特殊塗料**を採用するか、**定期的な塗替え**を行うかのどちらかを選択することなる。

第11話　塗装工事

表11・1　使用工程別各種塗料の性質

使用工程	塗料番号	塗料名	JIS K	鉄面（手工具ケレンとの付着性）	亜鉛めっき面との付着性	保温綿布面との付着性	塗り重ねする塗料との密着性	防食性	耐鉄性	耐候性	耐水性（常時没水）	耐熱性	耐酸性	防アルカリ性	耐薬品性	耐塩分性	耐油性	耐溶剤性	塗膜硬度	耐衝撃	備考
下塗り	①	エッチングプライマ	5563 1種 A	A	A	D	A	D	D	D	D	D	D	D	D	D	D	D	D	D	ビニルブチラーヌ樹脂，金属面の前処理
	②	一般用さび止めペイント（1種）	5621 1種	A	D	D	A	B	C	D	D	D	D	D	D	D	D	D	D	C	油性系・酸化鉄，一般防せい
	③	一般用さび止めペイント（2種）	5621 2種	B	D	D	A	B	C	D	D	D	D	D	D	D	D	D	D	C	フタル酸系・酸化鉄，一般防せい（速乾性）
	④	鉛丹さび止めペイント（1種）	5622 1種	A	D	D	A	A	B	D	D	D	D	D	D	D	D	D	D	D	油性系，鉛丹，屋外防せい
	⑤	鉛丹さび止めペイント（2種）	5622 2種	A	D	D	A	A	B	D	D	D	D	D	D	D	D	D	D	D	フタル酸系，鉛丹，屋外防せい（速乾性）
	⑥	ジンクロメートさび止めペイント	5627 A	A	C	D	A	B	D	D	D	D	D	D	D	D	D	D	D	C	フタル酸系ジンクロメート，亜鉛めっき面ほかの防せい（屋内）
	⑦	塩化カルシウムさび止めペイント	5629	B	C	D	A	B	D	D	D	D	D	D	D	D	D	D	D	C	フタル酸・鉛酸カルシウム，亜鉛めっき面の防せい（屋外）
	⑧	タールエポキシ樹脂系塗料	5664 1種	A	A	D	A	A	B	A	D	A	A	A	A	A	B	D	B	B	耐水・耐湿部（茶黒色），埋設・構内・ピット内の配管など
	⑨	ノンブリード型タールエポキシ樹脂系塗料		A	A	D	A	A	B	A	D	A	A	A	A	A	B	D	B	B	各種合成樹脂系塗料の下塗りに適する．亜鉛めっき面に付着性優れる
	⑩	シリコン樹脂系耐熱塗料（下塗り）		A	C	A	D	D	D	D	A	D	D	D	D	D	D	D	D	C	⑳の下塗り
	⑪	目止め塗料		D	D	A	D	D	D	D	D	D	D	D	D	D	D	D	D	D	合成樹脂エマルジョン，保湿綿布面・ガラスクロス面の目止め
中塗り	⑫	合成樹脂調合ペイント（中塗り）		D	D	D	A	C	C	D	D	D	D	D	D	D	D	D	D	C	⑰・⑱の中塗り
	⑬	塩化ゴム樹脂系塗料（中塗り）		D	D	D	A	B	C	B	D	C	C	B	C	C	B	D	D	C	⑳の中塗り
	⑭	エポキシ樹脂系塗料（中塗り）		D	D	D	A	B	C	B	D	A	A	B	A	B	D	D	D	C	㉑の中塗り
	⑮	ポリウレタン樹脂系塗料（中塗り）		D	D	D	A	B	C	B	D	B	B	B	B	B	D	D	D	C	㉒の中塗り
	⑯	塩化ビニル樹脂系塗料（中塗り）		D		D	A	B	C	B	D	B	B	B	B	B	D	D	D	C	㉓の中塗り
上塗り	⑰	合成樹脂調合ペイント（上塗り）1種	5516 1種	D	D	B	B	A	B	D	D	D	D	D	D	D	D	D	D	C	長油合成樹脂（フタル酸系），一般的な上塗り
	⑱	合成樹脂調合ペイント（上塗り）2種	5516 2種	D	D	B	B	A	B	D	D	D	D	D	D	D	D	D	D	C	長油合成樹脂（フタル酸系），一般的な屋外の上塗り
	⑲	アルミニウムペイント	5492 1種	D	D	B	B	A	B	D	D	D	D	D	D	D	D	D	D	C	合成樹脂ワニス・アルミニウム粉，反射・耐熱を要する場合
	⑳	塩化ゴム樹脂系塗料（上塗り）	5639	D	D	D	A	A	A	C	B	B	B	A	B	B	A	D	A	B	耐薬性・海浜部の塩分粒子に耐大性あり．屋外大型構造物に適する
	㉑	エポキシ樹脂系塗料（上塗り）		D	D	D	A	B	A	B	D	A	A	A	A	A	A	A	A	A	耐酸・耐アルカリ性・耐薬品性が強い．工場内などの設備に適する
	㉒	ポリウレタン樹脂系塗料（上塗り）		D	D	D	A	A	A	B	D	A	A	A	A	A	A	A	A	A	強度の耐候性・耐酸・耐アルカリ性・耐水性，屋内外設備に適する
	㉓	塩化ビニル樹脂系塗料（上塗り）	5582	D	D	D	A	A	B	B	D	A	B	B	A	B	B	B	B	B	耐候性，耐酸・耐アルカリ性あり
	㉔	シリコン樹脂系耐熱塗料（上塗り）		D	D	B	B	B	B	C	A	B	B	B	B	B	D	D	D	B	耐熱度100〜600℃，蒸気管・煙道・煙突・ボイラなどに適する

また、日本でも沖縄のような**塩害腐食環境地**では、**塗装寿命**は当然さらに短くなることを覚悟しておかねばならない。
　ちなみに、耐久性を必要とする場合には、一般的に**素地調整**のグレードを上げたり、塗料として**塩化ゴム系塗料**や**ポリウレタン樹脂系塗料**などを使用するとともに、**塗装回数**を増やしたり**塗膜厚さ**を厚くするなどして対処する。

図11・3　塗装には、寿命あり永久ではない！

　工事施工管理者としては、客先への**設備引き渡し**の際に、施主に対してこの**定期的な再塗装工事**が不可欠な旨を、書面（documents）などできちんと伝達しておくことが肝要である。

11・6 塗装工事の施工要領
　塗装されるダクトは、その大半が**亜鉛めっき鉄板ダクト**であり、その他ではダクト綿布面や**ダクトクロス面**である。したがって、以降では**亜鉛めっき鉄板ダクト**を前提として、塗装工事の施工要領を述べることにする。

（1）施工手順
　塗装工事の標準的施工手順は、塗装仕様の確認⇒塗装施工要領書の作成⇒施工（塗装作業）⇒検査⇒引き渡しという**プロセス**を踏むが、そのプロセスを図示したものが図11・4である。

（2）素地調整
　塗装面は、さび・汚れ・油分などを除去するとともに、**表面処理**などをして塗料の接着性をよくするように、**素地調整**をしなければならない。

第11話　塗装工事

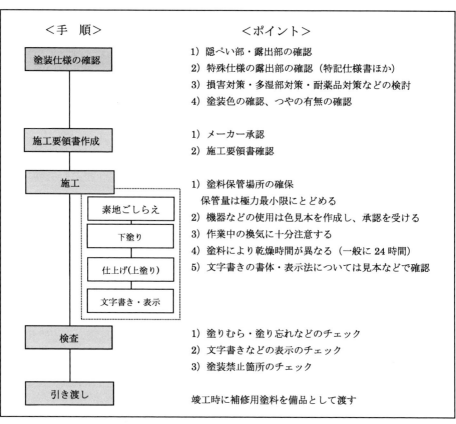

図11・4　塗装工事の標準的施工手順

表11・2　鉄部・亜鉛めっき部塗装面の素地調整方法

塗装面	素地調整方法
鉄　部	①ワイヤブラシ・スクレーパなどで汚れ、付着物などを除去する ②揮発油ぶきなどで油類を除去する ③ディスクサンダなどでさびを落とした後、直ちに次工程（さび止め）を行う
亜鉛めっき部	①ワイヤブラシ・スクレーパなどで汚れ、付着物を除去する ②揮発油ぶき・中性洗剤・湯・水洗などにより油類を除去する ③エッチングプライマで表面処理した後、直ちに次工程（塗装）を行う

第11話　塗装工事

　素地調整は塗装面の材質によっても異なるが、鉄部・亜鉛めっき部塗装面の素地調整方法を表11・2（前頁）に示す。
　鉄素地面のケレンは、素地調整の中でも最も需要な作業である。建築工事における鉄面の**ケレンの方法**には、**ブラスト法（第1種ケレン）**と**動力工具法（第2種ケレン）**と**手工具法（第3種ケレン）**の3種類がある。
　さびなどを完全に除去できる**ブラスト法**は、建築現場で使用することが困難なので、一般には**手工具法**または**動力工具法**が採用されている。

（3）現場で採用される塗装方法

　塗装方法には、**はけ塗装・ローラはけ塗装・吹き付け塗装法・エアレス吹き付け塗装**等々があるが、塗装面の形状・面積・量および塗料の種類・粘度などを考慮して、適切な塗装方法を採用する必要がある。

【覚えておくと、お得！】

ケレン（けれん、外連）
　この用語は一見外国語のように思われるが、**広辞苑**によると**ケレン**は、漢字で**外連**と書き、①ごまかすこと・まぎらすこと、使用例：・・・けれんがない、②演劇用語（歌舞伎用語）⇒芸術的な深みはなく、専ら見た目だけで客を驚かせる演出。・・・と解説されている。
　ここでの**ケレン**は、**塗装作業**において、塗料との**付着性**を一段と向上させ、**塗装仕上げ状態**を良くするために、塗装前に塗装面の古い塗料や赤さび、あるいは凹凸やその他の付着物を削り落として、塗装面を平滑にするという**俗語（専門用語：JARGON）**である。また、コンクリート型枠についた**コンクリートかす**を削りとることや塗り直しをする天井・壁などの**モルタルかす**などを削り落とすことも**ケレン**という。ちなみに、**ケレン**とは冒頭の説明の**外連（外：取り除くの意）**に由来するという説と、英語の**CLEAN（掃除する・汚れを落とす）**が訛って**ケレン**になったのだという二つの説がある。

手動けれん　　　　動力けれん

歌舞伎のけれん

図11・5　ケレン作業：手工具法と動力工具法

いずれの塗装方法を採用するにしても、塗り残し・たまり・泡などが生じないようにして、かつ均一な仕上げ面をつくることがキーポイントになる。

①はけ塗装

一般に、機器回りの入り組んだ部分や凹凸の多い部分、塗装箇所が散在している箇所などに採用される。使用するはけ（painting brush）は、塗料ならびに塗装面などによって使い分ける。

②ローラはけ塗装

ローラを転がして塗装する方法で、面積が大きく平らな面の塗装に適している。ダクトの塗装では、はけ塗りと併用して使用されている。ローラに塗料を均一に馴染ませ、塗装面に平均して塗布できるように塗装するとともに、泡などにより塗膜面に**ピンホール**ができた場合には**重ね塗り**をする。

③吹き付け塗装

圧縮空気で塗料を細かい霧状にして、塗装面に吹き付ける塗装方法である。この塗装法は、塗料が霧状に飛散するので、膜厚が一様で滑らかで美観にすぐれている

【覚えておくと、お得！】

これは、信じられないような（？）おもしろい体験談である。シンガポールの空調設備工事の施工中に、露出ダクトの塗装工事の依頼をした由。TEL連絡してから約1時間後に、塗装工事を請け負っている会社の社長の命令で、ゴム草履を履いた一人の塗装工（？）が現場事務所に現れたそうである。そして最初に言った言葉は、"所長さん！社長の命令できましたが、塗料はどこにありますか？塗装ブラシはどこにありますか？"だったそうである。この一言を聞いたときに、彼は呆れて全く怒る気にもならず、"You can go back！"とだけ言って、すぐにその塗装工（？）を追い返したとか・・・。

図11・6　あきれた塗装工

が、塗料のロスが多い上、塗装面の周囲を広範囲に養生する必要があるなどのマイナス面がある。

④エアレス吹き付け塗装

塗料にポンプなどで圧力（10〜15Pa）を加え、塗料を噴霧する塗装方法である。上記の吹き付け塗装法に比べて、塗料の飛散が少なく、噴霧量を多くできるので厚い塗膜の塗装が可能である。

（4）工場等で採用される塗装方法

ここでは、工場などで採用される塗装方法を参考までに紹介しておきたい。

①焼き付け塗装

塗料を吹き付け塗装した後、**焼き付け乾燥炉**に入れて焼き付ける方法で、一般に工場で行われ、各種空調機器のケーシングや空気吹出口/空気吸込口などの塗装方法として採用されている（図11・7参照）。

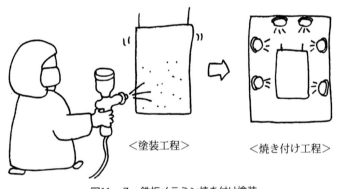

図11・7　鉄板メラミン焼き付け塗装

②電着塗装

電着塗料を入れた塗料タンクに被塗装物を浸し、被塗装物との間に150〜250Vの直流電流を通じて、物体表面に塗料を電着させ、140〜160℃で焼き付ける方法である。

③粉体塗装

粉末塗料を**高電圧**で帯電させ、被塗装物に付着させた後、180〜220℃で焼き付ける方法である。

[引用・参考文献]
(1) 図解「1級管工事施工管理技士試験」合格必勝ガイド第三版,安藤紀雄監修,安藤紀雄・瀬谷昌男・中村勉・矢野弘共著,彰国社,2014年2月
(2) 管工事「施工管理技術」テキスト:技術編(改訂第4版),国土交通省所管(財)地域開発研究所:管工事施工管理技術研究会,平成13年4月発行
(3) Tea breakを取りながらマスターできる【空調設備配管設計・施工の実務技術】,安藤紀雄著,理工図書,平成4年4月
(4) Tea breakを取りながらマスターできる【空調設備ダクト設計・施工の実務技術】,安藤紀雄著,理工図書,平成11年12月

第12話 自動制御設備工事

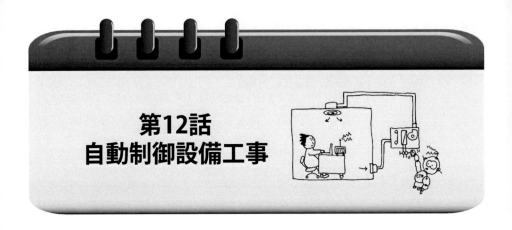

１２・１ 自動制御設備とは？

　自動制御（automatic control）とは、≪対象となっているものに≫、≪ある目的に適合するよう≫、≪所定の操作を加えるプロセスを自動的に行う≫仕組みである。

　ここで自動制御設備についていうと、狭義には空調機の**送風温度・湿度**や冷熱源機器からの**送水温度**を変えることにより、室内空調環境のいわゆる、**五大制御因子**：①温度、②湿度、③気流、④清浄度、⑤気圧の中で、①温度および②湿度を**要求レベル**に自動的に維持するように制御する設備のことである。

　広義には、**フィードバック制御・フィード・フォーワード制御（予測制御）・シーケンス制御、カスケード制御**また、冷熱源機器の**運転台数制御・**冷却塔の**冷却水**

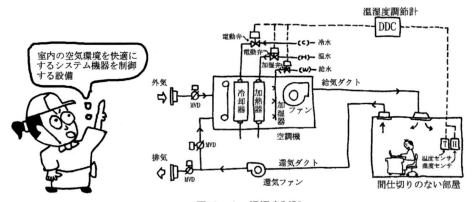

図12・1　温湿度制御

第12話　自動制御設備工事

出口温度制御・圧力センサによる送風機吐出圧制御やこれらを複合化した制御も自動制御設備の範疇に含まれる。図12・1に温湿度制御、図12・2に給気露点温度制御について示す。

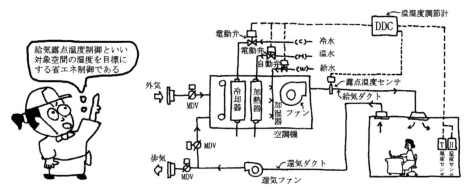

図12・2　給気露点温度制御

また、自動制御設備には、快適室内環境の維持は当然ながら、建築設備の中央監視管制装置も含まれており、建築設備の維持管理の省人・省力化や消費エネルギーの節約に多大な貢献をしている不可欠な設備でもある。

ちなみに、制御を人手を介さずに行う自動制御（automaic control）の対極にあるのが、手動制御（manual contol）である。図12・3は手動制御による温度調節と自動制御による温度調節の違いについて示したものである。。

そこで自動制御の主な役割・効果は、以下の通りである。
①熱源運転の最適化、搬送動力の最適化及び熱消費の最適化（負荷軽減）による省エネルギー化の実現
②温度、湿度、CO_2濃度等の快適環境の維持
③自動制御・中央監視による自動運転および監視の実現による運転管理の省力化
④製品の製造・保管における製品品質の向上であり、制御する量を許容値内に保つことで、機器装置が危険な状態になることを防ぐ安全性の確保

【技術用語解説】

カスケード制御（cascade control）
　cascadeの原義は小滝であるが、ここでは一つの制御装置が人工小滝のように他の制御装置の設定点を次々と変化させる制御方式のこと。

第12話　自動制御設備工事

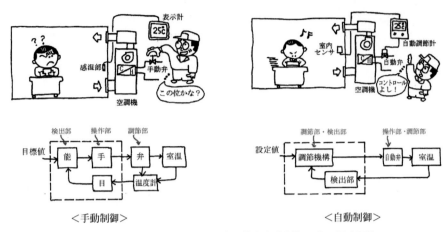

図12・3　手動制御による温度調節と自動制御による温度調節

　いづれにしても自動制御は、**検出部・計測部・操作部・調節部**から構成され、常に実際の計測値と目標値を比較し、その差がなくなるよう動作するシステムである。そしてこれらの**検出部・計測部・操作部・調節部**をいかに抽出・選定し、いかに連携・系統させるかが自動制御としては一番重要なポイントになる。また、**検出部・計測部**の設置位置の良し悪しが自動制御の性能の使命を制していることを肝(きも)に銘じておきたい。
　ここで、**検出部・計測部・操作部・調節部**にはどんな製品があるのかをリストアップしておく。
◇**検出部・計測部**（図12・4）
　室内型温湿度センサ、ダクト挿入型温湿度センサ、放射温度センサ、配管挿入型温湿度センサ、配管用圧力センサ、差圧センサ（ダクト用/配管用）、流量計（電磁流量計、渦流量計、超音波流量計）、CO_2濃度センサ、レベルキャッチャー
◇**操作部**（図12・5）
　制御弁（二方弁、三方弁）、電磁弁、ダンパ操作部、風速センサ付き変風量装置（VAVユニット）、定風量装置（CAVユニット）、インバータ、緊急遮断弁
◇**調節部**（図12・6）
　DDC、熱源機コントローラー、ポンプコントローラー、温度調節器、湿度調節器、圧力調節器、水位調節器
　なお、最近の傾向として検出部・計測部・操作部・調節部のうち単独の機能だけではなく、これらの複合部を一つの製品として具備したものの開発が進んでいる。

第12話　自動制御設備工事

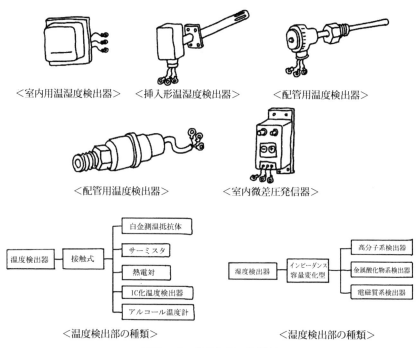

図12・4　各検出部・計測部

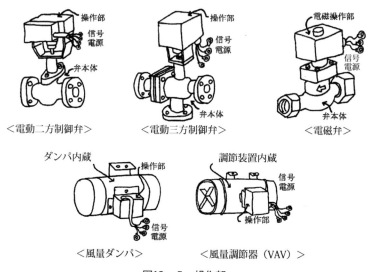

図12・5　操作部

第12話　自動制御設備工事

一例として、センサ機能とリモコン機能を併せ持つリモートユニット用デジタル設定器、また加速度センサと演算部を一体化しSI値加速度の計測・出力と遠隔監視・制御装置に対応可能な地震センサが開発されている。

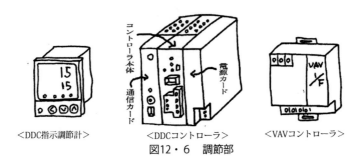

<DDC指示調節計>　　<DDCコントローラ>　　<VAVコントローラ>

図12・6　調節部

12・2　自動制御の基本概念

ここでは自動制御を**基本概念**、**制御動作**、**動作原理**の3つについて分類してみると自動制御を理解しやすいので、以降ではこの順序に従って詳述することにしたい。

（1）フィードバック制御（feed-back control）

一般に空調設備における自動制御は、その大半が**フィードバック制御**（feed-back control）と呼んでも過言ではないと思われる。すなわち、対象毎に**温湿度セ**

【技術用語解説】

SI値（Spectal Intensity）
　地震によって一般的な建物にどの程度被害が生じるかを数値化したもので、スペクトル強度といい、単位はカイン（cm/s）である。ガスに関係する諸機構ではSI値を基準にしてガスの供給停止の判断を行っている。

【覚えておくと、お得！】

　通常のパッケージ型空調機には、温度制御用の**温度センサ**（**通称ボディサーモ**）を搭載し、設計図書にはパッケージ型の自動計装図に**サーモスタット**の設置が明示されている。先輩から以下のような話を聞いていたので紹介すると、"パッケージ型空調機のメーカーに電話してボディサーモは、不要だから取り外して現場に納入してください"と指示した由。引き続き電話で"ボディサーモを撤去すると、どの程度安くなりますか？"と尋ねたところ、メーカー側からは、"ボディサーモは標準付属品として搭載されておりますので、撤去する場合には、逆に一万円の追加改造費用が必要になります。"との返事。なるほど！とメーカーに文句をいう元気もなかった思い出があると話をしていた。

ンサ（検出部・計測部）を設け、**室温湿度**（**制御量**）を検知し、その値が**設定値**（**目標値**）になるように**制御ユニット**（**調節部**）を用い、操作対象である**二方弁・三方弁・電磁弁**やモータダンパなどの**操作部**で操作し、**室温湿度**を目標値に近づける**制御偏差**をゼロにすることである。具体的にいうと、**制御量**である**室温湿度**を常に検出し、上記の動作を繰り返すことで、この一連の動作を**フィードバック制御**と呼んでいる。フィードバック制御である**外気冷房制御**について図12・7に記す。

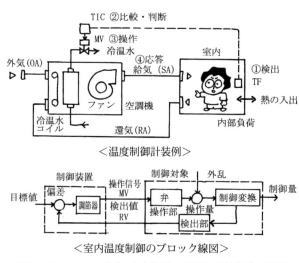

図12・7　フィードバック制御の一例である外気冷房制御

（2）フィード・フォーワード制御（feed-forward control）

　フィード・フォーワード制御（feed-forward control）は、予測制御（prediction

【技術用語解説】

オフ・セット（off-set）
　自動制御系に外乱（disturbance）が入るとこれに対して応答し、やがて安全な状態に落ち着くが、応答後の出力が定常状態(steady state)に達しても目標値に等しくならず、ある程度の**制御偏差**を残すことがある。
　この**残留偏差**（residual deviation）は、機器の不正確さに起因するものではなく、**制御動作から本質的に起因するものをオフ・セット**と呼んでいる。
　※偏差（deviation）とは入力値と設定値のずれのこと。

第12話　自動制御設備工事

control）とも呼ばれ、中型・大型建物における自動制御の中の**最適自動制御**の一つである。検知の頻度や一定方向の**連続指示時間**の長短により行うもの、あるいは**検知の状況**を予め設定した**負荷条件**に照合して指示する方法などがある。

　具体的な例では、東京ドーム（気積：1,240,000㎥、膜屋根面積：水平投影面積28,600㎡、収容人員５万人の日本初の全天候型多目的スタジアム）の**空気膜加圧制御**での**フィード・フォーワード制御**がある。通常は、ドーム閉館時の自然漏気量を加圧送風機１台当たり送風量（100,000㎥/h・台、30mmAq）の２台程度の運転で十分賄えることができるが、野球・フットボール・コンサート・展示会など様々な大イベントが開催され観客退場時等の扉開閉に伴う急激な状態変化に対しては膜屋根が適切に維持されるように、開放する扉の枚数に応じた**フィード・フォーワード制御**で自動的に加圧送風機が起動している。

　なお、加圧送風機は、機械室の納まりや可変風量送風機の制御範囲などから100,000㎥/h（30mmAq）とし、イベント時には換気に必要な最大外気量1,800,000㎥/hに対して加圧送風機18台で対応、退場・避難時、台風や積雪時には送風機18台を増やす**フィード・フォーワード制御**が可能な状態になって、合計36台の加圧送風機がフル稼働している由。

（3）シーケンス制御

　シーケンス制御（sequence control）とは、あらかじめ定められた順序に従って制御の各段階を逐次進めていく制御である。これは次の段階で行うべき動作があらかじめ定められていて、前段階における動作を完了した一定時間経過後に次の動作に移行する一連の動作のことをいい、**順次起動法・順次停止法**とも呼ばれている。

　身近の空調設備の冷暖房に関していうと、冷房運転開始時の**順次起動（シーケンス運転）**は、**空気清浄装置（エアフィルタ）⇒空調機送風機⇒冷却水ポンプ⇒冷水ポンプ⇒冷凍機**の順序起動をし、冷房停止時は全くこの逆になる。一方、暖房開始時の運転開始時の**順次起動（シーケンス運転）**は、**空気清浄装置（エアフィルタ）⇒空調機送風機⇒温水循環ポンプ⇒温水ボイラ**の順で順序起動し、暖房停止時は全くこの逆になる。また、空調機起動時に外気ダンパを全閉とし、予冷予熱時間の短縮を図るウォーミングアップ制御もシーケンス制御の一種である。

　また、大規模なビルなどでは、**送排風機**の数も多いので、予め**グループ**を決めておき**グループ別に順次起動運転・順次停止運転**をすることが望ましい。シーケンス制御である**ウォーミングアップ制御**について図12・8に示す。

第12話　自動制御設備工事

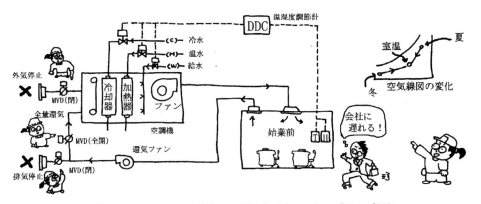

図12・8　シーケンス制御の一例であるウォーミングアップ制御

【技術用語解説】

インターロックと連動

　インタロック（interlock）とは、Aという装置において**ある条件**が整っていなければ、Bという装置の運転を禁止するような制御のことである。

　具体例をあげると、冷却水ポンプが運転していなければ、冷凍機が起動しないような制御のことで、水槽の液面制御における**減水警報**による**ポンプ空転**防止もインターロックの好例である。

　ちなみに、**連動制御**という用語は、Aという装置が運転してはじめて、次にBという装置の運転に入るということで、例えば**冷却水ポンプ**が運転してから、次に**冷却塔ファン**が起動するという制御である。**空調機器設備**でのインターロックについて図12・9に示す。

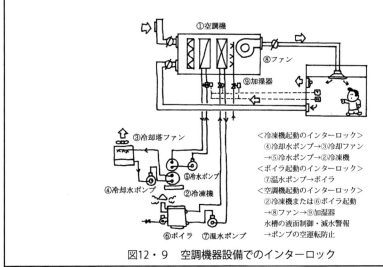

図12・9　空調機器設備でのインターロック

１２・３ 自動制御の制御動作

自動制御方式には、**検出部・計測部・操作部**に必要な操作動力の種類、および**信号処理形態**から下記に示すような種類がある。

（１）自力式自動制御方式

操作部を動かすのに必要なエネルギーを外部から受けることなしに、**制御対象自体**のエネルギーによって行う、自力式（self-action control）の自動制御のこと（図12・10）。通常では**検出部・計測部・調節部・操作部**が一体化された構造で構成され、熱（温度）エネルギーで作動するものとして**温度制御弁（通称:温調弁）**、流体の運動エネルギーで作動するものとして**圧力制御弁・差圧制御弁・流量制御弁**、流体の位置エネルギーで作動するものとして**水位制御弁**等がある。

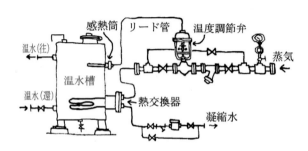

図12・10　自力式自動制御方式例

（２）他力式自動制御方式

他力式自動制御機器（図12・11）には、電気式・電子式及びDDC方式等（表12・1）があり、以下にそれぞれの内容について説明する。

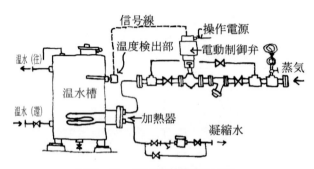

図12・11　他力式自動制御方式例

表12・1　自動制御の分類

	電気式	電子式	DDC方式
概念図（温度）	検出部 調節部 → 操作部	検出部 --- 遠隔設定 → 調節部 → 操作部	検出部 → 中央監視と通信 → 調節部 通信入力部 → 操作部
原理	・ベローズ、バイメタルダイアフラム、ナイロンリボンなどの物理的変位を利用 ・検出部と調節部が一体	・測温抵抗体、ブリッジ回路、電子回路を利用 ・電流、電圧信号にて伝送 ・マイクロプロセッサを内蔵したデジタル式が多い	・デジタル回路を利用 ・デジタル信号・中央との相互通信により高機能を実現
精度	△	○	○
検出・伝達・応答性	△	○	○
操作器応答性	△	○	○
制御動作	二位置、比例	二位置、比例、PID、カスケード、補償	二位置、比例、PID、カスケード、補償 ＋ 各種複合演算制御、快適環境制御、省エネルギー制御
機能		指示、中央監視計測、中央監視設定	
制御対象	温度、湿度	温度、湿度、露点温度、圧力、流量、その他	温度、湿度、露点温度、圧力、流量、その他
施工の容易さ	○	△	△
経済性	簡単な計装では安価	電気式より割高	中央監視と併用すると電子式より割安
適用	一般空調用簡易計装	恒温恒湿用遠隔設定表示	インテリジェントビル、省エネルギー計装、複雑な計装

1）電気式自動制御方式

　信号の伝送と操作部の駆動用に**電力**を用いる自動制御方式（electric control system）で、**電子回路**を用いないもの。その特徴は、長所として機器の構造が簡単でイニシャルコストも安いが、短所としては、後述する I 動作・D 動作などの**高級動作・補償制御**や**遠隔設定**などが適用できないことである。

　なお、自動制御方式にはかつて**空気式自動制御方式**が存在したが、最近DDC方式自動制御方式にとってかわられ使用されることがほとんど少なくなってきているの

第12話　自動制御設備工事

でここでは割愛することにする。
2）電子式自動制御方式
　調節動作の**演算増幅装置**として**ブリッジ回路**を基本とする**電子回路（電子調節計）**を用い、操作部の駆動源には電力を用いた自動制御方式（electronic control system）である。その特徴は、応答の速いセンサを用い、高級制御動作や各補償制御に適用できることである。
3）DDC自動制御方式
　DDCとは、"Direct Digital Control"の頭文字をとったもので、**デジタル電子計算機**により**アナログ調節系**を介さずに、**時分割方式**により複数の制御グループの制御演算を行い、それらの操作部を直接動かし制御するもの。言い換えると自動制御システムと中央監視への信号送受信機能を一体化し、マイコンでデジタル処理するコントローラのこと。広義には**シーケンス制御**や**最適化制御**も含まれる。

１２・４　自動制御の動作原理
　ここでは、空調設備の自動制御設備に採用されている、**制御動作**（control action）について概説しておきたい。

【技術用語解説】

◇**ブリッジ回路**（bridge circuit）
　4個のインピーダンスを直列に接続し**矩形**を形づくっている電気的回路網。対角線上に向かい合う一対の端子が入力となり、他の一対が出力となる。整流素子でこの回路を構成し、**単相全波整流器**として広く用いられる。

◇**インピーダンス**（impedance）
　交流に対する抵抗値のことで、一般的には信号等の入出力に関する付加抵抗値のこと。オーム単位で示される。ごく簡単にいうと抵抗値のことで回路における2端子間の電圧の電流に対する比のことをいう。

◇**空調の最適化制御**（optimizing control）
　コンピュータを用いて**定常状態**を最適化する**静的最適化制御**において、最適な結果を得るために**制御目標値**を探索する制御の方式のことで、これに対して制御の過度状態を最適化することを**動的最適化制御**という。

第12話　自動制御設備工事

（1）二位置動作制御（図12・12）

オン・オフ制御（on-off control）とも呼ばれ、＋側と－側に入力のわずかな変化で、出力が頻繁に変化するのを防ぐために**動作隙間**を設け、各設定点でオン（操作量：100%）、あるいはオフ（操作量：0%）に動作させ目標値近くを保持する方式。この制御は、比較的簡単であるが、操作量の変動が大きく、制御量が周期的に大きく変動する特徴を有する。例として加湿用電磁弁のオン・オフ制御がある。

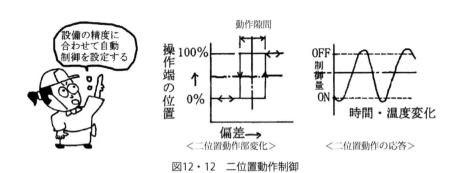

図12・12　二位置動作制御

（2）多位置動作制御（図12・13）

オン・オフ制御を**多段階**に組み合わせ、機器に対する**偏差（制御幅）**を極力少なくし、制御量の変化を抑制する方式。例：冷凍機などの台数制御。

【技術用語解説】

◇**動作隙間（differential gap）**
　日本語でディファレンシャルとも呼ばれている。ON-OFF制御でオーバーラップする領域を云う。おおむねの目標値のこと。ON点・OFF点の動作隙間の設定は制御対象によって異なるが、狭く設定した場合、頻繁にON、OFFを繰り返すので一般的に制御性は良くなる。
　しかし、あまり動作隙間を狭く設定しすぎると、リレーや電磁弁などの操作端の寿命が短くなり、ハンチングの恐れがあるので注意する必要がある。

◇**ハンチング(hunting)**
　サイクリングの周期が短くなり、また振動が大きくなってこれが制御が望み通り行われない状態で、**制御される変数**が周期的に変化し持続される現象をいう。

◇**サイクリング（cycling）**
　二位置動作の制御に起こるような制御量の周期的な増減現象のこと。

第12話　自動制御設備工事

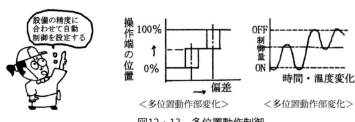

図12・13　多位置動作制御

（3）比例動作制御（P動作制御）（図12・14）

　目標値と制御量の差（制御偏差）に比例して**操作量**を変化させる方式。なお、操作量：0%～100%までの制御幅を**比例帯**とよぶ。

　空調負荷特性によっては**偏差**を残したまま**安定状態**になる欠点があり、この**偏差**を**オフ・セット**（off・set）と呼ぶ。

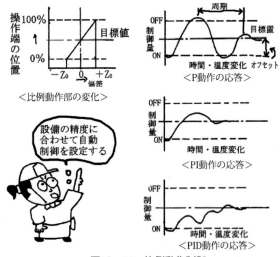

図12・14　比例動作制御

【技術用語解説】

◇**比例制御**（P：Proportional）
　現在値と設定値の差に比例した操作信号を出す制御方法である。比例帯の幅が広ければ制御は安定し、幅が狭いと不安定になる。

◇**比例帯**（proportional band）
　操作部の動作が、最大と最小に対応する比例関係の偏差の範囲をいう。

（4）比例＋積分動作制御（PI動作制御）

比例動作（Proportional Action）に、積分動作（Integral Action）を加え、比例動作のみでは、生じやすい**オフ・セット**を取り除く複合動作方式。

（5）比例＋微分制御（PD動作制御）

比例動作に微分動作（Derivative Action）を加え、**応答性**（Response Speed）の向上を図った複合方式。ただし、空調設備では採用例は少ない。

（6）比例＋積分＋微分動作制御（PID動作制御）

比例動作と**積分動作**にさらに**微分動作**を加えた、高度な複合動作方式。高い精度が必要なシステムに採用されていたが、最近既述の**DDC方式**の普及で、一般システムにもよく採用されるようになってきている。

（7）その他の動作制御

上記の他に、ある周期で**オン・オフ動作**を繰り返し、**比例動作**と同様な効果を得

【技術用語解説】

◇**積分制御**（I：Integral）
　ある時点における操作量が、その時の偏差の時間に関する積分値に比例しているような制御動作のこと。

◇**微分動作**（Derivative Action）
　ある時点における操作量が、偏差の速度に比例しているような制御動作のこと。

【覚えておくと、お得！】

ファジー制御（fuzzy control）
　熟練オペレータの経験的な**制御知識**をファジー集合を含むルールの形で記述し、ファジー推論により**制御動作**を決定する方法である。人間が日常主観的に用いる定性的な**暑い・美しい・まずまず**などといった、**あいまいさ**を工学的に処理することが可能である。ちなみに、"fuzzy"の原意は、"綿毛・けばけばしたもの"の意があるが、転じてここでは"（もの・考え方などが）ぼやけた・はっきり見えない"の意味である。

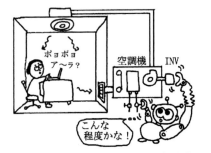

図12・15　日本的な考えのファジー制御

る**時間比例動作方式**、制御量にかかわる他の要因を加え**操作信号**を制限する**リミット制御**および**最適制御**や**学習制御**などの**計算機制御**がある。

さらに、**計算機制御**には、**エキスパートシステム**用として、ファジー制御やAI制御もある。

12・5 自動制御システムの例

自動制御には、ZEBを実現するためのエネルギー削減手法として大きな役割を担っている。自動制御に求められる省エネルギー手法を以下に列挙しておく。

建物の全負荷情報の利用として**ポンプ台数制**、**熱源台数制御**、**冷凍機一次ポンプ変流量制御**があり、自然エネルギー利用として**外気冷房制御**、**自然換気制御**、**ナイトパージ制御**、**冷却塔フリークーリング**があり、機器運転情報の共有による省エネルギーとして**インテリア／ペリメータ混合ロス防止制御**、**外調機＋レヒータシステム混合ロス防止制御**、**ＶＡＶ風量制御**（ＶＡＶとファンインバータの連携）、**ＶＷＶ制御**（空調機二方弁とポンプインバータの連携）および運用改善による省エネルギーとしては**設定値プリセット**、**ゼロエナージバンド制御**がある。これらの他の省エネルギー手法となる制御についてその名称のみを以下に記しておく。

室内温度制御　　　　　　　　　還気温度制御
室内湿度制御　　　　　　　　　給気露点温度制御
ウォーミングアップ制御　　　　CO_2濃度制御
外調機制御定風量（CAV）制御　変風量（VAV）制御
室内温度設定値リセット制御　　ファン回転数制御
二次ポンプ変流量制御　　　　　吐出圧一定制御
推定末端圧制御　　　　　　　　末端差圧制御
変水量（VWV）制御　　　　　　冷却水ポンプ変流量制御

次に、**熱源機器**の自動制御システム技術および**空調機器**の自動制御システム技術について、その概要を概説することにしたい。

（1）熱源機器の自動制御システム技術の例

1）熱源機器の自動制御概論

制御対象となる**熱源機器**には、冷凍機・冷温水発生器・ボイラなどがあり、**補機**としては、冷水ポンプ・温水ポンプ・冷却水ポンプ・冷却塔などがある。まず、熱

第12話　自動制御設備工事

源機器に対する制御には、負荷追従のための**台数**制御が、冷水/温水ポンプに対しては**吐出圧一定制御**、**推定末端圧制御**がある。**吐出圧一定制御**について図12・16に示す。

ポンプの制御は、**密閉式配管**および**開放式配管**などの配管システムによってもその制御方法も変わる。また、**定流量方式（負荷三方弁方式）**および**変流量方式（負荷二方弁方式）**によっても制御方式が異なる。**VWV制御**について図12・17に示す。

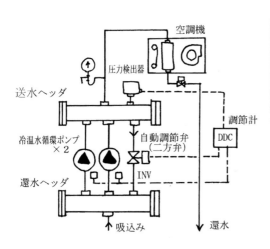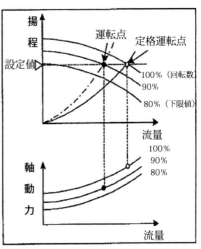

図12・16　吐出圧一定制御

【技術用語解説】

◇ ZEB（Zero Energy Building）
《先進的な建築設計によるエネルギー負荷の抑制やパッシブ技術の採用による自然エネルギーの積極的な活用、高効率な設備システムの導入などにより、室内環境の質を維持しつつ大幅な省エネルギー化を実現したうえで、再生可能エネルギーを導入することにより、エネルギー自立度を極力高め、年間の一次エネルギー消費量の収支をゼロにすることを目指した建築物》と定義されている。

◇ ゼロエナージバンド（Zero Energy Band）
不感温度帯のこと。余分な加熱や冷却を避けるため、人が不快に感じない範囲で温度をある一定の幅で設定する空調制御システムのこと。その範囲内では空調の稼働を行わず、範囲を超えた場合に限り冷房または暖房を行う。

第12話　自動制御設備工事

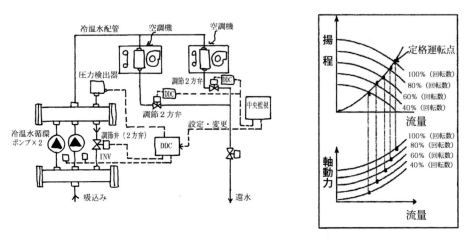

図12・17　ＶＷＶ制御（送水量可変制御）

　冷却塔については、冷凍機に対して、冷却水温度を一定にするように行う。**冷却水ポンプ変流量制御**について図12・18に示す。なお、空調システムについては、既述の第３話：空調用冷熱源機器に関する知識を参照されたい。

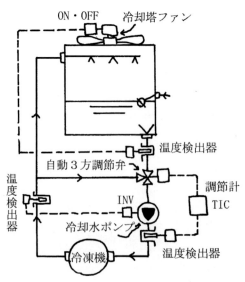

図12・18　冷却水ポンプ変流量と水温制御

2）熱源機器自動制御の具体例
①熱源機の台数制御
　流量計および往還温度センサにより負荷流量・負荷熱量を検出・演算し、熱源機器の**必要運転台数**を決定し運転させる**台数制御**である。
　一般的に、この制御には**熱源コントローラ**が採用される。このことにより、熱源機器の**ローテーション運転**による運転時間の均一化、また熱源機故障時の**バックアップ代替運転**も、すべて**熱源コントローラ**にて行っている。
②ポンプの台数制御
　台数制御は、熱源機の場合と同様に、負荷流量によりポンプの運転台数を制御している。この場合にも**熱源コントローラ**が用いられ、**ローテーション運転・バックアップ運転**も行っている。**ポンプ変流量制御**について図12・19に示す。

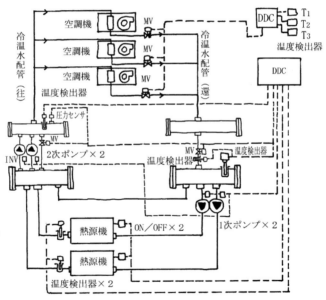

図12・19　ポンプ変流量と台数制御

【技術用語解説】

変流量（ＶＷＶ:Variable Water Volume）方式
　負荷に合わせてポンプの回転数制御を行い、負荷流量を変えるシステムのこと。運転動力が低減され省エネルギー化が大きい。

③送水圧力制御

負荷への送水圧力を一定に保つ制御で、**圧力センサ**により、**バイパス二方弁**の開度を調節する制御方式である。

弁のクローズオフレーティング（close-off rating）：制御弁を完全に**閉状態**にした時に、その弁の前後に**生じる圧力差**に抗して、全閉状態を保ち得る弁の**最大圧力差**のこと。弁を全閉にした時、圧力差に抗して全閉を保ちうる最大許容圧力差のことをいう。これ以上の圧力差では使用できない。

④蓄熱槽制御

蓄熱槽の熱源水を、熱源機の高効率運転する目的で、熱源機への**入口送水温度制御**を行うものである。蓄熱槽の**高温側冷水**と**低温側冷水**とを**電動三方弁**で混合することにより調節する。

3）冷却水の自動制御

これは、冷凍機への冷却水入口温度を一定にする制御で**冷却水入口温度センサ**により、冷却水を**三方弁**によりバイパスさせ、**冷却水入口温度**をする方式で、冷却塔のファンも**冷却塔出口温度センサ**により、オン・オフ制御する方式もある。

【技術用語解説】

◇**熱源コントローラ**
電源コントローラともいい、ポンプや熱源機の台数制御用の**デジタル制御器**で、所定の機能を1台の機器に内蔵したものである。条件判断・シーケンス制御・PID制御のほか、表示操作機能・カレンダー機能などを具備している。

◇**弁のレンジアビリティ（rangeability）**
制御弁の制御可能な**最大流量**と**最小流量**との比のことをいう。一般に制御弁は流量が小さくなると制御できなくなる。
バルブ業界には、"**過大なサイズの調節弁・調整弁を選定すべからず！**"という名言がある。調節弁の口径選定に於いて重要な点は、生じさせる圧力損失が選定された弁の調節範囲であるか否かである。極端に絞っての調節・調整は、所定の**制御精度**は得られず**ハンチング現象**などの原因となる。したがって、"**決して大は小を兼ねない！**"ということを肝に銘じておくこと。

◇**C_v 値**
制御弁の容量を表す数値で流量係数のこと。弁が全開で60°F（≒15.6℃）の水が弁前後の差圧1 psi（≒0.07kgf/cm²）の時、その弁を通過する流量を［gal（US）/min］（1gal/min ≒3.79 l/min）で表したもの。制御可能な最大C_v値と最小C_v値の比がレンジアビリティである。

(2) 空調機機器類の自動制御
1) 空調機器類の自動制御概論

制御対象となる空調機器としては、空調機（AHU）・パッケージ型空調機・ファンコイルユニット（FCU）などがある。代表的な空調方式には、**定風量方式（CAV方式）** と**変風量方式（VAV方式）** があり、CAV方式では室内温度・湿度制御、VAV方式では、給気温度制御・湿度制御（露点温度制御）・送風量制御およびVAV室内温度制御などを行う。また、パッケージ型空調機では、室内温度制御による**コンプレッサの発停制御・加湿制御**などがある。FCUは、室内温度制御による**電動弁制御（比例、又はオン・オフ制御）** を行っている。

2) 定風量（CAV）方式空調機の自動制御

CAV方式は常に一定の風量を送風する空調方式である。**室内の負荷変動**に対しては、送風温度・湿度を変化させることにより、室内温度・湿度を制御する。

制御目標となる、室内温度は室内に設置された**温度センサ（サーモスタット）** で検知し**設定値**と比較され、空調機冷温水コイルに流れる**冷水・温水量**を電動弁開度で調節する。一般に、この制御には**比例積分（PI）制御**が採用されている。

湿度も同様に**湿度センサ（ヒューミディスタット）** により**加湿器**を制御するが、**加湿器**の種類により**比例（P）制御**や**オン・オフ制御**が採用されている。

さらに、**外気冷房**やCO_2制御による外気量の制御は、**モータダンパ（MD）** の開度で調節している。

CAV制御について下記の図12・20に示す。

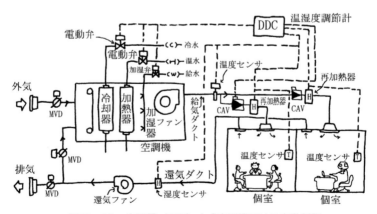

図12・20　定風量（CAV）方式空調機回りの自動制御

3）変風量（VAV）方式空調機の自動制御

　VAV方式は、常に一定の温度・湿度で送風を行い、**室内負荷の変動**に対しては送風量を変化させることにより、室内温度を制御する。室内湿度に関しては、**給気温度（露点温度）**を一定としていることから**目標値**に保たれる。

　制御ゾーンごとにVAVユニットが設置され、室内温度によりVAVの風量を制御し、そのゾーンの送風温度を調節する。給気湿度（露点温度）制御は、**給気露点温度センサ**により**加湿器**、または**加湿電動弁**の開度により調節するが、この制御には**比例積分（PI）制御**が採用されている。

　また、各ゾーンのVAV風量の変化にともない、それに見合う風量を送風すると、**送風動力**が大幅に低減でき大きな**省エネルギー効果**をもたらすことができる。

　その目的で、VAV空調方式では、空調機の**吐出静圧**を検出し、それが一定になるように**インバータ**を用いた送風機の回転数制御を行う。**変風量（VAV）制御**について下記の図12・21に示す。

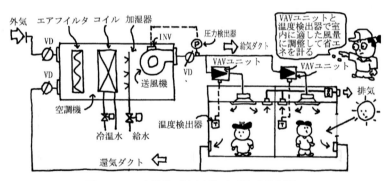

図12・21　変風量（VAV）方式の自動制御

【技術用語解説】

◇**変風量（Variable Air Volume）方式**
　空調機の動力盤にインバータを付け、ファン回転数を制御して室内温度を一定にする。空調負荷が少ない時は、ファン回転数を下げることができるのでファン動力の節減ができる。そして送風温度を季節により適切な温度に制御し、送風量を変更して、室内温度を一定に制御する方法である。

◇**インバータ（inverter）**
　ファン・ポンプなどの**回転数制御**に使用されるもので、商用周波数の電力を任意の**可変電圧・可変周波数**に変換して、**交流電動機**を無段階に速度制御するものである。

4）パッケージ型空調機の自動制御

パッケージ型空調機の自動制御の目的や基本構成要素は、一般の空調機の場合とほぼ同様である。主な**ハード構成**は、温度センサ・温湿度用電子式調節器、及び各操作機器（ファン・冷凍機（圧縮機）・電気ヒータ・加湿器など）である。

5）ファンコイルユニット（FCU）の自動制御

FCUの容量制御は、機器付属のスイッチで強・中・弱・オフの**ステップ・コントロール（比例制御の場合もある・・・が）** を選択して行っている場合も多いが、これはあくまで**手動制御**である。本来のFCUの自動制御方法は、室内サーモスタットの信号により、小型電動二方弁（ボール弁など）開度を調整し、FCUに内蔵されている冷温水コイルへの**送水冷温水量**を制御する方式を採用している。図12・22に個室設置のファンコイルユニットでの還気温度制御の例を示す。

図12・22　個室設置のファンコイルユニットの自動制御

12・6　DDC方式

DDC方式については、これまでに簡単に紹介したが、自動制御設備を論ずる上で無視することができない事項であるので、ここで補足説明を加えておきたい。

（1）DDCとは？

DDC（Direct Digital Control）とは、**調節器の機能がデジタル装置**で行われる制御のことである。従来は**アナログ制御（analogue control）** が一般的で、**センサと調節計と操作部**がワンループの制御系を複数組み合わせて、空調機などの**空調機器の制御**を完成させていた。

これに比べ、DDCは一つのコントローラ（調節計）で、複数の**調節計の機能**およ

び相互の関係をデジタル演算・制御している。建物内の各種設備に関するデータの収集・状態の監視・運転操作などをするための汎用端末伝送装置である。DDCが登場したのは、1970年代（昭和45年）の終わり頃であり、当初は**コスト高**という問題があった。

しかしながら、1980年（昭和55年）代の終わり頃には、**電子技術**の急速な発展によって、**コスト高**の障害がなくなり、今日では**ビル管理**のある建物では、ほぼ**標準的な制御方式**となってきた。

（2）DDCの特徴

DDCの特長を下記の3つの側面から捉えてみることにすると・・・。

①計測・制御

設定・表示・演算がすべて**デジタル**であるため、伝送や演算の誤差がなく、高精度の制御・計測が可能となり、伝送機能が一本化されているので、一つのセンサで計測と制御ができる。

②運用・管理

入出力信号は、すべて**中央監視装置**に伝送できるので、きめ細かな建物管理が可能となる。即ち、空調機の他FCU・VAVユニット・熱源機器などの機器1台ごとの**分散制御・管理**が可能となる。さらに、**液晶ディスプレイ**の設定器や**ワイヤレス**のセンサなどが接続できるので、利便性や意匠性が向上する。

③保守・その他

部品の共有化と自己診断機能により、トラブル発生時迅速な対応が可能となる。DDCのセンサや操作部は、**電子式自動制御**と同じものを使用できるので、取り扱いも改修も容易である。また、**ソフトウエア**による**制御ロジック組込み**や間仕切り変更などに対応する現場での**プログラム追加・変更**が容易である。

さらに加えて、**制御機能**と中央監視の**リモートステーション機能**を一つのコントローラに収納できるので、盤内スペースが少なくて済む。

図12・23に、給気温度制御・還気温度による給気温度設定値のカスケード制御・還気湿度制御（加湿）・ウォーミングアップ制御・外気取入無効時・室内温度

【技術用語解説】

デジタル（Digital）
　ディジット（digit）の原義は指のことで、その形容詞である"デジタル（digital）"は、指で数えられるような離散的な量の関連を表すものである。

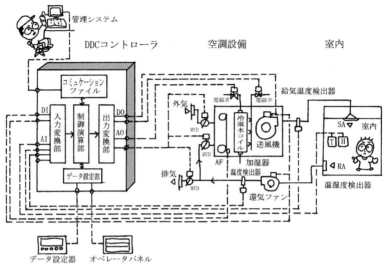

図12・23　DDCコントローラの構成例

計測・空調機停止時のインターロック制御及び中央監視システムとDDCコントローラとの構成例を示す。

12・7　ビル中央監視装置
(1) ビル中央監視システムとは？
　従来、建築設備などのビル設備の運転状態や異常監視を行っていた、**中央監視システム**と空調の**自動制御装置**と呼ばれていたものが、ビルの大規模化に伴い**コンピュータ技術**の進歩や**デジタル技術**の高度化と一体となり、全ての設備情報を集約した**総合監視制御システム**のことである（図12・24参照）。

【技術用語解説】
◇ BACnet（Building Automation and Control Networking Protocol）
　異なるメーカーで構築されたシステムを相互接続するための標準化されたオープンプロトコルとして、1995年（平成7年）にASHRAE（アメリカ暖房冷凍空調学会）が制定したビルディングネットワークのための通信規格のこと。
◇ プロトコル（protocol）
　通信上の約束事のこと。

第12話　自動制御設備工事

図12・24　総合監視制御システム

【技術用語解説】

ビル管理の最適化制御

　最適化という言葉には、幅広い意味があるが、現状のビルの管理システムにおいて、一般的に表現されている**最適化**は空調設備の起動時刻を当日の負荷に見合って**最適な時刻**に制御する（**最適起動**という）ことで、ビル管理システム機能の一つである。ちなみに、近年では**最適停止時刻**の制御まで含むこともある。

【覚えておくと、お得！】

読み合わせ作業ってなに？

　施設には水道使用量や冷水・温水使用量を積算計量する量水器や熱量計が設置され、これらの積算計測値によって課金システムが運用されている。

　施設の使い始めとあとは定期的に、計量メータに表示されている現地の積算計測値と、中央監視装置で管理されている積算計測値とが一致しているかを確認する読み合わせ作業が通常3回行われる。何故か現地の積算計測値の読値と中央監視盤での積算計測値が必ずしも一致しないことがあり、課金の請求・支払に支障をきたすことになってしまっている。量水器や熱量計本体が不良であったり、取付けが流れと逆方向であったり、また該当しない中央監視装置盤内での当該以外への結線による間違いが多々あったりしている。ヒューマンエラーの典型がここではみられる。なお、積算計測値は誤差の範囲を規定して運用している。

（2）中央監視装置の機能

この機能としては、ビルの**室内温湿度管理**や**遠方発停監視制御**に加え、コンピュータの**演算機能**を利用し、①**最適化起動停止制御**、②**デマンド制御**などの**省エネルギー制御**、③**停電時の発電機負荷制御**、④**停復電制御**などの電力制御、⑤**防災システム**との連携を伴う**火災時空調停止制御**などの数多くの機能を具備している。

（3）BAS（ビルディングオートメーションシステム）

BAS導入の目的は、建物内の利用者・居住者には快適で安全な**居住環境**を提供し、ビルのオーナ・管理者にはビル全体の**省エネルギー**と省力化による**ビル運用コスト**の低減し、あわせて**資産価値**の維持・向上目的を達成することである。

【技術用語解説】

BEMS

ビル管理およびエネルギー管理システムのことで、英語の"Building and Energy Management System"の頭文字を取ったものである。施設全体のエネルギー消費の状態を監視しながら、使用の状態に応じて管理することにより、エネルギーの浪費を発見し、省エネルギー改善を図るシステムのこと。**コンピュータ技術**と**デジタル通信技術**が合体して生まれた、ビルのエネルギー管理（EMS）に重点をおいた新しい概念のビル管理システム（BMS）である。

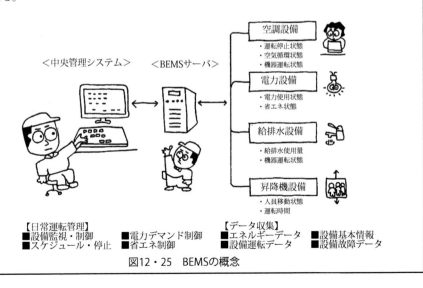

図12・25　BEMSの概念

12・8　自動制御の更新時の注意点

　自動制御は、既設の自動制御機器の劣化・設置場所のレイアウト変更に伴う移設での交換、空調設備システムの省エネルギー化への要望等により更新がなされるが、更新時の注意点を以下に記す。

（1）自動制御機器更新時の注意点

　自動制御機器を更新する際、盤内機器（ＤＤＣ・変換器等）機器を更新・再利用、現地機器（センサ、バルブ、ダンパ、流量計等）を更新・再利用の幾つかのケースが想定される。盤内機器を更新し、現地機器を再利用の場合と盤内機器を再利用し、現地機器を更新の場合については特に下記の①、②、③について注意を要する。

①更新する機器と再利用する機器との対向（出力レンジ・計測レンジ・制御方法・電源種別・制御信号種別及び配線本数等の仕様）の確認が必要。異なる場合には新たな信号変換器等の新設や配線本数の変更が必要となる。

②ＤＤＣ等のメーカーが変更になる場合には、通信仕様等の整合性についても注意を払うことが必要になる。

③課金システムにて管理している場合、部分的にこれまでと異なるメーカーの空調機器・盤内機器及び現地機器の製品を採用すると、施設全体の課金システムが稼働しない場合もあるので注意を要する。

（2）更新時の省エネルギー制御メニュー

　更新時に導入する省エネルギー制御の主なメニューには、前述した制御の中では**ファンインバータ制御、ポンプ推定末端圧制御、ポンプ揚程最適化制御、冷凍機一次ポンプ変流量制御、外調機＋レヒータシステム混合ロス防止制御**がある。

【技術用語解説】

IoT（Internet of Things）
　略称でアイオーティーと呼ばれている。モノのインターネットという意味で、言い換えると、通信機能を有するモノ（センサ等を組込まれたモノを含む）がインターネットと繋がることで利便性を高めた使い方ができることをIoTという。IoTの構成技術は、ネットワークを核としてAI（人工知能）、ビッグデータ、クラウド、画像処理、音声認識、セキュリティーなどの技術で構成される。

　10年も前の話になるが、筆者はチップの開発に多大の時間と知力をつぎ込んでいた。当時は製品の開発段階ごとの開発コストが当初予算をオーバーし、稟議に難儀したことを思い出す。今思えばまさにIoTの世界だったわけである。

12・9　自動制御技術の今後の課題と動向

　今後の自動制御技術の課題として、ＩＴによる自動制御製品の開発、省エネルギー化への自動制御技術の関わりがある。また、自動制御技術の動向としてはIoTとの関連による社会貢献が求められている。

（１）自動制御技術の課題
１）自動制御製品の開発

　先ずは検出部・計測部・操作部・調節部の製品の高精度化した技術開発が求められる。一つは、各々の機能（温度・湿度）別に個々に製品化していた温度センサと湿度センサを、温度センサと湿度センサ双方の機能を兼ね備えたＩＴ化された高精度製品。また、**流量制御・過流量防止制御**及び**返り温度補償制御**の制御機能を具備したカスケード制御による計測制御機能付き流量計の自動制御弁の更なる高精度化した開発が求められる。

　二つ目は、**ワイヤレスセンサ**について触れておきたい。**ワイヤレスセンサ**は、特定小電力無線を用いて室内の設置した室内形温度センサ/温湿度センサが温湿度を測定し、天井裏等に取り付けられたRF受信機に計測データを電波で伝送し、この計測データはコントローラに送られる。

　配線工事では幾つかの制約条件（装置用コントローラ間の伝送距離の確保、常に信頼性が高い伝送経路を確保、伝送障害への対応及びフロア間の混信防止等）はあるがイニシャルコストの低減ができ、工期の短縮化が図れることから建設段階ではこれらのメリットを享受できるが、電池内蔵型なので電池切れの場合は維持管理の

【技術用語解説】

◇ AI（Artificial Intelligence）
　IT用語辞典バイナリによると人間の知的営みをコンピュータに行わせるための技術のこと、または人間の知的営みを行うことができるコンピュータプログラムのことである。一般に人工知能と和訳される。
　AIの活用としては、緊急異常状態に陥った誰でもトイレ内の状況を、AIがリアルタイムにて推定したプログラムに則り、自動でアラームを発砲するシステム化の実現。また、環境を平常の状況に復帰するAIによるシステム化の実現が考えられる。AIに関しては、**シンギュラリティ**の話題がある。

◇ **シンギュラリティ**（singularity）
　技術的特異点と呼ばれる転換点のこと。2045年に人工知能が人間の知性を上回り、**シンギュラリティ**の到来により豊潤社会が出現すると米国の未来学者レイ・カーツワイルが提唱した。一方AIは人類に悲劇をもたらす懸念があるという脅威論もある。

面からはその都度のメンテナンスが必要になる。設置においては二律背反になっているきらいがあるので注意を要する。

　三つ目は、検出部・計測部・操作部・調節部を複合化した製品開発についてである。センサ機能とリモコン機能を併せ持つリモートユニット用デジタル設定器、また加速度センサと演算部を一体化しSI値加速度の計測・出力と遠隔監視・制御装置に対応可能な**地震センサ**が新しく開発され運用されはじめている。

　今後は検出部・計測部の範囲だけではなく、これら複合部を一つの自動制御製品として開発した製品の出現が待たれるところである。

　四つ目は、まったく新しい概念によるシステムセンサの応用技術の開発である。これまでは外気取入れ制御の場合、CO_2濃度を検知するCO_2センサ採用されてきたが、埃の付着等により清掃に要するメンテナンス費用が必要であった。検知した在室人数からCO_2濃度を予測することが可能な**画像センサ**の開発により、省エネルギー化に寄与していることが一部で報告されている。新開発製品の**画像センサ**は、他へのシステム制御技術の展開を図るうえで重要な応用制御技術になろう。

（2）今後の自動制御と IoT について

　自動制御とIoTについては、これまでもまた、今後も重要且つ密接な位置付けになることから、以下にその関連について記しておく。

1）自動制御と IoT の今

　すでにIoTが実現しているものの多くは、遠隔にて**離れた場所にあるモノの状態の把握**や**離れた場所にあるモノの操作**がある。自動制御分野での一例を示すと、各地に点在する工場がある場合、遠隔機能を兼ね備えた中央監視機能にて、各工場の設備の計測機器からの稼働データをインターネットを経由して**クラウド**にデータを収集・蓄積し、そこでのビッグデータを分析し、有用な情報を取捨選択し、保守管理の運用や製品開発に利用している。他方では電力の分野では、明日の天気予報情報に基づき電力のデマンド運用管理を行い、電力の需要・供給の安定化に寄与している。

2）自動制御と IoT の今後

①セキュリティー対策

　IoTの泣き所は、セキュリティー面にある。インターネットを介して様々なものを操作することができる一方、一度**ハッキング**されてしまうと種々の秘密を要求され、データを一気に乗っ取られてしまう可能性があることである。また、多数のセンサから得た情報を当事者以外に盗まれてしまう可能性もある。今後は、セキュリ

ティーレベルを高い状態で維持しておくセキュリティー対策が必要である。

② **自動制御とIoTとの関連性**

　IoTは計測制御技術システム、情報通信システム、データベース等の従来基盤の上に成り立っている。IoTによりすがすがしいさわやかな避暑地の居住環境を、日本のどの場所・いかなる時間帯であっても、1年中味わうことが可能になるであろう。また、高い販売力が求められる売り場の室内環境（温度、湿度、気流、清浄度、気圧、香り、騒音値、人間の心拍数に合致したビート数他のパラメータ）を、ビックデータより分析・収集し、外乱による気象件の変化に対しても売り場での良好な室内環境の再現により、販売力のアップにIoTは貢献できるであろう。

　一方、省エネルギー化の課題として、顕在化していない冷温熱の混合ロスの解消が求められているが、IoTは潜在化したエネルギーロスの検知機能を見い出すことで課題を解決してくれるであろう。

　夢はさらに膨らみ、ピアノ・オーボエ・バイオリン等の個々の演奏会場で演奏者が感じる最適値に各パラメータが設定された演奏会場での室内環境の再現。これらもIoTの出番になる。

　自動制御技術に携わる空調設備・給排水衛生その他設備の技術者にとっては、高い可能性を秘めているIoTの発展性・展開性におおいに寄与し、IoTとの更なる情報管理技術に取り組むことにより、経済性・安全性の確保、有用な人的資源の活用および質の高い社会環境を図り、素晴らしい豊かな社会の実現についての一躍を担うことを願うところである。

[引用・参考文献]
(1) "講座【こう動かしたい空調設備自動制御】" 伊藤俊治・水高淳, 「空気調和・衛生工学」 第90巻 第5号・第8号, （公社）空気調和・衛生工学会
(2) 空気調和衛生工学便覧：第13版「2 汎用機器・空調機器篇」（公社）空気調和・衛生工学会
(3) "東京ドームの空気調和・衛生設備と空気膜構造維持設備" 折原明男・松縄堅他,「空気調和・衛生工学」, 第64巻 第12号, （公社）空気調和・衛生工学会
(4) "ZEBの実現の意義と設計手法に関する考察" 横山大毅,「空気調和・衛生工学」, 第91巻 第10号, （公社）空気調和・衛生工学会
(5) "省エネルギー改修の要素技術", 竹迫雅史,「空気調和・衛生工学」, 第78巻 第11号, （公社）空気調和・衛生工学会
(6) "自動制御機器更新時の注意点", 竹倉雅夫,「設備と管理」, 第78巻 第11号, オーム社
(7) "空調自動制御技術の動向", 田崎茂,「空気調和・衛生工学」, 第83巻 第2号, （公社）空気調和・衛生工学会
(8) "IoTが実現する豊かな社会", 本宮裕二,「技術士ＰＥ」, 第617巻 第11号, （公社）日本技術士会
(9) "ビル・施設分野におけるIoT/ICTやAIの活用", 野田肇,「空気調和・衛生工学」, 第92巻 第6号, （公社）空気調和・衛生工学会

第13話 試運転調整業務

13・1 試運転調整業務とは？

　試運転調整業務(System Testing & Operation)とは、長い間かかって苦労して施行してきた空調設備を、**生きた姿**に蘇生させるための一連の作業のことを言う。

　この一連の作業は、英語では別名**"Commissioning & Balancing"**などとも呼んでいるが、各機器単体の**テスト・ランニング**を実施し、空調設備の**総合的機能**が十分発揮できるように**コミッショニング(調整)**をする最も重要なプロセスである。

　この業務は、通常空調設備工事工程の**最終章(最終工程)**に位置する。大規模な空調設備であれば、最低2ヶ月程度の試運転調整機関が是非とも欲しいところであるが、建築工期の遅れ、受電日の遅れなどの原因により、最悪の場合往々にして、1週間程度しか調整期間がとれないような事態にもよく遭遇する。

　このような事態に対しても、少しもあわてず上手に対処し無事に試運転調整の成果を達成するのが、現場所長の腕の見せ所でもある。

13・2 試運転調整業務の意義・目的・種類

(1) 試運転調整業務の意義

　試運転調整業務は、**総合技術監理**としての**リスク管理業務**の一環であり、試運転調整業務の背後に潜在化している阻害要因の各項目を予め理解しその対策を講じるための**リスク管理**を遂行しなければならない。

　経済性、安全性、人的資源、情報、社会環境などを管理する面から**二律背反**の関係に陥ることなく、"**最適化試運転調整業務**"を行う必要がある。その着眼点を以下に述べる。

①経済性管理
　品質、納期、コスト、安全などが経済的によりよい状況になるように品質、工程、原価、安全などの各管理を包含した試運転調整業務を遂行する。
②**安全性管理**
　死傷事故の無い**安全性**を確保した試運転調整業務を遂行する。
③**人的資源管理**
　現場や協力会社のスタッフ、機器メーカなどと協力して試運転調整業務を遂行する。
④**情報管理**
　情報の共有化、情報のデータ化などによる**情報活動**に基づく試運転調整業務を遂行する。
⑤**社会環境管理**
　外部環境の低減を考慮した、試運転調整業務を遂行する。
　以上のように試運転調整業務を遂行するには、**オールマイティな能力**が要求される。

（2）試運転調整業務の目的

　設置した設備システムがその機能、性能を十分に発揮できるかを**予備運転**し、その間に生ずる**不具合**を逐一つぶして行き、**完璧な設備システム**にして客先に**引渡し**することにある。
　従って、試運転調整業務を遂行するには、設備の内容によって多少違いはあるがその目的は次のようなことに要約される。
①設備工事の施工状態が、**設計意図**（design soncept）に完全に合致していることを検証すること。
②**設計上の盲点**がなかったどうかを確認すること。
③万一、**不完全な箇所**がある場合、その**改善方法への指針**（フィードバック材料）とすること。

（3）試運転調整業務の種類

①**試運転事前調整準備業務**
　試運転調整は、設備装置の品質・機能の確認を目的とするが、調整に不可欠な書類の整備準備から、実際の**水張り**や**電源受け入れ**等、いかに能率よく進めるかが重要である。準備作業の多くは、施工中に実施できる項目であり、後工程にある**本格的試運転業務計画**の作成が重要となる。
②**機器単体試運転調整業務**
　事前調整準備業務の完了後に、**本格的な試運転調整業務**に移行するが、その前に

第13話　試運転調整業務

機器単体を一点一点作動チェックをし、機器が正常に稼動するかのチェックを実施するのが本業務である。その作業の主体は、**機器単体（冷凍機・ボイラ等）の運転調整点検**と**電動機の回転方向チェック**等である。

③総合試運転調整業務

機器単体試運転調整作業が完了すると、システムとしての**総合試運転調整作業**を始めるが、設備規模が大きい場合は、多種多様なサブシステムの運転が錯綜するので、必ず**試運転調整計画書**を事前に作成しておく必要がある。

その**試運転調整手順書**（マニュアル）を遵守して、各試運転調整マンの**役割分担**を明確にして、**持分の作業**を忠実に遂行させることが肝要である。

13・3 空調設備試運転調整業務：留意点精選12

ここでいよいよ各論に入るが、業務の遂行に当って、読者の皆さんに是非知っておいてもらいたい**試運転調整業務エッセンス（必須事項）**は、際限がない（エンドレス）くらい数多く存在する。

したがって、その詳細については紙面の制約上、文献(1)を参照していただくことにして、ここでは筆者の**独断**と**偏見**で選んだ、留意点精選12例を紹介するにとどめたい。

（1）空調機器の据付け状態のチェック

機器が床上に水平に設置され、**防振ゴム**や**耐震ストッパー**も正しく設置されているかを、目視でチェックしておく必要がある。**全熱交換器**に接続する空調系統では、中間期の**外気冷房**のことも考慮して、全熱交換器に**空気バイパス装置**が具備されていることを確認する必要がある（図13・1）。

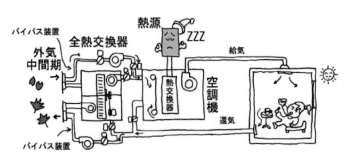

図13・1　空気バイパス装置

（2）配管のフラッシング後のストレーナの清掃

配管のフラッシング(flushing)は、試運転調整業務開始前に**3回程度**は確実に実施して置くべきである。また、試運転調整前には、ストレーナは底についている**キャップを外し、ストレーナメッシュ**にかかったゴミ類を完全に除去しておくこと。

また、設備竣工引渡し後も、定期的に**ストレーナ清掃**を実施する必要があることを客先には必ず告知しておくこと。

図13・2　ストレーナ清掃

【技術用語解説】

フラッシング排水レスシステム

配管循環水の一部をフラッシング水処理装置に経由させ懸濁物を除去した上で、再度配管系統に戻すことを連続して行うことにより、フラッシングを行う節水システムである。

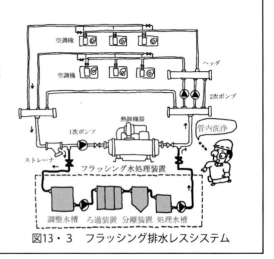

図13・3　フラッシング排水レスシステム

（3）開放式膨張タンクの設置位置

開放式膨張タンクの位置が低いと、これより高い位置に設置した空調機器類に、開放式膨張タンクから水を張ることはできない。たとえ他の方法で水を張ることができても運転を開始すると、機器の位置の方が高いので、これらの機器から水が抜けてしまうという**トラブル**が生じることになる。

したがって、高さは最低でも高い位置の空調機器類から1m以上の位置に設置すること。ただし、**密閉式膨張タンク**を設ける場合には、位置の制約はなくどこにでも取り付けることができる（図13・4）。

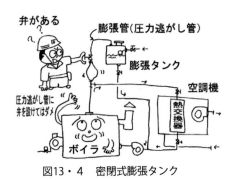

図13・4　密閉式膨張タンク

（4）防火ダンパと温度ヒューズの確認

防火ダンパ（FD）の温度ヒューズ溶融温度は72℃である。最初に防火ダンパが落ちてないか確認すること。通常の防火ダンパに設置している**温度ヒューズ**が、万一**設定：280℃**のものだとすると、火災時に防火ダンパとして機能しないので要注意である（図13・5）。

図13・5　温度ヒューズ

（5）三相交流誘導電動機の相間（UVW相）の結線間違い

　設備機器の動力として、汎用されているのが、**三相交流誘導電動機**である。このモータへの相間（UVW相）の結線に間違いがあると、**設備機器**が逆回転することになるので、本番の試運転調整作業に入る前に、事前に**順回転（正回転）**になるように、電気工事担当者と連携して**回転方向**のチェックをし、結線に間違いがあれば修正しておくこと（図13・6）。

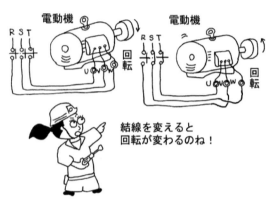

図13・6　三相交流誘導電動機

（6）ポンプの単体試運転でフル稼働をしない

　配管系に異物（ゴミ・鉄粉）などが混入していると**異常音**を発生することがあるので、最初は**起動スイッチ**をこまめに入り切り、**瞬時運転**をし、ポンプに異常音がないことを確認の上、**本運転（連続運転）**に入ること。なお、異物等がポンプ本体に入ると、ポンプ羽根車などを損傷させる恐れがある（図13・7）。

図13・7　ポンプの単体試運転

（7）多翼送排風機の総合試運転をする場合の注意

多翼送排風機の総合試運転の目的で始動する場合、そのファンの**特性曲線**上、吐出側に設置されている**風量調整ダンパ（VD）**は、**全閉状態か最小開度状態**で起動すること。その後、**電流計**を見ながら、そのVDを徐々に明けていき、**正規の運転状態**まで持っていく必要がある（図13・8）。

図13・8　多翼送排風機

（8）グランドパッキン式の軸封装置を採用しているポンプでの注意

メカニカルシールを使用しているポンプと異なり、**ポンプ回転軸**からの多少の水漏れは容認しており、**水漏れ量**を減らそうとして、運転中に**ポンプ回転軸**を強く締め付けると、ポンプ軸が焼け付き、回転軸を磨耗させたり、ポンプを損傷させるので注意を要する（図13・9）。

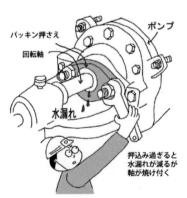

図13・9　軸封装置

（9）温水暖房でのポンプ吸込み側のバルブ

最近では温水暖房は少なくなっているが、温水温度を70℃〜80℃を採用していた時代があった。温水がポンプ羽根車に入った瞬間に**圧力低下**するため、この部分（サクション側）が最も圧力が低くなり、**キャビテーション（cavitation）** を起こしやすい。

ポンプの**有効吸込みヘッド（NPSH）** は、標準ポンプの場合は、余裕を見て**4m前後**である。温水温度が高いほどNPSHが大きいほど、**キャビテーション現象**が発生しやすい。サクション側のバルブを絞るということは、NPSHを低くすることになるので、**ポンプ吐出側**のバルブで**流量調整**することが望ましい（図13・10）。

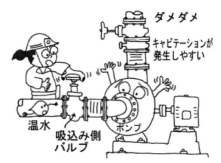

図13・10　ポンプ吸込み側(サクション側)のバルブ

（10）弁類を開放したまま持ち場を離れない

当然であるが、総合試運転調整の途中で、弁類（空気抜き弁・FCUのエアコック等）を開放したまま、**持ち場を離れる**と漏水に気づかず、竣工間際で取り返しのつかない**水損事故**になるので、特に注意すること（図13・11）。

（11）ゲート弁の半開状態で使用しない

ゲート弁（仕切り弁）は原則として**全開**か**全閉**で使用するもので、**流量調整**には

【技術用語解説】

NPSH(Net Positive Suction Head)
　有効吸込みヘッド。ポンプのインペラの羽根直前の基準面上で、液体が持つ**絶対全圧**とその液体のその温度における**飽和蒸気圧**との差を**ヘッド(m)** で表したもので、**キャビテーション**の判定に用いる。

第13話　試運転調整業務

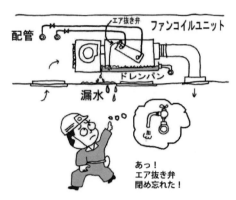

図13・11　ファンコイルユニット

使用しない。**半開状態**で使用すると、シートに**打ち傷**がついたり、弁体に**異常振動**が生じるので、原則として厳禁である。流量調整用には**グローブ弁・バタフライ弁**を使用する。なお、**ボール弁**も特定の使用条件を除き**中間開度**での絞りには使用できないので留意すること（図13・12）。

(12) 排煙機起動時の注意

　全ての排煙口を閉鎖したままで、排煙機を起動すると、排煙ダクト系に**過大な負圧**がかかり、排煙口付近での天井材に損傷を与える恐れがある（図13・13）。

図13・12　グローブ弁・バタフライ弁

図13・13　全ての排煙口を閉鎖したままで排煙機を起動しない

13・4 送風系の風量調整法の種類とその特徴

試運転調整業務の中で、最も重要な位置を占めるのが、送風系の**風量調整**である。したがって、"知っているつもりでも、案外知らない"各種風量調整方法について紹介してみたい。

（1）遠心送風機の性能曲線の予備知識

送風系（ダクト系）に空気を送ると、送風機の**抵抗曲線**は、原点を通って**放物曲線**となる。送風系の抵抗が増加すると**抵抗曲線**の勾配は急になり、逆に抵抗が減少するとその勾配は緩やかになる。この**送風系抵抗曲線**と**送風機圧力曲線**の交点を送風機の**作動点**と呼んでいる。実務上は、送風機の抵抗計算値と実際の抵抗値は異なっている場合が多い（図13・14）。

実際の抵抗値が、計算値が小さければ、実際風量：Q'は計算風量：Qより多くなり、風量ダンパ（VD）などを用いて送風系の抵抗を増やして計算風量：Qを確保する必要がある。

しかし、実際の抵抗値が計算値より場合は、実際風量：Q'は計算風量Qより少なくなる。ところが、実務上は送風系の抵抗値を減少させることは不可能である。

したがって、このような場合には、**ファンプーリの交換**などにより送風機の回転を増やすなどして、圧力曲線：PをP'に修正し、所要風量を確保する必要がある（図13・15）。

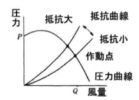

図13・14 送風機の性能曲線

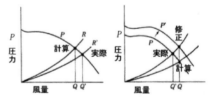

図13・15 実際の動点と計算上の作動点の相違

（2）送排風機系の風量調整法の種類とその特徴

送排風系の**風量調整法**というと、まず**対向翼式**の**風量調整ダンパ（VD）**による風量調整法を真っ先に連想するが、送排風系の**風量調整法**には、①吐出ダンパ風量調整法、②吸込みダンパ風量調整法、③吸込みベーン風量調整法、④回転数風量調整法、⑤台数風量調整法等々、各種各様な**風量調整法**がある。

ここでは、試運転調整業務と大きな関わりのある、代表的な**風量調整法**の種類とその特徴について、紹介しておきたい。

第13話　試運転調整業務

1）吐出ダンパによる風量調整法とその特徴

　この方法は、送風機の**吐出側**に風量調整ダンパ（VD）を設け、これを絞って**吐出側抵抗**を増加させることによって、風量を調整する方法でもっとも広く採用されている方法である。**圧力曲線：P**と**抵抗曲線：R_A**の交点をAとすると、送風機は**圧力：P_A、風量：Q_A**で運転することになる。

　風量を**所要風量：Q_B**に減少させるために、吐出ダンパを絞って抵抗曲線をR_AからR_Bまで変化させると、作動点はBに移行する。この時の風洞系の抵抗は、**曲線：R_A**上の**A′値P_A**に相当し、$P_B - P_A$がダンパによる抵抗である。ダンパ操作に伴って軸動力は、送風機本来の**動力曲線：L**に沿って、L_AからL_Bに移行し小さくなるが、**制御風量に見合った動力節減**は得られない（図13・16）。

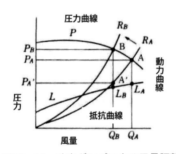

図13・16　吐出ダンパによる風量調整法

2）吸込みダンパによる風量調整法とその特徴

　次図に示すように、送風機の圧力曲線をP_Aとすれば、作動点は**A**となる。ここで、送風機側の吸込み側に設けた風量調整ダンパ（VD）を絞ると、吸込み圧力が低下し、圧力曲線はP_AからP_Bに変化し、R_AとP_Bの**交点B**となり、風量はQ_Bとなる。その時の抵抗曲線はR_Bのような**放物線**で表され、風道系の抵抗はP_Bに減少する。

　P_Aがダンパの絞りに相当する抵抗である。この方法も、**ダンパ抵抗**を加え、送風機の圧力を一部殺して、風量制御を行う方式で、**吐出ダンパ方式**と同じといえる。しかし、ダンパ抵抗は、送風機の**吸込み側**で与えるため、常に**負圧**として働き、送風機の**吐出圧力**は、その抵抗分だけ差し引かれる値となる。

　すなわち、この方法は風道系の抵抗を変えず、送風機の圧力降下により**交点移行**を行う方法である。軸動力は、**吐出ダンパ方式**の場合と異なり、送風機本体の**動力曲線（ダンパ全開時）**のL_A点より若干下回った曲線のL_Bに移行する。これは、**吸**

込みダンパを絞ることにより、送風機の**羽根車入口**が負圧になり、**羽根車**がダンパ全開時よりも、軽い空気を吸引するためである。しかし、この場合も**吸込みダンパ**は、送風機の圧力を減殺する役目を果たすためのもので、軸動力の節減はわずかである（図13・17）。

3）吸込みベーンによる風量調整法とその特徴

送風機のケーシングの吸込み口に**放射状の可動翼（VANE）** を設け、この角度を調整し、羽根車の入口の**絶対速度の旋回量**を変化させることによって、**風圧・風量**を制御する。この方法は、一見**吸込みダンパ風量調整方式**と同じように見えるが、**圧力降下**に伴って、**軸動力も降下する**点が異なるのである。それは、送風機の**圧力降下**を吸込み口の**抵抗増加**で得るのではなく、羽根車に入る空気に**回転方向の旋回**を与え、**羽根車の昇圧力**小さくして得るためである。

吸込みベーンを絞ると、圧力は**吸込みダンパ方式**の場合と**同じ傾向の曲線**となり、作動点は、**抵抗曲線**上をAからBに移行し、風量はQ_AからQ_Bに変わる。一方、軸動力は、翼の各開度における**動力曲線**上のA・Bに対応する点L_Aより点L_Bに移行する。このように、**吸込みベーン調整法**は、**吸込みダンパ法**に比べ、**大幅な動力削減**が得られる（図13・18）。

4）送風機の回転数制御による風量調整法とその特徴

送風機の回転数を制御する方法は、**インバータ**などにより**電動機の回転数**を変える場合と**ファンプーリ**を取替える場合の2つに大別できる。

送風機の回転数のn_Aをn_Bに変化させると、**圧力曲線**は比例的に変化し、P_AからP_Bに変わって、作動点は、AからBへ移行する。**A点とB点の圧力・風量・軸動力**は、**相似側（比例側）** によって、それぞれ回転数比の**1乗・2乗・3乗**に比例する。軸

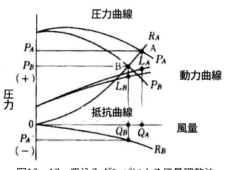

図13・17 吸込みダンパによる風量調整法

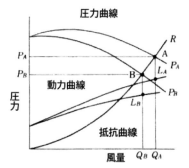

図13・18 吸込みベーンによる風量調整法

動力は、上述のように回転数の**3乗**に比例するので、L_AからL_Bへと降下する。このように、**回転数制御による風量調整法**は、送風機の**風量制御方式**の中でも、**最も合理的な風量制御方式**といえる（図13・19）。

5）軸流送風機の可変ピッチ風量制御法とその特徴

軸流送風機（Axial Fan）は、**吐出ダンパ風量調整法**や吸込みダンパ風量調整法は、送風機効率が悪く、**回転数風量調整法**または**可変ピッチ風量調整法**を採用することが多い。**可変ピッチ風量調整法**は、**羽根角度（ピッチ）**を変えることにより、**圧力曲線P**をP_1またはP_2に変化させ、Q_1またはQ_2に調整する方法である（図13・20）。

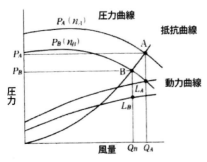
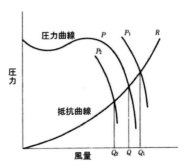

図13・19　回転数制御による風量調整法　　図13・20　軸流送風機の可変ピッチ風量調整法

6）スクロールダンパによる風量調整法とその特徴

スクロールダンパは、遠心送風機の**スクロール（渦巻きケーシング）**を調整することによって、送風機の**吐出口**の面積を変化させ、風量制御をする方法である（図13・21）。この風量制御特性は、**スクロールダンパ開度**を変えても、**締切圧力**があまり変化しない特性を持っている。

図13・21　スクロールダンパ

スクロールダンパは、羽根車を出た後の流れを絞って風量を調整するので、**軸動力特性**は、**吐出ダンパ風量制御法**とほとんど同じである。

したがって、**省エネルギー的なメリット**は、あまりないが、構造が簡単なため**最も安価な風量調整法**といえる。

１３・５　試運転調整業務の想定外のハプニング

ここで紹介する事例は、他の設備参考書などには決して書かれていない貴重な参考事例である。"他山の石"としてお読みいただければ幸甚である。

（１）もやしを用いた鉄板焼肉コーナの排気状況テスト

これは、某サブコン現場担当者の貴重な体験記である。間もなく工事も終了するので、彼は**鉄板焼焼肉コーナの排気フード**の性能確認のための試運転調整業務にとりかかっていた。すると、そのコーナを担当するシェフが、彼に向かって"もやしを沢山買ってこい！"と言ったそうである。言われた通り、沢山のもやしを買って帰ると、そのシェフは早速**鉄板焼プレート**の上にもやしを載せ、"ジュージュー"ともやしを炒め煙を立てて、彼らの立会いのもとに**排気フード**の性能検査をしたそうである（図13・22）。

後日談として、試運転調整費として、**もやし30袋料金**として現場精算したが、会社の経理から"これは何の費用だ？"と怪訝な顔をされたそうである。

図13・22　もやしを用いた換気テスト

（２）グラスウールダクト接続の天井隠蔽型FCUの送風トラブル

この話も某サブコンの現場担当者の貴重な体験記である。某ゼネコンが設計した、某有名リゾートホテルの全面改修工事（リニューアル工事）を担当していた時の話である。このホテルの**VIPスイートルーム**での騒音発生を特別に防止するた

め、空調方式として**天井隠ぺい型FCU**が当該室から4mも離し、しかも**グラスウールダクト**でFCU吹出口まで接続される設計になっていたそうである。

DR（デザイン・レビュウ）の段階で、この設計ミスは指摘されていたのだが、案の定そのまま試運転調整段階に入り**FCUの給気量**が極端に不足していた。

そこで、彼の上司が急遽現場に来て、**FCUのファンボックス**だけを別途に注文して、FCUをシリーズに連結して、かつ**FCUファン**が同時にオン・オフするよう**応急対策**を講じたそうである（図13・23）。

その結果、FCUの送風量が確保され、問題解決となった由。送風機の**シリーズ接続**の特徴と**パラレル接続**の特徴の知識が活かされた好事例である。

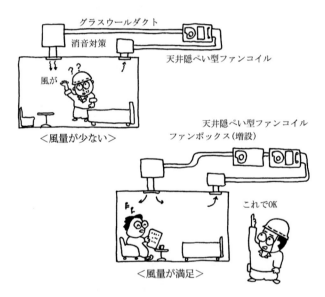

図13・23　ＦＣＵのシリーズ接続による問題解決事例

（3）Y型ストレーナの底板穴あき事故

試運転調整段階までに、配管系統の**フラッシング**は、最低3回は実施しておくべきであるが、工期に終われ実状は1回程度で**配管系統**の試運転調整業務に入ってしまうことが多い。このまま配管系の**Y形ストレーナ**の清掃を確実にしないまま、**引渡し業務**を済ませてしまうと後々往々にして問題が発生する。

配管中に残されて**溶接鉄粉カス**がY型ストレーナの**底部**（フタ部）に滞留し、水

流による遠心力でグラインダーを掛けたように回転し、やがて**底部（フタ部）**が磨耗・破損し、出水事故につながってしまうのである（図13・24）。
　その解決策としては、**引き渡し前**に**ストレーナ清掃**を完全に実施して引き渡し、**ビルオーナー**にも、節目節目で**ストレーナの清掃**を励行していただくように、文書にてしっかりと伝えておくことである。

図13・24　Y型ストレーナ底部(フタ部)からの大漏水事故

13・6　各種性能計測および測定機器類

　空調設備の試運転調整業務が一通り終わると、空調設備が設計通りのシステムの性能が発揮されているか、あるいは各機器の性能が出ているかを、各種測定機器により各種計測し確認することになる。
　計測機器類、性能計測を進めるに当たっての詳細は、**引用参考文献1)空調衛生設備　試運転調整業務の実務知識**を是非参照していただくことにして、ここでは抜粋して述べることにする。

(1) 各種性能計測

①竣工引渡後に必要な測定

　建物の竣工時期は、空調設備で言えば、**冷房期・中間期・暖房期**があるので、竣工時期以外のすべてのシーズンも後日試運転調整と室内環境（時には騒音などの外部環境も）の測定を実施しなければならない（図13・25）。

②室内温室度分布・気流分布の測定

　様々な微調整を実施したのち、安定したことを確認してから本格的な測定に着手すること（図13・26）。

第13話　試運転調整業務

図13・25　冷房期・中間期・暖房期

図13・26　室内温室度分布・気流分布の測定

③建築物衛生法の室内環境管理基準値の測定

建築物衛生法（通称ビル管法）の規定は図13・27に示す表の通りであるが、気流0.5m/sは上限値であり、ドラフトを感じさせないために0.1m/s～0/5m/sの範囲に収まっていることが望ましい。

	項　目	室内環境基準	発生源など
1	浮遊粉じんの量	空気1㎥につき0.15mg以下	たばこ
2	一酸化炭素の含有率	10mg／L以下（厚生労働省令で定める特別の事情がある建築物にあっては、厚生労働省で定める数値）	たばこ
3	二酸化炭素の含有率	1,000mg/L以下	呼吸、燃焼
4	温度	1. 17℃以上28℃以下 2. 居室における温度を外気の温度より低くする場合は、その差を著しくしないこと。	壁・窓から内部発熱　外気など
5	相対湿度	40%以上70%以下	
6	気流	0.5m/sec以下	
7	ホルムアルデビドの量	0.1mg/L以下	建材・家具など

図13・27　室内環境管理基準値

④空気吹出口での温湿度測定

　各系統の主ダクトに近い吹出口とダクト端末の吹出口の各々1箇所とし、吹出口の内部に検出端を挿入して測定する（図13・28）。

図13・28　空気吹出口での温湿度測定法

⑤空気吹出口・吸込口での風量測定

　フェース各点の風速を測定し、全体の平均を求め、断面積を乗じて求める（図13・29）。

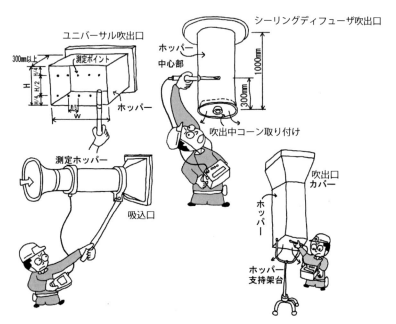

図13・29　空気吹出口・吸込口での風量測定

⑥室内気流分布の測定

最大拡散半径とは、アネモ吹出口からの気流は、その**残風速**が0.25m/sの区域をいい、**最小拡散半径**とは、0.5m/s程度の区域をいう。最大拡散半径内では**ドラフト**を感じることがある（図13・30）。

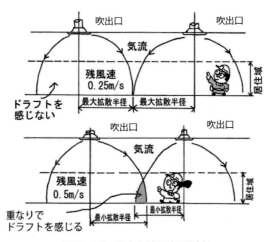

図13・30　室内気流分布の測定

⑦ダクト内の風量測定

ダクト内を**等断面積**に区分し、夫々の中心風速を測定し、全体の平均を求め、これに断面積を乗じて求める。測定位置は、編流のない直管部とし、曲管部・分岐部からダクト径の7.5倍以上の位置とする（図13・31）。

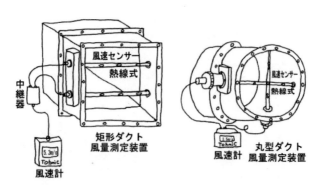

図13・31　ダクト内の風量測定

第13話　試運転調整業務

⑧配管系の温度測定

　必要な箇所に温度計を取り付けて測定するが、重複しないように設置して、取付け部の配管口径が40A以下の場合は、水の流れと圧力損失を考慮し**50A以上**に拡大して取り付ける（図13・32）。

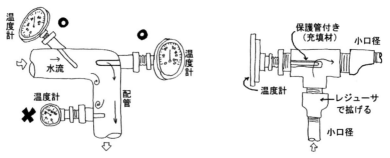

図13・32　配管系の温度測定

⑨空気圧の測定

　大気圧（屋内・屋外共）・風の影響を受けない場所を1点選び測定する。大気圧は、温度・海抜の影響を受けるので**補正**する必要がある（図13・33）。

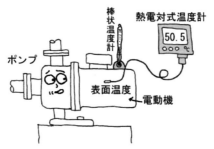

図13・33　電動機の表面温度の測定

⑩室内騒音値の測定（図13・34）

　暗騒音値が高いと当該室の正確な騒音測定ができないので、最初に**暗騒音値**を測定しておくこと（図13・35）。

　室内の許容騒音値は、推奨値が大事務所では**NC値45**程度、小事務所では**NC値30〜35**程度、放送スタジオなどでは、**NC値12〜20**程度と決められているので、予め当該室の**要求NC値**を把握しておくこと。

　測定した騒音の**周波数分析**を必ず実施しておくこと。試運転調整中に発見できな

第13話 試運転調整業務

かった騒音も**周波数分析**により、**高周波騒音**か**低周波騒音**によるものかが特定でき、適切な対策を立てることができる（図13・36）。

図13・34　室内騒音値の測定　　　　図13・35　暗騒音

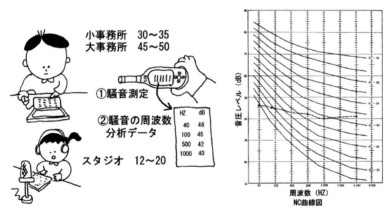

図13・36　室内騒音値の測定

（2）測定機器類

1）温湿度測定器

　一般事務所空調などで使用する温湿度測定器具には、①アスマン通風乾湿計、②棒状寒暖計、③自記温湿度記録計があるが、広い面積の**温湿度分布**を測定する場合

は、アスマン通風乾湿計が最も便利である。ただ、通風風速が、常に**2.5〜3.0m/s**になるよう、**ゼンマイ**の巻き忘れや電池切れなどに注意し、ガーゼで水を濡らす時、通風管の内壁を濡らさないように注意する（図13・37）。

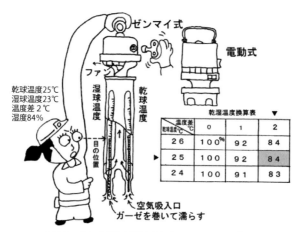

図13・37　温湿度測定器（アスマン通風乾湿計）

2）湿度測定器

測定機器としては、①アスマン通風乾湿計、②オーガスト乾湿計（図13・38）、③抵抗温度計式乾湿計温度計、④自記毛髪湿度計、⑤電気抵抗式湿度計の他、特殊な湿度計として**グローブ温度計**があるが、アスマン通風乾湿計が携帯に便利で、日射の影響を防ぐようにできているので、屋外の測定にも適している。

3）風速測定器

日常使用できる風速計には次のようなものがある。

①**熱線風速計**

別名**アネモサーモ**。測定範囲は**0.5〜30m/s**で、**白金ニッケル**などの抵抗線の電流を流して加熱し、空気を当てると、その平方根に比例して温度が下がり、電気抵抗が下がって気流速度が求められる（図13・39）。

②**カタ温度計**

風向が一定せず、微風速**1.0m/s**以下に用い、別名**カタ風速計**。

③**風車風速計**

別名ビラム風速計。測定範囲**1〜15m/s**である。

第13話　試運転調整業務

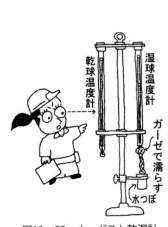

図13・38　オーガスト乾湿計

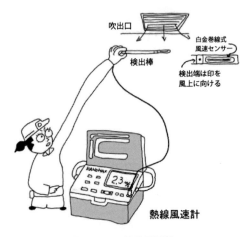

図13・39　熱線風速計

④ピトー管による測定

一般に**4m/s**以上の測定に用いられる。

4）騒音計

近似的に騒音の大きさを示す**普通騒音計**、**簡易騒音計**、**精密騒音計**（図13・40）がある。騒音の測定には、**騒音レベル**と**周波数分析**があり、周波数分析器には、**1/1オクターブ分析器**と**1/3オクターブ分析器**がある。

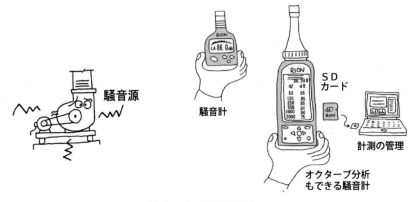

図13・40　精密騒音計

騒音計は、マイクロホン・周波数補正回路・指示機構・レベルレンジ切換器・校正装置によって構成されている。騒音レベルの測定には、一般に**A特性**で測定するが、**C特性**で測定する場合は、その旨を注記すること。

5）圧力測定器

圧力の測定機器には、次のようなものがある（図13・41）。

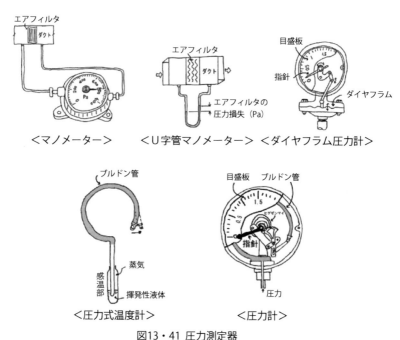

図13・41 圧力測定器

①マノメーター（manometer）
　ダクト内の圧力測定に用い、**U字管マノメーター・単管マノメーター・傾斜管マノメーター**がある。
②ブルドン管圧力計
　ブルドン管・変位拡大機構・指針・目盛板によって構成され、種類は**圧力計・真空計・連成計**がある。
③ダイヤフラム圧力計
　薄い膜（ダイヤフラム）の重圧体の変位を拡大して指針し、圧力を測定する。

6）振動測定器

振動測定は、機械の運転状況や防振の効果、居住区への影響を調べるために必要となる。振動の大きさは、振動と振動数に関係し、振動数の低いものでは、**振幅**で、振動数の高いものや衝撃力など力の大きさが問題になるものは、**加速度**で表されている（図13・42）。

7）ガス濃度測定器

ガス濃度測定は、一酸化炭素（CO）と炭酸ガス（CO_2）を対象とした測定器具に、次のようなものがある。

①一酸化炭素検知器

検知管法は、最も簡単で、JIS K 0804に定められ、次図のような内径2〜4mmの細いガラス管内に**検知剤**を充填した**検知管**で測定する。使用直前にガラス管の両端を切り、検知管内に試料空気を送入すると、化学反応が起こり検知管が着色してその目盛が**ガス濃度**を表わす。

②炭酸ガス検知器

検知管による方法は①と同じ。検知管は**活性アルミナ粒子**に**モチールフタレイン**を加えた**水銀化ナトリウム溶液**を吸着乾燥したものである。真空ポンプで空気を採集すると、**炭酸ガス**によってpHの変化を受け、**青紫色**より**薄桃色**に変色する（図13・43）。

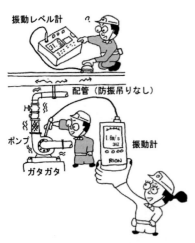

図13・42 振動測定器

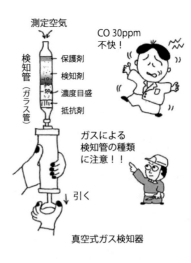

図13・43 ガス濃度測定器

8) 粉じん濃度測定

　浮遊粉じん測定は、①浮遊粉じんを補修せずに**浮遊状態**のまま測定する方法と、②捕集板・ろ紙・センサなどに捕集して秤量する方法がある。よく用いられる散乱光法による粉じん測定計は、**デジタル粉じん計**とも呼ばれ、比較的容易に測定できるが、粉じんの種類により誤差が生じることがある。エアフィルタの捕集効率の表示法には、重量法（AFI法）、比色法（NBS法）、計数法（DOP法）がある（図13・44）。

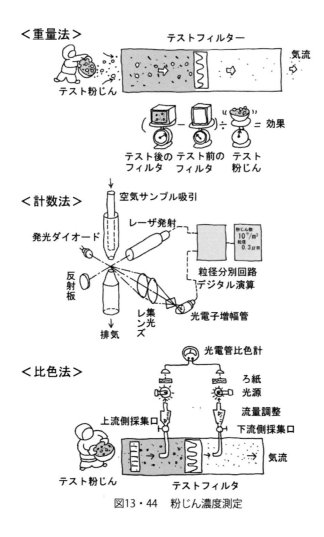

図13・44　粉じん濃度測定

第13話　試運転調整業務

9）電気関係測定器
電気関係計測機器には次のような機器があり、目的に相応しい機器を使用する。
①電圧計
別名**ボルトメータ**。電源の**電圧値**に異常がないか測定する。
②電流計
別名**アンペアメータ（アンメータ）**。電気回路を流れる電流値に異常がないか測定する。
③回転計
別名**タコメータ**。回転軸の**回転数**を測定する。回転軸に触れて測定するものと、軸に触れずに**光学的**に測定するものがある。
④絶縁抵抗測定器
別名**メガー**。回路の**絶縁抵抗値**を測定する。低圧電路では、**線間**および**大地**間の**絶縁抵抗値**には規定がある。
⑤接地抵抗測定器
別名**アーステスタ**。**接地抵抗値**を測定する。

電路の使用電圧の区分		絶縁抵抗値
300V以下	対地電圧（接地式電路において電線と大地間の電圧、非接地式電路においては電線間の電圧をいう）が150V以下の場合	0.1MΩ以上
	その他の場合	0.2MΩ以上
300Vを超えるもの		0.4MΩ以上

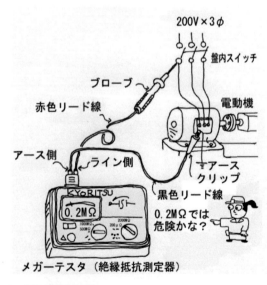

図13・45　電気関係測定器

10) 空気環境測定器

建築物衛生法（旧ビル管法）に規定されている7要素の測定については**建築物衛生法施工規則第3条の2**に準拠する。この測定は建築設備業者の範囲外であるが、設備引き渡し後、7要素が確保されていない場合は、設備業者の責任となる。したがって、**空気環境測定用機器および器材**について知っておく必要がある。

定められた基準値を測定できる**空気環境測定器**が市販されており、6項目を標準として、7番目の**ホルムアルデヒド**はオプションとしている製品が多い。

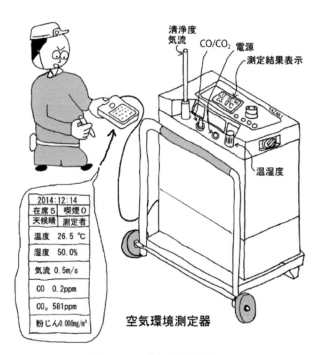

図13・46　空気環境測定器

13・7　上級技術者として、是非知っておきたい常識
（1）コミッショニング（commissioning）とは？

一般に**性能検証**と訳されている。ただし、建築物における**コミッショニング**は、狭義には竣工時には**設計段階**で意図された性能（performance）が実際の建築物で確保されているかどうかを**検証**するための一連の試運転・調整・検査の実施と記録

第13話　試運転調整業務

の作成、運転指導・各種報告書・竣工図・運転管理マニュアルの提出などの行為をいう。

一方、広義には、企画段階で想定された製品（設備）の性能が実際に確保されているかどうかを検証し**文書化**（documentation）することである。

ちなみに、現在では、**リコミッショニング**という用語も存在する。

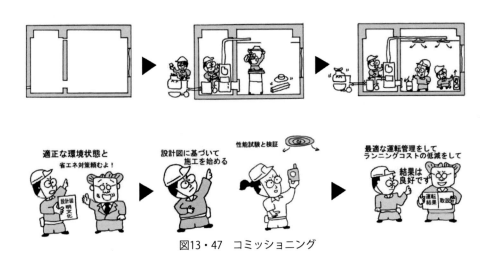

図13・47　コミッショニング

（2）ファシリティマネージメント（Facility Management）とは？

企業での施設・人員・作業がうまく空間に配置され、効率よく運用されているかを管理することで、別名FMともいう。内容は、計画・実行管理という三つのプロセスから成り立っている。これらの業務を専門的に担当するプロを特に**ファシリティ・マネージャー（FMr）**と呼んでいる。

ちなみに、ＦＭ関連３団体で構成する**ＦＭ推進連絡協議会**では、ＦＭを、"企業・団体などの全施設および環境を経営的な視点から総合的に企画・管理・活用する経営管理活動"と定義している。

【技術用語解説】

リコミッショニング（recommissioning）
　一般の新築工事だけではなく、引渡し済みの既存の建物に対してまでも、コミッショニングを実施すること。

第13話　試運転調整業務

図13・48　ファシリティマネージメント

（3）バリデーション（validation）とは？

バリデーションが重要視されるようになったきっかけは、1970年代に米国でおきた薬害事件である。バリデーションには、DQ（Design Qualification：設備設計適正選定の確認）⇨IQ（Installation Qualification：設備の適正据付の確認）⇨OQ（Operational Qualification：設備仕様適合稼働性の確認）⇨PQ（Performance

図13・49　バリデーション

第13話　試運転調整業務

Qualification：設備稼働性能適格性の確認）⇨PV（Process Validation：実生産規模での確認）の流れがある。

バリデーション契約は、製薬会社などの製薬棟の竣工に伴い、施主から建設関係各社に要求される契約である。**バリデーション**とは、設計段階で安全性・品質が保証された生産段階においても常に、全く同じ安全性・品質を保って生産できることを証明する一連の流れであり、施主が最終製品の品質を保証することを目的とした検証である。

設備業者が関わるバリデーションは、契約するに当たっては、その契約条項を精査して、工事契約とは別に行う必要がある。

すなわち、日本では慣例になっている、設備工事契約額（イニシャルコスト）の何％などという、乱暴で根拠のない契約は絶対に行ってはならない。

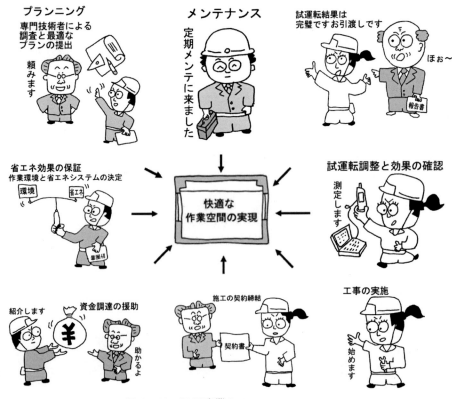

図13・50　ESCO事業のフロー

(4) ESCO事業とは？

　ESCO（Energy Service Company）事業とは、**省エネルギー改修工事**の一つの形態である。米国で1970年代に発祥し、日本では1990年代後半より導入され、新しいビジネスとして年々拡大している。

　ESCO事業は、通常の**省エネルギー機器の開発・設計・施工**とは異なり、資金手当から設計・施工・運転指導・設備維持管理まで、**省エネルギー**に係わる一切の業務をESCO事業者が行い、省エネルギー改修によって低減されたエネルギー量・光熱水費を契約期間中ESCO事業者が保証し、その低減された光熱水費の一部を報酬として、ESCO事業者が享受する事業である。

　ESCO事業の契約形態には、①Guaranteed Savings 契約と②Shared Savings 契約の2種類がある。なお、図13・50は、ESCO事業のフローを示したものである。

［引用・参考文献］
(1) －空調衛生設備技術者必携：こんなことも知らないの？－空調衛生設備【試運転調整業務の実務知識】、安藤紀雄監修、安藤紀雄・瀬谷昌男・堀尾佐喜夫・水上邦夫共著、日本工業出版、平成28年12月
(2) －空調衛生設備技術者必携－【建築設備配管工事読本】、安藤紀雄監修、安藤紀雄・小岩井隆・瀬谷昌男・堀尾佐喜夫・水上邦夫共著、日本工業出版、平成29年1月
(3) Tea breakを取りながらマスターできる【空調設備ダクト設計・施工の実務技術】、安藤紀雄著、理工図書、平成11年12月
(4) Tea breakを取りながらマスターできる【空調設備配管設計・施工の実務技術】、安藤紀雄著、理工図書、平成4年4月
(5) 保全マン必携【配管・バルブべからず集】、安藤紀雄・小岩井隆・瀬谷昌男共著、JIPMソリューション、2012年6月

14・1 顧客への引渡し業務とは

建物は各種試運転・調整・検査などを経て完成すると、工事施工者から発注者に引き渡され、建物の運用が始まる。完成検査までは**建物をつくる**プロセスであり、引き渡してからは、**建物を運用する**プロセスになる。**完成引渡し**（hand-over）はこの間をつなぐ重要な業務である。

発注者からの要求性能にあった設計をし、施工をしても、設計の理念や思想が建物を運用する側に正しく伝わり、理解されないと、建物の機能や性能はうまく発揮されず維持保全もうまくいかない。

顧客への引渡しにあたり、形式的なものでなく、建物の所有者・運転管理者・利用者などに設計の主旨を十分に伝え、設備機器を含めた取扱いや操作方法の説明を行い、引渡し後の瑕疵期間や機器の保証内容・期間の確認を**引渡し書類**（hand-over document）などにより、維持保全を適切に行うための情報を確実に引継ぐ必要がる（図14・1）。

14・2 一般的留意事項

①竣工時の客先への**引渡し書類**の完備

設備工事業者が、工事請負契約に基づき建物を完成すると**発注者（一般的には建築主）**に目録を作成し、**引渡し書類**を作成して正式に引き渡す必要がある。

竣工時に設計者の**立ち合い**のもとに、設備施工業者から引渡しすべきものには次のようなものがある。a）消防用設備等設置届書および同検査結果通知書、b）鍵一覧表と鍵ボックス、c）備品工具引渡し一覧表、d）ガス供給承諾書、e）水道供給承諾書、f）各設備機器の取扱説明書、g）設備竣工図（施工図に基づき設計図を修

第14話　顧客への引渡し業務

図14・1　引渡し書類

図14・2　機器単体取扱説明書

正したもの）等々。なお、竣工後、改修工事を実施した場合、竣工図はその都度、修正しておく必要がある。

②現状の設備に則した**取扱説明書**の作成

　取扱説明書は、狭義の**機器単体取扱説明書**だけでなく、それらが関連する**空調衛生設備システム**についても、必ず作成しておくこと。そして、**発注者**が納入した設備の**日常運転**や**維持管理**が円滑に行えるように、実際に操作などを現地で行いながら**引継業務**を完全に遂行する必要がある。

③**引渡し書類**の受け取り部門

　完成工事の引渡しを受ける発注者は、このような**引渡し書類**を受け取る部門と実際に建物の維持管理を行う部門が異なる場合が多い。

　したがって、**工事請負契約上の書類**と**建物維持管理上に必要な書類**をなるべく分離しておいて、実効ある**引渡し**を心がけるべきである。なお、**設備引渡し**時点から、建物の運用開始までの期間が短い場合が多いので、設計者や請負者は、運転管理に必要な書類を極力早い時期に引渡しを完了しておくことが望ましい（図14・3）。

図14・3　工事請負契約上の書類と建物維持管理上に必要な書類

第14話　顧客への引渡し業務

④設備の試運転に要した費用の速やかな精算

本設備の試運転調整に要した費用（**電気使用料金・水道使用料金・ガス使用料金**など）は、通常**設備施工会社**の負担である。設備引渡し業務の完了時点で、これらの設備運転諸費用は**施主負担**となるのが通常である。したがって、施主立合いの元で**各料金メータ**を読み、**諸料金の精算業務**を完了しておくこと。

⑤運転管理部門への機器類取扱いや機器操作方法の説明・指導は懇切に実施

完成図（竣工図）・施工図・機器完成図・取扱説明書などの引渡しとともに、実際に**維持管理**をする部門や担当者に対し、**設備機器類**や**設備システム**についての取り扱い方法や操作方法を伝授する必要がある。

実際には、機器類や操作盤類などの設置場所に出向いて、説明伝授するが一度だけの短期間の説明では、十分理解できない恐れがあるので、次の点に留意すること。

a) 完成図・機器完成図・機器取扱説明書などは、極力早めに引渡し、詳細な内容を伝達しておくこと。
b) 設計意図・設計条件に基づいた**設備システム・制御**についての説明を極力早く行っておくこと。
c) 発注者が運転保守管理を外注する場合は、早期にその**管理契約**を結ばせ、完成引渡し前に担当者を決定し現場に配属するように要請する。

⑥最終的な**室内環境測定記録書**の客先への正式な提出

室内環境測定記録書は、代表的な1日を選んで、その**最終版（夏期冷房記録・冬季暖房記録）**を客先にその**正本（日付入り）**を提出しておくこと。なお、**副本（日付入り）**は、工事請負者が保管し、少なくともその**保存期限は3ヵ年**とすること。

図14・4　諸料金の精算業務

図14・5　機器完成図・取扱説明書

第14話　顧客への引渡し業務

図14・6　最終的な室内環境測定記録

図14・7　瑕疵担保期間

⑦欠陥工事に対する**瑕疵担保責任**

　現場が完成したからといって、本工事から完全に縁が切れた訳ではない。不具合箇所があれば、**瑕疵担保責任**（Inherent Direct Liability）を果たさなければならないことを胆に命じておく必要がある。

⑧外国の工事等における契約上**留保金**（Retention Money）制度

　日本では工事が完了すると、他のシーズン中に履行すべき試運転調整工事が残っていたとしても、工事金額を全額支払ってくれることが多い。日本は、お互いの**紳士約束**はき

図14・8　リテンション・マネー

【技術用語解説】

瑕疵担保責任
　瑕疵（かし）に対して請負者が追うべき責任。**工事請負契約**においては、契約時に**瑕疵担保期間**を定め、請負者はその期間中に請負者の責に起因する**不良箇所**の手直し・補修などを実施し、**瑕疵保証**をしなければならない。

第14話　顧客への引渡し業務

ちんと守る、特異な**人治国家**だからである。

一方、外国などは**契約社会**、すなわち**契約書**（Agreement）以外は、なにも信用しない**文治国家**である。完成工事金額の支払いに当たっても、全工事費の3〜5％程度の**リテンション・マネー**が1〜2年間留保されることを、まず念頭におくべきである。

14・3　その他の詳細留意事項

①機器と機器名板（ネームプレート）・機器番号との整合性の確認

保守・維持管理の容易性を図ることから、据付けした機器名と機器番号は、施工承認・承諾図と一致していること。また、自動制御設備と電気設備に記載されている機器名と機器番号も同じように整合がとれていること（図14・9）。

②最終工程である性能測定業務は一年以上にわたる場合がある

空調設備は、**実負荷**（actual loads）をかけて測定することが不可欠である。冷房は**夏期シーズン**に実施する必要があるし、また暖房は**冬期シーズン**に実施する必要がある。

また、システム（外気冷房採用方式）によっては、**中間期**に実施する必要がある。暖房試運転時期に何の問題がなくても、冷房試運転時にFCUのドレンパンからの**凝縮水**による**漏水事故**に遭遇することがある（図14・10）。

建築設備に関しては、建物の竣工・引渡しが最終工程ではないと心得よ！

③契約書中に**備品類**の引渡し条項があるか

通常客先に納めた設備機器類は、そのまま引渡すが、契約書の中には**スペアパーツ**を請負業者で用意するという条項が含まれている場合もあるので、**要注意**である。例として、"ロールエアフィルタのスペア濾材を○○セット用意すること"などと明記されてい

図14・9　機器名板（ネームプレート）

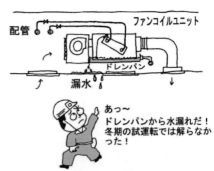

図14・10　冷房試運転時の凝縮水による漏水事故

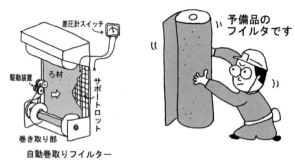

図14・11　ロールエアフィルタ

ることがある（図14・11）。

④故障率曲線（バスタブ曲線）のもつ意味

　試運転調整を終了し、設備を客先に引き渡した後も、さまざまな設備の故障はつきものである。故障は一定の割合で発生するものではなく、時間経過にともなって変化する。その局面は、①初期故障期（概ね1〜2年間）、②偶発故障期（概ね2年以降15〜20年）、③摩耗故障期（概ね15〜25年以降）に大別される。

　自分の手がけたプロジェクトは、生きている限り墓場まで持って行く覚悟が必要である。

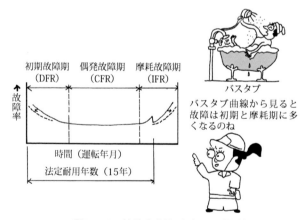

図14・12　故障率曲線（バスタブ曲線）

⑤施主に対する各設備機器・機材の**耐用年数**の説明

　施主の中には、"**引渡しを受けた設備は永久に無故障で稼働するものだ！**"と曲解される施主もいる。設備の**耐用年数**は、書面などで明確化しておくことが望ましい。例え

ば、塗装は屋外と屋内で耐用年数が異なるので、別途に再塗装期限などを明確にしておく必要がある。

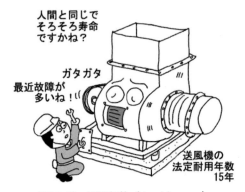

図14・13　耐用年数（durable years）

⑥竣工引渡し後の**チューニング運転**のアドバイス

竣工引渡し後、**初期故障期**を経過すると後の設備運転は、顧客の**運転保守管理マン**に任せているのが一般的であるが、引渡した設備の運用状態を節目ごとに把握して、客先に**設備のチューニング運転**に関して様々な角度からアドバイスすべきである。

なお、**チューニング（tuning）**の目的は、機器運転制御を再度見直して**省エネ効果**を得ようとするものである。

14・4　引渡し後の想定外のトラブル・クレーム

建物を引き渡した後のクレームは、本来あってはならないものである。予想されるクレームは、設計や工事の段階で押さえ込むべき事項であり、**設計施工管理の留意事項**としてまとめてみたので、現場巡回などで役立てていただきたい。

①予想される**トラブル・クレーム類**は、設計段階や施工段階で押さえ込んでおくこと。

設計段階では、**DR（デザインレビュー）**により、予想されるトラブル・クレーム類を上流段階で押さえ込んでおく。次工程に行けば、その被害は大きくなる。

【技術用語解説】

耐用年数（durable years）
　構造的物理的摩耗、性能・機能・意匠上の陳腐化などにより使用に耐えなくなる年数。

第14話　顧客への引渡し業務

図14・14　設備のチューニング運転

　上記の**設計段階**で看過されたものは，**施工段階**で押さえ込むべきで，現場で設計図を元に施工図に起こす段階で，潜在化しているトラブル・クレームを顕在化しておくべきである。

［引用・参考文献］
(1) 空気調和衛生工学便覧：第13版，空気調和・衛生工学会，2011年11月
(2) －空調衛生設備技術者必携：こんなことも知らないの？－空調衛生設備【試運転調整業務の実務知識】，安藤紀雄監修，安藤紀雄・瀬谷昌男・堀尾佐喜夫・水上邦夫共著，日本工業出版，平成28年12月
(3) －空調衛生設備技術者必携－【建築設備配管工事読本】，安藤紀雄監修，安藤紀雄・小岩井隆・瀬谷昌男・堀尾佐喜夫・水上邦夫共著，日本工業出版，平成29年1月

【付録編】

　当付録編では、本書の中で詳しく触れることができなかったが、空調設備技術者として是非知悉しておくべき代表的な項目を、ピックアップしたものである。その項目は、限られた頁数の中で最低限の問題概要を記しただけなので、さらに向学心に燃える方々のために、その推薦参考文献などを参考までに紹介するものである。

1．防音設備

　防音設備とは、騒音（noise）の**発生**を防いだり、**騒音を遮断**する目的の設備である。騒音とは、**"不快な感じの音、好ましくない音と言われ、JISでは好ましくない音"**と定義されている。聴力障害をもたらすような大きな音は、当然のこととして、自分の聞きたくない音楽やホテルなどの隣室から聴こえてくる**"ひそひそ話"**も騒音となる。

　騒音には、**物理的特性**と**心理的特性**があって、騒音は人それぞれで感じ方の違いがある。空気吹出口音のように、定常的に無意味な騒音は気になりにくい。

　一方、聴こえるか聞こえないような**低レベルの音**でも、隣室から聞こえる話し声が気になることがある。

　音のレベル（dB）を測定する測定器が**騒音計**（Sound Level Meter）である。騒音計には**周波数補正回路**が組み込まれており、**A特性**と**C特性**があり、指示計に**dB目盛**で示され、最も容易に得られる騒音の評価量である。**A特性**は低周波で人間の**聴感度**が低下する特性を評価したもので、**騒音レベル：dB（A）**と呼んでいるが、従来**騒音公害規制規準**などで**ホン**で示されていた単位と同一で**dB（A）**と読み替えてよい。また、騒音ついては、法的に【**騒音規制法**】があり、その中でも

【付録編】

"特定建設作業の騒音が特定作業の場所の**隣地境界線**において、85デシベルを超える大きさでないもの"と規定されているので留意のこと。

なお、空調設備では、**ダクト系の消音**と**配管系の消音**に、特に留意する必要がある。

【参考文献】
(1) 図解「空調・給排水の大百科」Ⅵ. 防音（P571〜P585），空気調和・衛生工学会編，オーム社，平成10年7月
(2) 図解「1級管工事施工管理技士試験：合格必勝ガイド」第三版，安藤紀雄監修，安藤紀雄・瀬谷昌男・中村勉・矢野弘共著，彰国社，2014年2月

【技術用語解説】

◇**クロストーク**（cross-talk）
　室内の騒音や話し声が、共通のダクトでつながっている他の部屋にリークすること。

◇**マスキング効果**（masking effect）
　ある音を聞こうとする時、騒音が同時に存在すると、非常に聞きにくくなる現象のこと。この時、騒音がその音を**マスクした**といい、この現象を特に**マスキング効果**と呼ぶ。

◇**カクテルパーティ効果**
　人間の聴覚の中で、**特定の人の話を聞き分けることができる**ことがある。あちこちで勝手におしゃべりをしている**カクテルパーティ**の中で、**気になる会話**だけ聞き取れること。

図—付録1　ホテル客室間のクロストーク

【付録編】

2. 防振設備

　防振設備とは、機器の**加振力**を弱め、防振基礎による振動絶縁（vibration isolation）や建築構造体などの補強により、対象場所における振動を防止する設備である。設備機器などの振動が**建物躯体内**を伝搬する、居室の内装材の**固体伝搬振動**である。建物内居室に影響を与える**設備機器振動**は、**固体伝搬振動**である場合が多い。その例としては、エレベータの走行振動、送風機を振動源とするダクト系の振動やポンプを振動源とする配管系の振動などが挙げられる。

　したがって、空調設備の**防振対策**としては、空調用設備機器の防振設計・防振施工に対し、完全な**防振機器基礎**を設けるなど特別な配慮をする必要がある。

　空調用設備機器からの振動は、図―付録2に示すように、設備機器の振動が**設備床**に伝わり、建築躯体を伝搬して居室などにおいて**体感振動**、あるいは居室の**内装材**を振動させることで、**固体伝搬音**が発生する。

　特に、半導体製造用ICR（**工業用クリーンルーム**）では、振動問題は、**ウエファ**などの**微細加工製品**の**歩留まり**（yieldrate）に大きな影響を与えるので、厳密な防振対策が不可欠となる。

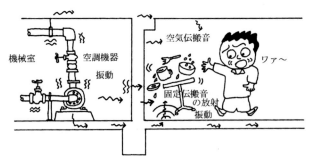

図―付録2　空調設備機器からの振動の伝播および固体伝搬音の放射

　また、振動については、法的に【**振動規制法**】があり、その中でも"圧縮機・送風機の原動機の定格出力が7.5kW以上を**特定施設**という。"と規定されているので、十分に留意しておくこと。

【参考文献】
(1) 図解「空調・給排水の大百科」Ⅶ. 防振（P586～P1593），空気調和・衛生工学会編，オーム社，平成10年7月
(2) 図解「1級管工事施工管理技士試験：合格必勝ガイド」（第三版），安藤紀雄監修，　安藤紀雄・瀬谷昌男・中村勉・矢野弘共著，彰国社，2014年2月

【付録編】

3．地震と設備耐震

　日本は世界でも有数の地震国である。日本における建築の高さは、長い間建築基準法により、"百尺（31m）"以内に制限されていた。
　しかしながら、前回の東京オリンピック（1964年）を契機に、建築構造とし

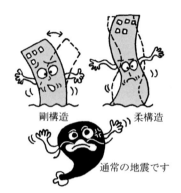

図—付録3　剛構造建築と柔構造建築との地震時における揺れ方

【技術用語解説】

長周期地震
　地震の加速度の波形を見れば分かるように、地震波には**長周期波（周期4秒前後以上）**と**短周期波（周期1秒前後以下）**がある。**長周期地震動**は、人があまり感じない、周期が数秒以上のゆっくりした揺れで、**巨大地震**で発生しやすく、**超高層ビル**など巨大なビルが影響を受けやすいと言われている。

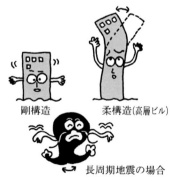

図—付録4　長周期地震と超高層ビルの上層階

【付録編】

て、**剛構造**から**柔構造**が採用されるようになり、**超高層ビル**が建設されるようになった。

それ以降日本では、高さ300m近い**超高層ビル**の曙時代を迎えることになる。

建物には、それぞれ**固有周期**があり、これが1秒を超えて長周期になればなるほど、地震力による**建物の応答**は減少する。最近では、地震力が建物に入り込まないように、**積層ゴム**などを入れて**建築構造物**を絶縁した**免震構造**の建物や、**建築構造物**のなかに、**減衰装置**を組み込んだりする**制振構造**の建物も数多く登場するようになっている。

ところで、建築の耐震は当然のことであるが、我々空調設備技術者としても、大地震に起因する建築物の**層間変位**(relative story dislocation)などに対応すべく、建築設備の**耐震設計・耐震施工**に十分留意する必要がある。

建築設備が保持すべき耐震性能は、中・小地震に対しては、原則としてすべての設備機能に被害の生じないこと、大地震に対しては、建物の社会的重要性を勘案し、設備機能や人命の安全上必要な機能維持と二次災害の防止を具備した設備としなければならない。

【参考文献】
(1) 考え方・進め方「建築耐震設備耐震」、建築耐震研究会編、オーム社、平成19年3月
(2) 図解「空調・給排水の大百科」Ⅵ.8 地震と耐震（P594〜P603）、空気調和・衛生工学会編、オーム社、平成10年7月

【技術用語解説】

層間変位と層間変形角
　地震などの**横揺れ**により建築が変形するとき、階層の真上または真下の床との**水平方向の変位**を**層間変位**といい、**層間変位**による角度を**層間変形角**と呼んでいる。

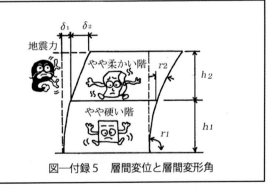

図—付録5　層間変位と層間変形角

4. 設備材料と腐食

建築設備には、数多くの種類の**金属製材料**が使用されており、特に配管材料では、さまざまな**腐食問題**が起こりやすい。腐食（corrosion）とは、金属とこれを囲む環境との間の**化学的**、あるいは**電気化学的**な相互作用であって、その結果、部分的に、または総体的に金属機能が変化・劣化する現象のことである。

元来、金属は結晶粒・結晶粒界・不純物・傷などが表面に存在し、また金属に接した溶液でも、濃度差・温度差・すきまの有無などの**環境差**が存在した時には、金属表面に**局部電池**を構成し、陽極部から陰極部へ溶液を通して電流が流れ、**陽極部**が腐食される。これを**湿食**といい、金属が直接腐食性の気体と反応する現象を**乾食**と呼んでいる。一般的には、**湿食現象**が多いので、これを**腐食（コロージョン）**と呼ぶ場合が多い（JIS Z 0103）。

実は、腐食による**経済的損失**は、意外に多く無視できない状態であるといわれている。この状態を防止するために、空調設備技術者としては、さまざまな**防食対策**を講じる必要がある。その防食対策としては、使用環境に対応する**適正材料の選定**、腐食を軽減するような**設計の改善**、金属表面を腐食環境から遮断する**塗装・被覆**、腐食性を低下させる**環境の処理**および**電気防食法**などがある。ちなみに、配管腐食に関しては、**空気中における腐食・水中における腐食・土中における腐食**に層別して、その対策を講じる必要がある。

【参考文献】
(1)「初歩から学ぶ防錆の科学」，藤井哲雄著，工業調査会，2002年2月
(2)「金属の腐食：事例と対策」，藤井哲雄著，工業調査会，2002年7月
(3)図解：「空調・給排水の大百科」Ⅵ.耐久性（P606〜P623），空気調和・衛生工学会編，オーム社，平成10年7月

【技術用語解説】

局部電池（local cell）
金属側または環境側の**不均一性**が原因となって、金属表面に局部的に形成された局部電池（JIS Z 0603）。

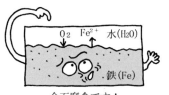
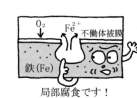

図—付録6　鉄の全面腐食と局部腐食のメカニズム

【付録編】

5．設備の故障と故障率

　空調設備の試運転調整業務が完了し、客先への**設備引き渡し**が終わっても、これで終わりということではない。というのは、引き渡しを終了した**設備システム**や**機器**に故障が発生するからである。この機器故障率が時間の経過とともに、どのように変化をするかを**定性的に示したものに**バスタブ曲線（第14話(3)④参照：bathtub curve）がある。この故障期間を大別すると以下の３つの時期に大別できる。

①初期故障期（DFR Period）
　初期故障率（Decreasing Failure Rate）と呼ばれる**故障率**が時間の経過とともに、次第に減少する期間である。
　初期故障は、機器やシステムの中に潜在している**設計ミス（打ち合わせ不十分なものなど）**や**施工ミス（ダクト・配管などの接続ミス）**などの、"想定外のトラブル"が、設備使用初期に顕在化するものである。工事中の**品質管理**の強化や工場での**プレハブ化**などの積極的な採用により、この期間の故障率を下げることは可能である。筆者の体験では、この期間は設備システムの規模にもよるが、概ね２年程度が必要となる。

②偶発故障期間（CFR Period）
　偶発故障率（Consatan Failure Rate）と呼ばれる**故障率**が、時間が経過しても低く変化しない安定した期間である。
　故障率が時間の経過に対して変化しないということは、反面時間的に**ランダム**に、故障が発生するということを意味するので、**偶発故障（Random Failure）期間**と呼ばれている。
　なお、多数の部品で構成されているシステムや設備機器の故障は、**偶発故障（CFR）**と言われている。この故障の原因は、設計・施工にある場合とシステム使用法のミスや振動によって**環境ストレス強度**が一時的に高くなる場合に、欠陥が顕在化する場合もある。実際に機器を満足して使用できるのは、**CFR期間**だけであるとも考えられるので、この期間を特に**有効寿命**と呼ぶこともある。
　筆者の経験では、この**CFR期間**は概ね15〜20年程度である。

③摩耗故障期間（IFR Period）
　摩耗故障率（Increasing Failure Rate）とも呼ばれる**故障率**は、時間の経過とともに増加する傾向がある。
　摩耗や消耗は、使用時間が長くなるにつれて大きくなり、結果として**故障率**も時間が経過するにつれて増加するので、この期間は、**摩耗故障期間**と呼ばれている。

【付録編】

例えばベアリングの摩耗による**振動・振幅**の増加によって生じる故障や鋼管配管、鋼製容器・機器の腐食による漏水などがこれに該当し、人間に例えれば**老年の時期**がこれに該当する。後述させていただくが、**オーバーホール**や**予防保全**を実施することによって、この期間が始まるのを延ばす、すなわち**延命化**することもできる。

この項の最後になるが、筆者が是非注意を喚起しておきたいことは、竣工後25～30年以上経過したビルの**リニューアル工事**などの診断を依頼されて場合でも、既設配管（特にねじ施工配管）には、不要に触らないことである。

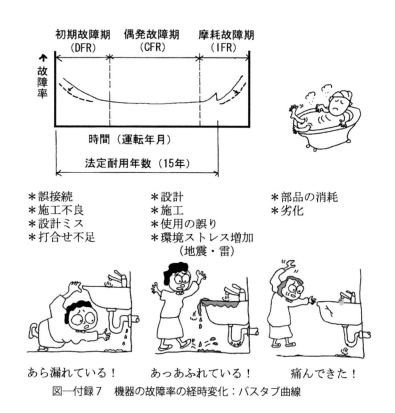

図―付録7　機器の故障率の経時変化：バスタブ曲線

【参考文献】
(1) 厚生大臣登録「空調給排水管理監督者講習会テキスト」第4版第2刷，公益財団法人日本建築衛生管理教育センター，平成27年2月
(2) 図解「空調・給排水の大百科」Ⅵ.耐久性（P604～P605），空気調和・衛生工学会編，オーム社，平成10年7月

【付録編】

6．設備の耐久性

"釈迦に説法！（like teaching Babe how to play baseball）"であろうが、人間に寿命があるように、建築設備にもその寿命（life）がある。

その寿命も**維持管理（maintenance）**の程度により、**延命化（long life）**を図ることもできるし、**リニューアル工事（renewal works）**を行うことによっても**延命化**を図ることも可能である。建築設備の**維持管理**とは、**保守管理**とも呼ばれ、今では**メンテナンス**として、日本にすっかり帰化してしまっているが、本来**JIS Z 8115：ディペンダビリティ（信頼性）**の用語である。

（1）多種多様な保全

維持管理は、一般に建物や設備の機能を維持するために、適切な点検・調整・修繕・正しい運転を実施し、設備機能を常に最良の状態に保つことである。

維持管理は、単に**保全**と呼ばれることもあるが、**保全**とは修理可能な機器・設備に対して、その性能・機能を長期間にわたって、安定して維持するために行う**処置（treatment）**のことである。ちなみに、その保全が容易にできる度合い・性質を**保全性**という。保全や保全性は、建築設備だけでなくあらゆる設備について、従前

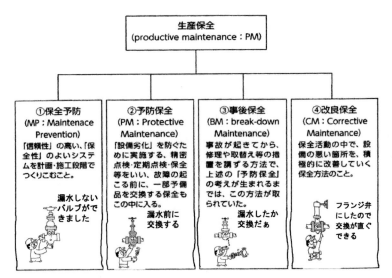

単にPMというと、予防保全ではなく、生産保全を指すケースが多い。なお、最近では、③の事後保全より、②の予防保全（例）を重視する傾向が強くなっている。例：ベアリングの破壊予知システムによる、ベアリングの早期交換など

図—付録8　多種多様な保全の分類

管理システムの視点からの**設備保全**および保全の各プロセス面の**生産保全**といったさまざまな分野で考えられてきた。

各種設備を一つの**システム**として捉え、企業として組織的に実施する保全活動を行う**設備保全**はさておき、経済的に**設備の生産性**を向上させるために行う**合理的保全活動：生産保全**を分類すると図—付録8のようになる。

（2）空調設備の耐久性と耐用年数

建築設備は、多種多様な部品で構成され、各部品が有する**物理的な特性**に応じて機器または部位の**劣化**が進み、最終的に設備の**機能障害**の発生、つまり**故障の発生**という形態をとる。故障の発生は、既述のように**初期故障（減少型）・偶発故障（一定型）・摩耗故障（増加型）**という3つのパターンが基本となる。

また、**リニューアル工事（更新工事）**を実施する要因には、図—付録9に示すように**物理的要因**の他に、**経済的要因・社会的要因**が考えられる。

しかしながら、実状としては、**リニューアル工事**は、**物理的劣化**を迎える以前に、他の2つの要因で実施される場合が多い。

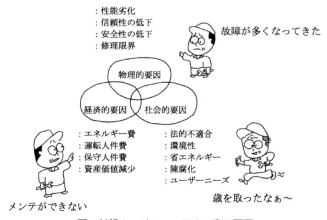

図—付録9　リニューアル工事の要因

建築設備の**物理的耐用年数**は、"機器の性能・機能の劣化が進行し、部位の補修・交換による**機能回復**が困難であり**費用対投資効果（コスト・パーフォーマンス）**の観点からしても、継続することが不可能となるまでの時間"のことをいう。

なお、参考までに現在公表されている空調設備の**耐用年数（durable years）**を表—付録1に示しておく。

【付録編】

表―付録1　空調設備機器の耐用年数一覧表

		① 建築学会	② 官庁営繕	③ 小林	④ BELCA	⑤ 久保井	⑥ BCS
冷熱源機器	鉄板製ボイラ	25	15	―	15	―	15
	鋳鉄製ボイラ	―	30 蒸気	10 セクショナルボイラ	25 蒸気	20	21.1 セクショナルボイラ
	煙管ボイラ	―	20	15	―	―	18.9
	ターボ冷凍機	―	20	25	20	20	21.1
	往復動冷凍機	―	15	―	15	15	15
	吸収式冷凍機	―	20	―	20	15	17.5
	空気熱源（ヒートポンプチラー）	―	15	―	15	―	―
	冷却塔	―	13 FRP対向流	20	15 FRP	13 FRP	14.4
空調機類	エアーハンドリングユニット	―	20	15	15	18	17.5
	パッケージ型空調機（水冷式）	―	20	―	15	15	13.4
	パッケージ型空調機（空気熱源ヒートポンプ）	―	15	―	15	―	―
冷・暖房ユニット	ファンコイルユニット	―	20	20	15 露出・床置	18	15.8
	ファンコンベクター	―	20	―	15 露出・床置	―	13.6
	鋳鉄製ラジエーター	30	―	―	―	―	20.8
全熱交換器	全熱交換器	―	20	―	15	―	―
	交換換気ユニット	―	20	―	15	―	―
送排風機	送風機	20	20	20	20	18	18.6
	排煙機	―	25	―	25	―	―
ポンプ類	冷温水ポンプ	―	20	―	15	―	17
	冷却水ポンプ	―	20	―	15	―	―

出展略称の説明
①「建築学会」：日本建築学会建築経済委員会「修繕方式の標準」（1955年「耐火建築物の維持保全に関する研究」）
②「官庁営繕」：（財）建築保全センター「建築物のライフサイクルコスト」（1993年経済調査会）
③「小林」：小林清周「修繕方法の標準」（1975年「ビルの管理」森北出版）
④「BELCA」：（社）建築・設備維持保全推進協会（BELCA）「LC評価データ集（改訂版）」（1999年）
⑤「久保井」：久保井敬二「設備機器の耐用年数について」（1979年「建築保全2号」）
⑥「BCS」：（社）建築業協会「設備機材の具体的耐用年数の調査報告」（1979年）

【付録編】

表—付録2　空調設備用ダクト・配管材料の耐用年数一覧表

		① 建築学会	② 官庁営繕	③ 小林	④ BELCA	⑤ 久保井	⑥ BCS
ダクト 制気口	空調用ダクト	20	30	20	30	—	—
	パン型吹出口	—	30	—	20	—	—
	ユニバーサル型吹出口	—	30	—	20 VHS	—	—
配管	炭素鋼鋼管（白）（給水）	20	—	20	—	—	18.1
	炭素鋼鋼管（白）（排水・通気）	18	30	18	20	—	18.4
	炭素鋼鋼管（白）（冷温水）	—	20	—	20	—	18
	炭素鋼鋼管（白）（蒸気）	15	20	—	20	—	17.8
	塩ビライニング鋼管（給水）	—	25	—	30	—	—
	銅管（冷媒管）	—	30L	—	30L	—	—

出典略称の説明
① 「建築学会」：日本建築学会建築経済委員会「修繕方式の標準」（1955年「耐火建築物」の維持保全に関する研究」）
② 「官庁営繕」：（財）建築保全センター「建築物のライフサイクルコスト」（1993年経済調査会）
③ 「小林」：小林清周「修繕方法の標準」（1975年「ビルの管理」森北出版）
④ 「BELCA」：（社）建築・設備維持保全推進協会（BELCA）「LC評価データ集（改訂版）」（1999年）
⑤ 「久保井」：久保井敬二「設備機器の耐用年数について」（1979年「建築保全2号」）
⑥ 「BCS」：（社）建築業協会「設備機材の具体的耐用年数の調査報告」（1979年）

【参考文献】
(1) 厚生労働大臣登録「空調給排水管理監督者：講習会テキスト」（第4版第2版），公益財団法人日本建築衛生管理教育センター，平成27年2月
(2) 図解「空調・給排水の大百科」Ⅵ．9耐久性（P604〜P607），空気調和・衛生工学会編，オーム社，平成10年7月

【付録編】

おわりに

　かつて、歌手の渡辺真知子作詞・作曲による"**現在・過去・未来・・・**"という冒頭の歌詞で始まる唄が流行したことがある。同様に本読本では、これまで主として空調設備工事・換気設備工事・排煙設備工事およびその関連工事の**既存技術（現在）**と**簡単**な**歴史（過去）**の知識について解説してきた。その主眼は、上述の諸工事施工の**温故知新**の参考資料として、活用していただきたいためである。

　すなわち、我々が長年にわたって、**試行錯誤**しながら体験してきた**施工技術遺産（technical heritage of M&E works）**を、我々が生きている間に後世に可能な限り**継承（succession）**しておくことが、我々の**喫緊の課題**であると思ったからである。ここで空調設備工事の**将来展望（未来）**についてすこし触れて、この読本の掉尾を飾ることにしたい。

　現在では、**腕時計**から**スマホ**などに体調管理項目（**体温・血圧・脈拍・血液等**）をコントロールするセンサーを組み込むことも可能な時代が到来している。

　この**設計概念（design concept）**を空調設備にも導入することはできないであろうか・・・。将来の空調機は、居住空間をその日の使用者（user）の体調に適した温度や湿度に調節し、年間を通して「快適な居住空間」できるような姿にすべきであると思う。

これからの空調設備

390

しかも、その空調機の運転実績データは、**フィードバック**され、**省エネ運転**を実現可能とするものである。さらに、**ウイルス**や**花粉**の発生データ信号を察知すると、空調機は**高性能フィルタ**（**HEPAフィルタ**）の使用回路にシフトされ、またそれに適応した**必要換気量**の調整に素早く対応する。

　冬期には、**センサー付き小型補助加熱器**をコンセントに差し込むだけで、高齢者向けの急激な温度変化による**体調不良**を防止可能な自動管理システムが望まれる。将来の空調システムといえども、本質（essence）的には大きく変化しないであろうが、これからは**自動管理システム**がAIやIoTという道具が積極的に導入されて、新しい局面（new stage）を迎えることになると予測している。

【索引】

【あ】

アーク溶接法……………………230,231
亜鉛めっき鉄板……………………177
亜鉛めっき転造ねじ加工全ねじ吊ボルト
　……………………………………297
アクティブ・ベンチレーション……247
アスファルトジュート………………290
アスファルトプライマー……………290
アスベスト系ガスケット……………240
アスペクト比…………………………179
圧縮比…………………………………72
圧力計…………………………………221
圧力測定器……………………………361
圧力配管用炭素鋼鋼管………………212
圧力比…………………………………72
あと施工アンカー………………149,223
アナログ制御…………………………329
油配管…………………………………204
アプローチ……………………………83
アメニテイ空調………………………2
歩み転造方式…………………………229
アングルフランジダクト工法（FA工法）
　……………………………………173
安全管理………………………………131
安全性管理……………………………339
暗騒音値………………………………357
アンダフロア空調方式………………55
アンロード制御………………………69
意思ベクトル…………………………132
異種用途区画…………………………267
一過式配管システム…………………204
一酸化炭素検知器……………………362
一般配管用ステンレス鋼鋼管………213
インサート打ち工事…………………163
インサート金物………………………223
インサート敷設施工図………………163
インシュレーション・スリーパ……291

インターロック………………………315
インダストリアル・クリーン・ルーム
　……………………………………252
インバータ…………………48,120,328
インレットベーン制御方式…………120
上向き姿勢……………………………233
ウォーミングアップ・ロード………37
ウォーミングアップ制御……………314
ウオッシュプライマ…………………299
後向き送風機…………………………101
渦巻ポンプ……………………………96
渦巻ポンプとディフューザーポンプ
　……………………………………92
裏波溶接………………………………231
運転台数制御…………………………308
運棒法…………………………………233
エアハンドリングユニット…………106
エアフィルタ…………………………124
エアフローウインド…………………44
エアリークテアスト…………………197
エアレス吹き付け塗装………………306
営利事業団体…………………………147
エクスパンション・ジョイント……216
エッチングプライマ…………………299
エポキシ樹脂コーティング…………298
エマルジョン…………………………298
エルボーダクト………………………190
エロフィンチューブ…………………123
塩化ゴム系塗料………………………302
塩化リチウム…………………………119
円形ダクト……………………………178
延焼防止……………………………264,265
遠心冷凍機……………………………70
煙突効果……………………………266,267
往復動冷凍機…………………………68
オーバルダクト………………………178
オゾン層破壊問題……………………40
オゾン破壊係数（ODP）……………64

オフ・セット　　　　　　　　　313
音響シールド　　　　　　　　281
温湿度測定　　　　　　　　　355
温湿度測定器　　　　　　　　358
温水暖房　　　　　　　　　　 59
温水配管　　　　　　　　　　202
温水噴霧加湿　　　　　　　　 18
温度計　　　　　　　　　　　220
温度制御弁　　　　　　　　　316
温度ヒューズ　　　　　　　　342
温熱感覚指標　　　　　　　　 4
温熱源設備機器　　　　　　　 62

【か】

加圧排煙方式　　　　　　　　272
カーテンウォール構造　　　　266
快感空調　　　　　　　　　　 2
外気ダクト　　　　　　　　　176
外気取れ入量　　　　　　　　243
外気冷房　　　　　　　　　　 47
開先加工　　　　　　　　　　232
外装材　　　　　　　　　　　289
外調機＋レヒータシステム混合ロス防止制御　　　　　　　　　　　　　334
快適空調　　　　　　　　　　 2
回転計　　　　　　　　　　　364
回転式冷凍機　　　　　　　　 71
回転数制御　　　　　　　　　349
ガイドベーン　　　　　　　　193
開放式燃焼器具　　　　　　　260
開放式配管方式　　　　　　　206
開放式冷却塔　　　　　　　　 82
改良保全　　　　　　　　　　386
回路方式　　　　　　　　　　206
化学的減湿　　　　　　　　　 19
各階ユニット空調方式　　　　 46
各種性能計測　　　　　　　　353
カクテルパーティ効果　　　　379
かさ比重　　　　　　　　　　282
瑕疵担保責任　　　　　　　　373
加湿器　　　　　　　　　　　123

ガスエンジンヒートポンプ　 57,80
ガス管　　　　　　　　　　　211
カスケード制御　　　　　308,309
ガス濃度測定器　　　　　　　362
ガスヒートポンプ空調方式　　 57
ガス溶接法　　　　　　　　　230
カタ温度計　　　　　　　　　359
片吸込ポンプ　　　　　　　　 94
加熱コイル　　　　　　　　　123
可変ピッチ風量制御法　　　　350
仮付け溶接　　　　　　　　　232
カルノーサイクル　　　　　　 67
簡易騒音計　　　　　　　　　360
換気回数　　　　　　　　　　251
換気効率　　　　　　　　　　258
換気設備工事　　　　　　　　242
換気設備用ダクト　　　　　　176
還気ダクト　　　　　　　　　176
乾球温度　　　　　　　　　　 12
環境アセスメント　　　　　　 31
環境の保護　　　　　　　　　131
かんざしボルト　　　　　　　223
還水方式　　　　　　　　　　207
完成引渡し　　　　　　　　　370
間接還水配管方式　　　　　　207
ガントチャート工程表　　　　142
管末トラップ　　　　　　　　240
監理と管理　　　　　　　　　131
機械換気設備　　　　　　　　242
機械換気法　　　　　　　　　247
機外静圧　　　　　　　　　　127
機械排煙方式　　　　　　　　270
機器基礎　　　　　　　　　　147
機器基礎工事　　　　　　　　147
機器据付工事　　　　　　　　153
機器製作承認図　　　　　　　136
機器単体取扱説明書　　　　　371
機器搬入工事　　　　　　　　151
機材品質検査　　　　　　　　140
希釈換気法式　　　　　　　　249
機内静圧　　　　　　　　　　127
逆カルノーサイクル　　　　　 68

逆止弁	218
逆流防止ダンパー	190
キャビテーション	97,345
キャリーオーバー	83,121
吸引式排煙方式	270
急拡大	189
給気ダクト	176
給気露点温度制御	309
吸収式冷凍機	65
急縮小	189
給排気排煙方式	270
共通吊支持架台	223
共通床支持架台	223
強度率	145
共板フランジ工法（TF工法）	173
局所換気	248,250,256
局部電池	383
曲率半径	190
居室	259
金属配管材料	210
金属ばね	151
銀ろう	239
空気汚染物質	244
空気過剰係数	255
空気環境測定器	365
空気熱源ヒートポンプ	72
空気齢	258
空気漏洩試験	196
空調機設備	45
空調兼排煙設備	272
空調設備用ダクト	176
空調の最適化制御	318
偶発故障期間	384
空冷ヒートポンプ式	112
管継手類	215
管の肉厚（スケジュール番号）	212
クラウド	336
グラスウール保温材	282
グランドパッキン式	344
クリーンルーム用空調機	109
クリティカルパス	144
グルーバー（溝切機）	235

グルービング（溝加工）	235
クレータ処理運棒	235
クロストーク	379
計器類	220
経済性管理	339
経済的な保温厚さ	285
けい酸カルシウム保温材	283
計測部	310
ゲージ圧力	76
ケーシング	127
欠陥ねじ	225
結露	10,293
結露防止塗料	300
煙感知器	278
ケレン（けれん、外連）	304
原価管理	131
検出部	310
建築基準法施行規則（省令）	259
建築基準法施行令（政令）	259
建築基準法第38号による特認事項	272
建築物衛生管理基準	259
建築物衛生法	3,8,246,259,354
建築物の排煙設備	273
顕熱	34
顕熱比	14
現場管理3種の神器	136
現場手溶接法	230
コイルの凍結防止	125
高圧ガス保安法	69
高圧蒸気	204
高温水暖房	59
高気密化	246
工業化工法	164
工業工程空調	4
剛構造	382
工事工程管理	141
工事進捗度曲線（バナナ曲線）	142
工事施工管理	130
工事施工計画	132
硬質ウレタンフォーム保温材	284
硬質ポリ塩化ビニル管	214

格子補強リブダクト……………… 186,187	直だき吸収冷温水機……………… 65,78
溝状腐食………………………………… 212	志気管理…………………………………… 132
合成樹脂系塗料………………………… 299	仕切弁……………………………………… 218
鋼製デッキスラブ工法………………… 163	軸流送風機………………………………… 102
高速ダクト方式…………………………… 183	軸流吹出口………………………………… 25
高断熱化…………………………………… 246	軸流ポンプ………………………………… 96
工程管理…………………………………… 131	地獄配管…………………………………… 240
甲はぜ掛け………………………………… 178	事後保全…………………………………… 386
硬ろう付け接合法………………………… 238	システムエアハン……………………… 108
コーナーボルト工法……………………… 173	システム化エアハンドリングユニット
氷蓄熱用ビルマルチユニット…………… 54	…………………………………………… 108
小型貫流ボイラ…………………………… 89	システム天井工法………………………… 166
国土交通省告示…………………………… 259	自然換気設備……………………………… 242
五大制御因子……………………………… 1	自然換気法………………………………… 246
固体伝搬音………………………………… 150	自然排煙方式……………………………… 269
固体伝搬振動……………………………… 380	下地処理塗料……………………………… 299
コミッショニング…………………… 338,365	下向き姿勢………………………………… 233
ゴム製変位吸収管継手…………………… 218	湿球温度…………………………………… 12
コンクリートの養生期間………………… 149	湿食………………………………………… 383
コンデンシングユニット………………… 70	シックビルディング症候群………… 7,244
	実行予算…………………………………… 147
【さ】	湿度測定器………………………………… 359
	室内環境管理基準値……………………… 354
サージング…………………… 98,102,279	室内環境測定記録書……………………… 372
サイクリング……………………………… 319	室内環境管理基準………………………… 8
再循環式配管システム…………………… 206	室内気流分布……………………………… 22
最小拡散半径………………………… 26,356	室内空気質…………………………… 4,244
最大拡散半径………………………… 26,356	室容積……………………………………… 251
最大熱負荷計算法………………………… 35	指定フロン………………………………… 64
最適化試運転調整業務…………………… 338	自動切り上げ機能付きダイヘッド…… 227
作業空調…………………………………… 3	自動制御設備…………………………… 45,308
サクションベーン制御…………………… 70	シミュレーション計算法………………… 35
差し込み継手接続法……………………… 190	事務所衛生基準規則……………………… 261
三角形ダクト……………………………… 178	湿り空気線図……………………………… 9,11
産業空調…………………………………… 4	社会環境管理……………………………… 339
酸素アセチレン溶接法…………………… 231	斜流ポンプ………………………………… 96
三相交流誘導電動機……………………… 343	周期定常計算法…………………………… 35
シーケンス制御……………………… 314,308	柔構造……………………………………… 382
シール材…………………………………… 227	重点的思考………………………………… 139
シール剤…………………………………… 227	周波数分析………………………………… 357
シールド…………………………………… 281	周波数補正回路…………………………… 378
試運転調整業務…………………………… 338	重量法……………………………………… 127

手動開放装置	278
手動制御	309
受動的換気法	246
順次起動法・順次停止法	314
準不燃材料	276
省エネ換気方式	246
省エネルギー問題	38
生涯環境影響評価	31
消火活動上必要な設備	264
蒸気圧縮式冷凍機	65
蒸気暖房	59
蒸気配管	204
蒸気噴霧加湿	18
衝撃吸収式逆止弁	160
上下二段吊り	293
承認施工図	135
情報管理	339
消防の用に供する設備	264
消防法による排煙設備	275
ショートサーキット	114
諸官庁検査	133
初期故障期	384
シリカゲル	119
自力式自動制御方式	316
シロッコファン	99
真円加工	230
シンギュラリティ	335
ジンクリッチペイント	300
伸縮管継手	216
人造鉱物繊維保温材	282
人的資源管理	339
振動規制法	380
振動測定器	362
水位制御弁	316
水管ボイラ	89
吸込みダンパ	348
吸込みベーン	349
水道用銅管	214
水道用硬質塩化ポリエチレン粉体ライニング鋼管	240
水道用硬質塩化ビニルライニング鋼管	240
水道用ステンレス鋼鋼管	214

スイベル・ジョイント	216
水冷ヒートポンプ式	112
スクリュー冷凍機	71
スクロールダンパ	120,350
スクロール冷凍機	73
スチームハンマー現象	240
捨てバルブ	240
ステンレス鋼鋼管	212
ストレーナ清掃	353
スパイラルダクト	178
スマッジリング	27
スモークタワー方式	269
スライド・オン・フランジ工法（SF工法）	173
スリーブ形伸縮管継手	216
静荷重	155
生産保全	386
制振構造	382
成績係数（COP）	68
精密騒音計	360
ゼオライト	120
積分制御	321
施工品質検査	140
施工要領書	136
絶縁抵抗測定器	364
絶対圧力	76
絶対湿度	13
接地抵抗測定器	364
設備工事管理業務一覧表	133
設備工事工程表	141
セパレート型ルームエアコン	116
ゼロエナージバンド	322,323
全数検査	140
全体換気方式	248,249
全天候型自動化建設工法	168
潜熱	34
専用エンジン	280
騒音規制法	378
騒音計	378
層間区画	266
層間変位	382
層間変形角	382

総合工程表	141
操作部	310
相似法則	97
送水圧力制御	326
相対湿度	13
相当放熱面積	60
総花的思考	139
ゾーニング	43
ゾーンレヒート空調方式	46
素地調整	302

【た】

ターニングロール	233
ターボ送風機	280
ターボ冷凍機	70
ターミナルレヒート空調方式	47
ターミナル型エアハンドリングユニット	108
耐圧漏洩試験	196
第一次オイルショック	246
第1種機械換気方式	247
代替冷媒	64
耐火構造	264
耐溝状腐食電縫鋼管	212
対向翼ダンパー	191
第3種機械換気方式	248
耐震ストッパー	151
多位置動作制御	319
第二次オイルショック	246
第2種機械換気方式	248
ダイヤフラム圧力計	361
ダイヤモンドブレーキ	185
耐用年数	376,387
対流暖房	58
ダクトシール	197
ダクトの剛性	184
ダクト設備工事	169
ダクト板振動	186
ダクト併用ファンコルユニット空調方式	50
ダクト併用放射冷暖房空調方式	52

タコベント	216
タスク&アンビエント空調方式	56
多段ポンプ	93
竪穴区画	266
縦軸ポンプ	94
立てシャフトユニット工法	166
立てバンド	222
立てボイラ	87
立て向き姿勢	233
ダブル防振	158
玉形弁	218
多翼送風機	99
他力式自動制御方式	316
短期荷重	156
炭酸ガス検知器	362
鍛接鋼管	211
単段ポンプ	93
段取り八分、仕事二分	133
断熱圧縮	66
断熱ボルト	293
暖房設備	58
暖房負荷	32
地域冷暖房	70
地下街の排煙設備	275
置換換気方式	249,250
地球温暖化係数(GWP)	65
地球温暖化問題	37
蓄熱層制御	326
中圧蒸気	204
中央監視システム	331
中性能エアフィルタ	126
鋳鉄製ボイラ	85
チューニング運転	376
超音波流量計	221
長期荷重	156
超高層ビル	271
超高層マンション	271
長周期地震	381
調節部	310
提灯吊り	293
長方形ダクト	178
直接還水配管方式	207

直列運転	97, 102
チリングユニット	70
墜落・転落事故	145
継目無鋼管	212
つや消し仕様塗装	300
吊りバンド	222
低圧蒸気	204
定常計算法	35
定常状態	285
低速ダクト方式	182
定風量単一ダクト空調方式	46
低密度保温材料	284
手工具法（第3種ケレン）	304
デシカント空調	20, 119
デジタル	330
デジタル粉じん計	363
鉄鋼五元素	211, 212
鉄板葺き	170
デミングサークル	137
電圧計	364
電気関係測定器	364
電気シールド	281
電気式自動制御方式	317
電気抵抗溶接鋼管	211, 212
電気ボイラ	89
電磁シールド	281
電子式自動制御方式	318
天井チャンバー方式の排煙設備	271
電磁流量計	221
転造ねじ	229
電着塗装	306
電動ヒートポンプ冷凍機	79
電縫管	211
電流計	364
等圧法	180
動荷重	155
銅管	214
銅合金継目無管	214
動作隙間	319
等速法	278
到達距離	23, 25
銅板葺き	170
等摩擦損失法	180
動力工具法（第2種ケレン）	304
特殊建築物	41, 274
特性要因図	138, 140
特定建築物	41
特定施設	380
特別避難階段の排煙設備	274
吐出圧一定制御	323
度数率	145
塗装工事	296
トタン	170
突貫工事	147
ドラフト	23
取扱説明書	371
鳥居配管	240
トルク	73

【な】

内面ライニング鋼管	225
中塗り・上塗り塗料	300
軟ろう付け接合法	238
二位置動作制御	319
二重効用吸収冷凍機	76
日程管理	141
日本冷凍トン	68
抜取り検査	141
ねじゲージ	227
ねじ込み作業	227
ねじ込み接続型	218
ねじ込みの残り山管理	228
ねじ接合法	225
熱貫流	286
熱橋（サーマルブリッジ）	292
熱源機の台数制御	325
熱源コントローラ	326
熱源設備	44
熱源台数制御	322
熱交換器	90
熱線風速計	359
熱的短絡路（ヒートパス）	294
熱伝導率	284

ネットワーク工程表……………142,143
熱搬送設備………………………… 45
年間熱負荷計算法………………… 35
燃焼器具……………………254,255
年千人率……………………………145
能動的換気法………………………247

【は】

パーソナル空調方式……………… 56
バーチャート工程表……………141,143
パーティション吹出空調方式…… 56
ハートビル法……………………… 31
排煙機………………………………279
排煙区画……………………………268
排煙設備……………………………264
排煙設備用ダクト…………………176
排煙ダクト…………………………176
配管・ダクト複合ユニット工法…166
配管工事……………………………201
配管材料………………………201,210
配管設備工事………………………169
配管吊金具（吊ボルト）…………222
配管用ステンレス鋼鋼管…………214
配管用炭素鋼鋼管…………………211
配管用特殊継手類…………………216
排気ダクト…………………………176
排気フードの制御風速……………257
排気フードの捕集風速……………257
排気捕集率…………………………258
バイス（万力）……………………228
パイプレンチ………………………228
パイレン……………………………228
ハウジング…………………………127
ハウジング管継手……………218,235
ばく露時間…………………………260
はけ塗装……………………………305
箱入れ工事…………………………161
バスタブ曲線………………………384
はぜ工法……………………………170
ハッキング…………………………336
バックシールド……………………237

パッケージ型空調機………………110
パッシブ・ベンチレーション……246
はっ水性パーライト保温材………283
発砲プラスチック保温材…………283
羽根角度（ピッチ）………………350
バリアフリー新法………………… 31
はり貫通スリーブ入れ工事………163
バリデーション……………………367
パレート図……………………138,139
搬送設備用ダクト…………………177
搬送方式……………………………207
ハンチング…………………………319
バンドソー管切断機・……………225
ビーズ法ポリスチレンフォーム保温材
　………………………………………283
比エンタルピー………………… 13,66
比較湿度…………………………… 14
引渡し書類…………………………370
非金属配管材料………………210,214
ひし形ダクト………………………178
非常用エレベータの排煙設備……275
非常用電源…………………………280
比色法………………………………127
ピッツバーグはぜ…………………171
必要換気量…………………………250
非定常計算法……………………… 35
ピトー管による測定………………360
被覆アーク溶接……………………231
被覆鋼管……………………………214
微分動作……………………………321
費用対投資効果（コスト・パーフォーマンス）………………………………387
ビルト・アップ空調機……………105
ビルマルチ空調機………………54,112
ビル管理の最適化制御……………332
比例制御……………………………320
比例＋積分＋微分動作制御………321
比例＋積分動作制御………………321
比例帯………………………………320
比例動作制御………………………320
比例＋微分制御……………………321
品質管理………………………130,137

品質管理のサイクル	137
品質管理の七つ道具	138
品質検査	140
ファシィリティマネージメント	366
ファシリティ・マネージャー（FMr）	366
ファジー制御	321
ファンインバータ制御	334
ファンコイルユニット	106
ファンプーリの交換	347
フィードバック制御	308,312
フィードフォワード制御	308,313
風車風速計	359
風速測定器	359
風量調整法	347
風量調整ダンパー	190
不活性ガスアーク溶接	231
不完全燃焼状態	245
吹き付け塗装	305
ふく流吹出口	25
腐食問題	383
普通騒音計	360
物質の三態	34
不働態被膜	212
不燃材料	276
フライヤ	228
ブライン	69
ブラスト法（第1種ケレン）	304
フラッシュオーバー	263
フラッシング作業	241
フラッシング排水レスシステム	341
フランジ継手接続	190
フランジ接続型	218
フリーアクセスフロア	56
ブリキ	170
ブリッジ回路	318
プルダウン・ロード	37
ブルドン管圧力計	361
プレート形熱交換器	91
プレハブ工法	165
フロア（スラブ）ユニット工法	167
ブロック化工法	166

プロトコル	331
プロペラファン	102
フロン系冷媒	64
粉じん濃度測定	363
粉体塗装	306
米国冷凍トン	68
並列運転	97,102
並列作業	144
ベストミックス熱源システム	78
ペリメータレス空調方式	42
ベルマウス	194
ベローズ形伸縮管継手	216
変位吸収管継手	216
ベンチレーション窓	44
ベントダクト	190
ベンド形伸縮管継手	216
弁のレンジアビリティ	326
変風量単一ダクト空調方式	48
変流量方式	325
ボイド	239
方位別ユニット空調方式	46
防煙区画	264,268
防煙壁	268
防音設備	378
防火安全計画	269
防火区画	264
防かび塗料	300
放射暖房	58
防振機器基礎	380
防振基礎	150
防振ゴム	151
防振設備	380
膨張継手	216
飽和液線	66
飽和曲線	17
飽和蒸気線	66
ボールジョイント	218
保温・保冷工事	281
保健空調	4
ポジショナー	233
補助材	289
保全予防	386

ボタンパンチはぜ……………………… 171
ポツ・イチダクトサイズ設計法……… 182
ポリエチレン管………………………… 215
ポリウレタン樹脂系塗料……………… 302
ポリブテン管…………………………… 215
ホルムアルデヒド……………………… 365
本はぜ…………………………………… 171
ポンプ推定末端圧制御………………… 334
ポンプの実揚程………………………… 205
ポンプの台数制御……………………… 325
ポンプの比速度………………………… 96
ポンプヘッダユニット工法…………… 166
ポンプ揚程最適化制御………………… 334
ポンプ台数制…………………………… 322
本溶接…………………………………… 233

【ま】

マシンハッチ…………………………… 152
マスキング効果………………………… 379
マノメーター…………………………… 361
摩耗故障期間…………………………… 384
水熱源ヒートポンプパッケージ空調機
　　　　　　　　　　　　　　　 55,112
水噴霧加湿……………………………… 18
三井はぜ………………………………… 171
密閉式配管方式………………………… 206
密閉式膨張タンク……………………… 342
密閉式冷却塔…………………………… 83
無機多孔質保温材……………………… 283
ムリ・ムダ・ムラ……………………… 131
メカニカルシール……………………… 344
メカニカル管継手……………………… 235
メカニカル接合法……………………… 235
メタルガスケット……………………… 241
メタルソー管切断機…………………… 225
免震構造………………………………… 382
面積区画………………………………… 266
毛管現象………………………………… 239

【や】

焼き付け塗装…………………………… 306

誘引比…………………………………… 26
有効温度………………………………… 6
有効吸込みヘッド（NPSH）………… 345
遊動頭形熱交換器……………………… 91
床埋込みのパネルヒーテイング……… 52
床吹出空調方式………………………… 55
床吹出空調用エアハンドリングユニット
　　　　　　　　　　　　　　　　 108
ユニット工法…………………………… 165
溶接欠陥………………………………… 233
溶接有資格者…………………………… 233
溶存酸素………………………………… 202
翼型送風機……………………………… 101
横軸ポンプ……………………………… 94
横ずれ移動防止………………………… 157
予実対比………………………………… 133
寄せ転造方式…………………………… 229
予測平均温冷感申告…………………… 5
予熱負荷………………………………… 37
予防保全………………………………… 386
読み合わせ作業………………………… 332
予冷負荷………………………………… 37

【ら・わ】

ライザーユニット工法………………… 166
ライフサイクルコスト………………… 30
ライフサイクルコスト法……………… 30
ラギング………………………………… 289
ラッキング……………………………… 289
リコミッショニング…………………… 366
リスク管理業務………………………… 338
リテンション・マネー………………… 374
リニューアル工事（更新工事）……… 387
リフトアップ工法……………………… 167
リミットロード送風機………………… 280
リミットロード特性…………………… 101,102
硫化水素ガス…………………………… 245
留保金制度……………………………… 373
流量計…………………………………… 221
両吸込ポンプ…………………………… 94
理論空気量……………………………… 255

隣地境界線	379
リン脱酸銅継目無管	214
りん銅ろう	239
ルームエアコンデイショナー	116
冷温水配管	203
冷却減湿	18
冷却コイル	121
冷却水の自動制御	326
冷却水配管	202
冷却水ポンプ	64
冷却塔	64
冷水配管	202
冷水ポンプ	64
冷凍機	64
冷凍機一次ポンプ変流量制御	322,334
冷凍機械責任者	69
冷凍機の成績係数	71
冷熱源設備機器	62
冷媒配管	204
冷房負荷	32
レゴ工法	166
レシプロ式冷凍機	68
レンジ	83
連動	315
労働安全衛生規則	146
労働災害	145
ロータリー冷凍機	72
ローボーイ型	51,119
ローラはけ塗装	305
ロジスティクス	165
ロックウール保温材	188,283
露点温度	13

炉筒煙管ボイラ	88
ロングネックバルブ	291
ワンシームダクト	185

【英数】

2管式配管	207
3 T作業	138
3管式配管	209
4管式配管	209
AI	335
A特性	378
BACnet	331
BAS	333
Cv値	326
C特性	378
DDC自動制御方式	318
DDC方式	329
DR（デザインレビュー）	376
ESCO事業	369
FD（防火ダンパー）	245
IoT	334
Lピースダクト	185
MIG溶接	231
NPSH	345
QCの7つ道具	138
SMACNA工法	172
TIG溶接	231,236
T分岐配管	240
U字管液柱計	221
ZEB	323

＜筆者紹介＞

安藤紀雄（あんどう　のりお）

【学歴】
　1963年3月　早稲田大学第一理工学部建築学科卒業
　1965年3月　早稲田大学理工系大学院建設学科修士課程修了

【職歴】
　1965年4月　高砂熱学工業㈱入社
　以降主として、空気調和換気設備工事の設計・施工業務に従事。
　途中、シンガポールで超高層建築2棟の空調設備の施工経験あり。
　2000年3月　高砂熱学工業㈱定年退職

【講師歴】
　高砂熱学工業㈱在勤中から、退職後を含め早稲田大学・ものつくり大学・神奈川大学建築学科の非常勤講師を延べ15年間従事

【資格】
　一級管工事施工管理技士・SHASE技術フェロー（建築設備全般施工技術）
　日本酒指導師範（菊正宗酒造認定）

【委員会活動】
　給排水設備研究会、元 耐震総合安全機構

【著作関係】
　空気調和衛生設備・ダクト工事・配管工事などに関する著作多数

【その他・趣味など】
　外国語習得（英語・中国語・韓国語など）、温泉旅行、日本酒研究など

瀬谷昌男（せや　まさお）

【学歴】
　1959年3月　東京都立工芸高等学校機械科卒業

【職歴】
　1964年2月　大成温調株式会社入社
　以降特殊空調・衛生設備の設計・施工および品質管理常務に従事
　2001年6月　大成温調株式会社定年退職

【資格】
　建築設備士・一級管工事施工管理技士・消防設備士・建築設備検査資格者

【委員会活動】
　給排水設備研究会、耐震総合安全機構

【著作関係】
　空調衛生設備・建築設備耐震・配管工事などに関する著作イラスト

【その他・趣味など】
　浮世絵・歌舞伎扇子画・ポスターや酒ラベル画・写真撮影・古典芸能の鑑賞・自転車旅行・猫

堀尾佐喜夫（ほりお　さきお）
【学歴】
　1969年3月　中央大学理工学部土木工学科卒業
【職歴】
　2009年7月　堀尾総合技術士事務所　所長
　主として建築設備の技術監査、技術者研修、建築設備耐震診断・設計・監理業務に従事
【講師歴】
　市区町村技術職員の技術研修、東京都・耐震総合安全機構のマンション耐震セミナー
【資格】
　技術士（総合技術監理部門、衛生工学部門）、SHASE技術フェロー（空気調和・衛生工学会）、JABMEE SENIOR（建築設備技術者協会）
【委員会活動】
　日本技術士会、空気調和・衛生工学会、耐震総合安全機構、給排水設備研究会、建築再生総合設計協同組合
【著作関係】
　「考え方・進め方　建築耐震・設備耐震」（共著）他
【その他・趣味など】
　ゴルフ少々

水上邦夫（みずかみ　くにお）

【学歴】
　1964年3月　工学院大学機械工学科卒業
【職歴】
　1964年4月　清水建設㈱本社設計部入社
　主として、空気調和・衛生設備工事の設計業務に従事。途中大阪支店、フコク生命本社ビル（超高層ビル）建設プロジェクト、中国北京での京城大が（超高層ビル）設計プロジェクト及びコンサル業務など
　1999年3月　退職
　1999年4月　日本容器工業グループ　㈱エヌ・ワイ・ケイ（蓮田工場）勤務
　2005年7月　同上　非常勤（技術顧問）
【講師歴】
　ものつくり大学建設技能工芸学非常勤講師など
【資格】
　技術士（衛生工学部門）、建築設備士、一級管工事施工管理技士など
【委員会活動】
　空気調和・衛生工学会、給排水設備研究会、耐震総合安全機構、建築設備技術者協会
【著作関係】
　主に衛生設備工事、耐震関連、東日本大震災被害調査関連など
【その他・趣味など】
　絵画（旅のスケッチ）、山行、旅行、野菜作りなど

空調・換気・排煙設備工事読本

平成31年1月31日　初版第1刷発行
令和3年12月13日　初版第2刷発行
定価：本体3,500円＋税　〈検印省略〉

　著　者　安藤紀雄・瀬谷昌男・堀尾佐喜夫・水上邦夫　共著

　発行人　小林大作
　発行所　日本工業出版株式会社
　　　　　https://www.nikko-pb.co.jp/　　e-mail:info@nikko-pb.co.jp
　本　　社　〒113-8610　東京都文京区本駒込6-3-26
　　　　　　TEL：03-3944-1181　FAX：03-3944-6826
　大阪営業所　〒541-0046　大阪市中央区平野町1-6-8
　　　　　　TEL：06-6202-8218　FAX：06-6202-8287
　振　　替　00110-6-14874

■落丁本はお取替えいたします。

ISBN978-4-8190-3102-8　　C3052　　¥3500E